TABI
CONTENTS
旅コンテンツ
完全セレクション

JN015259

歴史ある
美しい街並み

Beautiful townscape and countryside views

古い街並みで感じる旅の色

時間と記憶を積み重ねて、つくられてきた伝統の街を歩く。
路地の向こう、建物から洩れる灯に、時代を超えた彩りを見る。

武士たちが闊歩した路

金沢・長町の武家屋敷(石川県)

街道をゆく江戸時代の旅人

東海道・関宿(三重県)

「日和下駄をはき蝙蝠傘を持って歩く」のは、作家・永井荷風である。『日和下駄』を書いたのは大正初期で、散歩の達人は、江戸時代末期の絵地図を携えて歩く。「身はおのずからその時代にあるがごとき心持になる」のだが、それは同時に変貌する街への嫌悪でもある。とりわけ欧風の建築物を嫌い、当時東京四谷見附に新築された上智大学の教会を「心の底から憎」むと言う。博物館や百貨店などの新建築もしかり。

現在の超高層ビル群を見たら、荷風先生は憤死しかねないが、しかしそんな街にあって私たちは、彼が罵った明治大正期の洋風建築を美しく思い、郷愁に近いものを感じることがある。

移りゆく時間のトリックだろう。建築や街が風化して眼に馴染むと、私たちの感覚が逆転して安心し、やすらぎさえ覚えるのでないか。

作家・吉田健一は旅の達人だが、『旅の時間』のなかで、京都の時間は質が違うと言う。古都として積み重ねた時間が層をなし、旅人の時間の外に充足してある。街の記憶が街からにじみ出している。そこで、現在進行している旅の時間に余裕が生まれる。それが京都の旅のよさだと。

吉田健一は、京都だけは特別だと言うが、本書で紹介する街には、多かれ少なかれそういう過去の時間が重なり充足しているのではなかろうか。古い街並みを歩くとき、私たちがふと旅の色が違うように感じるのはきっとそのせいだ。

飛騨高山の「古い町並」(岐阜県)

CONTENTS
歴史ある美しい街並み

COLUMN

本書のご利用にあたって

●本書中のデータは2023年1〜2月現在のものです。料金、営業時間、休業日、メニューや商品の内容などが、諸事情により変更される場合がありますので、ご利用の際は事前にご確認ください。
●本書では、実際に住民の方が居住している施設も紹介しています。内部非公開の施設もあります。住民、近隣の方々のご迷惑とならないよう、節度のある見学を心がけていただくようお願いします。なお、個人的なトラブルに関しましては、当社では一切の責任を負いかねますので、あらかじめご了承ください。
●開館時間、営業時間は実際に利用できる時間を示しています。ラストオーダー(LO)や最終入館の時間が決められている場合は別途表示しています。
●各施設の開館・営業時間は、変更される場合がありますので、ご利用の際は公式HPなどで事前にご確認ください。また、新型コロナ感染症予防対策のため従来と異なる場合があり、今後の推移により変更される場合があります。
●休業日に関しては、基本的に定休日のみを記載しており、年末年始の休業は原則として記載していません。特に記載のない場合でもゴールデンウィーク、夏季などに休業することがあります。
●料金は消費税込みの料金を示していますが、変更する場合がありますのでご注意ください。また、入館料などについて特記のない場合は個人で訪れた場合の大人料金を示しています。
●交通表記における所要時間、最寄り駅からの所要時間は目安としてご利用ください。

■ データの見方
- ℓ 電話番号
- 所 所在地
- 開 開館／開園／開門時間
- 営 営業時間
- 休 定休日
- 料 料金

■ 地図のマーク
- 神社
- 寺院
- Ⓗ 宿泊施設
- Ⓡ 飲食店
- Ⓒ カフェ
- Ⓢ ショップ
- バス停

花街・茶屋町の雅

華やかに伝統をつなぐ遊宴の文化。
歌舞音曲、和歌、俳諧と、粋人たちの文化サロンでもあった
花街、茶屋町は、今もあでやかな姿を見せる。

千本格子に簾が揺れる
はんなりとした花街

花街

祇園新橋
ぎおんしんばし

京都市東山区　　**MAP** P.12/P.197
重要伝統的建造物群保存地区

祇園は鎌倉時代の頃から祇園社（八坂神社）の門前町として発達していたが、応仁の乱で荒廃。門前町の再生は江戸時代初期で、八坂神社や清水寺への参詣客目当ての水茶屋がお茶屋の始まりとされる。やがて酒食や歌舞音曲なども提供するようになり、京都有数の花街を形成した。

桜と石畳、そして
柳が織りなす風景が
フォトジェニックな
白川の清流に架かる
巽橋一帯

最盛期は明治維新の頃で、500軒もの
茶屋がひしめいていたという。時代の流
れで昔の面影は薄らいだが、格子戸に駒
寄せ、軒先に簾が下がる家並みには往時
の風雅なたたずまいを残す。また路地か
ら聞こえる三味線の音や行き交う舞妓や
芸妓の姿にも花街の情緒を伝える。

ACCESS & INFORMATION

JR京都駅から、市バス100・110・206系統で21分、
祇園バス停下車。

京都総合観光案内所(京なび)☎075-343-0548

古き良き祇園情緒を伝える

新橋通
しんばしどおり

四条通の北、千本格子に駒寄せ、2
階には簾がたれる江戸末期から明治
初期に建てられた、しっとりと落ち
着いたお茶屋が立ち並ぶ。

祇園で最も絵になる通り

白川南通
しらかわみなみどおり

新橋通の南を流れる白川沿いに朱色の玉垣
が並ぶ石畳の道。芸舞妓が信仰する辰巳大
明神や巽橋一帯は映画やドラマなどでおな
じみ。桜のシーズンはいっそう華やか。

鮮やかな紅殻色の建物が目を引く、歌舞伎の『仮名手本忠臣蔵』にも登場する由緒あるお茶屋、祇園一力亭（一力茶屋）。一見さんお断り

祇園さんとも呼び親しまれ、疫病退散を神に祈る祇園祭で名高い八坂神社。四条通の東端に位置する朱色の西楼門は、祇園のランドマーク

祇園新橋 MAP

周辺図 P.12

京都市祇園新橋伝統的建造物群保存地区

京都市
中京区

三条駅
古門前通

新門前通

白川南通 P.10
縄手通

辰巳大明神

新橋通 P.10

知恩院前

145

知恩院通

先斗町通
四条河原町

川端通

末広町通

巽橋

東大路通

花見小路通

何必館
京都現代美術館

祇園

西楼門

八坂神社

四条大橋

四条通

祇園

京都南座

祇園四条駅

常光寺

祇園一力亭
（一力茶屋）

永源院

花見小路通 P.11

祇園甲部歌舞練場

大和大路通

宮川町通

興雲庵

大中院

建仁寺

堆雲軒

久昌院

安井金比羅宮

N

0　　　200m

祇園のメインストリート
花見小路通

はなみこうじどおり

北は三条通から南は建仁寺まで、祇園の中心部を走る通り。特に四条通から南側は石畳で整備され、お茶屋に料亭、町家を利用した京都らしい店が充実している。

簾、紅殻格子、犬
矢来といった花街
文化を継承するお茶屋
建築の街並みが残る

千鳥マークの提灯が揺れる
鴨川と東山を一望する花街

花街

先斗町
ぽんとちょう

京都市中京区　**MAP** P.12/P.197

三条通の一筋南から四条通
で続く約500mの先斗町では、
5月から9月までは鴨川に面し
て納涼の川床が設けられ、夏
の風物詩になっている

　17世紀初頭の高瀬川の開削と鴨川の護
岸工事で整備された。高瀬舟の船客目当
ての茶屋旅籠が起源となり、明治維新の
頃から花街として栄えた。櫛の歯のよう
に路地が走る通りの狭さは江戸時代のま
ま。芸舞妓さんの稽古場や茶屋のほか、
多彩なグルメスポットでもある。

■ ACCESS & INFORMATION

JR京都駅から、市バス4・17・205系統で12分、四
条河原町バス停下車。

京都総合観光案内所（京なび）☎075-343-0548

京都 **MAP**

京都市

西郷隆盛や久坂玄瑞の密議、新選組の刃傷沙汰など物語が詰まった通り

新選組刀傷の角屋

文化サロンの役割も果たした
日本最古の公許花街

花街

島原
しまばら

京都市下京区　**MAP** P.12/P.197

かつて新選組隊士や幕末の志士が足繁く通った幕府公許の花街。宴席の揚屋や茶屋と、太夫や芸妓を抱える置屋とに分かれる営業形態をとり、御所にも上がるほど最高位を誇った太夫は歌や舞だけでなく、江戸中期には島原俳壇が形成されるなど文化サロンの中心でもあった。

■ ACCESS & INFORMATION

JR山陰本線・丹波口駅下車、徒歩5分。

京都総合観光案内所（京なび）☎075-343-0548

かつての遊宴文化を伝える
角屋もてなしの文化美術館
すみやもてなしのぶんかびじゅつかん

現在の料亭にあたるとされ、饗宴の場である揚屋建築の遺構（国指定重要文化財）。座敷、庭、所蔵美術工芸品などを公開している。

☎075-351-0024 所京都市下京区西新屋敷揚屋町32 開10:00～16:30（受付は～16:00）休月曜（祝日の場合は翌日）、7月19日～9月14日、12月16日～3月14日 料1000円（2階座敷特別公開別途800円、要予約）

↑臥龍松の庭は、白砂と松の木などで構成された枯山水庭園

島原大門。幕末の慶応3年（1867）に建造されたもの。門前の見返り柳は帰る客が名残を惜しんで振り返ったことに由来

輪違屋は元禄年間（1688～1704）に太夫や芸妓をかかえる置屋として創業し、現在も置屋兼お茶屋として営業している

繊細な紅殻格子に
あでやかな風情が残る茶屋街

茶屋町

ひがし茶屋街

ひがしちゃやがい

石川県金沢市　**MAP** P.16/P.164
重要伝統的建造物群保存地区

文政3年(1820)、城下に点在していたお茶屋を浅野川東岸に集めて形成した加賀藩公認の茶屋街。往時は100軒近いお茶屋が立ち並ぶ遊宴の街として、武士と僧侶の出入りは禁止、裕福な商人や旦那衆の粋な社交場として「一見さんお断り」の格式と賑わいを誇った。

花街・茶屋町の雅

ひがし茶屋街

カフェや伝統工芸
品を扱うショップに
リノベーションされ
た多種多様な店が
並ぶ

　石畳のメインストリートの両脇には、
木虫籠という虫籠のような細い紅殻格子
と2階の軒高が揃う建物が立ち並び、藩
政時代の面影を今も色濃く残している。
また、創設当時のままのお茶屋「志摩」と
「懐華樓」は有料で見学ができ、金沢の茶
屋文化について知ることができる。

■ ACCESS & INFORMATION

JR北陸新幹線／北陸本線・金沢駅から、北陸鉄道
バスで7分、橋場町バス停下車。

金沢市観光協会 ☎076-232-5555

ひがし茶屋街の約140軒のうち約3分の2が伝統的建造物

お茶屋文化を体感する
志摩
しま

文政3年(1820)に建てられた格式高いお茶屋建築の建物がそのままの姿で今に残る。お茶屋の建物として全国で唯一の重要文化財。奥の寒村庵で庭を見ながら抹茶がいただける。

☎076-252-5675 所金沢市東山1-13-21 開9:30〜17:30(12〜2月は〜17:00) 休無休 料500円

←2階の客間には開放的であでやかな空間が広がる。お客が床の間を背にして座ると、その正面の控えの間が演舞の場となる造り

←別棟の茶室・寒村庵

金沢MAP

- 北鉄金沢駅
- 金沢駅
- 浅野川
- P.184 卯辰山麓
- P.14 ひがし茶屋街
- P.17 主計町茶屋街
- 近江町市場
- 拡大図右
- 157
- 金沢城公園
- 長町 P.166
- 兼六園
- 金沢21世紀美術館
- にし茶屋街 P.18
- 寺町台 P.184

N 0 500m

ひがし茶屋街／主計町茶屋街MAP

- 周辺図 左図
- 金沢市東山ひがし重要伝統的建造物群保存地区
- 金沢市主計町重要伝統的建造物群保存地区
- 城北大通り
- 中の橋
- ひがし茶屋街
- 円長寺 卍
- お茶屋美術館(旧中や)
- P.184 卯辰山麓
- 宇多須神社
- 志摩
- 浅野川大橋交番前
- 主計町茶屋街 P.17
- 橋場町
- 浅野川大橋
- 懐華樓
- ひがし茶屋街 P.14
- 恵寿金沢病院
- 暗がり坂
- あかり坂
- 久保市乙剣宮 卍
- 浅野川
- 東山河岸緑地
- 西源寺
- 寿経寺 卍
- 新町・鏡花通り 泉鏡花記念館
- 橋場町
- 359
- 橘花のみち
- 249
- 百万石通り
- 橋場
- 徳田秋聲記念館

N 0 100m

16

浅野川沿いに明かりを灯す
裏道も魅力的な茶屋街

茶屋町

主計町茶屋街
かずえまちちゃやがい

石川県金沢市　**MAP** P.16 / P.164
重要伝統的建造物群保存地区

明治2年(1869)に、ひがし茶屋街とは浅野川大橋を挟んだ対岸に形成された。町名は加賀藩重臣の富田主計の屋敷があったことにちなむとされる。浅野川沿いに並ぶ建物は伝統的な出格子に3階建てが多く、笛や太鼓の音がかすかに聞こえる裏通りなど現役のお茶屋情緒が漂う。

■ ACCESS & INFORMATION

JR北陸新幹線／北陸本線・金沢駅から、北陸鉄道バスで7分、橋場町バス停下車。

金沢市観光協会 ☎076-232-5555

春になると、ゆったり流れる浅野川沿いに桜が咲き、3階建ての茶屋建築が映える

あかり坂。名無し坂であった地元の階段坂を、五木寛之が小説『金沢あかり坂』で命名した道

暗がり坂。昼間でも仄暗い坂で、かつて旦那衆が人目を避けて茶屋街に通った裏道という

泉鏡花や五木寛之など、当地にゆかりの深い作家が通った店や石碑もある

花街・茶屋町の雅

ひがし茶屋街／主計町茶屋街

お茶屋を和モダンに改装した菓子店やカフェなど地元の人にも人気の店がある

藩政時代の茶屋建築と
金沢芸妓の伝統を今に伝える

茶屋町

にし茶屋街
にしちゃやがい

石川県金沢市 MAP P.16/P.164

　文政3年(1820)、「ひがし茶屋街」と時期を同じくして誕生した。かつては加賀藩士も通った茶屋街で、出格子が美しい茶屋建築の街並みが残る。今も営業を続ける茶屋街のなかで最も芸妓が多いことで知られる。大正時代に建てられた検番やレトロな街灯がともる夜の風情は格別。

■ ACCESS & INFORMATION

JR北陸新幹線／北陸本線・金沢駅から、北陸鉄道バスで14分、広小路バス停下車。

金沢市観光協会 ☎076-232-5555

通りに面した1階正面には、外からは中が見えず中からは外が見える木虫籠と呼ばれる隙間の狭い出格子が取り付けられている。見た目の美しさだけでなく、プライバシーにも配慮した造り。2階の座敷は、間仕切りの壁や押し入れなどがなく、襖と障子を取り払えば大きな宴会に対応できる

狭い路地に紅殻格子が続く
ノスタルジックな茶屋街

茶屋町

三丁町
さんちょうまち

福井県小浜市　**MAP** P.164/P.175
重要伝統的建造物群保存地区

江戸時代、北前船の寄港地として賑わった若狭小浜の元茶屋街として栄えた。町の長さが3丁(約330m)あることから名がついたといわれる。現在も狭い一本道の両側には料亭、カフェ、町家の宿など明治以降の茶屋建築が立ち並び、繊細な紅殻の出格子や腰壁の装飾が見られる。

■ **ACCESS & INFORMATION**

JR小浜線・小浜駅下車。

若狭おばま観光案内所 ☎0770-52-3844

小浜西組として、重要伝統的建造物群保存地区となっている、その西側の一角がかつての茶屋町「三丁町」

静かで落ち着いた雰囲気の路地は、NHKの朝ドラ『ちりとてちん』のロケ地

坂と石畳と路地に残る情緒
旧花街

神楽坂
かぐらざか

東京都新宿区　**MAP** P.137

おしゃれで個性的なカフェや飲食店が並ぶ街として知られるが、通りから石畳の細い路地に入ると、明治時代から花街で栄えた昔ながらの黒板塀に隠れ家的な料亭や宿など情緒豊かな風景が広がる。

■ ACCESS

東京メトロ・神楽坂駅ほか下車。

石畳の小路に料亭、そして黒板塀越しに見える木々が神楽坂らしい兵庫横丁

芸に秀でた古町芸妓に出会える
花街

古町花街
ふるまちかがい

新潟県新潟市　**MAP** P.165

江戸時代から海運航路の拠点港として賑わった港町に栄えた花街。路地奥に老舗料亭や割烹などが残り、今も現役の「古町芸妓」が伝統を受け継いでいる。

■ ACCESS & INFORMATION

JR信越本線・新潟駅から、新潟交通バスで7分、古町バス停下車、徒歩5分。

(公財)新潟観光コンベンション協会
☎025-223-8181

江戸末期創業の料亭「鍋茶屋」。木造3階建ての建物で200畳敷きの大広間などがある

龍馬も愛したグローバルな花街
花街

丸山
まるやま

長崎県長崎市　**MAP** P.305

鎖国時代、多くの遊郭が軒を連ね、文化人や幕末の志士たちも訪れたエリア。迷いそうな路地を歩けば、坂本龍馬など歴史に残る人たちの足跡が偲ばれる。

■ ACCESS & INFORMATION

JR長崎本線・長崎駅から、ながさき観光ルートバスで12分、新地中華街下車、徒歩8分。

長崎国際観光コンベンション協会
☎095-823-7423

幕末、坂本龍馬が通った史跡料亭「花月」。卓袱料理が楽しめる

奥州道中

陸奥・陸中・陸前・羽後・羽前・磐城・岩代

青森・岩手・宮城・秋田・山形・福島

陸奥
羽後　陸中
羽前　陸前
岩代
磐城

季節の移ろいとともに街並みの風景も異なるみちのくの旅

　古代から東北地方は中央政権とは異なる文化を育んできた。単に地理的ばかりでなく、とにかく天地が広いため「田舎」の辺境とされたが、それにもかかわらず、あるいはそれゆえに雪深い「日本の原風景」として、ある種の憧憬の対象ともされた。

　商家町の黒石の中町こみせ通りや増田の内蔵、村田や喜多方の土蔵など、雪国らしい工夫を講じた街並み、意匠を凝らした建物を見ることができる。

　雪解けを待って一斉に花開く桜の名所としても知られる城下町の弘前、角館の武家屋敷は、四季折々の自然風景に溶け込むたたずまいが美しい。

　上杉鷹山や伊達政宗ゆかりの米沢をはじめ、仙台藩の要害であった金ケ崎、水沢、岩出山、登米など連綿と続く歴史と文化を訪ねる旅もいい。会津若松の白虎隊、文学なら太宰治、宮沢賢治、石川啄木、千円札でおなじみの野口英世など、東北の偉人たちの物語が各地に残されている。

　酒田の北前船の繁栄の歴史、茅葺き屋根が連なる大内宿や大正レトロが漂う銀山温泉など、文化遺産だけでなく、東北では土地の言葉で話す人たちとのふれあいや、山や川、田園など素朴なさにげない風景に「古くて新しい」地域の未来が垣間見える。

⊙春にはしだれ桜が咲き誇る角館の、重厚な黒板塀が続く武家屋敷通り沿い。人力車での散策もできる

⬆江戸時代からの商家と岩手銀行赤レンガ館など
の洋館が混在する盛岡の紺屋町

⬆夏の高温防止のために背後に欅並木を配した、
酒田繁栄の象徴といえる山居倉庫

北海道

大間崎

松前
白神岬
龍飛崎　　　　　今別
　　　　　　三厩
　　　　　　　平舘　　　　陸奥湾
　　　　　　　蟹田

恐山▲

　　　　　　　　　　浅虫
P.39 金木○　　　青森　　　小湊　　野辺地
　　　　　浪岡　　　　　　　　七戸
　　　　　　　　　　　　　陸奥
　弘前 P.24　○黒石　P.38　　　　　　　　　　　　七戸
　　　　　　　▲八甲田山
白神山地　　　　中町こみせ通り P.160　藤島　五戸　八戸
　　　碇ヶ関　　青森県
　矢立峠　　　　　十和田湖　三戸
鶴形　　大館　　陸中　金田一●福岡　　　奥
　　　荷上場　　　　　毛馬内　一戸　　　州
羽　　　　　　　　　花輪　　　　　　　道　久慈●野田街道
後　　　　　　鹿角街道　　　　　　　中　　関　久慈　宇部
街　　　　　　　　　　田　荒屋　　　　　　　野田
道　　　　　八幡平　山　　　沼宮内　　　小　北山崎
　　大久保　　　　　　　　渋民　　　本　小本
　　　○湊　　岩手山▲　　　　早坂峠　街　岩泉
羽　　秋田県　　秋田街道▲　　　　　道　宮古
州　久保田　刈　　国見峠　○盛岡 P.26　閉伊街道
街　(秋田)　和　　　　　　　雫石　郡山　　一区界峠　浜
道　　　野　　角館 P.32　　　　　　石鳥谷　　山田　街
　　　　　花館　大曲　金沢　　　花巻　▲早池峰山　道
羽　本荘　　　　横手　　　　鬼柳　　遠野　岩手県
州　　　　　　　　　　　　　　　　　陸中　釜石
浜　金浦　　　増田 P.39　　金ケ崎 P.28　　釜石街道
街　　鳥海山▲　P.31 湯沢　胆沢の散居集落 P.248　水沢 P.28　盛
道　　　吹浦　　　　　　　　中尊寺卍　世田米駅　街
　　　　　下院内　　　前沢　　　　山田　P.40　道
　　　及位　雄勝峠　　　　　一関　　　　気仙沼
P.48 酒田○　金山　　　　栗駒山▲　有壁　　　　三陸海岸
　　　浜中　新庄　　　宮城県　　　　小泉
　　念珠関　鶴岡　　舟形　　築館　　　登米 P.29
温海　　　　尾花沢　名木沢　　　　　折立
鼠ヶ関　　　羽黒山　　　　　　高清水　柳津
　○小国　　P.53　天童　　岩出山　古川　和渕
　中村　　　銀山温泉 P.50　P.29　三本木　広淵
羽前　　　　立石寺　　　　吉岡　高城　小野
出　山形県　　　　　山形　　仙台　松島湾
羽　村上　　　笹谷峠　　　　　　陸前
街　　　飯豊の田園　松原　蔵王山▲　川崎　▲金華山
道　　　散居集落　上山　　　　　村田 P.40
越　　　P.248　赤湯　楢下　　　宮
後　新潟　　　湯原　　　　亘理
米　　　　　　　　　白石 P.30　七ヶ宿街道
沢　　飯豊山▲　　米沢 P.31　　坂元
街　　　関町　　米沢街道　桑折　新地
道　　　　　　　板谷　福島　黒木　中村
越　野沢　　檜原　　二本松　　浜
後　坂下　塩川　　　　　　　　街　鹿島
街　　喜多方 P.41　　　　本宮　　道　原町
道　　○会津若松 P.42　　　　　　　新地
　　関山　　勢至堂峠　郡山　　　奥
　　　　　白河　　須賀川　　　州　富岡
P.44 大内宿○　　磐城　木戸
岩代　　楢原　　　飯土用　矢吹　　道　久之浜
　　　　田島　　　　白河　　　中　磐城平
P.52 前沢曲家集落　　山王峠　白坂　　　湯本
P.52 檜枝岐○　会津　白河関　　　　関山
三国　　燧ヶ岳▲　会津西街道　　　　勿来関
街道　　　　栃木県　　茨城県
　　谷川岳▲　群馬県　下野　太田原　　太平洋

日本海

渡

新潟県

越後
新潟県

三国
街道

23

城下町・武家町

弘前
ひろさき

青森県弘前市
重要伝統的建造物群保存地区

質素で剛健な武家屋敷を訪ね 中級武士の生活を垣間見る

　弘前は、戦国時代、津軽の統一を果たした津軽為信が城下の町割に着手し、2代藩主・信枚によって築かれた城下町。弘前城の北側に位置する若党町を中心とする仲町は御家中屋敷と呼ばれて、武士が暮らしていた町。現在、4棟の武家屋敷が公開されている。サワラの生垣に冠木門や薬医門を設け、茅葺き屋根に板塀の、簡素ながらも伝統的な東北の武家住宅の様式を保存している。

ACCESS & INFORMATION

JR奥羽本線・弘前駅から、土手町循環100円バスで15分、文化センター前バス停下車。

弘前市立観光館 📞0172-37-5501

江戸初期に築かれた
津軽氏の居城

弘前城(弘前公園)
ひろさきじょう(ひろさきこうえん)

　津軽統一を成し遂げた津軽為信が築城を計画し、慶長16年(1611)に2代藩主・信枚が完成させた津軽氏の居城。以後260年間、弘前藩政の拠点となった。日本屈指の桜の名所として名高い。
📞0172-33-8739(弘前市公園緑地課) 所弘前市下白銀町1 料入園自由 休弘前城天守11月24日〜3月31日 料有料区域320円(本丸・北の郭は4月1日〜11月23日9:00〜17:00) ※さくらまつり期間中は時間変更あり

○城郭建築と石垣、濠、土塁など、城郭のほぼ全体が築城時の姿をとどめている

サワラの生垣に昔ながらの門や黒板塀が続く仲町武家屋敷の街並み

ここは訪れたい！

1 坪庭がある武士の住宅
旧岩田家住宅
きゅういわたけじゅうたく

江戸時代後期の中級武士の住宅。数回の改造を経ているが、柱や小屋組みなどの主要構造部、茅葺き屋根などはほぼ建築当時のまま。
📞0172-35-9444 所弘前市若党町31 営10:00〜16:00 休4〜6月無休、7〜10月の月・木曜、11〜3月の水〜日曜(ねぷたまつり、菊と紅葉まつり、雪燈籠まつり期間中は開館)、8月13日 料無料

2 藩医の住居を移築保存
旧伊東家住宅
きゅういとうけじゅうたく

代々藩医を務めた伊東家の住居。式台構えの玄関や違い棚を備えた座敷などがあり、中級武士屋敷とよく似た特徴を持つ。
📞0172-35-4724 所弘前市若党町80 営10:00〜16:00 休4〜6月無休、7〜10月の火・金曜、11〜3月の月〜木曜(ねぷたまつり、菊と紅葉まつり、雪燈籠まつり期間中は開館)、8月13日 料無料

岩木山を望む

ほかにも魅力ある街並み

禅林街
ぜんりんがい

弘前城の南西に、33もの曹洞宗の寺院が連なる一角がある。慶長15年(1610)、2代藩主・信枚が、弘前城の裏鬼門を守るために津軽一円から主要寺院を集めたことが起源といわれる。

所弘前市西茂森

5 江戸中期の豪商の屋敷
石場家住宅
いしばけじゅうたく

藁工芸品や荒物を扱っていた豪商の家。この地方では数少ない商家の遺構で、江戸時代中期に建てられたと推定される。太い梁や柱、囲炉裏裏などに往時の名残が見られる。

℡0172-32-1488 所弘前市亀甲町88 時9:00～17:00 休不定休 料100円

3 茅葺き屋根を支える小屋組み
旧梅田家住宅
きゅううめだけじゅうたく

茅葺き屋根で中2階があり、屋根裏のある場所以外は天井がないという特徴的な造り。建物の建築年や当初の居住者を推定できる墨書が残る。

℡0172-35-4724 所弘前市若党町80 時10:00～16:00 休4～6月無休、7～10月の火・金曜、11月の月～木曜(ねぷたまつり、菊と紅葉まつり期間中は無休)、8月13日 料無料

4 地区内最古の武家住宅
旧笹森家住宅
きゅうささもりけじゅうたく

地区内北東部から現在地に移築された最古の武家住宅。間取り、簡素な床や天井の小屋組みなど、随所に古風な建築形式を伝える。

℡0172-32-5679 所弘前市若党町72 時10:00～16:00 休4～6月無休、7～10月の月・木曜、11～3月の月・火曜、金～日曜(ねぷたまつり、菊と紅葉まつり、雪燈籠まつり期間中は開館)、8月13日 料無料

8月1～7日の弘前ねぷたまつりでは、武者絵を題材とした大小約80台の勇壮華麗な扇ねぷた(扇型)や組ねぷた(人形型)が町を練り歩く

弘前MAP

❸旧梅田家住宅
❹旧笹森家住宅
❷旧伊東家住宅
旧岩田家住宅❶

❺石場家住宅

弘前市仲町重要伝統的建造物群保存地区

亀の甲門前
亀甲橋
北門(亀甲門)

青森県護国神社
一陽橋
旧紺屋町消防屯所
四の丸
春陽橋

津軽藩ねぷた村

S津軽塗の源兵衛

武徳殿
北の郭

県立中央高

弘前城(弘前公園)
中央高前
本丸
東内門
東門

N

0 　 200m

文化センター前
弘前駅

城下町・商家町

盛岡
もりおか

岩手県盛岡市

近世城下町に近代洋風建築
各時代が交錯する街並み

　宮沢賢治が作品の中でイーハトーヴの首都モリーオ市と名付けてモデルにした理想郷。江戸時代に南部藩20万石の城下町として整備され、今も江戸期の町割が残り、中ノ橋通りから紺屋町には江戸時代から続く商家が点在し、明治・大正期に建てられた銀行群を中心とした洋風建築も偉容を誇る。また、宮沢賢治、石川啄木ゆかりの地でもあり、道に立つ文学碑や歌碑、ブロンズ像なども興味深い。

柳が揺れる
中津川沿いの河原。
左の白壁の建物は
ござ九 森九商店

ACCESS & INFORMATION

JR東北新幹線／東北本線・盛岡駅から、盛岡中心市街地循環バス「でんでんむし」で9分、県庁・市役所前バス停下車。

盛岡観光コンベンション協会 ☎019-604-3305

盛岡藩南部氏の居城跡地に整備された盛岡城跡公園（岩手公園）。堅牢な石垣が残る

紺屋町MAP

紺屋町
こんやちょう

中津川を利用した染物屋が集まる地であったためその名が残るが、江戸時代からの商家や明治以降の洋風建築が混在する。

❶ 江戸時代の商家に並ぶ手作りの品々
ござ九 森九商店
ござく もりくしょうてん

文化13年(1816)創業の荒物雑貨店。全長24mの黒壁の建物が道に合わせて曲がって建つ。ホウキやカゴ、ザルなど竹細工雑貨を扱う。
☎019-622-7129 ●盛岡市紺屋町1-31 ◉8:30〜17:30 ●日曜

❷ 大正浪漫漂う交流体験施設にリノベーション
紺屋町番屋
こんやちょうばんや

大正2年(1913)に建てられた盛岡市景観重要建造物の消防屯所跡。耐震・改修工事を経て2022年3月、交流体験施設としてリニューアルオープン。1階はカフェと雑貨販売、2階は機織り工房で、予約すれば機織り体験も可能。
☎019-625-6002 ●盛岡市紺屋町4-34 ◉10:00〜17:00(カフェLO16:30) ●月曜(祝日の場合は翌日)

▶中津川沿いの白壁

鉈屋町
なたやちょう

北上川と奥州街道が通る水陸輸送の結節点にあり、明治時代に建てられた「盛岡町家」が並ぶ古い街並みを残す。

④ 鉈屋町界隈の情報発信地
もりおか町家物語館
もりおかまちやものがたりかん

江戸時代から昭和前期までに建てられた町家の母屋、酒蔵など4棟と下屋と呼ばれる路地空間を利用して、ショップや展示、各種イベントを開催。

☎019-654-2911 ㊟盛岡市鉈屋町10-8 ㊟9:00〜19:00(入館は〜18:30) ㊡第4火曜(祝日の場合は翌日)

⬆右の建物は盛岡市消防団本部第2分団

➡大正蔵の1階「時空の商店街」には盛岡ブランド商品がずらり。雫石町の人気店の松ぼっくりジェラートもある

大慈清水は大慈寺からの湧水の共同井戸。一番井戸は飲用、二番井戸は米磨ぎ用、三番井戸は野菜・食器洗い場、四番井戸は足洗い場と用途が決まっている

③ 南部鉄器の老舗
釜定
かまさだ

明治時代から続く南部鉄器工房。鉄瓶をはじめ、鍋やフライパン、栓抜きや風鈴など、昔ながらの手仕事により道具としての機能性に洗練されたデザインを併せ持つ。

☎019-622-3911 ㊟盛岡市紺屋町2-5 ㊟9:00〜17:30 ㊡日曜

➡シンプルでモダンな南部鉄器も作られている

/ 洋風建築にも注目 \

盛岡のランドマーク
岩手銀行赤レンガ館
いわてぎんこうあかレンガかん

東京駅の設計を手がけた辰野金吾の東北地方に残る唯一の作品。創建当時の金庫室や応接室などを公開している。

☎019-622-1236 ㊟盛岡市中ノ橋通1-2-20 ㊟10:00〜17:00(入館は〜16:30) ㊡火曜 ㊣300円

岩手が生んだ文豪の足跡
もりおか啄木・賢治青春館
もりおかたくぼく・けんじせいしゅんかん

☎019-604-8900 ㊟盛岡市中ノ橋通1-1-25 ㊟10:00〜18:00 (入館は〜17:30) ㊡第2火曜 ㊣無料

明治43年(1910)に建てられた旧第九十銀行で、石川啄木と宮沢賢治が青春時代を過ごした盛岡の街と2人の初版本や直筆の手紙等を公開している。

鉈屋町 MAP

武家町

金ケ崎
かねがさき

岩手県金ケ崎町 重要伝統的建造物群保存地区

仙台藩の北端を守った
江戸時代の面影を残す武家町

　北上川、胆沢川によって形成された舌状台地上にあり、仙台藩大町氏の屋敷があった要害を中心に築かれた武家町。城下町らしい鉤形や桝形、弓形に続く街路に面して、サワラやヒバの生垣や風を防ぐために植えられた屋敷林（エグネ）が連なり、その奥に茅葺きの侍住宅がたたずむなど、緑豊かな街並みが残る。

☐ ACCESS & INFORMATION

JR東北本線・金ケ崎駅下車。
金ケ崎町観光協会 ☎0197-42-2710

山林奉行を務めた大松沢家は、今はカフェレストラン「侍屋敷 大松沢家」に

⬆主屋と馬屋、庭が残る片平丁・旧大沼家。仙台藩特有の三ツ家形式を再現

⬆仙台藩直属の家臣だった細目家。土塀を模したツツジの生垣が見事

城下町

水沢
みずさわ

岩手県奥州市

三偉人を輩出した
古代みちのくの歴史舞台

　約1220年前、蝦夷の首領アテルイと戦った坂上田村麻呂が鎮守府として胆沢城を築いた地で、藩政時代は伊達藩の留守氏が北辺鎮護にあたった城下町。武家屋敷や明治初期の近代和風住宅が日高小路や吉小路、新小路に点在する。また、高野長英、後藤新平、斎藤實の三偉人を輩出した町として記念館や生家を公開している。

☐ ACCESS & INFORMATION

JR東北本線・水沢駅下車。
(一社)奥州市観光物産協会 ☎0197-22-7800

日高小路は火防祈願する日高神社へと続く参道

⬆シーボルトのもとで蘭学を修め「蛮社の獄」を受けた高野長英の旧宅（非公開）

⬆家臣筆頭に次ぐ96石を誇った内田家を公開する奥州市武家住宅資料館

城下町

登米
とよま

宮城県登米市

武家屋敷と近代建築が残る
「みやぎの明治村」

　北上川舟運の拠点として繁栄した登米伊達氏の城下町。町の中心を南北に通る武家屋敷通りやその東側に、町屋など古い街並みが残る。明治時代に登米県が立県し、洋風の公共施設が建てられ、現在でも旧水沢県庁庁舎や旧登米高等尋常小学校、旧登米警察署庁舎が残る。

☐ ACCESS & INFORMATION

JR気仙沼線・柳津駅から、登米市市民バスで13分、登米三日町バス停下車。仙台駅から東日本急行の高速乗合バスもあり、とよま明治村バス停まで1時間30分。

登米市観光物産協会 ☎0220-52-4648

長い白壁を連ねた武家屋敷が立ち並ぶ前小路。屋敷は現在も住居として使用されている

⬆春蘭亭では、400年以上前の武家屋敷で囲炉裏を囲んで春蘭茶・抹茶などが楽しめる

隈研吾氏の設計による、登米懐古館新館。伊達家ゆかりの武具や美術品を展示する

城下町

岩出山
いわでやま

宮城県大崎市

若き日の伊達政宗が整備し
京文化が伝わった城下町

　伊達政宗が仙台青葉城へ移るまでの12年間、本拠とした町。岩出山城は関ヶ原の戦い後、政宗の四男宗泰を初代当主とする岩出山伊達家が居住する要害になり、京都冷泉家からのお輿入れで和歌など京文化も伝播した。政宗が城の防備を兼ねて開削した内川の水路沿いの遊歩道「学問の道」は市民の散歩道。

☐ ACCESS & INFORMATION

JR陸羽東線・有備館駅下車。

岩出山観光協会 ☎0229-72-0027

伊達家家臣の子弟の学問所として使われた旧有備館および庭園。回遊式池泉庭園は四季折々の景色が楽しめる

写真提供：大崎市教育委員会

城下町

白石
しろいし

宮城県白石市

掘割、水路に鯉が泳ぐ
片倉小十郎の城下町

　雄大な蔵王連峰の麓に広がる。伊達政宗を支えた名参謀・片倉小十郎景綱が白石城に礎を築いた城下町。城の掘割であった沢端川、館堀川、そこから枝分かれしたいくつもの水路が市内を流れ、梅花藻がゆらぎ、鯉が泳ぐ。かつて武家屋敷が立ち並んでいた街並みに瀬音を響かせて風情を添える。戊辰戦争時には、新政府軍に対抗するため、奥羽越諸藩が同盟を結んだ地となり、激動の時代を歩んだ町でもあった。

☐ ACCESS & INFORMATION

JR東北本線・白石駅下車。またはJR東北新幹線・白石蔵王駅から、宮城交通バスで8分、白石駅前バス停下車。

白石市観光協会 ☎0224-22-1321

胃腸の弱い父親のため孝行息子が考案したという白石温麺(うーめん)。油を使わず小麦粉と塩水で作られる特産品

白石MAP

片倉家中武家屋敷

> 三の丸外堀の役割を果たしていた沢端川。春は桜並木が美しい武家町通り

❶ 享保年間建造の中級武士の館
片倉家中武家屋敷
(旧小関家)
かたくらかちゅうぶけやしき(きゅうこせきけ)

白石城の三の丸外堀であった沢端川のほとりに残る、片倉氏家臣・小関家の屋敷跡。享保年間(1716〜36)の建築とされ、約290年前の中級武士の簡素な暮らしぶりを今に伝える。
☎0224-24-3030(白石城管理事務所) 所白石市西益岡6-52 時9:00〜17:00(11〜3月は〜16:00) 休無休 料200円

❷ 片倉家ゆかりの品を展示
歴史探訪ミュージアム
れきしたんぼうミュージアム

白石城横にあり、2階に城の歴史資料や模型、甲冑など片倉氏にゆかりの品々を展示している。
☎0224-24-3030(白石城管理事務所) 所白石市益岡町1-16 時9:00〜17:00(11〜3月は〜16:00) 休無休 料入館無料、立体ハイビジョンシアター400円

❸ 代々の城主の廟所
片倉家御廟所
かたくらけごびょうしょ

片倉家歴代当主の墓。3代小十郎景長が延宝8年(1680)に初代と2代の墓を移築。墓標の阿弥陀如来像が座す。
☎0224-22-1343(白石市教育委員会) 所白石市福岡蔵本愛宕山 料休料見学自由

白石城
しろいしじょう

> 江戸期の名城の姿を昔ながらの工法で忠実に復元

仙台藩の支城。17〜19世紀後半まで伊達家の重臣・片倉氏の居城となった。文政年間(1818〜30)に焼失し再建された当時の姿を、平成7年(1995)に、純木造で復元。
☎0224-24-3030 所白石市益岡町1-16 時9:00〜17:00(11〜3月は〜16:00) 休無休 料400円

↑三階櫓(天守閣)や門は往時の姿に

※白石城、立体ハイビジョンシアター(歴史探訪ミュージアム3階)、片倉家中武家屋敷(旧小関家)共通券800円

30

城下町

湯沢
ゆざわ

秋田県湯沢市

小野小町伝説に満ちた
「東北の灘」と呼ばれる酒どころ

　小野小町生誕の地として多くの伝説が語り継がれる地。美人画の絵灯籠が町を練り歩く「七夕絵どうろうまつり」は、秋田藩佐竹南家に嫁いできた京都の姫を慰めるための祭りという。院内銀山で栄えた町には江戸時代からの町割と武家屋敷の遺構が残され、銘酒の産地として伝統的建造物の酒蔵が点在する。

☐ ACCESS & INFORMATION

JR奥羽本線・湯沢駅下車。

湯沢市観光物産協会 ☎0183-73-0415

内町・御屋敷町には、銀山の管理や藩境警護のため秋田藩の重臣たちの屋敷が並んだ

⬆創業400年の酒造元。代表銘柄「福小町」は2012年IWCで「チャンピオン・サケ」を受賞

⬆明治7年 (1874) 創業の醸造元。代表銘柄は「両関」で、酒蔵は有形重要文化財

城下町

米沢
よねざわ

山形県米沢市

戦国時代の名将たちの
気骨に満ちた城下町

　米沢城址周辺には上杉謙信／景勝／鷹山、直江兼続、伊達政宗など、ゆかりの史跡や銅像が点在。なかでも、米沢藩9代藩主・鷹山は、困窮した藩財政を立て直すため、「なせば成る」の精神で、漆、桑、紅花の栽培を推進、米沢織、米沢鯉、ウコギ、笹野一刀彫などを奨励し、財政改革に取り組んだことで知られる。その功績は今なお受け継がれている。

☐ ACCESS & INFORMATION

JR山形新幹線／奥羽本線／米坂線・米沢駅下車。

米沢観光コンベンション協会 ☎0238-21-6226

最後の米沢藩主・上杉茂憲伯爵の総欅造りの邸宅で、米沢牛や郷土料理「献膳料理」が楽しめる

⬆上杉家ゆかりの史跡が点在する米沢城址。春には堀沿いに200本の桜が咲く

⬆慶長2年 (1597) 創業の地酒「東光」の酒造資料館と直売店

角館
かくのだて

秋田県仙北市
重要伝統的建造物群保存地区

広い道と桜に圧倒される
みちのくの武家屋敷通り

　元和6年(1620)、角館領主・芦名氏が整備した城下町は、火除と呼ばれる広場を中心に北側に武家屋敷が立ち並ぶ内町を、南側に町人が住む外町を配した。町割も11mに及ぶ武家屋敷通りの道幅も造営時のまま残る。芦名氏断絶後は京都の公家出身の佐竹北家の治世となり、武家屋敷群の黒板塀越しのしだれ桜も京文化の移入による。今も夏の緑陰、秋の紅葉に雪景色など、四季の色合いが町並みを美しく彩る。

☐ ACCESS & INFORMATION

JR秋田新幹線／田沢湖線・角館駅下車。

仙北市観光情報センター「角館駅前蔵」
☎0187-54-2700

**MACHI
めぐり**

風流な人力車体験

武家屋敷通りを人力車に乗って、車夫の町並み案内とともにゆったりまわれば優雅な気分に。角館樺細工伝承館向かいから乗車できる。

角館人力社
かくのだてじんりきしゃ
☎090-2970-2324 營9:00〜17:00 休無休
(冬季は予約のみ) 料2人乗り1台15分3000円
〜、30分5000円〜

絢爛な桜は約400本

角館

樹齢200年以上
のしだれ桜とモミ
の大木など黒板塀
沿いに続く武家
屋敷通り

33

家並みは藩政時代末期の屋敷割を今も踏襲。重厚な黒板塀が続く武家屋敷通りに6軒の武家屋敷が公開されている。

① 現存する角館最古の武家屋敷
武家屋敷「石黒家」
ぶけやしき「いしぐろけ」

佐竹北家に財政を担当する用人として仕えた家柄。家老に次ぐ家格であり、角館で現存する武家屋敷としては最も格式が高く、最も古い。現在でも非公開部分では子孫の方々が生活されている。
📞0187-55-1496 🏠仙北市角館町表町下丁1 🕘9:00～17:00(12～3月は～16:00) 休無休 💴500円

⟵築山や巨石、あずま屋などを配した庭（左）。石黒家は角館で唯一、座敷に上がって見学できる武家屋敷（右）

② 格式高い武家屋敷
角館歴史村・青柳家
かくのだてれきしむら・あおやぎけ

佐竹北家に仕えた青柳家。格調高い薬医門をはじめ、築約200年の母屋は寄棟造り茅葺き屋根で豪華な座敷や600種もの植物を配した広い庭を持つ。
📞0187-54-3257 🏠仙北市角館町表町下丁3 🕘9:00～17:00(12～3月は～16:30) 休無休 💴500円

⟵邸内には、喫茶室や食事処もある

③ 映画『たそがれ清兵衛』のロケ地
岩橋家
いわはしけ

明治33年(1900)の大火の数年前、屋根を茅葺きから木羽葺きにしたため類焼を免れたとされる。庭には樹齢300年以上と推定されるカシワなど、多様な樹木が茂る。
📞0187-43-3384(仙北市文化財保護室) 🏠仙北市角館町東勝楽丁3-1 🕘9:00～17:00 休12月～4月初旬 💴無料

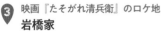

④ 下級武士の簡素な屋敷
松本家
まつもとけ

家禄としては下級武士の家格ながら学問に秀でた学者の家系。角館の郷校の教授であり、その教科書として使用された『烏帽子於也』を記した須藤半五郎生家でもある。
📞0187-43-3384(仙北市文化財保護室) 🏠仙北市角館町小人町4 🕘9:00～16:00 休11月中旬～4月初旬 💴無料

⑤ 唐破風の玄関が美しい
河原田家
かわらだけ

家屋は明治24年(1891)この場所に移り住んだ際に建てられたものだが、様式は江戸期の武家屋敷そのもの。
📞0187-55-1500 🏠仙北市角館町東勝楽丁9 🕘9:00～17:00(最終受付16:30) 休無休 💴300円

⑥ 木々の茂る庭が特徴的
小田野家
おだのけ

『解体新書』の挿絵を描いた小田野直武の分家である小田野家。明治33年(1900)の大火で焼失後に再建されたため、簡素な造り。
📞0187-43-3384(仙北市文化財保護室) 🏠仙北市角館町東勝楽丁10 🕘9:00～17:00 休12月～4月初旬 💴無料

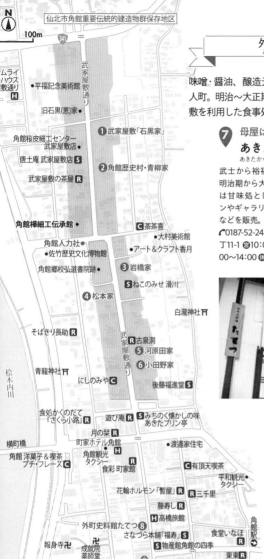

N
100m
341

- ナムライハウス 屋敷通り
- 平福記念美術館 H
- 旧石黒(恵)家
- 武家屋敷通り
- ① 武家屋敷「石黒家」
- 角館桜皮細工センター 武家屋敷之・
- 唐土庵 武家屋敷店 S
- 武家屋敷の茶屋 R
- ② 角館歴史村・青柳家
- 角館樺細工伝承館・
- C 茶茶喜
- ・大村美術館
- 角館人力社・
- ・佐竹歴史文化博物館
- ・アート＆クラフト香月
- 角館郷校弘道書院跡・
- ③ 岩橋家
- S ねこのみせ 滑川
- ④ 松本家
- 白瀧神社 ⛩
- そばきり長助 R
- 武 R 古泉洞
- 青龍神社 ⛩
- 家 R 河原田家
- 屋敷 ⑤ 小田野家
- にしのみや C 通り
- 後藤福進堂 S
- 食処かくのだて 『さくら小路』
- 遊び庵 R S みちのくの懐かしの味 あきたプリン亭
- 月の菜 R
- 町家ホテル角館
- 渡邊家住宅
- 横町橋
- 角館 洋菓子＆喫茶 プチ・フレーズ C
- 角館観光 タクシー
- 食彩 町家館
- C 有頂天喫茶
- 平和観光 タクシー
- 花輪ホルモン「暫屋」 R
- R 三千里
- 藤寿し R
- 高橋旅館 H
- 外町史料館たてつ ⑧
- さなづら本舗「福寿」 S
- 食堂いなほ R
- 物産館角館の四季 S
- 報身寺 卍
- 成就院 薬師堂 卍
- 東隣 R
- 源八 R
- S 八柳商店
- S 角館草履
- あきた角館西宮家 ⑦
- 常光院 卍
- かくのだて温泉 町宿ねこの鈴 H
- かくのだて温泉 ♨
- まち角 R
- R 角館そば
- 浜田謹吾の墓・
- 中華料理 祐楼 R
- 藤木伝四郎商店 S
- 本明寺 卍
- 西覚寺 卍 卍
- 学法寺
- 田町武家屋敷ホテル H REGAL RITZ
- 安藤醸造本店 ⑨
- 安藤醸造レンガ造蔵座敷
- 旧角館製糸工場
- 桧木内川
- 角館駅
- 田町武家屋敷通り

外町（町人町）
とまち

味噌・醤油、醸造元などが並ぶ商人・町人町。明治〜大正期の和モダンな蔵や屋敷を利用した食事処やショップもある。

⑦ 母屋は明治中期の建物
あきた角館西宮家
あきたかくのだてにしのみやけ

武士から裕福な地主となった西宮家。明治期から大正時代に建てられた母屋は甘味処として、5棟の蔵はレストランやギャラリー、古布や陶磁器、和紙などを販売。

☎0187-52-2438 ㊟仙北市角館町田町上丁11-1 ㊙10:00〜17:00、北蔵ランチ11:00〜14:00 ㊡無休

➡明治27年(1894)築と邸内で最も古い蔵。西宮家ゆかりの文献や道具を展示している

⑧ 江戸末期の商家
外町史料館たてつ
とまちしりょうかんたてつ

江戸末期に建てられた蔵を利用し、呉服店であった田鉄家で使用されていた食器や着物など生活用品を公開。隣接する角館桜皮細工センターでは樺細工などを販売。

☎0187-53-2639 ㊟仙北市角館中町25 ㊙10:00〜17:00 ㊡無休 ㊩無料

⑨ レンガ造りの蔵座敷
安藤醸造本店
あんどうじょうぞうほんてん

享保年間(1716〜36)に地主として名を馳せた安藤家が創業。1〜2年という長期間をかけ、1桶ずつ発酵具合をチェックして育む無添加、天然醸造の味噌や醤油、漬物を製造、販売する。

☎0187-53-2008 ㊟仙北市角館町下新町27 ㊙8:30〜17:00 ㊡無休

➡醤油本来の味と風味が楽しめる生醤油と、3年以上も熟成させた濃厚な家伝醤油

享保年間（1716～36）
仙北郡角館絵図（部分）

秋田県公文書館蔵

角館城

佐竹氏居館

奥州道中

	武家屋敷
	足軽中間屋敷
	町屋
	寺院

商家町 & 在郷町

商家町

黒石
くろいし

青森県黒石市
重要伝統的建造物群保存地区

雪国の知恵が息づく
コミセが続く商人町

　浜街道と呼ばれる弘前と青森を結ぶ街道筋に位置し、コミセが続く中町は造り酒屋、呉服店、米店などが軒を並べ、前町、横町などの商人町とともに津軽氏が築いた黒石城下の中核だった。コミセは、町家と商家の軒の前面に、冬の吹雪や夏の日照りから歩行者を守るように造られた屋根で、藩政時代に考えられた木造のアーケードといえるもの。間口が広く繊細な格子の商家も風情がある。

■ ACCESS & INFORMATION

弘南鉄道・黒石駅下車。

黒石観光協会 ☎0172-52-3488

建物の表通りに設けられた庇を青森や秋田ではコミセと呼び、新潟などでは雁木と呼ぶ

黒石MAP

N　0──200m

弘南鉄道
弘南線
黒石駅
富田通り
卍円覚寺
松の湯交流館 ❸
黒石市中町重要伝統的
建造物群保存地区
中町こみせ通り
中村亀吉 ❹
高橋家住宅 ❷
鳴海醸造店 ❶
九戸家住宅主屋
黒石市民文化会館・
卍八幡宮
御幸公園
◎黒石市役所

2020年に無電柱化整備された中町こみせ通り。道の両側には石畳風の路側帯も整備された

❶ 庭園見学と試飲ができる

鳴海醸造店
なるみじょうぞうてん

中町こみせ通りに文化3年(1806)から続く造り酒屋。代表銘柄は「菊乃井」で、庭園の見学や常時3種類以上の試飲ができる。
☎0172-52-3321 所黒石市中町1-1 営8:00～17:00 土・日曜9:00～16:00 休不定休

❷ 風格ある大型商家

高橋家住宅
たかはしけじゅうたく

宝暦年間(1751～63)、米問屋、味噌、薬を製造販売した豪商。藩の要人がお忍びで通う月見の部屋や米蔵、味噌蔵、文書蔵が残る。国指定重要文化財。
☎0172-52-5374 所黒石市中町38-1 営9:00～16:00 休11月末～4月中旬、ほか不定休

❸ 銭湯を活用した交流拠点

松の湯交流館
まつのゆこうりゅうかん

屋根を突き抜けた樹齢約350年の松がそびえる元銭湯を利用した観光案内所。市民の憩いの場でもあり、アジアンカフェも併設されている。
☎0172-55-6782 所黒石市中町33 営9:30～18:00 休無休

❸ 大きな酒林が目印

中村亀吉
なかむらかめきち

大正2年(1913)創業。代表銘酒は「玉垂」と「亀吉」で、新酒ができたことを知らせる直径2.1m、重さ1500kgという酒林が印象的。
☎0172-52-3361 所黒石市中町12 営8:30～17:00 休土・日曜、祝日

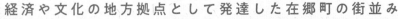

経済や文化の地方拠点として発達した在郷町の街並み

在郷町

金木
かなぎ

青森県五所川原市

津軽三味線の旋律が響く
太宰治が生まれ育った町

　太宰治は金木町のことを「これという特徴もないが、どこやら都会ふうにちょっと気取った町である」と、小説『津軽』に書いている。津軽平野では藩政時代に新田開発が行われ、明治から大正時代に、大地主や豪商を輩出。太宰の生家「斜陽館」は、明治の新興地主で金融業を営んでいた津島家の豪邸だ。

☐ ACCESS & INFORMATION

津軽鉄道・金木駅下車。

五所川原市観光協会 ☎0173-38-1515

太宰治の作品の原点となった生家。赤レンガ塀に囲まれ、青森ヒバを多用した和洋折衷の豪邸「斜陽館」

⬆太宰治疎開の家「旧津島家新座敷」。津島家の離れで、太宰が妻子と疎開した家。『パンドラの匣』などを執筆した部屋がある

⬆津軽三味線の歴史や民謡など郷土芸能を紹介。迫力ある生演奏も聴ける

在郷町

増田
ますだ

秋田県横手市 重要伝統的建造物群保存地区

豪雪地帯に隠された
豪華絢爛な「内蔵」

　横手の伝統的家屋の特徴は、「内蔵」と呼ばれる座敷蔵。町は江戸時代に葉煙草や繭の県内最大の産地として栄え、商人たちが主屋の奥に築いた豪華な内蔵は、ほかの土蔵とは異なり、家族だけの居室として利用された。今も人々の暮らしがある建物には、表からは想像できない当時の最先端の左官技術を駆使した意匠が見られる。

☐ ACCESS & INFORMATION

JR奥羽本線・十文字駅から、羽後交通バスで8分、増田蔵の駅バス停下車。

増田町観光協会 ☎0182-45-5541

明治初期に建築された住居・内蔵を公開している佐藤又六家

⬆観光物産センター蔵の駅。旧石平金物店の伝統的な建造物を紹介する施設

⬆山吉肥料店の昭和の内蔵は1枚1tもある扉や黒漆喰に格子細工と豪華絢爛

写真提供：増田町観光協会

世田米駅
せたまいえき

岩手県住田町

内陸と沿岸をつなぐ宿駅に
残る商家や「蔵並み」

　岩手県の南東部。藩政時代には、水沢から海岸沿いの盛を結ぶ盛街道の宿駅として、内陸部からは米、雑穀、麻布など、沿岸からは塩や海産物が運ばれ、物資運搬の中継地として栄えた。大正9年(1920)にこの町を訪れた柳田國男が「其につけても世田米は感じの好い町であった」と記した街並みや土蔵群が今も残されている。

☐ ACCESS & INFORMATION

JR東北新幹線／東北本線・盛岡駅から、岩手県交通バスで約1時間45分、世田米駅前バス停下車。
住田町農政課 ☎0192-46-3861

100年以上の歴史ある建物を改修した住民交流拠点施設「まちや世田米駅」

⬆馬の育成が盛んで、馬市も開かれていたため、道幅は広く取られている

⬆町の中心部を流れる気仙川沿いには、土蔵群が立ち並んでいる

村田
むらた

宮城県村田町 重要伝統的建造物群保存地区

重厚な店蔵と門が対となった
紅花で栄えた蔵の町

　仙台と山形を結ぶ街道の分岐点として、また、仙台藩が栽培を奨励していた紅花や藍の集散地として賑わい、江戸や上方との取引で財を成した町。当時の栄華を伝える豪勢な店蔵が今も町の中心部に残り、重厚な店蔵と門が交互に並ぶ町並みが印象的だ。なまこ壁や観音開き窓など、防火を意識しながらも意匠に凝った造り。

☐ ACCESS & INFORMATION

JR東北本線・大河原駅から、ミヤコーバスで18分、村田中央バス停下車。または仙台駅から、宮城交通高速バスで32分、村田町役場前バス停下車。

株式会社まちづくり村田 ☎0224-87-6990

村田独特の建築様式の店蔵の脇に門を構える商家の建物「村田商人やましょう記念館」

⬆道の駅村田に隣接する村田町歴史みらい館。街歩きはここから始めたい

⬆創業300年の蔵元、大沼酒造店。特別純米辛口の「乾坤一」がオリジナルブランド

在郷町・醸造町

喜多方
きたかた

福島県喜多方市
重要伝統的建造物群保存地区

多種多様な蔵が約4000軒
夢が詰まる蔵とラーメンの町

　会津盆地の北西に位置し、古く「北方」と記された町は、喜多方ラーメン発祥の地であり、蔵の町としても名高い。飯豊山系からの伏流水と穀物のおかげで酒・味噌・醤油の醸造業が栄え、江戸時代から店蔵以外にも、蔵座敷、家財蔵、穀蔵、醸造蔵など、多種多様な蔵が並ぶ街並みとなった。かつて「40代で蔵を建てられないのは、男の恥」とまでいわれ、現在、市内の蔵の数は約4000棟という。

☐ ACCESS & INFORMATION

JR磐越西線・喜多方駅下車。

(一社)喜多方観光物産協会 ☎0241-24-5200

商品蔵、味噌・醤油蔵などが連結しながら全長70mにも及ぶ、旧嶋新商店1号蔵〜3号蔵

喜多方 MAP

喜多方市小田付重要
伝統的建造物群保存地区

もとは米屋・質屋を営んだ大森邸や小原酒造など醸造業で発展した、おたづき蔵通り

おたづき蔵通り

① 日本初の音楽酒
小原酒造
おはらしゅぞう

創業は享保2年(1717)。モーツァルトを聴かせて発酵させたという「蔵粋(クラシック)」の蔵元。酒蔵の見学、試飲も可能。
☎0241-22-0074 ㊟喜多方市南町2846
⏰9:00〜16:30 ㊡無休

② 各時代の酒蔵を公開
大和川酒蔵
北方風土館
やまとがわさかぐら ほっぽうふうどかん

寛政2年(1790)創業の酒造店。江戸から昭和に建築された酒蔵や座敷蔵を公開。酒造りの道具の展示のほか、試飲コーナーもある。
☎0241-22-2233 ㊟喜多方市寺町
4761 ⏰9:00〜16:30 ㊡無休

④ 黒漆喰壁の贅沢な蔵座敷
旧甲斐家蔵住宅
きゅうかいけくらじゅうたく

幕末は酒造業から麹製造、製糸業で財をなした豪商。喜多方では珍しい黒漆の蔵造りの建物で、51畳の座敷蔵、西洋風のらせん階段などがある。
☎0241-22-0001 ㊟喜多方市一丁目
4611 ※2023年4月から保存修理工事のため見学不可

③ 赤レンガ蔵と座敷蔵
若喜商店
わかきしょうてん

宝暦5年(1755)から続く天然味噌醤油醸造元。明治時代建築のレンガ蔵はバルコニー風のポーチの入口や座敷蔵に縞柿やケヤキなど贅沢な材を用いた造り。
☎0241-22-0010 ㊟喜多方市三丁目
4786 ⏰9:00〜17:00 ㊡無休

旧甲斐家蔵住宅④
満福寺卍
小原酒造①
旧嶋新商店
三十八間蔵
②大和川酒蔵
　北方風土館
喜多方市役所
喜多方レトロ横丁商店街
③若喜商店
⑤喜多方の華酒造場
喜多方駅
磐越西線　●会津若松駅
0　　500m

商家町・城下町・宿場町

会津若松
あいづわかまつ

福島県会津若松市

蔵や洋館、木造商家と
会津士魂が息づく街並み

　白虎隊自刃の地・飯盛山からは、幕末当時の赤瓦に復元された鶴ヶ城が見渡せる。かつて戦国武将の蒲生氏郷が整備した城下町は、織田信長の「楽市」を発展させた「十楽」という制度を敷いて漆器や酒造りを奨励。藩政時代、会津五街道の起点として賑わった町も戊辰戦争を経て、復興を誓った商人たちが新たに建てた洋館や店蔵などが、野口英世青春通りから七日町通りにかけて残されている。

ACCESS & INFORMATION

JR只見線・七日町駅下車。

会津若松観光ビューロー ☎0242-23-8000

レトロなJR七日町駅。駅舎内に会津の市町村のアンテナショップも

会津若松 MAP

会津若松駅
七日町駅
❸鶴乃江酒造
白木屋漆器店
旧第四銀行会津支店
❷鈴木屋利兵衛
❶渋川問屋
野口英世青春館
❺福西本店
末廣酒造❹
嘉永蔵
英世青春通り
会津若松市役所
会津工高
会津松平氏庭園 御薬園❻
福島県立博物館
若松城跡
(鶴ヶ城)
鶴ヶ城
城址公園
N
0　500m

七日町通り

七日町通りは、毎月7の日に市が立ったところから名付けられた。右手前に建つのが渋川問屋

ここは訪れたい！

❶ 元海産物問屋の郷土料理
渋川問屋
しぶかわどんや

明治から大正時代に建てられた元海産物問屋の店舗や蔵を利用した郷土料理店。身欠きニシンやタラを使った料理に、祝い事や正月にいただく郷土料理で具だくさんの「こづゆ」などが楽しめる。

☎0242-28-4000 所会津若松市七日町3-28 営11:00〜21:00 休無休

❸ 女性杜氏が造る「ゆり」
鶴乃江酒造
つるのえしゅぞう

寛政6年(1794)創業の酒蔵。「会津中将」や母娘杜氏が造った「ゆり」はトランプ前大統領晩餐会で出された大吟醸として有名。

☎0242-27-0139 所会津若松市七日町2-46 営9:00〜18:00 休無休

❷ 会津漆器の老舗
鈴木屋利兵衛
すずきやりへえ

なまこ壁に黒漆喰の江戸期の見世蔵に伝統工芸品の會津繪、鉄錆塗などの復元漆器から重箱、椀物、アクセサリーなど、普段使いできる漆器製品がずらり。

☎0242-22-0151 所会津若松市大町1-9-3 営10:00〜18:00 休不定休

❹ 酒蔵見学ができる
末廣酒造 嘉永蔵
すえひろしゅぞう かえいぐら

嘉永3年(1850)創業の蔵元。木造3階建ての建屋で吹き抜けのホールなど酒蔵見学ができる。カフェも併設。

☎0242-27-0002 所会津若松市日新町12-38 営9:30〜16:30 休第2水曜

赤瓦で復元された天守閣の建つ城郭

鶴ヶ城城址公園
つるがじょうじょうしこうえん

戊辰戦争では約1カ月に及ぶ激しい攻防戦に耐えた名城。平成23年(2011)、赤瓦屋根に復元された天守閣からは市街が一望でき、毎晩午後9時まで城はライトアップされる。
☎0242-27-4005(鶴ヶ城管理事務所) 所会津若松市追手町1-1 時8:30〜17:00(入場は〜16:30) 休無休 料410円(天守閣博物館・茶室麟閣共通券520円)

↑鶴ヶ城本丸と二の丸の間の堀をまたいで架かる廊下橋

レンガ敷の野口英世青春通りには、英世が左手の手術をし、書生となった会陽院跡の「野口英世青春館」とカフェがある

❻ 歴代藩主が愛した庭園

会津松平氏庭園 御薬園
あいづまつだいらしていえん おやくえん

室町時代に葦名氏が別荘を建てたのが始まり。会津松平氏が藩主となったとき疫病から救いたいと、薬草を栽培。江戸時代の池泉回遊式庭園を散策できる。
☎0242-27-2472 所会津若松市花春町8-1 時8:30〜17:00(入園は〜16:30) 休無休 料330円

❺ 黒漆喰の商家建築と蔵

福西本店
ふくにしほんてん

明治〜大正時代に栄えた豪商の邸宅。重厚な蔵造りの母屋や蔵座敷など贅を尽くした造り。黒壁の重厚な店蔵では会津の名産品を販売している。
☎090-9422-2924(会津若松まちづくり株式会社) 所会津若松市中町4-16 時10:00〜17:00(冬季は〜16:00) 入館は各30分前まで 休無休 料500円

洋風建築にも注目

会津初のルネサンス様式の建物の漆器店

白木屋漆器店
しろきやしっきてん

創業は慶安年間(1648〜52)。大正3年(1914)に建造された土蔵造り3階建ての建物は、照明や階段手すりなど大正モダンが薫る。
☎0242-22-0203 所会津若松市大町1-2-10 時9:30〜17:30 休水曜(8〜11月は無休)

旧第四銀行会津支店は郡山橋本銀行若松支店として建てられた昭和初期の建物。ギリシャ神殿を模した円柱が印象的

宿場町

宿場町

大内宿
おおうちじゅく

福島県下郷町
重要伝統的建造物群保存地区

旧宿場の家並みをまるごと残す
茅葺き屋根の古民家群

　会津若松城下と日光今市宿を結ぶ会津
西街道の宿場町として栄え、会津藩をは
じめ、庄内藩、米沢藩などの参勤交代や
米の運搬路として重要な役割を果たした。
維新後、新道の開通で往来は静かになっ
たが、半農半宿だった宿場の家々は茅葺
きの家をそのまま残した。今も40軒ほど
の古民家が街道沿いに建ち、そのうち約
30軒ほどの茅葺き屋根が住民により守ら
れている。手打ちそば店に茶屋、郷土玩
具のみやげ物店など、往時にも負けない
賑わいをみせている。

☐ ACCESS & INFORMATION

会津鉄道・湯野上温泉駅から、乗り合いバス猿游
号で20分、大内宿入口バス停下車。

大内宿観光案内所 ☎0241-68-3611

MACHI めぐり

宿場町を一望する

大内宿の全景を見渡すなら北側の湯殿山に
ある子安観音堂へ。石段を上った高台から
の眺めが格別。

大内宿見晴台
おおうちじゅくみはらしだい

⬆大内宿を一望する高台に建つ子安観音堂

宿場町の面影

見晴台から大内宿の全景を望む。観光案内やパンフレットでおなじみの光景だ

まるで映画のセットのような全長約450mの街道。両脇の湧き水の水路にはラムネやビールが冷やされている

↑大内宿名物の高遠そば（ねぎそば）は、十割そばを箸の代わりに一本ネギで食べる

① 囲炉裏の火が懐かしい本陣
大内宿町並み展示館
おおうちじゅくまちなみてんじかん

本陣を再建したもので、殿様専用の玄関、上段の間、風呂、雪隠などを残し、当時の風習を伝える生活道具や写真パネルなどを展示。囲炉裏では一年中、薪が焚かれる。
☎0241-68-2657 所下郷町大内山本8 営9:00〜16:30 休無休 料250円

平家に反旗を翻した高倉宮似仁王を祀る高倉神社の一の鳥居

② 名物「高遠そば」を味わう
大内宿 三澤屋
おおうちじゅく みさわや

茅葺き屋根の古民家で、1本のネギを箸にして大根おろしとカツオ節のシンプルな「高遠そば」が楽しめる。
☎0241-68-2927 所下郷町大内山本26-1 営9:30〜16:00 休木曜（祝日の場合は営業）

③ カラフルなちりめん雑貨
本家 叶屋
ほんけ かのうや

色とりどりの野菜や花などのちりめんのお手玉やつるし飾りや山葡萄のバッグ、漬物などを販売。
☎0241-68-2954 所下郷町大内山本48 営8:30〜16:00 休不定休（12〜3月は要問い合わせ）

子安観音堂・ ●大内宿見晴台

卍正法寺 厳島神社↑
大内宿 弁財天●
浅沼食堂● 二佛●

叶屋 分家 S加登屋
本家美濃屋 S Sます屋
本家玉屋 R ③本家叶屋
脇本陣石原屋 S R吉田屋
大和屋 R S分家美濃屋 ←茶房やまだ
松葉屋 S S玉木屋
大内宿町並み展示館① Ⓦ C山形屋
大内宿 玉川屋 R
  R大黒屋
本家えびすや S S分家えびす屋
高倉神社一の鳥居● 火見櫓
富士屋 S S松川屋
脇本陣富屋 S
田沼商店（扇谷分家）R H蔵の民宿 本家扇屋
大内宿 金太郎そば 山本屋 R R松本屋
そば処こめや R H民宿伊勢屋
糸屋 S R大内宿 萬屋
  S南仙院 本家
新富士屋 S
  S松美屋
扇屋分家 S
  下郷町大内宿重要伝統的建造物群保存地区
吉見屋 S ② S三澤屋久右衛門
  ② 大内宿 三澤屋 ♨大内宿入口
  C分家玉や

0 ——— 50m N

  S南仙院 分家

(131)

大内宿観光案内所 ⓘ

↑大内宿名物のしんごろうは、粗めに潰したご飯を串に刺し、じゅうねん味噌（エゴマ味噌）をぬって炭火で焼いたもの

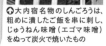

高倉神社

46

湯野上温泉駅♨

明暦年間（1655〜58）
酒田町絵図（写）部分

酒田市立光丘文庫蔵

最上川

山居倉庫

新井田川

奥州道中

大内宿／酒田

47

港町・倉庫群

酒田
さかた

山形県酒田市

大規模な米蔵が並び建つ
北前船が育んだ豪商の町

　最上川の河口、庄内平野の米や紅花などをベースに、北前船や西廻り航路により京都・大坂・江戸と物資の往来で「西の大坂・東の酒田」と呼ばれるほど栄えた港町。「本間様には及びはせぬが、せめてなりたや殿様に」とも謳われ、日本一の大地主といわれた本間家や鐙屋など、今も残る「三十六人衆」の豪商たちの邸宅や別荘に米倉庫など、酒田商人の繁栄ぶりを物語っている。

最上川と新井田川に挟まれた中州の山居島に12棟の木造の倉庫が並ぶ

🔲 ACCESS & INFORMATION

JR羽越本線・酒田駅下車。

酒田観光物産協会 ☎0234-24-2233

北前船で栄えた町

白い帆の北前船と白亜の木造六角洋式灯台がある歴史ある公園。酒田港、最上川、出羽三山を一望でき、日本海に沈む夕日のビュースポット。桜の名所でもある。

日和山公園
ひよりやまこうえん
☎0234-26-5745(酒田市整備課) 所酒田市南新町1 開休料見学自由

ここは訪れたい！

①　白壁と土蔵造りの米倉庫
山居倉庫
さんきょそうこ

明治26年(1893)に建てられた米保管倉庫。夏の高温防止のために欅並木を配した低温倉庫として、2022年まで現役だった。庄内米歴史資料館や観光案内所、物産館などを併設。
☎0234-24-2233(酒田観光物産協会)
所酒田市山居町1-1-20
酒田夢の倶楽
☎0234-22-1223 開9:00〜17:00(11月末〜3月は〜16:30) 休無休
庄内米歴史資料館
☎0234-23-7470 開9:00〜17:00(12月は〜16:30) 休12月29日〜2月末 料300円

荷揚げのための船着場。倉庫まで風雨除けの屋根付きの通路があった

②　武家と商家を合わせた屋敷
本間家旧本邸
ほんまけきゅうほんてい

明和5年(1768)、本間家3代光丘が藩主酒井家のため、幕府巡見使用宿舎として建造した。2000石の格式の長屋門の武家屋敷と商家造りの母屋が並ぶ。
☎0234-22-3562 所酒田市二番町12-13
開9:30〜16:30(11〜2月は〜16:00) 休12月中旬〜1月下旬、展示替え期間(不定期)
料900円

※本間家旧本邸と本間美術館との共通入館券1700円

山居倉庫

4 舞娘の演舞を楽しむ

舞娘茶屋 相馬樓 竹久夢二美術館

まいこぢゃや そうまろう
たけひさゆめじびじゅつかん

茅葺きの門と朱色の塀があでやかな料亭「相馬屋」を修復した樓内で、舞娘の踊りと食事を楽しめる。竹久夢二の作品を展示した部屋もある。

📞0234-21-2310 所酒田市日吉町1-2-20 ⏰10:00〜15:30(入樓は〜15:00)※平日完全予約制。舞娘演舞観賞14:00〜。竹久夢二美術館、樓内見学は予約不要 休不定休 料演舞観賞付入樓チケット1800円

5 料亭文化を伝える

山王くらぶ

さんのうくらぶ

酒田の料亭文化や歴史を紹介する、明治28年(1895)建築の元料亭。贅を尽くした部屋の意匠を残し、つるし飾り「傘福」も華やか。

📞0234-22-0146 所酒田市日吉町2-2-25 ⏰9:00〜17:00(入館は〜16:30)休12〜2月の火曜(祝日の場合は翌日)料410円(湊町酒田の傘福期間は800円)

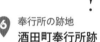

6 奉行所の跡地

酒田町奉行所跡

さかたまちぶぎょうしょあと

かつて酒田町奉行が執務したところで、東側には庄内藩の米蔵等が設けられていた。冠木門や当時の奉行所を復元したレプリカが展示されている。

📞0234-24-2994(酒田市文化政策課) 所酒田市本町1-3-12 ⏰休料見学自由

3 本間家の収蔵品を展示

本間美術館

ほんまびじゅつかん

庄内藩酒井家や米沢藩上杉家などの拝領品を中心に展示。鳥海山を借景とする池泉回遊式庭園と京風建築の「清遠閣」は、丁持(荷を運ぶ人夫)たちの冬季失業対策として築造された。

📞0234-24-4311 所酒田市御成町7-7 ⏰9:00〜17:00(11〜3月は〜16:30)入館は各30分前まで 休12〜2月の火・水曜(祝日の場合は翌日)料1100円

酒田MAP

奥州道中

酒田

49

温泉町

銀山温泉
ぎんざんおんせん

山形県尾花沢市

大正ロマン漂う
ノスタルジックな温泉街

　山に囲まれた銀山川の両岸に、大正、昭和に建てられた3〜4層の木造和風建築の温泉旅館が立ち並ぶ。開湯は慶長年間(1596〜1614)で、延沢銀山の鉱夫により発見され、湯治場として賑わったという。現在13軒の旅館があり、伝統的な唐破風玄関や戸袋、壁面を飾る鏝絵も見どころ。深い雪に覆われる秘境の静けさが人気で、夕暮れになるとガス灯に灯がともり、ノスタルジックな情緒が漂う。

ACCESS & INFORMATION

JR奥羽本線・大石田駅から、はながさバスで36分、銀山温泉バス停下車。

銀山温泉案内所 ☎0237-28-3933

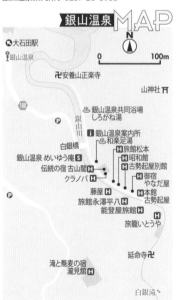

銀山温泉MAP

冬場に高い
人気を誇る温泉。
無色透明、泉質は
ナトリウム塩化物・
硫酸塩温泉

能登屋旅館

のとやりょかん

明治時代創業。望楼やバルコニーの鏝絵もレトロな木造4階建てだが、館内は和モダン。洞窟風呂や展望風呂などを備えている。

☎0237-28-2327 住尾花沢市銀山新畑446

伝統の宿 古山閣

でんとうのやどこざんかく

唐破風屋根の玄関に木造欄干に軒下を飾る鏝絵などが老舗の風格。隣接する新館「クラノバ」の客室はすべて洋室のオーベルジュ。

☎0237-28-2039 住尾花沢市銀山新畑423

旅館 永澤平八

りょかん ながさわへいはち

大正14年(1925)建造の木造3階建ての宿。山側と川側の部屋があり、リニューアルされた浴室は貸切で半露天風呂。

☎0237-28-2137 住尾花沢市銀山新畑445

農村 & 山村

山村集落

前沢曲家集落
まえざわまがりやしゅうらく

福島県南会津町 重要伝統的建造物群保存地区

曲家民家が残る
日本の農山村の原風景

　豪雪地で農耕馬と同じ棟屋に暮らした昔の民家を「曲家」と呼ぶ。前沢地区では、明治40年 (1907) に全戸焼失する大火に遭い、その後一斉に再建。現在残る13棟のL字に曲がった伝統的な曲家は当時のまま、現在も人々の暮らしが息づく。

ACCESS & INFORMATION

会津鉄道／野岩鉄道・会津高原尾瀬口駅から、会津バスで34分、前沢向バス停下車。会津高原尾瀬口駅、または会津鉄道会津線・会津田島駅から南会津シャトルタクシー・フリープラン (2時間) も利用できる (要予約 ☎0241-62-2250)。

前沢景観保存会 ☎0241-72-8977

春は桜、初夏は花ショウブやアヤメが咲き、秋はそば畑に白い花が一面に咲く

↑曲家の内部が見学できる 前沢曲家資料館。集落の暮らしが体感できる

↑前沢ふるさと公園には、花しょうぶ園や水車やバッタリ小屋などがある

山村集落

檜枝岐
ひのえまた

福島県檜枝岐村

雄大な大自然に囲まれた
尾瀬の玄関口の温泉地

　標高939m、急峻な山あいに隠れるようにたたずむ人口500人ほどの小さな山村。尾瀬国立公園、会津駒ヶ岳が有名な山岳観光地にある温泉地で、旅館や民宿だけでなく、一般家庭にも温泉が引かれている。日本有数の豪雪地帯で降雪の時期が早く、ウインタースポーツが盛んな地でもある。

ACCESS & INFORMATION

会津鉄道／野岩鉄道・会津高原尾瀬口駅から、会津バスで約1時間30分、檜枝岐バス停下車。

尾瀬檜枝岐温泉観光協会 ☎0241-75-2432

家々の屋根を赤錆色に統一している檜枝岐村。日本一人口密度の低い村という

↑江戸時代から続く奉納歌舞伎。檜枝岐歌舞伎舞台は鎮守神の境内にあり、役者は村民

↑板倉は、正倉院と同じ様式の防火用の穀物倉庫で、民家から離れて建てられた

門前町

羽黒山
はぐろさん

山形県鶴岡市

山岳修験の霊場
出羽三山の宿坊集落「手向」
とうげ

　羽黒山・湯殿山・月山の出羽三山は、全
国有数の修験の山として知られている。6
世紀に修験道場として開かれ、「講中」が
ブームとなった江戸時代には、三山の入
口にあたる羽黒山麓に道案内や宿を提供
する修験者が増え、かつては300以上の
宿坊が立ち並んだという。今も注連縄を
張った冠木門を構える宿坊が残され、修
験者や参拝客、登山者を受け入れて信仰
の歴史を伝え続けている。

☐ ACCESS & INFORMATION

主な宿坊街へは、JR羽越本線・鶴岡駅から、庄内
交通バスで30分、羽黒荒町バス停下車。

羽黒町観光協会
☎0235-62-4727

高さは約24m、
最上部の笠木の
幅は約32mの
羽黒山大鳥居

羽黒山 MAP

- H 勝木坊
- 黄金堂前
- H 羽黒山 荒澤寺正善院黄金堂
- 鶴岡駅
- H 宮田坊
- H 春照坊
- 福王寺稲荷神社
- 羽黒荒町
- 羽黒山三光院
- 桜小路
- H 田村坊
- H 大江坊
- 羽黒山 随神門
- 五重塔
- R 二の坂茶屋
- 羽黒山
- 生田坊
- 羽黒山大鳥居
- いでは文化記念館 ②
- 出羽三山神社
- 出羽三山歴史博物館
- 羽黒山自動車道
- 47
- 吹越神社
- 権現森山神社
- 荒沢寺・ビジター
  センター前
- 羽黒山荒澤寺
- N
- 0　500m

手向地区の宿坊群

手向地区は
羽黒山の門前町
として宿坊が軒を
連ねる宿坊街。厳
かで落ち着い
た街並み

❶ 1400年余の歴史を継承

羽黒山 荒澤寺正善院
黄金堂
はぐろさんこうたくじしょうぜんいんこがねどう

33体の聖観世音菩薩を本尊とする黄
金堂は源頼朝が奥州征伐の戦勝祈願
のために建立したと伝わる。出羽三
山の歴史と信仰を伝える80体余りの
仏像を安置する。国指定重要文化財。
☎0235-62-2380 所鶴岡市羽黒町手
向231 開9:00～17:00(最終入堂は16:
30) 休4月16～18日、5月2～4日、5月第
3日曜、8月6～31日、9月23日(秋分の
日)、11月中旬～4月中旬(降雪状況によ
る) 料黄金堂300円

❷ 山岳信仰と修験道を学ぶ

いでは文化記念館
いではぶんかきねんかん

出羽三山の歴史と文化を伝える記念館。
死と再生がテーマの常設展や山伏の修
行を紹介する映像などが見られる。
☎0235-62-4727 所鶴岡市羽黒町手向院
主南72 開9:00～16:30、12～3月9:30～
16:00 休火曜(7・8月、GWは無休) 料400円

樹齢300～600
年という出羽三山
神社杉並木の中
に続く石段、継子
坂(ままこざか)

出羽三山神社
でわさんざんじんじゃ

羽黒山、月山、湯殿山を巡るこ
とは死と再生をたどる「生まれ
かわりの旅」として信仰され、
羽黒山頂には三神を合わせて祀
る大社殿「三神合祭殿」があり、
2446段の石段参道は約1.7kmも
続く。
☎0235-62-2355 所鶴岡市羽黒
町手向字手向7 開休料参拝自由

出羽三山の象徴
優美な国宝の五重塔

⬆東北地方では最古の塔といわれる国宝
羽黒山五重塔。平将門の創建と伝えられる

53

街並みの基本

全国伝統的建造物群保存地区協議会による区分を参考に、本書では以下のように分類して紹介しています。伝統的な街並みには、歴史の流れのなかで、城下町であり、かつ宿場町でもあるという、複数の特性を持った町もあります。

武家を中心とした街並み
城下町 & 武家町
【城下町、武家町、陣屋町、麓集落など】

城下町は戦国期から江戸期にかけて城郭を中心に形成された都市で、武家町や町人地、寺社地で構成された。薩摩藩内に在郷武士団が居住した麓集落、陣屋を中心とした陣屋町にも城下町風の都市が形成された。

街道の宿場を中心とした街並み
宿場町
【宿場町、街道集落など】

近世以降に五街道や脇街道が整備されると、その拠点となる宿場が各地に設けられた。公用の宿泊・休息所である本陣や脇本陣、問屋場のほか、一般の旅人向けの旅籠や茶店、商店などが立ち並んで賑わった。

商業、産業と結びついた街並み
商家町 & 在郷町
【商家町、醸造町、焼物の町、鉱山町など】

交通拠点としての地の利を生かし、物資の集積する商業地として栄えたのが商家町。商家の町家や土蔵が街道沿いに並んだ。炭鉱や醸造、焼物など、特産品の生産により地方に発展した在郷町も各地で見られる。

茶屋を中心とした街並み
茶屋町 & 花街
【茶屋町、料亭町、花街など】

近世から近代にかけて、武家や裕福な町人らの遊興の場として発展した茶屋町や花街。1階に出格子が連なり、2階を高くして座敷を設けた茶屋建築が通りに軒を連ねて、花街特有の華やかな風情を今に伝えている。

社寺を中心とした街並み
寺町 & 門前町
【寺町、門前町、寺内町、講中宿、宿坊群など】

社寺の境内や門前に形成された町。商店や宿屋の並ぶ門前町、信徒が自治集落を築いた寺内町、宿坊など参詣者の宿泊施設が集う宿坊群や講中宿など、信仰の形態や時代により、異なる特徴を持った町が生まれた。

温泉宿を中心とした街並み
温泉町
【温泉町】

古くから湯治や保養の場として親しまれ、昔ながらのたたずまいを残す温泉町。3、4階建ての木造建築や外湯、みやげ物店が並ぶ通りを浴衣姿の人々が下駄を鳴らして行き交い、日本ならではの温泉情緒を漂わせる。

海、川の港町と漁村の集落の街並み
港町 & 漁村
【港町、河岸の町、漁村、船主集落など】

近世を通じて舟運が発達し、海辺や河川の港に商家や倉庫の並ぶ港町が形成された。伝統的な家並みを残す素朴な漁村も各地に残されている。幕末に開港地となった横浜や長崎には、異国情緒漂う街並みが広がる。

農村、山村の集落を中心とした街並み
農村 & 山村
【農村集落、山村集落、養蚕集落など】

自然に抱かれて暮らす農村や山村では、地域の気候や地形、産業により育まれた独特の形式を持つ伝統民家を各地で見られる。養蚕住宅や茅葺き民家などの木造建築が自然と一体化した集落の景観が郷愁を誘う。

小京都と小江戸

京都に似た特色や風情を持つ地方都市は「小京都」と呼ばれ、現在、26市町と京都が参加して「全国京都会議」を結成している。そのうちのひとつ、山陰の小京都・津和野は山々に囲まれ、旧武家町の歴史的な街並みが京都を思わせる。一方、江戸の風情を残すのが「小江戸」。代表的な埼玉・川越は、舟運などにより江戸とのつながりが深く、江戸情緒を誘う蔵造りの町で知られている。

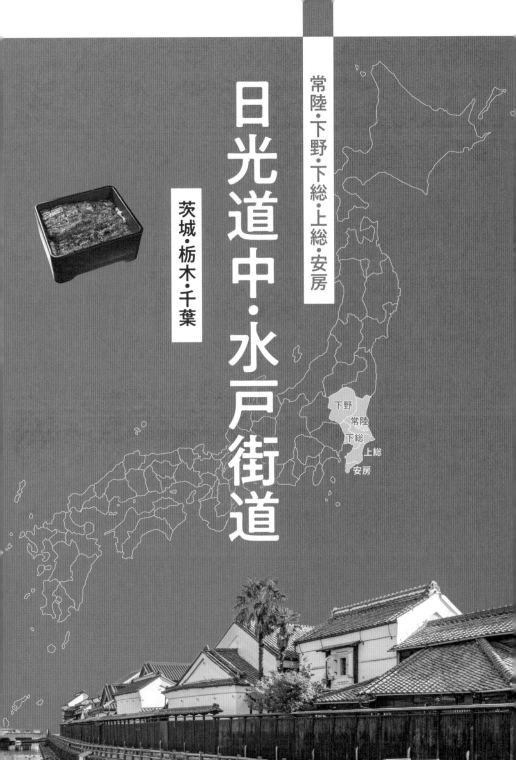

日光道中・水戸街道

常陸・下野・下総・上総・安房

茨城・栃木・千葉

下野
常陸
下総
上総
安房

江戸の東方と海上を守る要衝。常陸、下野、房総の町へ

江戸時代に整備された五街道のひとつ、日光道中（日光街道）は、江戸を出て、徳川家康を祀る日光東照宮に至る主要道。寛永13年(1636)に開通した。道中には、江戸・千住から鉢石まで21の宿場が置かれ、宇都宮以北はさらに奥州へ向かう奥州道中（奥州街道）へと続いていた。江戸から下総に至る途中、現在の埼玉県内には6つの宿場町があり、「日光街道埼玉六宿」として町歩きスポットとなっている。

日光参詣へ向かう道としては、日光例幣使街道も重要路のひとつだった。その宿場町でもあった栃木は、巴波川沿いに白壁土蔵が立ち並ぶ蔵の町として知られている。

藩政時代、常陸、下野、房総の国々では、水戸徳川家35万石を別にすれば、いずれも譜代小藩が多かった。そのなかで、18世紀に水野氏が入封した結城、松平氏や西尾氏らが治めた土浦、土井氏が城を築いた佐倉など、今も城下町の面影を残している町が見られる。

江戸時代、日本全国を測量して日本地図の礎をつくった伊能忠敬の生地としても知られる佐原は、利根川の水運で栄えた商業都市。利根川支流の小野川沿いに、趣ある建造物群が立ち並んでいる。

⬆佐倉の武家屋敷町。幕府にとって重要な地だった佐倉は、城主に幕府要職者がなることも多く、諸藩の中で最も多く老中を輩出している

⬆巴波川のほとりに蔵が立ち並ぶ栃木の町。日光例幣使街道沿いの嘉右衛門町は重要伝統的建造物群保存地区に選定されている

⬆江戸時代の情緒を残す佐原の町並み。古い商家や町家が小野川や街道沿いに立ち並んでいる

越後
新潟県

福島県
岩代
磐城

猪苗代湖
郡山

大内宿
白河街道
那須岳
白河
白坂
白河関
磐城平
芦野
越堀
勿来関
神岡
足洗
高萩
浜街道
小木津
助川
森山
大橋
沢

会津西街道
山王峠
横川
五十里
高原新田
藤原
大原
大桑
高徳
日光東照宮
今市
鉢石
徳次郎
板橋
文挾
大沢
白沢
氏家
喜連川
佐久山
太田原
鍋掛
奥州道中
男体山
足尾銅山
日光白根山
巻機山
谷川岳
三国峠
上野
群馬県
三国街道
燧ヶ岳

壬生通り
鹿沼
楡木
金崎
合戦場
P.58
栃木
天明
八木
P.67 足利
太田
高崎
倉賀野
中山道
熊谷
忍
吹上
富田
間々田
小山
新田
小金井
石橋
雀宮
宇都宮
下野
栃木県
P.63 鯨ヶ丘
茨城県
常陸
水戸
長岡
小幡
片倉
竹原
府中(石岡)
稲吉
中貫
土浦 P.63
中村
荒川沖
牛久
若栄
取手
藤代
高岡
木下
結城 P.62
真壁 P.62
筑波山
水戸街道
霞ヶ浦
鹿島神宮
鹿島灘
北浦
P.63
日光例幣使街道
館林
野木
古河
中田
関宿
栗橋
埼玉県
川越
武蔵
秩父往還
青梅街道
川越街道
幸手
杉戸
粕壁
越ヶ谷
草加
板橋
千住
内藤新宿
東京都
江戸
品川
日光道中
小金
八幡
我孫子
松戸
大和田
船橋
行徳
木下街道
佐原 P.64
成田山新勝寺
成田山表参道 P.66
佐倉 P.68
下総
銚子湊
千葉県
成田街道
御成街道
東金
日光東往還
甲斐
山梨県
小仏峠
甲州道中
相模
大山
大山街道
中原街道
神奈川
東海道
神奈川県
東京湾
上総
太平洋
大多喜 P.68
駿河
静岡県
箱根峠
相模湾
鋸山
清澄山
安房
伊豆
下田

57

在郷町・宿場町

栃木
とちぎ

栃木県栃木市
重要伝統的建造物群保存地区

街道の交通網と巴波川の水運
北関東有数の商いの地として

　江戸期から交通の要衝として陸路と水路が大きな役割を果たした栃木。物資が各地から集まり、それを納める蔵が築かれた。さらに、日光東照宮へと向かう日光例幣使街道の宿場町ともなり、一大商都としても発展。舟運の水路となった巴波川の両岸には船荷を取引する豪商が競って白壁土蔵を建て、栄華を極めた。巴波川沿いや大通りには白壁土蔵群や見世蔵などが残り、往時の繁栄が偲ばれる。

ACCESS & INFORMATION

JR両毛線／東武日光線・栃木駅下車。

栃木市観光協会 ☎0282-25-2356

MACHI めぐり

巴波川を舟で巡る

船頭さんが竹竿で舟を操る、昔ながらの小舟に乗って約25分の遊覧が楽しめる。船頭が蔵の街並みについてガイドしてくれるほか、『栃木河岸船頭唄』を披露。船上からの眺めは格別だ。

蔵の街遊覧船
くらのまちゆうらんせん

☎0282-23-2003 所栃木市倭町2-6 蔵の街遊覧船待合処 営10:00〜16:00(最終受付15:50)、12〜2月10:00〜15:00(最終受付14:50) 休荒天時 料1000円

巴波川と土蔵

かつて小舟で荷物を運んだ水運の要、巴波川。江戸期に建てられた白壁土蔵が立ち並び風情を醸す

ここは訪れたい！

① 歴史ある老舗で味噌田楽を
油伝味噌
あぶでんみそ

天明元年 (1781) に油屋で創業、幕末から味噌の醸造を始めた。田楽が名物の茶店の奥には、明治中期に建てられた土蔵4棟があり、国の登録有形文化財。
☎0282-22-3251 ㊤栃木市嘉右衛門町5-27 ⏰10:00～16:00(飲食11:00～15:00) ㊡火曜(祝日の場合は営業)

→豆腐、里芋、こんにゃくの田楽盛り合わせ700円。甘めの味噌が美味

② 550年以上の歴史、代官屋敷を公開
岡田記念館
おかだきねんかん

戦国時代にこの地に屋敷を構えた岡田家は、現当主で26代。その屋敷を記念館として一般公開。当主の名前、嘉右衛門が町名にもなるほどの名家で、江戸時代は本陣も務めていた。
☎0282-22-0001 ㊤栃木市嘉右衛門町1-12 ⏰9:30～17:00(入館は～16:30) ㊡月～木曜(祝日の場合、または予約の場合は開館) ㊍800円

岡田家22代当主の隠居所、翁島別邸。大正13年(1924)建築の贅を凝らした造りが見事

巴波川にあるかつての荷揚げ場、平柳河岸。小さな舟に積み替えた物資をここまで運んだ

天正年間(1573～92)に足利から移り住んだ岡田嘉右衛門によって開発された嘉右衛門町

油伝味噌中蔵●
●油伝味噌 ①
Ｒ焼櫻
Ｓおた福堂
庚申塔
野尻家の石蔵●
卍妙唱寺
栃木市嘉右衛門町伝統的建造物群保
長江商店●
嘉右衛門町伝統的建造物群保存地区拠点施設「ガイダンスセンター」
Ｓonze｜オンズ
●神明神社
●平澤商事
翁島(岡田記念館別邸)
②岡田記念館
天海家住宅店舗●
Ｃ物華工藝と喫茶
嘉右衛門橋●Ｓ
生菓子処廣田ひろ多菓子舗
Ｒ Lydie tells a small li
香取屋●
野口栄造商店●
平柳河岸●
日光例幣使街道
舘野家住宅店舗●
万町交
ワイン食堂Sauvage Ｒ
蔵の街蔵ダイニング Ｒ
Ｈ ホテルサン栃木
●栃木高校記念図書館(養正寮)
福嶋写真館●
Ｓ三友
栃木市役所◎
下野新栃木支Ｓ
Ｒとちぎ歌
ＴＶ井上神社
岡安恒武旧宅跡●
Ｒ栃木グランドホテル
伊勢屋餅菓子店●
悟理道珈琲工房Ｃ
Ｃ Oyik!
③栃木市立文学館
Ｃ茶房処や
Ｒ山本有三ふるさと記念
栃木市立美術館● 横山郷土館 ④
かな半旅館
山本有三文学碑
蔵の街市民ギャラリー ⑥
あだち●
Ｓとちぎ蔵の街観光
Ｓ飯塚洋服店
とちぎ山車会館●
Ｃ北蔵カフェひがの
栃木市郷土参考館●
蔵の街大通り
Ｓコエド市場
Ｓ八百重
赤間屋 Ｒ
Ｓ FROGS GARDEN
Ｓ都賀屋蒟蒻店
Ｒパーラートチギ
五十畑荒物店
ゲストハウス蔵の街Ｈ
舟見茶屋憩い処斎Ｃ
吉屋信子の文学碑
小麦～KOMUGI～ Ｒ
中田家住宅店舗●
京都すずなり屋Ｓ
スターバックスコーヒーＣ
山本総本店●
Ｒ富士屋本店
⑦塚田歴史伝説館
Ｓ毛塚紙店
Ｃ自家焙煎キャリオカコーヒー
Ｓ三桝家本店
●蔵の街遊覧船(乗り場)
栃木駅↓

N
0

江戸末期建築の味噌工場だった建物を利用した、嘉右衛門町伝統的建造物群保存地区拠点施設「ガイダンスセンター」

③ 白とペールグリーンの洋館
栃木市立文学館
とちぎしりつぶんがくかん

ひときわ目立つレトロな洋館は、大正10年(1921)建築の町役場を改装した文学館。栃木ゆかりの作家を紹介。
📞0282-25-5400 ㊟栃木市入舟町7-31 ⏰9:30〜17:00(入館は〜16:30) 休月曜(祝日の場合は翌日)、祝日の翌日(土・日曜、祝日の場合は開館) 料常設展220円(企画展は、展覧会により異なる)

④ 明治時代の豪商の建物
横山郷土館
よこやまきょうどかん

同じ店舗で麻問屋と銀行を営んでいた横山家。店舗の両側には、岩船石や赤レンガなどを組んだ重厚な石蔵が並ぶ。店舗兼住居、蔵、洋館は国の登録有形文化財。
📞0282-22-0159 ㊟栃木市入舟町2-16 ⏰9:00〜17:00(入館は〜16:30) 休月曜(祝日の場合は翌日) 料300円

⑤ 歌麿の複製画を展示
とちぎ歌麿館
とちぎうたまろかん

店舗と住居を兼ねた古い見世蔵を改修した建物で、県の有形文化財に指定されている。館内では、浮世絵師・喜多川歌麿の作品の複製画などを展示する。
📞0282-25-3003 ㊟栃木市万町7-1 ⏰9:00〜17:00 休月曜(祝日の場合は翌日)、祝日の翌日(土・日曜の場合は開館) 料無料

⑥ 蔵が3棟並ぶギャラリー
蔵の街市民ギャラリー
くらのまちしみんギャラリー

蔵の街美術館を名称も変えてリニューアル。およそ200年前に建てられた土蔵は、栃木市の数ある蔵のなかでも最古の土蔵群。

📞0282-21-2304(栃木市総合政策課) ㊟栃木市万町3-23 ⏰9:00〜17:00 休火曜 料無料(展示室、チャレンジショップ利用は有料)

⑦ 巴波川沿いの土蔵群
塚田歴史伝説館
つかだれきしでんせつかん

蔵の街を象徴するように8つの蔵が堂々と連なる。黒塗りの舟板塀の蔵は明治時代の木材を扱う豪商・塚田家のもので、現在は記念館として公開。
📞0282-24-0004 ㊟栃木市倭町2-16 ⏰9:30〜17:00(入館は〜16:30) 休月曜(祝日の場合は開館) 料700円

蔵の街大通りにある五連蔵。黒塗りの見世蔵や白壁の重厚な土蔵が連なる

在郷町

真壁
まかべ

茨城県桜川市 **重要伝統的建造物群保存地区**

経済の中心地として栄え
多様な登録文化財が残る

　平安時代に真壁氏の城下町となり、藩政期には木綿の集積地として発展。周辺の経済の中心地となった。天保8年(1837)の大火以降は、見世蔵や土蔵などが増加。明治期の製糸業の発展により、薬医門や洋風建築など多彩な建物が出現し、現在は地域の102件が登録有形文化財となっている。

☐ ACCESS & INFORMATION

JR水戸線・岩瀬駅から、桜川市バス「ヤマザクラGO」で35分、下宿バス停下車。

桜川市商工観光課 ☎0296-55-1159

上宿通りの旧猪瀬家薬医門。明治初期建造と伝わり、ていねいな造りと堂々とした構えが特徴

🔼真壁伝承館の歴史資料館には近現代の真壁地区の歴史資料を展示

🔼旧真壁郵便局は昭和2年(1927)に銀行として建造された建物

町家群・城下町

結城
ゆうき

茨城県結城市

江戸時代の経済振興により
結城紬の拠点として繁栄

　結城氏や水野氏の城下町として開けた町。江戸時代は水野氏が経済対策を推進し、結城紬や農産物の集積地として発展した。古くから養蚕と絹織物の生産が盛んで、江戸時代に結城紬は最上級の紬として珍重された。城下町の街並みには、結城紬の問屋や見世蔵造りの建物、酒蔵など国登録有形文化財29件が残されている。

☐ ACCESS & INFORMATION

JR水戸線・結城駅下車。

結城市観光協会 ☎0296-34-0421

商人が住んだ大町には明治から大正にかけて建てられた見世蔵や土蔵が数多く残る

🔼店舗と住居を兼ねた商店建築様式「見世蔵」が点在する浦町

🔼結城蔵美館の「袖蔵」では、結城の歴史を資料とともに紹介

それぞれに個性があり趣のある、茨城の街並みを歩いてみたい

商家町・城下町

土浦
つちうら

茨城県土浦市

桜川河口に築かれた城下町に重厚な土蔵造りの町家が点在

桜川が霞ヶ浦に流れ込む河口に平城として築かれた土浦城。何重もの堀の中に浮かぶ本丸が亀の姿に似ていることから「亀城」と呼ばれた。水戸街道沿いに城下町が発展し、中城町には江戸時代から明治時代にかけて造られた町家がいくつも現存。商家の重厚な見世蔵造りの建物や土蔵など貴重な姿が見学できる。

◻ ACCESS & INFORMATION

JR水戸線・土浦駅下車。
土浦市観光協会 ☎029-824-2810

体験・喫茶施設の土浦まちかど蔵「野村」は、江戸後期から明治初期に建造された蔵

⬆土浦藩の藩校だった郁文館。現在は正門だけが残っている

⬆江戸期築城の土浦城の本丸・二の丸跡を亀城公園として整備

在郷町

鯨ヶ丘
くじらがおか

茨城県常陸太田市

煙草栽培で栄えた台地の町防火家屋や七坂が風情を残す

佐竹氏の居城があった馬の背状の台地が海に浮かぶ鯨のように見えることから、鯨ヶ丘と呼ばれる。江戸期には棚倉街道の宿場町、明治期には葉煙草の集積地として栄えた。何度もの大火に遭遇し、防火対策を施した商家や土蔵が街並みに連なる。街道から台地下へ続く7つの坂道があり、独特の景観も風情がある。

◻ ACCESS & INFORMATION

JR水郷線・常陸太田駅下車。
常陸太田市観光物産協会 ☎0294-72-8194

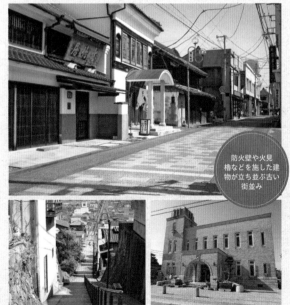

防火壁や火見櫓などを施した建物が立ち並ぶ古い街並み

⬆太田七坂のひとつで、眺望の良さで知られる板谷坂

⬆梅津会館(郷土資料館本館)では歴史・民俗資料を多数展示

商家町

佐原
さわら

千葉県香取市
重要伝統的建造物群保存地区

利根川水運で繁栄した商家群
川沿いの景観に趣漂う

　江戸時代、利根川水運の物流拠点だった町で、小野川両岸とその周辺に河岸問屋や醸造などの商工業者が軒を連ねていた。現在も当時を彷彿させる商家が立ち並び、趣深い景観が残されている。この町並みを生かした町づくりへの取り組みから、平成8年(1996)に関東で初めて重要伝統的建造物群保存地区に選定された。家業を引き継ぎ、営業を続ける商家も多く、「生きている町並み」と称されている。

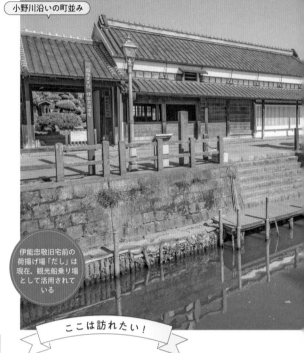
小野川沿いの町並み

伊能忠敬旧宅前の荷揚げ場「だし」は現在、観光船乗り場として活用されている

☐ ACCESS & INFORMATION

JR成田線・佐原駅下車。

水郷佐原観光協会 ☎0478-52-6675

洋風建築にも注目

ドームが目印の洋風レンガ建築
佐原三菱館
さわらみつびしかん

大正3年(1914)に旧川崎銀行佐原支店として建造。建物内を公開している。ドーム形式を用いたレンガ造り洋館の内部は吹き抜けになっており、2階周囲に回廊がある。建物内を公開している。
☎0478-52-1000㉑香取市佐原イ1903-1 ㉟10:00～17:00㉘第2月曜(祝日の場合は翌日)㉃無料

ここは訪れたい！

① 忠敬が30年余り住んだ家
伊能忠敬旧宅
いのうただたかきゅうたく

伊能忠敬が17歳から49歳までを過ごした家。醸造業などを家業としていた伊能家の店舗や主屋、土蔵などが残っている。主屋は寛政5年(1793)に忠敬が設計した。国指定史跡。
☎0478-54-1118㉑香取市佐原イ1900-1㉟9:00～16:30㉘無休㉃無料

② 実測図完成の偉業を紹介
伊能忠敬記念館
いのうただたかきねんかん

日本初の実測による全国地図を作った伊能忠敬の人となりと業績を紹介する記念館。使用した測量器具や実測図「伊能図」、日記などを展示。
☎0478-54-1118㉑香取市佐原イ1722-1㉟9:00～16:30㉘月曜(祝日の場合は開館)㉃500円

人物FILE

伊能忠敬 いのうただたか

延享2年(1745)～文化15年(1818)。江戸時代の商人、測量家。50歳から測量の道に進み、日本全国を測量してまわり、『大日本沿海輿地全図』を完成。日本地図の礎を築いた。
伊能忠敬記念館所蔵

⑥ 小野川沿いの商家跡
旧油惣商店
きゅうあぶそうしょうてん

小野川に架かる忠敬橋近くの商家跡。店舗は明治33年(1900)の大火のあとに再建されたが、寛政10年(1798)建造の土蔵が残る。

☎0478-50-1212 (香取市商工観光課) ⓟ香取市佐原イ503 ㊡㊗内部非公開

⑦ 醤油屋から佃煮の名店に
いかだ焼本舗 正上
いかだやきほんぽ しょうじょう

寛政12年(1800)に油屋として創業し、醤油屋を経て、現在は醤油加工品・佃煮販売を営む。ワカサギの佃煮「いかだ焼」が名物。

☎0478-54-1642 ⓟ香取市佐原イ3406 ⓣ9:00(日曜10:00)〜17:00(土・日曜は〜16:00) ㊡無休

④ 防火を意識した商人の家
福新呉服店
ふくしんごふくてん

文化元年(1804)創業の呉服店。切妻平入り2階建ての店舗の奥に、平家、中庭、土蔵が続き、周囲を防火壁で囲む構造になっている。

☎0478-52-3030 ⓟ香取市佐原イ505 ⓣ9:30〜17:30 ㊡水曜

⑧ 格子が印象的な雑貨店
中村屋商店
なかむらやしょうてん

香取街道と小野川沿いの道が交差する角に位置する雑貨店。安政2年(1855)の建築で、格子戸や格子窓を施し、格式あるたたずまい。

☎0478-55-0028 ⓟ香取市佐原イ1720 ⓣ10:00〜16:00 ㊡水曜

⑤ 江戸期の面影残す
小堀屋本店
こぼりやほんてん

江戸期の町家様式を明治期に再現した木造2階建て、桟瓦葺き切妻造り。

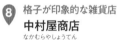

約300年の歴史がある佐原の大祭。高さ4mの大人形が乗る山車が佐原囃子に合わせて、町並みを練り歩く

佐原MAP

佐原駅
開運橋
成田線
下坂通り
香取駅
関戸局
香取街道
香取市佐原重要伝統的建造物群保存地区
横宿通り
中橋
共栄橋
⑦いかだ焼本舗 正上
千葉萌陽高
旧油惣商店⑥
八坂神社
さわら十三里屋③
水郷佐原山車会館
小堀屋本店⑤
小野川
香取街道
福新呉服店④
忠敬橋
上仲町局
中村屋商店⑧
樋橋
伊能忠敬記念館②
佐原町並み交流館
佐原三菱館
小江戸さわら舟めぐり
Ⓢ中村屋乾物店
① 伊能忠敬旧宅
N
0 150m

寺町 & 門前町

門前町

成田山表参道
なりたさんおもてさんどう

千葉県成田市

ゆるやかなカーブに沿って木造3階建ての旅館建築などが残り、往時を彷彿させる

歌舞伎と縁が深く
伝統と新しさに満ちた門前町

　平安時代に起こった平将門の乱の平定を祈願して建立された成田山新勝寺の門前町。江戸時代の歌舞伎役者・初代市川團十郎が成田山を深く信仰し、成田屋と称して不動明王の演目を上演したことで、庶民の間に成田山参詣ブームが起こった。成田駅から約800mの表参道には、歌舞伎役者のからくり時計や歴史的建造物があり、多くの参詣客で賑わう。近年は、成田国際空港の影響で国際色も豊かだ。

◻ ACCESS & INFORMATION

JR成田線・成田駅、または京成本線・京成成田駅下車。

成田市観光協会 ☎0476-22-2102

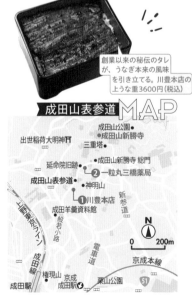

創業以来の秘伝のタレが、うなぎ本来の風味を引き立てる。川豊本店の上うな重3600円(税込)

成田山表参道 MAP

成田山公園
出世稲荷大明神
成田山新勝寺
三重塔
延命院跡 ・成田山新勝寺 総門
成田山表参道 ② 一粒丸三橋薬局
神明山
① 川豊本店
成田羊羹資料館
般若小路
上越東京ライン
成田線
船形小路
新参道
新勝道
電車道
権現山
京成成田駅
京成本線
成田駅
栗山公園
N
0 200m
51

---

② 17代続く和漢方薬局
一粒丸三橋薬局
いちりゅうがんみつはしやっきょく

江戸時代から成田詣での道中薬を製造販売。当時と変わらぬ手法で作られる和漢生薬をはじめ、薬草などを300種以上取り揃える。

☎0476-22-0011 ㊟成田市仲町363 ㊞9:30～19:00 ㊡木曜

←創業から代々製法が受け継がれてきた「はらのくすり成田山一粒丸」。二宮金次郎も愛用していた

① 成田の元祖うなぎ専門店
川豊本店
かわとよほんてん

成田で初めてのうなぎ専門店として、明治43年(1910)に創業した。木造3階建て、入母屋造り、金属板葺きの建物で、国の登録有形文化財。

☎0476-22-2711 ㊟成田市仲町386 ㊞10:00～17:00(LO) ㊡無休

成田山新勝寺
なりたさんしんしょうじ

5棟が国の重要文化財
見どころが多い名刹

　開山は天慶3年(940)。弘法大師が自ら彫った木造不動明王像を本尊とし、関東を守る霊場として信仰を集めてきた。1つの寺に5棟も重要文化財があるのは非常に珍しく、パワースポットとしても人気。

☎0476-22-2111 ㊟成田市成田1 ㊞㊡㊡拝観自由

↑重要文化財の三重塔と本尊を安置する大本堂

日本最古の学校と足利氏の邸宅跡に建てられた寺院

学校施設

足利
あしかが

栃木県足利市

歴史と文化に彩られた
落ち着きある街並み

　足利は室町幕府を開いた足利氏発祥の地。織物業の町としての顔も持ち、織物文化を象徴する足利織姫神社がある。足利駅周辺には日本遺産・足利学校、足利氏邸宅跡の鑁阿寺、観光案内やみやげ物の販売、休憩スペースを提供する太平記館などの施設が点在しており、町歩きに最適。このエリアでは石畳の小径に古い建物が並び、「東の小京都」と称される景観が楽しめる。

⬜ ACCESS & INFORMATION

JR両毛線・足利駅または東武伊勢崎線・足利市駅下車。

足利市観光協会 ☎0284-43-3000

鑁阿寺に通じる大日大門通り。店舗や足利尊氏像、古い蔵などがある

足利 MAP

江戸時代の姿を忠実に復元し、一般に公開している

❶ 日本最古の学校を訪ねる
史跡 足利学校
しせき あしかががっこう

創建は諸説あるが、室町時代に関東管領が学校を整備したのが最初の記録。天文18年(1549)にはフランシスコ・ザビエルが海外に紹介している。
☎0284-41-2655 ⑰足利市昌平町2338 ⑰9:00～17:00(10～3月は～16:30) 受付は各30分前まで ⑰第3水曜(11月は第2水曜、祝日の場合は翌日) ⑱420円

入徳門は足利学校への最初の門。扁額の「入徳」の文字は紀伊徳川家11代藩主・徳川斉順の書

❷ 中世武家屋敷の面影を残す
鑁阿寺
ばんなじ

建久7年(1197)に源姓足利氏2代・義兼が大日如来を祀ったことに始まり、3代・義氏が堂塔伽藍を整備し、一門の氏寺に定めた。国宝の本堂ほか貴重な建物が足利氏の威光を伝える。

☎0284-41-2627 ⑰足利市家富町2220 ⑰9:00～16:00 ⑰無休 ⑱境内無料、一切経堂300円(日曜、祝日で一切経堂が開いている場合のみ)、本堂拝観は要事前予約(有料)

城下町

佐倉
さくら

千葉県佐倉市

土塁と生垣をめぐらせた
武家屋敷が立ち並ぶ

　馬の背状に延びる台地の先端に築かれた佐倉城は、江戸幕府の重要な防衛拠点として、老中・土井利勝をはじめ有力大名が城主を務めた。大手門からひよどり坂を抜けると武家屋敷通りがあり、旧河原家住宅、旧但馬家住宅、旧武居家住宅の3棟の武家屋敷が並ぶ。城下町風情が残る新町通りもぜひ散策を。

☐ ACCESS & INFORMATION

JR総武本線・佐倉駅、または京成本線・京成佐倉駅下車。

佐倉市観光協会 ☎043-486-6000

土塁と生垣に囲まれた旧河原家住宅。隣接する旧但馬家、旧武居家とあわせて見学が可能

↑美しい竹林に囲まれた「ひよどり坂」。別名「サムライの古径」とも呼ばれる

↑自然豊かな佐倉城址公園には、天守閣跡や空堀などの遺構が残る

城下町

大多喜
おおたき

千葉県大多喜町

歴史的建造物が随所に点在
風情豊かな房総の小江戸

　房総半島の中ほどにある大多喜城は、かつて徳川四天王といわれた本多忠勝が築いた名城。10万石の城下町として栄えた頃の面影が町の随所に残り、「房総の小江戸」とも呼ばれる。大多喜藩の御用商人を務めた渡辺家の住宅や江戸時代から続く大屋旅館、土蔵造りの商家・釜屋など歴史的建造物も多い。

☐ ACCESS & INFORMATION

いすみ鉄道・大多喜駅下車。

大多喜町観光協会 ☎0470-80-1146

嘉永2年(1849)に建てられた渡辺家住宅は国の重要文化財。建築当時は茅葺きだった

↑大多喜城で唯一残る遺構が薬医門。二の丸跡の大多喜高校前にある

↑天明年間(1781〜89)創業の豊乃鶴酒造。明治建築で、登録有形文化財

COLUMN

日光街道埼玉六宿
にっこうかいどうさいたまろくしゅく

江戸と日光を結ぶ日光道中（日光街道）。埼玉県内には6つの宿場町があり、数々の史跡が残る。

↑草加松原には太鼓型の百代橋が架かる

『おくのほそ道』ゆかりの地
草加
そうか

埼玉県草加市 **MAP** P.73

江戸・日本橋から2番目となる宿場町で、松尾芭蕉の『おくのほそ道』にも記されている。綾瀬川沿いに延びる松並木「草加松原」は江戸時代から日光街道の名所として知られ、国の名勝に指定されている。宿場町名物だった草加せんべいが今も受け継がれている。

⊗東武スカイツリーライン・獨協大学前〈草加松原〉駅下車
☎048-922-0151（草加市観光協会）

古民家や蔵をリノベーション
越ヶ谷
こしがや

埼玉県越谷市 **MAP** P.73

日光街道では千住宿に次ぐ規模だった越ヶ谷宿。徳川家康や秀忠が、たびたび鷹狩りに訪れ、現在の御殿町に越ヶ谷御殿が建てられた。旧街道沿いには古い商家や蔵が点々と残り、旧大野家住宅を活用した複合施設「はかり屋」などリノベーションした古民家もある。

⊗東武スカイツリーライン・越谷駅下車

↑重厚な商家の建物が点在している

↑日光道中の道標が残されている

宿場の歴史を伝える蔵や寺院
粕壁
かすかべ

埼玉県春日部市 **MAP** P.73

日本橋から約36km。江戸を発った旅人の多くが1泊目の宿をとったのが粕壁宿だった。かつて旅籠が軒を連ねた旧街道は現在かすかべ大通りとなっており、寺院が集まる寺町や、蔵造りの家屋などに宿場町の面影を残す。

⊗東武スカイツリーライン／アーバンパークライン・春日部駅下車
☎048-763-2455（春日部市郷土資料館）

開宿400年目に高札場を復元
杉戸
すぎと

埼玉県杉戸町 **MAP** P.73

江戸・日本橋から5番目にあたる杉戸宿は、元和2年（1616）の開宿。老舗の酒蔵や、重厚な蔵を残す米穀問屋など、歴史を感じさせる古民家が点在する。平成28年（2016）に高札場が復元され、かつての宿場町の雰囲気を伝えている。

⊗東武スカイツリーライン／東武日光線・東武動物公園駅下車
☎0480-32-3719（杉戸町観光協会）

水運・陸運の要衝として繁栄
幸手
さって

埼玉県幸手市 **MAP** P.73

日光街道が整備される以前から、利根川水系による水運や鎌倉街道中道などの交通の要衝として栄えた町。日光東照宮を参拝する歴代将軍が通行した日光御成道との合流地点でもあった。将軍家の休憩所となった聖福寺をはじめ、由緒ある寺社も多い。

⊗東武日光線・幸手駅下車
☎0480-43-1111（幸手市観光協会）

日光街道で唯一の関所
栗橋
くりはし

埼玉県久喜市 **MAP** P.73

東海道の箱根、中山道の碓氷と並ぶ重要な関所が置かれた宿場町。旧街道沿いに古民家が残るほか、関所跡、静御前の墓などの見どころが点在する。栗橋宿の鎮守である八坂神社には狛犬ならぬ狛鯉があり、こちらも見もの。

⊗JR宇都宮線／東武日光線・栗橋駅下車
☎0480-21-8632（一般社団法人 久喜市観光協会）

↑法令を記した高札を掲げる高札場を復元

↑カフェとして活用されている岸本家住宅主屋

↑宿場町の北に位置する八坂神社

重要伝統的建造物群保存地区LIST　vol.1 vol.2はP.134

伝統的な街並みを保存・活用するために

　城下町や宿場町など、全国に残されている歴史的な街並みのうち、市町村が保存活用計画を策定し、そのなかから国にとって価値が高いと判断されたものが重要伝統的建造物群保存地区に選定されている。

　2021年8月2日現在、重要伝統的建造物群保存地区は、104市町村の126地区で選定されている。約3万件の伝統的建造物及び環境物件が特定されて保護されており、市町村が行う修理・修景事業、防災設備の設置事業などに対して、補助や税制優遇措置を設けるなどの支援が行われている。

番号	都道府県	地区名称等	種別	掲載
1	北海道	函館市元町末広町	港町	P352
2	青森	弘前市仲町	武家町	P24
3	青森	黒石市中町	商家町	P38
4	岩手	金ケ崎町城内諏訪小路	武家町	P28
5	宮城	村田町村田	商家町	P40
6	秋田	横手市増田	在郷町	P39
7	秋田	仙北市角館	武家町	P32
8	福島	喜多方市小田付	在郷町・醸造町	P41
9	福島	下郷町大内宿	宿場町	P44
10	福島	南会津町前沢	山村集落	P52
11	茨城	桜川市真壁	在郷町	P62
12	栃木	栃木市嘉右衛門町	在郷町	P58
13	群馬	桐生市桐生新町	製織町	P92
14	群馬	中之条町六合赤岩	山村・養蚕集落	P128
15	埼玉	川越市川越	商家町	P88
16	千葉	香取市佐原	商家町	P64
17	新潟	佐渡市宿根木	港町	P187
18	富山	高岡市山町筋	商家町	P172
19	富山	高岡市金屋町	鋳物師町	P172
20	富山	高岡市吉久	在郷町	P172
21	富山	南砺市相倉	山村集落	P190
22	富山	南砺市菅沼	山村集落	P190
23	石川	金沢市東山ひがし	茶屋町	P14
24	石川	金沢市主計町	茶屋町	P17
25	石川	金沢市卯辰山麓	寺町	P184
26	石川	金沢市寺町台	寺町	P184
27	石川	輪島市黒島地区	船主集落	P188
28	石川	加賀市加賀橋立	船主集落	P188
29	石川	加賀市加賀東谷	山村集落	P193
30	石川	白山市白峰	山村・養蚕集落	P192
31	福井	小浜市小浜西組	商家町・茶屋町	P19/P175
32	福井	南越前町今庄宿	宿場町	P179
33	福井	若狭町熊川宿	宿場町	P180
34	山梨	甲州市塩山下小田原上条	山村・養蚕集落	P128
35	山梨	早川町赤沢	山村・講中宿	P122
36	長野	長野市戸隠	宿坊群・門前町	P123
37	長野	塩尻市奈良井	宿場町	P74
38	長野	塩尻市木曽平沢	漆工町	P95
39	長野	千曲市稲荷山	商家町	P95
40	長野	東御市海野宿	宿場・養蚕町	P86
41	長野	南木曽町妻籠宿	宿場町	P80
42	長野	白馬村青鬼	山村集落	P129
43	岐阜	高山市三町	商家町	P96
44	岐阜	高山市下二之町大新町	商家町	P96
45	岐阜	美濃市美濃町	商家町	P104
46	岐阜	恵那市岩村町本通り	商家町	P118
47	岐阜	郡上市郡上八幡北町	城下町	P116
48	岐阜	白川村荻町	山村集落	P126
49	静岡	焼津市花沢	山村集落	P161
50	愛知	名古屋市有松	染織町	P145
51	愛知	豊田市足助	商家町	P138
52	三重	亀山市関宿	宿場町	P140
53	滋賀	大津市坂本	里坊群・門前町	P125
54	滋賀	彦根市河原町芹町地区	商家町	P120
55	滋賀	近江八幡市八幡	商家町	P106
56	滋賀	東近江市五個荘金堂	農村集落	P130

2021年8月2日現在

中山道・甲州道中

武蔵・上野・信濃・甲斐・飛騨・美濃・近江

埼玉・群馬・長野・山梨・岐阜・滋賀

飛騨　信濃　上野　武蔵　甲斐　美濃　近江

武州、上州から信濃路、木曽路を抜けて江州までの山国、湖国

江戸時代に整備された五街道のうち、中山道、甲州道中（甲州街道）を幹線道路とするエリア。

中山道は、江戸日本橋から近江・草津宿まで、67の宿場を数えた。かつての宿場町の面影は、街道筋の町に散見されるが、なかでも信州・木曽路の奈良井、妻籠、馬籠の街並みは、江戸時代の風情を色濃く残している。中山道から分岐する北国街道の海野宿、東近江路の木之本宿も伝統的な街並みが続いている。

上州、信州には真田氏ゆかりの地が多く残る。真田昌幸によって築かれた上田城下、真田信之が治め

↑八幡堀沿いに白壁土蔵が並ぶ近江八幡

た信州松代では、ゆかりのスポットを訪れたい。女城主の里として知られる城下町・岩村、清流に恵まれた郡上八幡も、江戸時代の商家、町家が並ぶたたずまいが美しい。

商家町では、蔵造りの町で「小江戸」として知られる川越、優美な商家群の並ぶ高山、堀端に白壁土蔵が連なる近江八幡などで、かつての繁栄を伝える街並みを見ることができる。

飛騨の山中、白川郷は五箇山とともに世界遺産にも登録されている合掌造りの里。日本の原風景ともいわれる村は、ぜひ一度は訪れてみたい場所だ。

↑川越の町のシンボル、時の鐘

↑北国街道の宿場町、海野宿

宿場町

奈良井
ならい

長野県塩尻市
重要伝統的建造物群保存地区

木曽路で最大の規模を誇り
奈良井千軒と謳われた宿場町

　中山道のほぼ中間、江戸から数えて34番目の宿場町。急峻な木曽谷に連なる木曽十一宿のひとつであり、難所の鳥居峠を控えて「奈良井千軒」と謳われる賑わいをみせた。約1kmにわたる街道沿いの建物の多くが、2階を道路側にせり出した「出梁造り」の旅籠風町家。本陣や脇本陣、問屋、旅籠のほか、名産の曲げ物や漆器などの木工業者が軒を連ねていた。往時の宿場風情が色濃く残る。

⬜ ACCESS & INFORMATION

JR中央本線・奈良井駅下車。

奈良井宿観光案内所 ☎0264-34-3160

一帯は古くから漆の産地。木曽漆器を扱う店が宿場に並ぶ

奈良井宿の五平餅は円形。ゴマやクルミなどのタレで味わう

樹齢300年以上の木曽檜で造られた木曽の大橋。橋脚のない橋では日本有数の大きさ

往時の面影が色濃く残る

宿場の街並みを残す街道。漆器などを扱う店や江戸期からの旅館が今も看板を掲げている

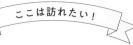
1 千本格子が風情満点
御宿 伊勢屋
おやどいせや

江戸時代に下問屋を務めた旅籠で、宿の創業は文政元年(1818)。奈良井宿の代表的な建築様式を持つ往時の建物と新館を用意している。

☎0264-34-3051 所塩尻市奈良井388 休不定休

2 奈良井独特の町家造り
中村邸
なかむらてい

江戸後期建造の元塗櫛問屋。通りに主屋、奥に土蔵を配した奈良井宿の典型的な町家で、国の重要文化財。

☎0264-34-2655 所塩尻市奈良井311 開9:00〜17:00 (12〜3月は〜16:00) 休無休(12〜3月は月曜、祝日の翌日) 料300円

3 江戸期の旅籠に泊まる
ゑちごや旅館
えちごやりょかん

宿場時代に旅籠を営み、今も旅館業を続ける創業230余年の宿。千本格子や箱階段、旅籠行灯など、旅籠時代の面影が残る。宿泊は1日2組限定。

☎0264-34-3011 所塩尻市奈良井493 休不定休

4 宿場時代の問屋の建物
上問屋史料館
かみといやしりょうかん

宿場の伝馬や人夫を管理した江戸時代の問屋の建物で、国の重要文化財に指定されている。往時使われていた生活用具や古文書など約400点を展示している。

☎0264-34-3101 所塩尻市奈良井379 開10:00〜17:00 (3·11月は〜16:00) 休不定休、12〜2月 料300円

5 疫病退散の神様
鎮神社
しずめじんじゃ

江戸前期に宿場に流行した疫病を鎮めるため創建された。毎年8月11·12日に例祭が催される。

☎0264-34-3160(奈良井宿観光案内所) 所塩尻市奈良井

民宿いかりや町田 H
斎藤
BYAKU
Narai
大宝寺 卍
横水水場
奈良井郵便局 〒
おやきてずから R
相模屋そば処
奈良井宿本陣跡 仲町
7 徳利屋
火の見櫓
池の沢水場
御宿 伊勢屋 1
i 奈良井宿観光案内所
S 日野百草本舗
上問屋史料館 4
3 ゑちごや旅館
かなめや R
鍵の手水場
そば処かぎの手 R
卍
荒川不動尊
中村邸 2
C 宿場cafe いずみや
才田屋漆器店 S
そば処山なか R
S 奈良井民芸館
奈良井宿高札場
宮の沢水場
上町
鎮神社 5
中央本線
木曽福島駅

沢水などを利用した水場が宿場の各所に設けられている。昔から宿場の住人や旅人たちの喉を潤してきた。写真は横水水場

⑥ 大木が林立する木曽路ならではの街道

中山道杉並木
なかせんどうすぎなみき

鬱蒼とした森に続く旧中山道の杉並木。江戸時代の面影が残り、杉並木の先に二百地蔵の石仏群が現れる。宿場の北端にある八幡宮の石段途中から続いている。

⑦ 脇本陣の建物で営むそば店

徳利屋
とっくりや

江戸時代に脇本陣を務めた元旅籠で、明治以降では、島崎藤村や正岡子規も宿泊した。現在は手打ちそばの店で、郷土料理も味わえる。

☎0264-34-2189 所塩尻市奈良井516
営11:00～16:00 休不定休

宿場は南から上町、仲町、下町の3地区に分けられた。中心の仲町には本陣が置かれ、道幅が最も広い

宿場町

茂田井
もたい

長野県佐久市／立科町

造り酒屋の白壁土蔵が
風流に連なる間の宿

中山道の望月宿と芦田宿の間の「間の宿」として江戸時代に賑わった。大名行列などで宿場が対応しきれないときに、臨時の宿場の役目を果たしていた。茂田井地方は良質米の産地で、街道沿いには2軒の老舗の造り酒屋が白壁の土蔵や塀を連ねている。道脇の水路や細路地とともに江戸時代の名残をとどめる。

☐ ACCESS & INFORMATION

JR北陸新幹線／小海線・佐久平駅から、千曲バスで31分、茂田井入口バス停下車。

佐久市観光課 ☎0267-62-3285
立科町産業振興課 ☎0267-88-8412

街道に続く武重本家酒造の白壁。明治元年(1868)創業で、建物30棟が国の登録有形文化財

↑大澤酒造は元禄2年(1689)創業。酒蔵を改装して民俗資料などを展示する

↑街道途中にある一里塚跡。旅人の道中の目印として江戸初期に完成した

宿場町・門前町

下諏訪
しもすわ

長野県下諏訪町

宿場町と温泉街、門前町の
情緒が溶け合う湖畔の町

諏訪湖の北岸、江戸時代には中山道と甲州道中が交差する交通の要衝、中山道唯一の温泉宿場町として栄え、多くの旅人の疲れを癒やしてきた。さらに、日本最古の神社のひとつ、諏訪大社下社の門前町として古い歴史を重ねた町でもある。旅籠時代を彷彿させる江戸期創業の温泉宿や歴史建築が街道沿いにたたずむ。

☐ ACCESS & INFORMATION

JR中央本線・下諏訪駅下車。

下諏訪観光協会 ☎0266-26-2102

甲州道中との合流点のほど近く、旧中山道沿いに建つ旅館「みなとや」は江戸中期の創業

↑江戸後期頃建造の旧商家・伏見屋邸。現在は休憩施設などに活用されている

↑諏訪大社秋宮の付近にある本陣岩波家。建物の一部と庭園が残されている

宿場町

木曽福島
きそふくしま

長野県木曽町

中山道の関所が置かれた
古くからの木曽谷の中心地

　西に御嶽山、東に木曽駒ヶ岳がそびえ、木曽谷の中心地として古くから栄えた。江戸時代に中山道の宿場となり、4大関所のひとつの福島関所が置かれている。宿場町は木曽川の東岸に設けられ、西岸には代官の陣屋町が造られた。昭和初期の大火で大半の建物は焼失したが、上の段地区に江戸末期頃の町家建築が残る。

中山道の関所の町として繁栄した木曽福島。上の段地区に往時の風情を残す

☐ ACCESS & INFORMATION

JR中央本線・木曽福島駅下車。
木曽おんたけ観光局 ☎0264-25-6000

⬆福島関所資料館。「入鉄砲・出女」を取り締まった福島関所跡の近くにある

⬆江戸時代に一帯を支配し、関所の代官を務めた山村氏の邸宅「山村代官屋敷」

宿場町

贄川
にえかわ

長野県塩尻市

木曽路の北の入口にある宿場町

　江戸から33番目の中山道の宿場町。尾張藩領の北境でもあることから贄川番所が置かれていた。火災で古い街並みの多くは失われたが、嘉永7年(1854)建造の深沢家住宅、復元されて資料館となった贄川関所などが見学できる。

☐ ACCESS & INFORMATION

JR中央本線・贄川駅下車。
塩尻市観光センター ☎0263-88-8722

宿場町

須原
すはら

長野県大桑村

澄んだ湧き水に恵まれる水舟の里

　戦国時代から続く、歴史の古い宿場町。江戸後期と明治期に大火に見舞われており、宿場内には明治期以降の歴史建築が多く残された。古くからの湧水地でもあり、丸太をくりぬいた水舟が軒先に置かれ、清水が流れて、清涼な趣を添えている。

☐ ACCESS & INFORMATION

JR中央本線・須原駅下車。
大桑村観光協会 ☎0264-55-4566

妻籠
つまご

長野県南木曽町
重要伝統的建造物群保存地区

江戸時代の中山道の情趣を
木曽路の宿場町で満喫する

山深い木曽谷の南西端に位置する中山道の宿場町。明治期には鉄道や国道の開発から外れて衰退したが、昭和後期に宿場町の復元保存活動が進められ、かつての街並みと賑わいを取り戻した。今では中山道きっての江戸情緒が残る宿場として人気を集めている。比較的規模の小さい旅籠風の伝統建築が軒を連ねてみやげ物店や食事処を営み、五平餅や木工細工などの木曽名物を求める観光客で賑わう。

ACCESS & INFORMATION

JR中央本線・南木曽駅から、南木曽町地域バスで7分、妻籠バス停下車。

南木曽町観光協会 **☎**0264-57-2727

水車小屋がある石畳の坂道。奥に見える高札場は江戸時代の公共掲示板

木曽路の歴史などを紹介する歴史資料館。脇本陣奥谷と妻籠宿本陣とのお得な3館共通券が用意されている

江戸情緒が薫る

ここは訪れたい!

❶ 明治期建造の檜造りの豪邸
脇本陣奥谷
わきほんじんおくたに

代々脇本陣と問屋を務めた林氏(屋号・奥谷)の邸宅。木曽五木の禁制が解かれた明治10年(1877)に檜を使って建てられた。島崎藤村の初恋の相手・ゆふさんの嫁ぎ先でもある。

☎0264-57-3322 **所**南木曽町吾妻2190 **開**9:00〜17:00(受付は〜16:45) **休**無休 **料**600円

※脇本陣奥谷、妻籠宿本陣、歴史資料館の3館共通券700円

妻籠宿の寺下地区の街並み。豪商や豪農の屋敷はなく、庶民的な家屋が並ぶ

妻籠MAP

- ↑南木曽駅
- 256
- 木曽路の御宿 大吉 🅷
- ●南木曽観光タクシー
- 熊谷家住宅・ 鯉ヶ岩
- 口留番所跡
- 妻籠宿高札場跡
- 南川
- 🚻妻籠
- 水車小屋
- 藤乙旅館 🅷
- 旧中山道
- 南木曽町妻籠宿重要
  伝統的建造物群保存地区
- 脇本陣奥谷❶
- 歴史資料館
- ●妻籠 ふれあい館
- 妻籠観光案内所 ℹ
- ❷妻籠宿本陣
- 妻籠の
  ギンモクセイ
- 枡形の跡
- 卍光徳寺 和智埜神社 ⛩
- 松代屋❸
- 寺下
- ●上嵯峨屋
- 256
- N
- 尾又橋
- 男滝女滝／
  一石栃立場茶屋
- 0　　100m
- 🔶馬籠P.82

MACHI
めぐり

中山道ハイク

妻籠宿と馬籠宿の間の中山道は自然豊かで江戸時代の面影を残し、昔の旅人気分でハイキングを楽しめる。全長約9kmの道のりは中山道信濃路自然遊歩道として整備され、木曽の山並みや渓谷、滝などの景勝が楽しめる。妻籠から馬籠峠まではゆるやかな長い坂道、馬籠峠から馬籠までは短めの急坂が続いている。

↑コース中間にある一石栃立場茶屋

↑宮本武蔵が修行したとされる男滝

---

❷ 江戸後期の姿に忠実に復元

妻籠宿本陣
つまごじゅくほんじん

文豪・島崎藤村の母方の生家で、藤村の実兄が養子に入って最後の当主を務めた。明治期に取り壊されたが、平成7年(1995)に江戸後期の間取りをもとにして復元された。
📞0264-57-4100 🏠南木曽町吾妻2190 🕘9:00〜17:00(受付は〜16:45) 🈔無休 🈁300円

❸ 旅籠風情の宿場の旅館に宿泊

松代屋
まつしろや

妻籠宿の中ほどにある文化元年(1804)創業の旅館。建物に宿場時代の面影を残し、客室が襖で仕切られた昔ながらのスタイルが基本。夕食には川魚やそばなど地元の味でもてなす。
📞0264-57-3022 🏠南木曽町吾妻807

「売らない・貸さない・壊さない」の住民憲章により、江戸後期の街並みが保存されている

馬籠
まごめ

岐阜県中津川市

ノスタルジックな坂道に
島崎藤村ゆかりの地が点在

木曽谷の南端に位置する山の尾根沿いに中山道の宿場が開かれた。江戸から大正期に幾度も火災に見舞われたが、江戸期の街並みが風情豊かに再現されている。石畳の坂道に沿って、みやげ物店や飲食店が賑やかに並ぶ。馬籠は文豪・島崎藤村の生まれ故郷であり、島崎家は代々本陣を務めていた。本陣の生家跡に建つ「藤村記念館」、小説に登場する屋敷や寺などの藤村ゆかりのスポットも数多い。

⬜ ACCESS & INFORMATION

JR中央本線・中津川駅から、馬籠行きバスで25分、終点下車。

馬籠観光案内所 ☎0573-69-2336

タイムスリップしたような街並み。風流な旅館での滞在も楽しめる

馬籠MAP

N
0 500m

P.80 妻籠 ➡

水車小屋
中山道/道標
馬籠宿 高札場跡
馬籠脇本陣
史料館 ①
藤村記念館 ②
中山道 馬籠宿
馬籠создан生の地
馬籠城跡
旧中山道

峠之御頭頭徳碑
今井家住宅 7

ℹ 馬籠観光案内所
③ 清水屋資料館
馬籠宿 桝形
馬籠宿 本館
7

神坂小・中
中央自動車道 神坂PA

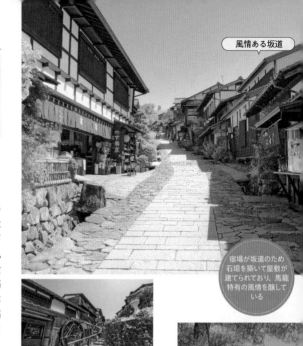

風情ある坂道

宿場が坂道のため石垣を築いて屋敷が建てられており、馬籠特有の風情を醸している

⬆石段横に水車が回る風景がおなじみ。水車は水力発電に使われている

① 脇本陣の上段の間を復元
馬籠脇本陣史料館
まごめわきほんじんしりょうかん

馬籠脇本陣の跡地に建ち、往時の様子を伝える道具類を展示。大名や幕府重臣が泊まる本陣の予備施設だった脇本陣の上段の間を復元して公開している。
☎0573-69-2108 ㊞中津川市馬籠4253-1 ㊞9:00～17:00 ㊡不定休 ㊞300円

② 藤村の作品原稿を展示
藤村記念館
とうそんきねんかん

日本遺産に認定されている島崎藤村宅(馬籠本陣跡地)に立つ文学館。現存する藤村の祖父母の隠居所や藤村記念堂、藤村ゆかりの品が並ぶ展示室、記念文庫などがある。
☎0573-69-2047 ㊞中津川市馬籠4256-1 ㊞9:00～16:45(12～3月は～15:45) ㊡12～2月の水曜 ㊞500円

③ 藤村ゆかりの役人の邸宅
清水屋資料館
しみずやしりょうかん

馬籠宿の役人を務め、島崎藤村の小説『嵐』に登場する「森さん」のモデルとなった原一平の邸宅。藤村の書簡や歴史資料、美術品などを展示。
☎0573-69-2558 ㊞中津川市馬籠4284 ㊞9:00～17:00、12～3月9:30～16:30 ㊡不定休 ㊞300円

宿場町

太田
おおた

岐阜県美濃加茂市

木造建築が並ぶ

宿場時代には約20軒の旅籠が並んで賑わった。古い町家建築に宿場の面影を残している

太田の渡しの舟待ちで賑わった東美濃地方の政治経済の中心

中山道の三大難所のひとつ、木曽川の急流を越える「太田の渡し」の舟待ち宿として江戸時代に宿場が置かれた。飛騨街道と郡上街道（ぐじょう）の分岐点に位置し、木曽川の交通や物流の拠点でもあり、尾張藩の代官所が設置されるなど、東美濃の政治経済の中枢として繁栄した。国道が宿場町を迂回したため、枡形などの宿場時代の道筋が今も残る。随所に木造の伝統建築も並んで江戸期の風情を漂わせている。

📷 ACCESS & INFORMATION

JR高山本線・美濃太田駅下車。

美濃加茂市観光協会 ☎0574-25-2111

木曽川の渡船「太田の渡し」は、太田橋の架設で昭和初期に廃止された

太田 MAP

N
0　　300m

各務原駅　高山本線　美濃太田駅
加茂川
ホテルルートイン美濃加茂
太田駅前
プラザ通り
名濃バイパス
美濃加茂市中央体育館
料亭 昇月 R
41　祥光寺　美濃加茂市役所　太田本町3　太田本町1
旧中山道
中山道太田宿　207
旧太田宿本陣門　②　十六銀行旧太田支店
宿場　木曽川緑地ライン公園
中山道会館　④　③旧小松屋吉田家住宅
中濃大橋　①旧太田宿脇本陣林家住宅隠居家　木曽川

---

1 宿場の脇本陣が現存
旧太田脇本陣林家住宅 隠居家
きゅうおおたわきほんじん
はやしけじゅうたく いんきょや

明和6年(1769)の建造。太田宿脇本陣を務めた林家の邸宅のうち、隠居家が公開されている。明治15年(1882)に、板垣退助が遊説先の岐阜で暴漢に襲われた事件の前々夜に宿泊したことでも知られる。
☎0574-28-1110(みのかも文化の森) 🏠美濃加茂市太田本町3-3-33 🕘9:00～16:00 休月曜(祝日の場合は翌日) 料無料

2 本陣の威容を誇る門
旧太田宿本陣門
きゅうおおたじゅくほんじんもん

文久元年(1861)に仁孝天皇の皇女和宮（かずのみや）が徳川家茂（いえもち）に嫁ぐため江戸へ向かう際に新築された。半間の塀が両側に付属した重厚な門。
☎0574-25-2111(美濃加茂市商工観光課) 🏠美濃加茂市太田本町3-4-12 🕘休見学自由

明治40年(1907)に建造された十六銀行旧太田支店。漆喰の土蔵造りで、2階の窓には防犯用の格子がある

3 旅籠の建物を休憩所に活用
旧小松屋吉田家住宅
きゅうこまつやよしだけじゅうたく

江戸時代の旅籠の建物を利用した休憩所。座敷でくつろぐことができ、美濃加茂市出身の文学者・坪内逍遥（つぼうちしょうよう）の資料を展示。
☎0574-25-2111(美濃加茂市商工観光課) 🏠美濃加茂市太田本町2-6 🕘8:30～17:00 休火曜(祝日の場合は翌日) 料無料

4 太田宿の観光拠点
太田宿中山道会館
おおたじゅくなかせんどうかいかん

太田宿の歴史文化を紹介する展示室や食事処、物産品の売店などが集まった太田宿の観光施設。イベントも随時行う。
☎0574-23-2200 🏠美濃加茂市太田本町3-3-31 🕘9:00～17:00 休月曜(祝日の場合は翌日) 料無料

宿場町

鵜沼
うぬま

岐阜県各務原市

中山道美濃十六宿のひとつ
江戸時代の旅籠建築を再建

　中山道の江戸から52番目の宿場町で、現在の各務原市東部の市街地に位置する。街道沿いに本陣や脇本陣、旅籠、農家などが立ち並んでいたが、明治24年(1891)の濃尾地震で建物はほぼ全壊した。大安寺大橋の西側に唯一倒壊を免れた旧旅籠が残り、隣接して明治以降再建の町家建築が並んで古い街並みをつくる。向かい側に町屋や脇本陣が近年に修復・復元されるなど、宿場町の再生が行われている。

☐ ACCESS & INFORMATION

名鉄各務原線・鵜沼宿駅、またはJR高山本線・鵜沼駅下車。

各務原市観光協会 ☎058-383-9925

鵜沼宿は大安寺大橋を境に西町と東町に分かれ、西町に本陣が置かれた

鵜沼 MAP

翠池
中山道鵜沼宿町屋館 ❶
坂祝バイパス
鵜沼宿本陣跡
中山道鵜沼宿脇本陣 ❷
大安寺橋
梅田家住宅
坂井家住宅
旧中山道
菊川酒造
旧大垣城鉄門 21
鵜沼バイパス 21
鵜沼西町
S イオンタウン各務原鵜沼
各務ケ原駅
大安寺川
ザ・ビッグエクストラ S
高山本線
鵜沼駅
鵜沼宿駅 名鉄各務原線
N
0　　　200m

中山道鵜沼宿町屋館

大安寺大橋の近辺に残された古い街並み。江戸から昭和初期の大規模な町屋建築が並ぶ

1 旧家の町屋建築を修復
中山道鵜沼宿町屋館
なかせんどううぬまじゅくまちやかん

江戸時代に旅籠を営んでいた武藤家の明治建築の旧宅を公開している。主屋と付属屋、離れからなり、鵜沼宿の歴史資料の展示も行う。
☎058-379-5055 ㊤各務原市鵜沼西町1-116-3 ㊟9:00〜17:00 ㊡月曜(祝日の場合は翌日)、祝日の翌日(土・日曜、祝日の場合は翌日) ㊎無料

旧大垣城鉄門は各務原市蘇原の旧家の門を移築したもの。移築時の調査によって大垣城本丸の門と判明した

2 宿場時代の姿に再現
中山道鵜沼宿脇本陣
なかせんどううぬまじゅくわきほんじん

江戸末期に描かれた『鵜沼宿家並絵図』をもとに、宿場の脇本陣を務めた坂井家の建物を復元。主屋や竈をしつらえた土間、門などが再現され、往時の重厚な建築をじっくりと見学できる。

松尾芭蕉が脇本陣に滞在して句を残したと伝わる。敷地内に芭蕉句碑が立つ

☎058-379-5055 ㊤各務原市鵜沼西町1-137 ㊟9:00〜17:00 ㊡月曜(祝日の場合翌日)、祝日の翌日(土・日曜、祝日の場合は翌日) ㊎無料

旧街道の南側にも、坂井家住宅、梅田家住宅など、古い家並みが連なっている

宿場町

赤坂
あかさか

岐阜県大垣市

水運で栄えた宿場に旧家が点在

　杭瀬川の水運や華厳寺巡礼道の起点の宿場として栄えた。文久元年(1861)には皇女和宮が降嫁する際に一行が宿泊しており、事前の「お嫁入り普請」で街道沿いの古い建物が大改修された。川港に設けられた常夜灯など、往時の遺構が見られる。

ACCESS & INFORMATION 養老鉄道養老線・東赤坂駅、または美濃赤坂駅下車。

大垣観光協会 ☎0584-77-1535

宿場町

柏原
かしわばら

滋賀県米原市

広重の浮世絵に描かれた店がたたずむ

　美濃との国境にある宿場町。東西に約1.5km続く大規模な宿場で、特産の伊吹もぐさの店が並んで賑わった。「亀屋佐京商店」が現存しており、歌川広重の『木曾海道六拾九次』に描かれた往時の姿をとどめ、周辺の伝統家屋とともに宿場風情を誘う。

ACCESS & INFORMATION JR東海道本線・柏原駅下車。

一般社団法人びわ湖の素DMO ☎0749-51-9082

宿場町

醒井
さめがい

滋賀県米原市

水景に癒やされる湧き水豊富な宿場町

　清流・地蔵川に沿って宿場の古い街並みが続く。地蔵川の源流である醒井の清水は、日本武尊の体内の毒を洗い流したとの伝説が残る霊水。宿場近辺の豊富な湧き水が古くから旅人の疲れを癒やしてきた。夏には、川の水面が梅花藻の白い花で飾られる。

ACCESS & INFORMATION JR東海道本線・醒井駅下車。

一般社団法人びわ湖の素DMO ☎0749-51-9082

宿場町

鳥居本
とりいもと

滋賀県彦根市

漢方薬の商家が宿場の歴史を継ぐ

　北国街道が分岐する交通の要衝。格子造りの町家や土蔵が街道沿いに並び、特産品であった道中合羽の看板も残る。枡形の近くに建つ古建築は江戸中期の商家で、懐中胃薬「赤玉神教丸」の製造販売を今も続けている。

ACCESS & INFORMATION 近江鉄道本線・鳥居本駅下車。

彦根観光協会 ☎0749-23-0001

宿場町・養蚕町

海野宿
うんのじゅく

長野県東御市
重要伝統的建造物群保存地区

宿場用水の流れる街道に並ぶ旅籠と養蚕農家の伝統建築

　千曲川沿いに街並みが続く海野宿は、信濃と越後を結ぶ北国街道の宿場町として寛永2年(1625)に開設された。佐渡で採掘された金の江戸への輸送路、北陸の諸大名の参勤交代の道として栄え、街道には旅籠や伝馬屋敷が軒を連ねた。明治以降は養蚕の町へと転換し、旅籠屋造りの一部が養蚕用に改造された。宿場時代のままに街道の中央を用水が流れ、江戸期の建築と特徴的な養蚕民家が調和する。

ACCESS & INFORMATION

しなの鉄道・田中駅、または大屋駅下車。

信州とうみ観光協会 ☎0268-62-7701

宿場の路傍にたたずむ双体道祖神。集落の守り神などとして信仰された

海野宿 MAP

北国街道の宿場町

道の中ほどに用水が流れる宿場ならではの風景。卯建や海野格子をしつらえた伝統建築が並ぶ

① 本陣の面影を残す門
海野宿本陣跡
うんのじゅくほんじんあと

江戸前期の宿場開設時に本陣はなく、江戸中期に隣の田中宿が洪水被害を受けて海野宿に問屋を兼ねた本陣が移された。本陣の建物はないが、問屋門が残されている。
☎0268-62-7701(信州とうみ観光協会) 🏠東御市本海野

② 海野宿を代表する建築
海野宿資料館
うんのじゅくしりょうかん

江戸時代に建てられた旅籠屋造りの建物を一般公開している。明治以降に養蚕農家となって改造が加えられた海野宿独特の建築が見られる。
☎0268-64-1000 🏠東御市本海野1098 ⏰9:00〜17:00(10〜12月は〜16:00) 🈺12月21日〜2月 💴200円

③ 懐かしい郷土玩具を展示
海野宿玩具館
うんのじゅくがんぐかん

江戸後期の建物を利用して、長野市の蒐集家から寄贈された全国各地の民芸玩具を展示。農民美術運動を提唱した山本鼎が制作した見本群の一部もある。
☎0268-62-1207 🏠東御市本海野855-1 ⏰9:00〜17:00(10〜12月は〜16:00) 🈺12月21日〜2月 💴200円

旅籠建築の屋根の上部にある「気抜き」は、養蚕農家が蚕室の煙出しのために増設した。旅籠屋造りと養蚕造りが融合した海野独特の建築

宿場町・門前町

木之本宿
きのもとじゅく

滋賀県長浜市

「目の仏さま」の古い門前町
北国街道に伝統商家が並ぶ

　中世から木之本地蔵院(浄信寺)の門前町として栄え、江戸時代に北国街道(東近江路)と北国脇往還が交わる宿場町として発展を遂げた。宿場町の中央に鎮座する木之本地蔵院は目の仏さまとして知られ、豊臣秀吉が賤ヶ岳の合戦で本陣を置いた歴史の舞台でもある。街道沿いに続く町家は大火を経験した江戸中期以降の建築。老舗の造り酒屋や旧本陣などが並び、伝統的な商家の街並みを今に残している。

北国街道と北国脇往還が交わる

商家建築が連なる宿場の風景。昭和初期までは道の中央に水路が流れていたという

◻ ACCESS & INFORMATION

JR北陸本線・木ノ本駅下車。

長浜観光協会北部事務所 ☎0749-53-4133

木之本では室町時代から昭和初期まで年に2回の牛馬市が開催され、街道筋の民家が宿を提供していた

木之本宿 MAP

意冨布良神社🏛
小溜池
馬宿 平四郎
❷山路酒造
木之本牛馬市跡
牛馬所の里
木ノ本駅
元庄屋 上坂五郎右衛門家
❸木之本地蔵院
木之本札の辻跡
旧木之本宿本陣
竹内家住宅
冨田酒造❶
問屋跡地
みぎ京いせみち
ひだり江戸なごや道
石碑
北陸本線
長浜駅🚃
日吉神社🏛
0　　200m
N

---

❶ 創業480余年の老舗酒蔵
冨田酒造
とみたしゅぞう

戦国時代にはすでにこの地で酒造業を営んでいたとされ、「七本鎗」の銘柄で知られる。広大な敷地に、江戸中期建造の主屋などが建つ。
☎0749-82-2013 所長浜市木之本町木之本1107 営9:00〜18:00 休不定休

❷ 脇本陣を務めた造り酒屋
山路酒造
やまじしゅぞう

「桑酒」や「北国街道」などの銘柄で知られ、創業は天文元年(1532)と伝えられる。江戸時代には脇本陣を務め、のちに伝馬所も兼任した。街道沿いの大型の母屋の脇に立派な門を構えている。
☎0749-82-3037 所長浜市木之本町木之本990 営9:00〜18:00 休水曜

❸ 日本三大地蔵のひとつ
木之本地蔵院
きのもとじぞういん

創建は675年と伝えられる古刹。目の仏さまとして知られ、境内には秘仏の本尊を写した高さ6mの大地蔵菩薩像が立つ。

⬅眼を護るお守りとして、片眼をつむる身代わり蛙が奉納されている

☎0749-82-2106 所長浜市木之本町木之本944 営8:00〜17:00 休無休 料境内無料、戒壇巡り300円

旧木之本宿本陣 竹内家住宅。木之本宿の本陣を代々務め、明治期に薬局を開業した。江戸中期建造の主屋は宿場内で最大級の家屋

商家町・城下町

川越
かわごえ

埼玉県川越市
重要伝統的建造物群保存地区

「小江戸」の繁栄を伝える
豪壮な蔵造りの街並み

　埼玉県中南部に位置する川越は江戸城の北の守りとされた、かつての要衝。歴代川越藩主には親藩や譜代大名が名を連ねている。江戸前期に城下町とともに新河岸川の舟運が整備され、江戸へ物資が往来する商業の町として繁栄した。現在の川越一番街は、江戸時代の商家町の面影を色濃く残す。分厚い壁と黒漆喰の重厚な土蔵造りが並び、時の鐘とともに「小江戸」川越を象徴する風景として知られる。

☐ ACCESS & INFORMATION

西武新宿線・本川越駅から、東武バスで4分、一番街バス停下車。または、JR川越線・川越駅から、東武バスで7分、一番街バス停下車。東武東上線・川越市駅も利用できる。

川越駅観光案内所☎049-222-5556

MACHI
めぐり
人力車で町を散策

川越の町を人力車で巡ることもできる。蔵造りの町を中心に多彩なコースが用意され、車夫がガイドもしてくれる。埼玉りそな銀行川越支店蔵の街出張所(旧八十五銀行本店本館)前などで待機している。
川越人力車いつき屋
かわごえじんりきしゃいつきや
☎090-7341-0088
⊕川越市喜多町
2-1 ⊜9:30～17:30
(季節によって変動あり)⊗不定休 ⊛
区間料金3000円
～(2人)、貸切30
分8000円～(2人)

蔵造りの街並み

川越一番街に並ぶ江戸後期から明治期の蔵造り。立派な鬼瓦や重厚な構えは繁栄の象徴

ここは訪れたい!

❶ 江戸風情が残る街並み
一番街(蔵造りの街並み)
いちばんがい(くらづくりのまちなみ)
江戸後期以降に建てられた蔵造りの商家が今も30棟余残る商店街。防火構造の分厚い壁と黒漆喰の店蔵が残り、名産の芋菓子の店や民芸品店、飲食店が並ぶ。
☎049-222-5556(川越駅観光案内所)⊕
川越市幸町

一番街には、芋まんじゅうやさつまいもチップス、芋ようかんなど、川越特産のサツマイモを使った菓子を売る店が数多い

川越特産の木綿織物「川越唐桟」も一番街で手に入る。呉服笠間の札入れとスマホケース

午前6時、正午、午後3時、6時の1日4回、自動鐘打機で鐘つきが行われる

2 今も街に時を知らせる鐘

時の鐘（鐘つき堂）
ときのかね（かねつきどう）

城下の人々に時を告げる鐘として江戸前期に川越城主・酒井忠勝が建造した。現在の鐘楼は明治27年(1894)の再建。「残したい日本の音風景100選」に選ばれた。

☎049-222-5556(川越駅観光案内所)
川越市幸町15-7

89

③ 蔵造りの町のきっかけとなった家
大澤家住宅
おおさわけじゅうたく

寛政4年(1792)建造の呉服太物(麻や綿の呉服)の商家。明治26年(1893)の川越大火でも焼け残ったことから、川越商人たちは以降にこぞって蔵造りの商家を建てるようになった。大火以前の蔵造りの様式が残されている。
☎049-222-7640(小松屋民芸店) 所川越市元町1-15-2 営10:30～17:00 休月曜(祝日の場合は翌日) 料200円

④ 商家建築で商人町を紹介
服部民俗資料館
はっとりみんぞくしりょうかん

明治中期の川越大火後に建てられた商家の建物を利用した資料館。江戸時代以降の川越の商いと暮らしに関する資料を展示。雛人形など季節ごとの展示も行う。
☎049-222-0337 所川越市幸町6-8 営11:00～17:00 休不定休 料無料

⑤ 川越まつりを体感できる
川越まつり会館
かわごえまつりかいかん

約370年の歴史を持ち、蔵造りの街並みを舞台に毎年10月に開催される川越まつりを体感できる施設。川越まつりで曳かれる2台の山車が展示され、祭りの映像も上映される。
☎049-225-2727 所川越市元町2-1-10 営9:30～18:30(10～3月は～17:30)入館は各30分前まで 休第2・4水曜(祝日の場合は翌日) 料300円

⑦ 私的な迎賓館に利用された
旧山崎家別邸
きゅうやまざきけべってい

川越で老舗菓子店「龜屋」を営む山崎家の隠居所として大正14年(1925)に造造された。建物は国の重要文化財となっており、また庭園は国登録記念物(名勝地)となっている。
☎049-225-2727 所川越市松江町2-7-8 営9:30～18:30(10～3月は～17:30)入館は各30分前まで 休第1・3水曜(祝日の場合は翌日) 料100円

⑥ 地元作家の多彩な陶器が並ぶ
陶舗やまわ
とうほやまわ

明治建築の店蔵で、地元作家の陶芸作品を展示販売している。自前の窯で作った陶器、川越の「蔵のまち」をデザインしたオリジナルグッズ、ガラス器も並ぶ。
☎049-222-0989 所川越市幸町7-1 営10:00～18:00 休不定休

⑧ 駄菓子に芋スイーツも
菓子屋横丁
かしやよこちょう

石畳の道に約30軒の菓子店が軒を連ねる。懐かしい駄菓子や、川越名物の芋菓子などの食べ歩きスイーツも豊富。
☎049-222-5556(川越駅観光案内所) 所川越市元町

大正期創業・玉力製菓のニッキ飴は昔ながらの味わい

洋風建築にも注目
蔵造りの町のルネサンス建築
旧八十五銀行本店本館
きゅうはちじゅうごぎんこうほんてんほんかん

蔵の街並みに建つ、大正7年(1918)建造のレトロモダンな銀行建築。埼玉県で最初に設立された銀行で、現・埼玉りそな銀行川越支店蔵の街出張所。
☎049-222-5556(川越駅観光案内所) 所川越市幸町4-1

日本で希少な現存の近世御殿建築
川越城本丸御殿
かわごえじょうほんまるごてん

川越城は長禄元年(1457)の築造。嘉永元年(1848)に藩主・松平斉典が造営した本丸御殿の一部である玄関や大広間、復元移築した家老詰所が残る。
☎049-222-5399 ㊟川越市郭町2-30-1 ㊐9:00～17:00(入館は～16:30) ㊡月曜(祝日の場合は翌日)、第4金曜(祝日の場合は開館) ㊐100円

菓子屋横丁 8
観音寺卍
玉力製菓 S
新河岸川
一番街(蔵造りの街並み) 1
川越まつり会館 5
札の辻
本町通り
本町通り
川越人力車いつき屋
川越城本丸御殿 9
川越城大手門跡
3 大澤家住宅
2 時の鐘(鐘つき堂)
陶舗やまわ 6
行伝寺卍
4 服部民俗資料館
旧八十五銀行本店本館
卍法善寺
市民会館
原田家住宅
7 旧山崎家別邸
川越市川越重要伝統的建造物群保存地区
呉服笠間 S
亀屋本店
仲町
卍妙昌寺
大正浪漫夢通り
連馨寺卍
連雀寺
卍熊野神社
三井病院
成田山川越別院卍
本川越病院
出世稲荷神社
喜多院 10
鶴ヶ島駅
東武東上線
川越女子高
小江戸蔵里
西武新宿線
川越市駅
和光市駅
本川越駅
狭山市駅
N
0 300m

移築された江戸城の客殿と書院がある
喜多院
きたいん

平安前期創建と伝わる古刹。江戸城内から移築された客殿(徳川家光誕生の間)や書院(春日局化粧の間)が現存しており、江戸の大火を免れた江戸城の貴重な遺構。
☎049-222-0859 ㊟川越市小仙波町1-20-1 ㊐9:00～16:30(日曜、祝日は～16:50)、11月24日～2月9:00～16:00(日曜、祝日は～16:20) 受付は各30分前まで ㊡2月2・3日、4月2～4日 ㊐400円

ほかにも魅力ある街並み

大正浪漫夢通り
たいしょうろまんゆめどおり

かつて、川越銀座商店街の名で県内随一の賑わいを誇っていた通り。商業の中心が南に移って賑わいを失ったが、平成に入って老朽化したアーケードが撤去され、大正浪漫をテーマに再整備された。木造3階建ての大正建築や昭和初期の洋風建築、蔵造りや伝統的な町家などが混在して並び、昔ながらの商店や飲食店が営業を続けている。㊟川越市仲町、連雀町

懐かしさあふれる商店街。映画やドラマのロケ地にも使われている

↰昭和2年(1927)建造の旧武州銀行川越支店。現在は川越商工会議所

桐生
きりゅう

群馬県桐生市
重要伝統的建造物群保存地区

東の織物の町で出会う
ノスタルジックな裏路地

　群馬県東部の桐生は、古くからの織物の産地。天正19年(1591)に、桐生天満宮を起点に町場の桐生新町が整備された。町では織物などの市が開かれるようになり、やがて「西の西陣、東の桐生」と称される織物の一大産地へと発展する。現在の本町1・2丁目付近には往時の短冊状の地割が残され、細い路地に風情が漂う。一帯に、江戸後期から昭和初期の町家や土蔵、ノコギリ屋根の織物工場が点在している。

ACCESS & INFORMATION

JR両毛線・桐生駅、または上毛電鉄・西桐生駅から徒歩20〜25分。

(一社)桐生市観光物産協会 ☎0277-32-4555

本町通りとその周辺に、伝統的な町家や蔵、織物工場などが点在する

桐生MAP

長福寺卍　　桐生が岡　桐生天満宮卍
　　　　　　公園
　　　　　寂光院
御嶽神社卍 (桐生陣屋跡)卍　旧金芳織物工場●
　　　桐生陣屋空堀跡　　　　　②旧曽我
桐生西宮神社卍　　　　　　　　　織物工場
●大川美術館　　山手通り　①有鄰館
桐生歴史文化資料館　　　酒屋小路
西桐生駅
上毛電鉄　　桐生市桐生新町重要伝統的
　　　　　　建造物群保存地区
③
←伊勢崎駅
　桐生駅
両毛線　足利駅
0　　　　500m

本町2丁目の酒屋小路。付近には江戸時代の短冊状の地割を縫うように多くの路地が走る

① 老舗の倉庫群を有効活用
有鄰館
ゆうりんかん

矢野本店の酒蔵や味噌蔵、醤油蔵など、江戸から昭和期の11棟の蔵を保存整備。独特の雰囲気を生かして舞台やコンサート、ギャラリーなどに活用している。
☎0277-46-4144 ㊟桐生市本町2-6-32 ㊟9:00〜21:00 ㊡月曜(祝日の場合は翌日)㊟無料

レンガ蔵は市内最大級のレンガ建築。南入口のアーチ状の石組みなどは往時のまま

② 石造りの旧織物工場
旧曽我織物工場
きゅうそがおりものこうじょう

大谷石造りの織物工場で、5連のノコギリ屋根を持つ。大正11年(1922)建造で、明治期の主屋や蔵も建つ。昭和45年(1970)頃に織物の操業は停止された。
☎0277-46-1111(桐生市文化財保護課)㊟桐生市本町1-7-15

旧金芳織物工場。大正8年(1919)建造のノコギリ屋根の織物工場。現在はベーカリー・カフェ

市場で栄えた町

小布施
おぶせ

長野県小布施町

江戸の文化と商業が花開いた栗と北斎で有名な北信濃の町

千曲川右岸の扇状地に開けた町。江戸時代に谷街道沿いに市場が開かれ、千曲川の舟運も発達して北信濃の経済の中枢を担った。地元の豪商の一人、髙井鴻山が葛飾北斎を招いており、晩年の肉筆画の大作が小布施に遺されている。北斎作品を展示する北斎館の周辺には古い土蔵の飲食店や商店が集い、趣ある小径が続き、名物の栗菓子の老舗も点在。美しく整う風雅な街並みが人気を呼ぶ。

栗の小径

北斎館と髙井鴻山記念館をつなぐ栗の小径。特産の栗の木片が敷き詰められている

☐ ACCESS & INFORMATION

長野電鉄・小布施駅下車。

小布施文化観光協会 ☎026-214-6300

江戸時代の小布施陣屋跡の近くに延びる陣屋小路

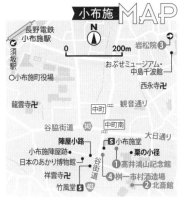

小布施 MAP

N　0　200m

長野電鉄 小布施駅
須坂駅
小布施町役場
龍雲寺卍
谷脇街道
陣屋小路
小布施陣屋跡
日本のあかり博物館
祥雲寺卍
竹風堂
岩松院 ❸
おぶせミュージアム・中島千波館
西永寺卍
中町
観音通り
中町南
大日通り
小布施堂
栗の小径
❶髙井鴻山記念館
❹桝一市村酒造場
❷北斎館

① 北斎を支援した豪商の館
髙井鴻山記念館
たかいこうざんきねんかん

髙井鴻山は豪農豪商、また詩書画を嗜む文化人で、北斎など多くの文人墨客を小布施に招いた。江戸期のサロン兼書斎の木造の建物や蔵に、鴻山ゆかりの品々を展示。
☎026-247-4049 ⊕小布施町小布施805-1 ⊕9:00〜17:00(最終入館16:30) ⊕無休、展示替えなどによる臨時休館あり ⊕300円

② 北斎の作品を展示
北斎館
ほくさいかん

町内に遺された葛飾北斎の作品を収蔵・公開している。祭屋台天井絵をはじめとする肉筆画のほか、錦絵、版本など幅広い作品を展示。
☎026-247-5206 ⊕小布施町小布施485 ⊕9:00〜17:00(1月1日10:00〜15:00) 入館は各30分前まで ⊕12月31日 ⊕企画展1000円(特別展は別途)

③ 北斎晩年の肉筆画の傑作
岩松院
がんしょういん

文明4年(1472)創建の曹洞宗寺院。本堂に葛飾北斎が89歳のときに描いた極彩色の天井画『八方睨み鳳凰図』がある。北斎晩年の大作。
☎026-247-6560 ⊕小布施町雁田615 ⊕9:00〜16:30(11月は〜16:00、12〜3月9:30〜15:30) ⊕法要の日(HPを参照) ⊕500円

④ 北斎ゆかりの酒蔵
桝一市村酒造場
ますいちいちむらしゅぞうじょう

江戸中期創業の造り酒屋で、12代当主は北斎を招いた髙井鴻山。木桶仕込みの純米酒などを造り、店内に利き酒のできるテッパ(カウンター)を用意する。
☎026-247-2011 ⊕小布施町小布施807 ⊕9:30〜17:00 ⊕無休

商家町

須坂
すざか

長野県須坂市

製糸業で世界に知られた
近代の繁栄を知る蔵の街並み

　江戸時代の須坂は堀氏の領有する須坂藩の陣屋町で、谷街道と大笹街道が交差する交通の拠点でもあった。長野盆地の東端に位置し、山間部と平野部の両方の物資が集まる商業地としても賑わっていた。明治から昭和初期には世界に知られる製糸の町として発展し、製糸業者の豪壮な蔵が通りに立ち並んだ。旧谷街道の横町通りなどに蔵の街並みが残り、美術館や博物館として建物を公開している。

☐ ACCESS & INFORMATION

長野電鉄・須坂駅下車。

信州須坂観光協会 ☎026-215-2225

明治中期の繭蔵を
改装した観光拠点
「蔵のまち観光
交流センター」

須坂 MAP

横町通り

横町通り（旧谷街道）には旧製糸家の土蔵造りが多く残り、製糸業で栄えた往時を偲ばせる

① 北信濃屈指の豪商の屋敷
豪商の館 田中本家博物館
ごうしょうのやかた たなかほんけはくぶつかん

須坂藩を上回る財力といわれた豪商の屋敷。約3000坪の敷地があり、江戸時代の土蔵で田中家に伝わる美術品などを展示し、日本庭園も見学できる。喫茶室と売店を併設。
☎026-248-8008 ㊟須坂市穀町476 ㊟11:00〜15:30 土・日曜、祝日10:00〜16:00 ㊡火曜（祝日の場合は翌日）、展示替え等による臨時休館あり ㊟900円

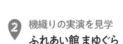

② 機織りの実演を見学
ふれあい館 まゆぐら
ふれあいかん まゆぐら

旧田尻製糸の明治建築の繭蔵を移転・改修した休憩施設。養蚕・製糸の資料を展示している。
☎026-248-6225 ㊟須坂市須坂387-2 ㊟9:30(3月10:00)〜17:00、11〜2月10:00〜16:00 ㊡無休 ㊟無料

③ 古建築で民芸作品を鑑賞
須坂クラシック美術館
すざかクラシックびじゅつかん

建物は江戸時代から呉服商を営む商家の明治初期建造の屋敷。日本画家・岡信孝が寄贈した日本画や古民芸コレクションを展示している。
☎026-246-6474 ㊟須坂市須坂371-6 ㊟9:00〜17:00 ㊡木曜（祝日の場合は開館）㊟300円

④ 製糸王ゆかりの邸宅
旧越家住宅（山丸一番館）
きゅうこしけじゅうたく（やままるいちばんかん）

須坂の製糸王・越寿三郎氏が息子夫婦のために購入した明治期の邸宅。近代洋画家・吉田博が製糸工場群を描いた絵画（複製）を展示。
☎026-245-0001 ㊟須坂市春木町435-2 ㊟9:30〜17:00、11〜3月10:00〜16:00 ㊡無休 ㊟無料

商家町・宿場町

稲荷山
いなりやま

長野県千曲市　**重要伝統的建造物群保存地区**

土蔵造りが並ぶ街道に
一大商業地の面影を残す

　16世紀末に稲荷山城と町場が築かれ、江戸時代には長野盆地と松本盆地を結ぶ北国西街道（善光寺街道）の宿場町として賑わった。近世には生糸や繊維製品が盛んに取引され、北信濃有数の商業地に発展。町を貫く善光寺街道やその裏道に土蔵造りの重厚な商家や土蔵が並び、往時の商都の繁栄ぶりをうかがわせる。

☐ ACCESS & INFORMATION

JR篠ノ井線・稲荷山駅から徒歩25分。
信州千曲観光局 ☎026-261-0300

善光寺街道の裏道の「たまち蔵道」。重厚な土蔵が連なる、町を象徴する風景

⬆荒町の土蔵群。荒町から治田町までの約850mを中心に保存地区が広がる

⬆稲荷山の生糸輸出の先駆者・松林家の邸宅を修復した稲荷山宿・暮らし館
※耐震補強工事のため、2026年1月頃まで休館

漆工町

木曽平沢
きそひらさわ

長野県塩尻市　**重要伝統的建造物群保存地区**

良質な山林資源に恵まれて
木曽山中に生まれた漆器の町

　贄川宿と奈良井宿の間に位置する中山道沿いの漆工町。江戸時代に木曽漆器の生産で栄え、今も日本有数の漆器生産地として知られる。集落を通る約850mの街道沿いには、伝統的な木造建築の漆器店が並んでいる。

☐ ACCESS & INFORMATION

JR中央本線・木曽平沢駅下車。
塩尻市観光センター ☎0263-88-8722

中山道沿いに並ぶ漆器店。店舗の奥には中庭、さらに奥には漆塗り作業場の「漆蔵」がある

⬆昭和前期建造の巣山家住宅。巣山家は代々漆器製造に携わってきた。国の登録有形文化財

⬆木曽漆器館には木曽漆器の多彩な作品が並び、漆器制作の道具類なども展示

商家町

高山
たかやま

岐阜県高山市
重要伝統的建造物群保存地区

飛騨の匠と豪商が生んだ
商家群の優美な町並み

　16世紀末に金森長近が高山城と城下町を整備し、高山の町が誕生した。幕府の直轄地となった江戸中期以降は、商人と職人が活躍して林業や商工業が飛躍的に発展。豪商たちにより、独特の文化も花開いた。上町と下町の一帯が旧商人地で、江戸から明治、昭和期の商家が残る。出格子や低い軒が連なる高山特有の美しい町並みに、店舗や飲食店が賑やかに並ぶ。

🏠 ACCESS & INFORMATION

JR高山本線・高山駅下車。

飛騨・高山観光コンベンション協会
📞0577-36-1011

三町の「古い町並」

旧商家町の中心をなす上三之町の通り。古い町家の造り酒屋や工芸品店などが軒を連ねる

建築&土木COLLECTION

低い軒

軒が低く、小庇、日除け庇のある町家が連なることで、「古い町並」の独特の景観がつくられている。

明かり取り

隣と隙間なく並び、間口も狭く、奥に長い造りの建物に採光するため、天窓が設けられた。

出格子

窓から少し張り出すように設けられた、出窓のように見える格子窓。目隠しと明かり取りの役目を果たす。

三町用水

立て込んだ町家を火から守るための防火用水。家々の軒下を流れ、夏には打ち水にも使われている。

上二之町、上三之町を中心とした地域で、江戸から明治期に豪商が暮らした北側の商人町。町家が連なる高山観光の拠点。

① 飛騨高山の歴史文化を網羅
飛騨高山まちの博物館
ひだたかやままちのはくぶつかん

商人町のうち、安川通りの北側が下町（現在の三町）、南側は上町と呼ばれる

江戸時代の豪商の蔵を利用し、高山祭や城下町の変遷など、さまざまなテーマで高山の魅力を紹介。高山祭のからくり人形は必見。
☎0577-32-1205 飯高山市上之町75 営9:00〜19:00、庭・広場7:00〜21:00 休無休（臨時休館の場合あり）料無料

② 現存する唯一の武家屋敷
角正
かくしょう

築後250年を超える飛騨高山で現存する唯一の武家屋敷。12代続くこの店の初代は江戸期、郡代とともに江戸から派遣された料理人で、江戸料理の老舗「八百善」で修業したとの記録が残る。茶懐石をルーツにした精進料理を供する。
☎0577-32-0174 飯高山市馬場町2-98 営11:30〜13:30（最終入店）17:30〜19:00（最終入店）休不定休

庭が一望できる離れ茶室。茶懐石ベース の精進料理を味わうにふさわしい空間

③ 伝統をつなぐ食事処
久田屋
ひさだや

重厚な町家造りの店舗は江戸時代末期に建てられた。料理旅館として創業し、厳選した地元の食材を使い飛騨の伝統料理の味を今に伝える。
☎0577-32-0216 飯高山市上三之町12 営10:30〜15:00 休不定休

④ 江戸時代から続く名店
洲さき
すさき

江戸時代から続く店で、当主は10代目。金森宗和による宗和流本膳の意匠をくみ、200年以上伝えられてきた繊細な茶懐石の味を供する。
☎0577-32-0023 飯高山市神明町4-14 営11:30〜14:00 17:00〜19:00（最終入店）休不定休

幕領時代の歴史を感じるたたずまい

高山陣屋
たかやまじんや

元禄5年(1692)に飛騨が幕府の直轄領となったのち、飛騨の行政の中枢を担った役所。以来、明治維新を迎えるまでの176年間にわたって25代の代官・郡代が江戸からこの陣屋に派遣された。
☎0577-32-0643 飯高山市八軒町1-5 営8:45〜17:00(11〜2月は〜16:30) 休無休 料440円

春と秋に開催される高山の伝統行事。からくり人形などが乗った絢爛豪華な屋台が市中を練り、「動く陽明門」と称される。春祭り（山王祭）は市南部、秋祭り（八幡祭）は北部でそれぞれ開催。屋台は江戸中期の建立とされ、平成期にも新造された

↑門前では毎朝、陣屋前朝市を開催

下二之町大新町
しもにのまちおおじんまち

商家町の南側の下二之町と越中街道沿いの大新町のエリア。飛騨の匠が手がけた明治建築の豪奢な町家が残る。

⑤ 飛騨の名工による最高傑作
吉島家住宅
よしじまけじゅうたく

代々酒造りを家業とした吉島家。現在の建物は、明治38年(1905)の大火後に再建されたもので、その棟梁は名工と謳われた西田伊三郎。建築界では、「吉島家は民家の最高峰」と称賛される。

☎0577-32-0038 所高山市大新町1-51 開9:00～17:00(12～2月は～16:30) 休12～2月の火曜 料500円

⑥ 名工の技が光る豪快な伝統美
日下部民藝館
くさかべみんげいかん

幕領時代、日下部家は商家として栄えた。日下部民藝館も重要文化財で、明治12年(1879)に建築。棟梁の川尻治助が、骨太の木組みなど重厚な江戸時代の建築様式の住宅を造り上げた。

☎0577-32-0072 所高山市大新町1-52 開10:00～16:00(季節により変動あり) 休火曜 料1000円

↑釘を一本も使わずに長さ約13mの梁が組み上げられた吹き抜けは圧巻

MACHI めぐり

人力車に乗って街を散策

人力車で見どころを巡り、町を熟知したガイドの案内も聞ける。中心部と中橋詰で乗車できる。

ごくらく舎
ごくらくや

☎0577-32-1430 所高山市若達町1-31 開8:30～18:00、11～3月9:30～17:00 休無休 料2人乗り散策コース15分4000円～

飛騨高山城下之図（部分）
前田育徳会蔵

雲龍寺　大雄寺

雲龍寺山

照蓮寺

下一之町

下二之町

下三之町

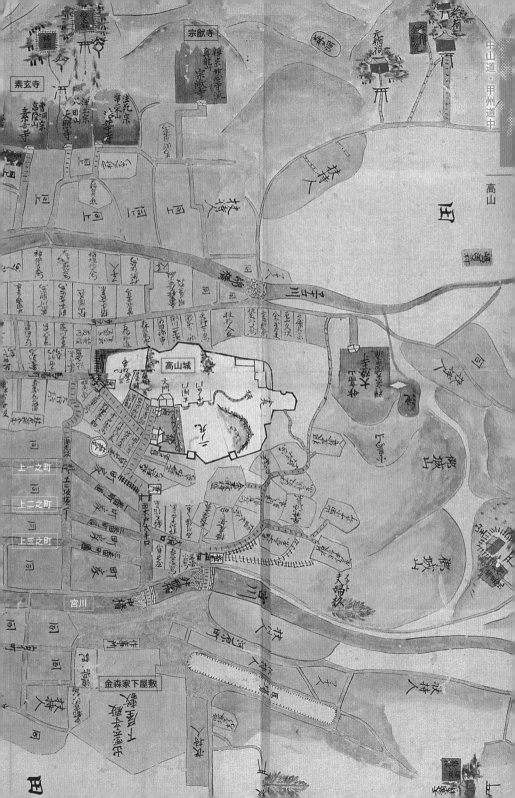

素玄寺

宗猷寺

高山

禅宗妙心寺派
真栄山
宗猷寺

高山城

上一之町

上二之町

上三之町

宮川

金森家下屋敷

商家町

飛騨古川
ひだふるかわ

岐阜県飛騨市

「高山の奥座敷」と称される
白壁土蔵の美しい街並み

　高山市の北約15kmに位置し、高山と同様、16世紀末頃に金森氏が京を模して城下町を築いている。城下町には、瀬戸川を境に北に武家地、南に町人地を置いた。江戸前期に幕府の天領となってからは、商家町として繁栄。城下町特有の碁盤目状の町割と商家の街並みが今も残る。色鮮やかな鯉の泳ぐ瀬戸川と岸辺の白壁土蔵群、町家の並ぶ壱之町通りなどで昔ながらの風情にふれられる。

■ ACCESS & INFORMATION

JR高山本線・飛騨古川駅下車。

飛騨市観光協会 ☎0577-74-1192

飛騨の匠文化館では、高い技能を誇る飛騨大工の伝統や技術を紹介

飛騨古川 MAP

瀬戸川と白壁土蔵街

鯉の泳ぐ瀬戸川と白壁の土蔵が風情を醸す。川沿いに歩道が整備され、散策が楽しめる

① 飛騨の匠が建てた登録有形文化財の宿
八ツ三館
やつさんかん

江戸後期創業の老舗料亭旅館。飛騨の匠の粋を凝らした明治建築の招月楼をはじめ、3棟の建物が国の登録有形文化財に指定されている。
☎0577-73-2121 所飛騨市古川町向町1-8-27

② 土蔵街に建つ酒蔵
渡辺酒造店
わたなべしゅぞうてん

創業明治3年(1870)の老舗酒造店。長年飛騨で愛されてきた銘酒「蓬莱」の蔵元。
☎0577-73-3311 所飛騨市古川町壱之町7-7 営9:00〜16:30 休無休

③ 伝統的な商家建築で営む
三嶋和ろうそく店
みしまわろうそくてん

全国でも数少ない和ろうそくの製造を行う店。創業は約240年前の江戸中期、ハゼの木の実を搾った天然のろうや、芯に和紙などを使うのも昔のまま。
☎0577-73-4109 所飛騨市古川町壱之町3-12 営9:30〜17:00 休水曜、ほか臨時休業あり

壱之町通り、弐之町通りには、伝統的な建築物を表彰する観光協会による景観デザイン賞を受賞した住宅や、住民の手によって補修された町家が軒を連ねる

焼物の町

多治見
たじみ

岐阜県多治見市

歴史ある美濃焼の産地
陶器問屋街の面影を残す通り

東美濃地方にあり、織部、志野などで知られる美濃焼の中心的な産地。古くからの焼物の産地で、美濃焼の集散地として栄えた。町の中心部を通る本町オリベストリートには、明治から昭和初期建造の陶磁器問屋の建物が今も軒を連ね、それらを活用した陶磁器店やアンティークショップ、飲食店などが賑やかに並ぶ。

☐ ACCESS & INFORMATION

JR中央本線・多治見駅下車。

多治見市観光協会 ☎0572-51-8156

旧陶磁器問屋街の本町オリベストリート。歴史建築が新たなショップに生まれ変わった

⬆膨大なタイルのコレクションを展示する多治見市モザイクタイルミュージアム
©Akitsugu Kojima

⬆江戸時代の蔵を利用して多治見の陶磁器文化を紹介する西浦記念館

商家町

川原町
かわらまち

岐阜県岐阜市

長良川の川港として栄えた
鵜飼いの町のレトロな通り

長良川に架かる長良橋の南詰、鵜飼観覧船のりばの西に広がる港町、元浜町、玉井町の3町の総称が川原町。古くから長良川は水運が盛んで、江戸時代には材木商や美濃和紙問屋の商家や蔵が通りに立ち並んだ。江戸期の面影を残すのが川原町界隈。岐阜うちわや鮎菓子などのみやげ物店、町家カフェが並んで賑やか。

☐ ACCESS & INFORMATION

JR東海道線・岐阜駅から、岐阜バスで約15分、長良橋バス停下車。

岐阜観光コンベンション協会 ☎058-266-5588

旧商家の町家や蔵が並ぶ川原町界隈。町家造りのモダンな雑貨店や飲食店も増えている

⬆鵜飼船に知らせるかのように、夕べに電灯が灯る川原町川灯台

⬆川原町通りから脇の路地へ。趣ある風情が往時のままに残っている

商家町

美濃
みの

岐阜県美濃市
重要伝統的建造物群保存地区

江戸で評判の美濃和紙で
和紙問屋の卯建が上がる

　岐阜県ほぼ中央の長良川沿い。17世紀初頭に城下町とともに川港の上有知湊が開かれ、江戸から明治期を通じて物資の集散地として発展した。その主要な取引品だったのが特産の美濃和紙。最高級の障子紙と評判になって江戸でも人気を呼んだ。現在の目の字通り一帯に、和紙問屋ら豪商の町家が軒を連ねている。家々の屋根の両端には、商家の格式や富を象徴するように立派な卯建が上がる。

🔲 ACCESS & INFORMATION

長良川鉄道越美南線・美濃市駅、または梅山駅下車。

美濃市観光協会 ☎0575-35-3660

美濃和紙の伝統を現代に

和紙のあかりのモダンな幻想世界
美濃和紙あかりアート館
みのわしあかりアートあかん

市内で毎年秋に開催される「美濃和紙あかりアート展」の入賞作品を展示。美濃和紙を使ったやわらかなあかりの世界が楽しめる。
☎0575-33-3772 ㊟美濃市本住町1901-3 ㊟9：00～16：30(10～3月は～16：00) ㊡火曜(祝日の場合は翌日)、祝日の翌日 ㊐200円(旧今井家住宅との2館共通券400円)

→建物は昭和初期築の旧美濃町産業会館

→モダンで個性的な和紙の明かりが室内に浮かび上がる

卯建の街並み

ここは訪れたい！

❶ 市内最古の卯建が上がる
旧今井家住宅・
美濃史料館
きゅういまいけじゅうたく・みのしりょうかん

元庄屋兼和紙問屋で、市内最大規模の商家。江戸中期に建造され、明治に増築された。華美な装飾のない、市内で最も古い形式の卯建が上がる。美濃史料館では、美濃市の歴史・文化に関する展示を行う。
☎0575-33-0021 ㊟美濃市泉町1883 ㊟9：00～16：30(10～3月は～16：00) ㊡12～2月の火曜(祝日の場合は翌日)、祝日の翌日 ㊐300円(美濃和紙あかりアート館との2館共通券400円)

屋根の両端に付設された防火壁の卯建。しだいに豪華になっていった

❷ 美濃和紙の作品を鑑賞
町並みギャラリー
山田家住宅
まちなみぎゃらりーやまだけじゅうたく

江戸中期に開業した町医者の住宅を改装したギャラリー。偶数月には美濃和紙のちぎり絵作品を展示している。
☎0575-33-1122(美濃市美濃和紙推進課) ㊟美濃市俵町2161-1 ㊟偶数月のみ開館10：00～16：30(10・12・2月は～16：00) ㊡火曜 ㊐無料

東西2筋、南北4筋の横丁からなる通称「目の字通り」に旧商家の町家や蔵が軒を連ねる

平田家（左）と古川家の明治初期の卯建は、軒飾りがより装飾的だ

③ 独特の卯建を持つ老舗酒蔵

小坂酒造場

こさかしゅぞうじょう

銘酒「百春」の蔵元。店舗は江戸中期の建築で、ゆるやかに湾曲したむくり屋根を持つ重厚な造り。卯建は両端と中央の3本があり、中央の卯建は通りの向かい側から見ることができる。

☎0575-33-0682 ㊰美濃市相生町2267 ⊗9:00～17:00 ㊡無休

④ 物資が行き交った港

上有知湊

こうずちみなと

江戸時代に物資輸送の玄関口として築かれた川港で、明治時代まで利用された。高さ9mの灯台や石段などが残る。

☎0575-33-1122(美濃市美濃和紙推進課) ㊰美濃市港町

朱色の欄干が美しい美濃橋は現存する日本最古の吊り橋

美濃 MAP

長良川
● 美濃橋
小倉山城跡
小倉公園
④ 上有知湊
156
N
0 ──── 200m
本玄寺卍
P
泉町
揚鎌Ⓢ
● 美濃市文化会館
来昌寺卍
梅山駅
美濃市美濃町重要伝統的建造物群保存地区
殿町
宝勝院卍
① 旧今井家住宅・美濃史料館
美濃和紙あかりアート館
NIPPONIA美濃商家町Ⓗ
番屋(美濃市観光案内所)ⓘ
時代軒菓舗Ⓢ
目の字通り
目の字通り
願成寺卍
156
Ⓢ 信洲屋
③ 小坂酒造場
円通寺卍
Ⓢ 美濃市駅
② 町並みギャラリー山田家住宅
P

近江八幡
おうみはちまん

滋賀県近江八幡市
重要伝統的建造物群保存地区

豪商屋敷や土蔵が連なる
近江商人のふるさと

　安土桃山時代に、豊臣秀次が琵琶湖南東麓に八幡山城を築いたのが町の始まり。秀次は琵琶湖の水を引き入れて物資運搬用の八幡堀を設け、自由商業を奨励するなどして商業町の礎を築いた。やがて近江商人たちは他国に販路を広げ、江戸や大坂にに大店を構える活躍をみせた。豪商たちの本家や本店、蔵が今も街並みをつくる。白壁土蔵の並ぶ八幡堀、近江商人屋敷が並ぶ新町通りに商家町風情が色濃く残る。

☐ ACCESS & INFORMATION

JR東海道線・近江八幡駅から、湖国バスで5分、新町バス停下車。

近江八幡駅北口観光案内所 ☎0748-33-6061

MACHI めぐり

〉屋形船で堀を巡る

白壁土蔵や石垣が連なる八幡堀を風流な屋形船で巡ることができる。水上から見上げる土蔵群の風景は格別だ。春には桜、夏には柳、秋は紅葉、冬は雪景色が彩りを添える。

八幡堀めぐり
はちまんぼりめぐり

☎0748-33-5020 ㊟近江八幡市多賀町743（乗船場）⊙10:00〜16:00 ㊡無休（悪天候時は中止）㊷1500円

江戸時代に掘削され、物資を載せた舟が行き交った八幡堀。商家の土蔵群は往時の名残だ

八幡堀沿いの土蔵群

近江商人たちの豪壮な本家が並ぶ新町通り。屋敷の塀からのぞき見越しの松が風格を増す

ここは訪れたい！

① 典型的な近江商家を公開
旧西川家住宅
きゅうにしかわけじゅうたく

国の重要文化財。蚊帳や畳表を商い、江戸や大坂、京都に店を構えた商家。建物は江戸中期頃の建造で、店舗と居住部分が分かれている。内部を史料館として公開。
☎0748-32-7048(近江八幡市立資料館) 所近江八幡市新町2-19 開9:00〜16:00 休月曜(祝日の場合は開館)、祝日の翌日 料300円(郷土資料館・歴史民俗資料館との3館共通券500円)

⬆郷土資料館、旧西川家住宅とともに近江八幡市立資料館を構成する歴史民俗資料館

新町通り。左側に見える建物が郷土資料館

白雲館は、明治初期建造の旧八幡東学校

② 江戸末期の堅牢な屋敷
旧伴家住宅
きゅうばんけじゅうたく

近江商人、伴庄右衛門の屋敷。江戸末期建造で、明治以降は学校や役場、図書館などに利用され、現在は市の指定文化財となっている。
☎0748-32-1877(公益財団法人八幡教育会館) 所近江八幡市新町3-15 開9:00〜17:00(入館は〜16:30) 休月曜 料400円

八幡山ロープウェー
八幡山ロープウェー乗り場
常磐神社
圓満寺
琴平神社
日牟禮八幡宮
稲荷神社
近江兄弟社高
中山道・甲州道中

RASSERIE_epattache
ゲストハウス澤
京料理宮前
玉木町
cafe issui
近江つけもの 山上日牟禮 S
クラブハリエ 日牟禮館 R
旧吉田邸
寺本邸
かわらミュージアム
八幡堀めぐり
旅籠八… H
喜多七右衛門邸蔵
鍛冶屋町
ハイド記念館
ヴォーリズ記念館
近江兄弟社中

白雲橋
京料理宮前
八幡山ロープウェー口
西川甚五郎本店史料館 4
喜兵衛 R
西川甚五郎邸 3
白雲館
初雪食堂 R
玉水太明神

蓮照寺
新町
江湖庵
近江兄弟社 メンターム資料館
宝積寺
西川庄六邸 5
和た与 S
玉木 旧西川家住宅 1
歴史民俗資料館
郷土資料館
文化伝承館
近江八幡まちなみ研究所
旧中村邸
小幡
カフェアンドダイニング ヤマヤ
森五郎兵衛邸
御食事処みつわ R
旧伴家住宅 2
尾賀商店 C
Little Birds Hostel
近江八幡 H
旧尾賀邸
旧八幡郵便局
旧扇屋もろみ藏
町屋じゅらく
大橋来壽堂
kolmio hotel - MACHIYA INN H
近江八幡 別館
なつかし館
村岡邸(旧岩瀬医院)
顧故寺
ボーダレス・アート・ミュージアムNO-MA
近江八幡

正栄寺
御菓子司 紙平老舗 S
八幡池田局
小幡町資料館前
近江八幡市八幡重要伝統的建造物群保存地区
KISAKU・キサク・ R
bistro だもん亭 C
善住寺
正福寺
近江八幡出町局
TABLEMOTHER R
近江八幡駅

3

八幡堀沿いの大豪邸
西川甚五郎邸
にしかわじんごろうてい

西川株式会社の祖である西川家の邸宅。天正15年(1587)に初代が本店を構え、昭和前期まで邸宅として利用されていた。敷地は700坪、建坪だけで200坪の広さ。☎0748-32-2909(西川文化財団) 近江八幡市大杉町17 内部は、通常非公開。年2回(春・秋)に特別公開あり(有料)

西川家のあゆみを紹介
西川甚五郎本店史料館
にしかわじんごろうほんてんしりょうかん

西川甚五郎邸の敷地に残る土蔵を改装し、貴重な古文書や古物を展示。西川家の「蚊帳からふとん」にいたる450年以上の歴史を紹介している。☎0748-32-2909(西川文化財団) 近江八幡市大杉町14 10:00〜17:00 休火曜 料無料

江戸時代から、江戸の日本橋に店を構えた
西川庄六邸
にしかわしょうろくてい

安土桃山時代創業の商家の邸宅。蚊帳や綿、砂糖、扇子などを扱った豪商で、建物は江戸中期の建造。近江八幡市新町2-8 内部非公開

洋風建築にも注目

近江兄弟社創業者の邸宅
ヴォーリズ記念館
ヴォーリズきねんかん

明治後期にアメリカから来日した社会事業家で建築家、近江兄弟社創業者のウィリアム・メレル・ヴォーリズの邸宅。ヴォーリズの生涯を紹介。☎0748-32-2456 近江八幡市慈恩寺町元11 10:00〜16:00(要電話予約) 休月曜、祝日、12月15日〜1月15日、ほか不定休 料400円

↑ヴォーリズが設計した瀟洒な洋館

日牟禮八幡宮。西暦131年が鎮座の始めとされる古社。平安期に宇佐八幡宮を勧請し、八幡宮となる。中世以降は近江商人の崇敬篤く、地名の由来となった神社

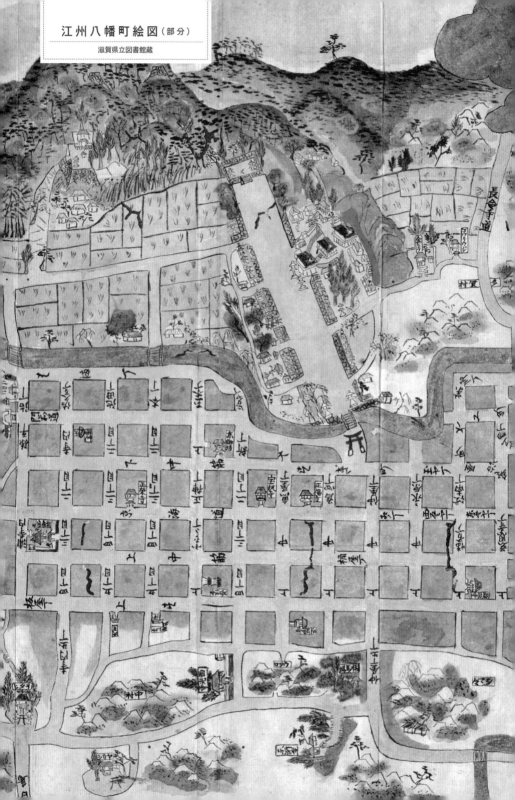

城下町 & 武家町

城下町

小幡
おばた

群馬県甘楽町

こぢんまりと美しい街並み
織田氏2万石の城下町

　群馬県甘楽町の中心地区で、江戸初期に織田信長の次男・信雄が領有した。織田氏の統治は松平氏入封まで、8代152年にわたり続く。3代信昌のときに小幡に陣屋と町家が建設され、今に残る用水路の雄川堰も整備された。町の南部が旧武家地で、中小路の武家屋敷群や大名庭園の楽山園に往時の風情を残す。雄川沿い北部の旧町人地には明治期に栄えた養蚕農家が並び、春には桜並木が咲き誇る。

⬜ ACCESS & INFORMATION

上信電鉄・上州福島駅から、タクシーで約8分(約3.3km)、徒歩で40分。

甘楽町産業課 ☎0274-64-8320

大正末期建造の繭倉庫を利用した甘楽町歴史民俗資料館。武家地と町人地の境界付近に建つ

小幡 MAP

N
0　　200m

養蚕農家群の街並み
上州福島駅　大手門
甘楽町
歴史民俗資料館
中小路
食い違い郭
小幡城址　小幡陣屋　❶高橋家長屋門
御殿前通り　松平家大奥
城町薬師堂の石仏
小幡城址
雄川
甘楽
総合公園　龍門寺卍
46
❸楽山園
❷松浦氏屋敷

中小路の武家屋敷群

かつて、武士たちが往来した中小路。道の両側に往時の石垣や武家屋敷の遺構が見られる

📍 武家屋敷の重厚な門
高橋家長屋門
たかはしけながやもん

小幡藩勘定奉行の役宅跡で、白漆喰の長屋門が残る。中小路沿いに塀と石垣も連なり、往時の武家屋敷の様子をとどめている。敷地内の武家庭園も見学できる。
☎0274-64-8324(甘楽町教育課) 所甘楽町小幡823-1 時休料見学自由

📍 上級武士の屋敷を復原
松浦氏屋敷
まつうらしやしき

18世紀末から19世紀初頭の建造とされる武家屋敷を復原整備。松浦氏は松平氏の時代に中老を務めた家柄。雄川堰を引き込んだ庭園もある。
☎0274-64-8324(甘楽町教育課) 所甘楽町小幡734-1 時9:00～17:00 (11～2月は～16:00) 入館は各30分前まで 休無休 料無料

📍 群馬県内唯一の大名庭園
楽山園
らくさんえん

江戸初期に織田氏が造営した藩邸の庭園。池泉回遊式庭園で、熊倉山などの山並みを借景とし、五角形をした腰掛茶屋など、複数の茶屋を配した名園。
☎0274-74-4795 所甘楽町小幡648-2 時9:00～17:00 (11～2月は～16:00) 入園は各30分前まで 休無休 料300円

中小路の石垣に残る食い違い郭。戦時の防衛用と考えられている

江戸末期以降、小幡では養蚕や製糸業が盛んになった。かつての町人地の雄川堰周辺に、養蚕農家や商家の建物が残る

111

信州松代
しんしゅうまつしろ

長野県長野市

藩政時代の史跡が散在
真田氏10万石の城下町

　戦国時代に川中島の戦いの舞台となった松代。戦に備えて武田信玄が築いた海津城（松代城）は、江戸時代に松代藩主の居城とされた。元和8年（1622）に真田信之が真田家初代藩主となり、以降は真田家の時代が明治まで続いた。10万石の城下町として繁栄した往時の遺構が町に数多く残る。松代城跡や真田家御殿の真田邸、藩校の文武学校、武家屋敷、商家、古刹などに随所で出会うことができる。

武家屋敷の街並み

武家屋敷・山寺常山邸付近の街並み。長塀が連なる城下町風情あふれる風景に出会える

ACCESS & INFORMATION

JR北陸新幹線・信越本線／しなの鉄道北しなの線／長野電鉄長野線・長野駅から、アルピコ交通バスで35分、松代駅バス停下車。

まち歩きセンター ☎026-285-0070（水曜休）

真田宝物館では、真田家伝来の古文書や武具、調度品などを展示する

信州松代 MAP

- 松代城跡
- 松代駅
- 矢沢家表門
- 松代藩主真田家墓所
- ❸文武学校
- 長國寺卍
- 真田宝物館
- ❶真田邸
- ❹旧樋口家住宅
- まち歩きセンター
- ❷旧白井家表門
- 旧前島家住宅
- 真田勘解由家
- ❼旧横田家住宅
- 龍泉寺
- 象山神社
- 大英寺卍
- 倉澤家長屋門
- ❺寺町商家（旧金箱家住宅）
- 佐久間象山宅跡
- 象山記念館
- ❻山寺常山邸

N　300m

ここは訪れたい！

❶ 御殿建築と美しい庭園
真田邸
さなだてい

江戸末期に9代藩主・幸教が母の隠居所として建てた城外御殿。明治維新後は真田家の私邸となり、のち市に譲渡された。唯一往時の姿をとどめる松代城の建築物。☎026-215-6702 ⸜所⸝長野市松代町松代1 ⸜開⸝9:00〜17:00（11〜3月は〜16:30）入場は各30分前まで ⸜休⸝無休 ⸜料⸝400円

真田邸の広大な敷地を囲む土塀。邸内には主屋のほかに7棟の土蔵、四季折々に美しい日本庭園が広がる

武将・武田信玄が築き真田家が治めた城

松代城跡
まつしろじょうあと

武田信玄が川中島の戦いに備えて山本勘助に築かせ、江戸時代に歴代松代藩主が居城とした。近年に城門や木橋、石垣、濠などが復元された。桜の名所でもある。☎026-278-2801（松代文化施設等管理事務所）⸜所⸝長野市松代町松代44 ⸜開⸝9:00〜17:00（11〜3月は〜16:30）入場は各30分前まで ⸜休⸝無休 ⸜料⸝無料

↑武田氏時代の名は海津城

⑤ 商家建築を交流拠点に活用
寺町商家（旧金箱家住宅）
てらまちしょうか（きゅうかねばこけじゅうたく）

江戸末期から昭和初期まで質屋などを営んだ商家の屋敷。明治から大正期の建物を交流拠点として利用、飲食店や体験教室、ギャラリーなどに活用している。
📞026-214-5013 ㊟長野市松代町松代1226-2 ㉁9:00〜17:00（入場は〜16:30）㊡無休 ㊷無料

⑥ 紅葉に染まる庭園が見事
山寺常山邸
やまでらじょうざんてい

佐久間象山、鎌原桐山とともに松代の三山と讃えられた山寺常山の邸宅。松代城下最大の表門、近代和風建築の秀作といわれる書院、池を配した庭園などがある。
📞026-278-0260 ㊟長野市松代町松代1493-1 ㉁9:00〜17:00（11〜3月は〜16:30）入場は各30分前まで ㊡無休 ㊷無料

② 間口20mの武家屋敷門
旧白井家表門
きゅうしらいけおもてもん

御金奉行などを務めた中級武士・白井家の江戸後期建築の表門を移築・復元した。門の内部に無料休憩所が設けられている。
📞026-278-1651 ㊟長野市松代町松代204-3 ㉁9:00〜17:00（11〜3月は〜16:30）㊡無休 ㊷無料

③ 文武両道の藩士を育てた
文武学校
ぶんぶがっこう

文武を奨励した8代藩主・幸貫が計画し、安政2年(1855)に開校した藩校。文学所や剣術所、柔術所、弓術所などがあり、創建当時の姿を伝える貴重な遺構。
📞026-278-6152 ㊟長野市松代町松代205-1 ㉁9:00〜17:00（11〜3月は〜16:30）入場は各30分前まで ㊡無休 ㊷400円

⑦ 江戸後期の武家屋敷
旧横田家住宅
きゅうよこたけじゅうたく

江戸後期頃に建てられた中級武士の屋敷。一部2階建て茅葺き屋根の主屋や隠居屋、庭園、菜園などが再現され、中級武士の暮らしぶりを知ることができる。
📞026-278-2274 ㊟長野市松代町松代1434-1 ㉁9:00〜17:00（11〜3月は〜16:30）入場は各30分前まで ㊡無休 ㊷400円

④ 典型的な上級武士の邸宅
旧樋口家住宅
きゅうひぐちけじゅうたく

藩の目付役などを務めた上級武士の屋敷。主屋や土蔵、表門、塀などが修復・復元されている。敷地中央に泉水路が流れ、庭園を配した落ち着きのあるたたずまい。
📞026-278-2188 ㊟長野市松代町松代202-1 ㉁9:00〜17:00（11〜3月は〜16:30）入場は各30分前まで ㊡無休 ㊷無料

城下町

松本
まつもと

長野県松本市

北アルプスに抱かれる城下町
蔵の町の商店街をそぞろ歩く

長野県のほぼ中央に位置し、明治期以前に信濃の中枢を担った松本。安土桃山時代に入封した石川氏によって、松本城と城下町が整えられた。漆黒の国宝天守が今も町の中心にそびえる。女鳥羽川の南に延びる中町通りの一帯がかつての町人地だ。通りには、明治以降に再建された白壁やなまこ壁の土蔵造り店舗が連なる。工芸品店などの老舗とおしゃれな飲食店の混在した蔵の商店街として賑わう。

🔲 ACCESS & INFORMATION

JR篠ノ井線・大糸線／アルピコ交通上高地線・松本駅下車。

松本市観光案内所(松本駅) 📞0263-32-2814
松本市観光情報センター 📞0263-39-7176

中町通りの女鳥羽川対岸には長屋風個性派商店街の縄手通りがある

松本 MAP

蔵のある町

中町通りは幕末から明治期の度重なる大火を経て生まれた蔵の町。新旧多彩な店舗に活用されている

① 土蔵造りが並ぶ商店街
中町通り
なかまちどおり

江戸時代に町人地を貫いていた旧善光寺街道で、現在は土蔵造りの商店街。伝統工芸品店や菓子舗、おしゃれなバー、レトロな喫茶店などが並ぶ。

② 松本で貴重な武家屋敷
高橋家住宅
たかはしけじゅうたく

江戸中期頃に建てられた武家屋敷。幕末から明治初期頃の姿に修復して一般公開している。来客用と家族用の空間が分かれた田の字型の間取り、多くの柱、低い軒高などの特徴を持つ。
📞0263-33-1818 📍松本市開智2-9-10 🕐土・日曜、祝日9:00〜17:00(入館は〜16:30) ※12〜2月は日曜のみ 🈺月〜金曜(祝日の場合は開館) 🉐無料

洋風建築にも注目

ハイカラな明治の学校
国宝 旧開智学校校舎
こくほう きゅうかいちがっこうこうしゃ

明治6年(1873)に開校した小学校の校舎。現存の校舎は明治9年建造の擬洋風建築。舶来物のガラスなどが使われている。
📞0263-32-5725 📍松本市開智2-4-12 🕐9:00〜17:00(入館は〜16:30) 🈺3〜11月の第3月曜、12〜2月の月曜(ともに祝日の場合は翌日) 🉐400円
※2024年秋頃まで耐震工事のため休館

5重6階の天守からは北アルプスが一望できる

国宝 松本城
こくほうまつもとじょう

天守の築造は16世紀末とされ、現存する5重6階の城では日本最古。上部が白漆喰、下部が黒漆の外壁が目を引く。江戸時代に月見櫓などが増築された。
📞0263-32-2902 📍松本市丸の内4-1 🕐8:30〜17:00、GW・夏季8:00〜18:00(最終入場は各30分前) 🈺無休 🉐700円

↑北アルプスの借景に映える

城下町・宿場町

上田
うえだ

長野県上田市

真田氏発祥の地に残る
趣深い旧宿場の街並み

　戦国武将の真田氏が本拠を構えた長野県東部の町。上田盆地の中央に真田昌幸が天正11年(1583)に上田城を築いている。江戸時代には、北国街道の宿場町として繁栄。旧北国街道沿いの柳町は往時の風情をよくとどめている。千本格子の町家や白壁土蔵が通りに並び、旅籠や商家、問屋の並んだ城下町時代を彷彿させる。今では老舗の酒蔵や味噌の蔵元、人気のそば店などが並んで観光客で賑わう。

□ ACCESS & INFORMATION

北陸新幹線／しなの鉄道線／上田電鉄別所線・上田駅下車。

上田市観光課 ☎0268-23-5408
(一社)信州上田観光協会 ☎0268-71-6074

JR上田駅前広場にある真田幸村騎馬像。幸村は真田昌幸の次男

上田 MAP

柳町
旧北国街道

上田城材木屋敷跡
岡崎酒造 ①
上田城跡公園
上田市立博物館
③ 池波正太郎
真田太平記館
卍眞田神社
大手通り
上田市役所◎
141 卍妙光寺
上田高⊗
北国街道
上田宿
本陣問屋跡
上田藩主居館跡 ②
Ⓢアリオ上田
北陸新幹線
しなの鉄道線
上田市立美術館
141
上田駅
79
卍宗吽寺

旧北国街道・柳町

伝統的な町家や蔵が軒を連ねる旧北国街道沿いの柳町。上田の名店の味も楽しめる

① 創業350年以上の酒蔵
岡崎酒造
おかざきしゅぞう

江戸前期から柳町で酒を造り続ける蔵元。銘酒亀齢の醸造元で、12代目は数少ない女性杜氏の一人。袖卯建や格子造りなど、昔ながらの店構えを残す。

☎0268-22-0149 ㊟上田市中央4-7-33
⊙9:00〜16:00 ㊡無休

② 藩主の館の門が残る
上田藩主居館跡
うえだはんしゅきょかんあと

真田昌幸の長男で、初代上田藩主となった真田信之が三の丸跡地に構えた居館跡。表門や土塀、濠が残り、表門は上田高等学校の正門に利用されている。

☎0268-23-5408(上田市観光課) ㊟上田市大手1-4-32 ㊟㊡㊚見学は外観のみ

③ 真田作品と作家を紹介
池波正太郎
真田太平記館
いけなみしょうたろうさなだたいへいきかん

『真田太平記』の著者・池波正太郎と作品の魅力を紹介。池波氏の遺愛品や映像シアターも見学できる。

☎0268-28-7100 ㊟上田市中央3-7-3
⊙10:00〜18:00(入館は〜17:30) ㊡水曜、ほかHP参照 ㊚400円

上田城跡公園
うえだじょうせきこうえん

戦国期に真田昌幸が築き、のちの上田藩主・仙石氏が現在の姿に再建した。濠や櫓などが残り、一帯を公園に整備。公園内に歴代藩主を祀る眞田神社が建つ。

☎0268-23-5408(上田市観光課) ㊟上田市二の丸6263-イ ㊟公園内24時間入園可

真田氏が築いた居城
今は桜の咲く憩いの場

↑春は桜、秋は紅葉が美しい

城下町

郡上八幡
ぐじょうはちまん

岐阜県郡上市
重要伝統的建造物群保存地区

人々の暮らしを支えてきた
水路が縦横に走る水の城下町

　長良川など3本の川が合流し、湧水にも恵まれる清流の町。戦国末期築城の八幡城の城下町で、江戸前期には3代郡上藩主・遠藤常友が火災を機に城下を再整備した。このとき、町割に沿って張りめぐらされた水路網は、防火用のほか生活用水にも役立てられた。城下の街並みを残すのは吉田川北岸の柳町や職人町、鍛冶屋町などで、道路脇に用水が流れ、町家が並んでいる。

☐ ACCESS & INFORMATION

長良川鉄道越美南線・郡上八幡駅から、郡上八幡城下町プラザ周辺まで徒歩20分。
JR東海道本線・岐阜駅から、岐阜バス（高速バス）で1時間9分、郡上八幡城下町プラザ下車。

郡上八幡観光協会 ☎0575-67-0002

やなか水のこみち

ここは訪れたい！

町家建築と水路、柳の木、敷石が風趣満点の「やなか水のこみち」は水の町を象徴する風景

天空の城と呼ばれる
白亜の木造模擬天守

郡上八幡城
ぐじょうはちまんじょう

　永禄2年（1559）に遠藤盛数が八幡山に築いた砦が起源。のちの領主の稲葉氏が本格的な城郭を整備。明治維新で廃城となったが、昭和初期に天守が再建された。朝もやに浮かぶ幻想風景から「天空の城」と呼ばれる。
☎0575-67-1819 郡上市八幡町柳町一の平659 圏9:00～17:00（11～2月は～16:30）、6～8月8:00～18:00 休12月20日～1月10日、臨時休館あり 料400円

🏯標高353mの八幡山の頂上に建つ

---

1 水辺の心地よい散歩道
やなか水のこみち
やなかみずのこみち

玉石を敷き詰めた道に沿って水路が流れ、柳の木や大型町家の並びとともに情緒あふれる風景をつくる。水飲み場や洗い場も設けられている。

市街の中央を東西に流れる長良川の支流・吉田川。この川から取水した用水が、町に独特の水文化を生んだ

奥に見えるのは、八幡城主・遠藤慶隆の菩提寺である長敬寺。江戸時代初期の創建

② 職人が暮らした町
職人町／鍛冶屋町
しょくにんまち／かじやまち

江戸時代の職人町。通りの家屋は大正期以降の建築だが、近世の町家形式を踏襲した建物が多い。道脇に水路が流れ、往時の名残の防火用バケツが軒先に下がる風景がのどか。

③ 懐かしさ漂う商店街
大手町
おおてまち

かつての町人地で、袖壁や格子を持つ町家が残る。昔ながらの商店やみやげ物店、飲食店などが連なる。

④ 八幡山麓の旧武家地
柳町通り
やなぎまちどおり

江戸時代の武家地。大正時代の大火後、区画を細分化して町家形式の住宅が再建された。今も用水が流れ、隣家との境に袖壁を持つ住宅が密集して建つ。

柳町通りに建つ安養寺。明治期に八幡城三の丸跡地に移った

⑤ 歴史の古い湧水
宗祇水
そうぎすい

「日本の名水百選」の第1号に選ばれた湧水。室町時代に連歌の2大歌人の宗祇と東常縁が湧水のほとりで歌を詠み交わした。

0575-67-0002(郡上八幡観光協会)

╲ 洋風建築にも注目 ╱
レトロな旧町役場
郡上八幡
旧庁舎記念館
ぐじょうはちまん
きゅうちょうしゃきねんかん

昭和11年(1936)建造の八幡役場旧庁舎。現在は観光案内所で、軽食コーナーやみやげ品の売店もある。
📞0575-67-1819 📍郡上市八幡町島谷520-1 🕐8:30〜17:00 休無休 料無料

郡上八幡 MAP
N
0   200m

八坂神社卍
●郡上市歴史資料館
卍長敬寺
卍大乗寺   ●郡上八幡博覧館
            ②職人町／鍛冶屋町
蓮生寺卍   卍殿町通り ④柳町通り   ●郡上八幡城
            卍安養寺
            ╫岸劔神社   八幡神社╫
        本町通り ●郡上八幡城下町プラザ
郡上八幡IC   ③大手町

郡上市郡上八幡北町重要伝統的建造物群保存地区

吉田川
愛宕神社╫
256

⑤宗祇水
新町通 いがわ小径   総合文化センター
    ●郡上八幡旧庁舎記念館
①やなか水のこみち
            郡上市役所◎
♀郡上八幡駅 卍願蓮寺   卍慈恩禅寺

岩村
いわむら

岐阜県恵那市
重要伝統的建造物群保存地区

日本三大山城・岩村城の城下町
近世から近代の街並みが続く

　信濃と三河に隣接する古くからの要衝で、中世から約700年の歴史を刻んだ岩村城の城下町。城の北西に残る城下町は、江戸時代から岩村藩主を務めた親藩・松平氏の時代に再整備されている。岩村川の右岸に武家地、左岸に町人地を配置し、明治期以降に岩村駅方面へ町人地が拡大した。旧町人地の本通り一帯が保存地区で、枡形の北に江戸時代の商家や町家、南に明治・大正期の家並みが続いている。

☐ ACCESS & INFORMATION

明知鉄道明知線・岩村駅下車。

岩村町観光協会 ☎0573-43-3231

枡形の近くにあった高札場。ご法度や掟書きなどが木札に掲げられた

岩村町本通り

日本三大山城のひとつ
霧に包まれる「霧ヶ城」

岩村城跡
いわむらじょうせき

江戸諸藩の府城で最高所の標高717mにある。鎌倉時代の武将・遠山景朝が築いたとされ、明治期まで約700年間存続した。本丸や二の丸などの石垣が残る。
☎0573-43-3231(岩村町観光協会) 所恵那市岩村町城山 開休料見学自由

🏯織田信長と武田信玄の激戦の舞台でもある

ここは訪れたい！

❶ 岩村藩の功労者の邸宅
木村邸
きむらてい

江戸中期から末期に栄えた問屋の屋敷。藩の財政が困窮した際に御用金を調達するなどして藩の危機を幾度も救った。藩主出入りの玄関口や上段の間、茶室など、江戸時代の様式が残る邸宅を見学できる。
☎0573-43-3231(岩村町観光協会) 所恵那市岩村町329-1 開10:00〜16:00(12〜2月は〜15:00) 休月曜(祝日の場合は開館) 料無料

岩村藩主も屋敷にしばしば訪れた。往時の調度なども展示している

---

❷ 岩村で製造した火縄銃を展示
加納家(鉄砲鍛冶)
かのうけ(てっぽうかじ)

加納家は初代から3代まで、藩のために鉄砲鍛冶を務めた。初代が製造した火縄銃や鉄砲玉、道具類、古文書などを展示する。
☎0573-43-3231(岩村町観光協会) 所恵那市岩村町851-1 開土・日曜、祝日10:00〜16:00(12〜2月は〜15:00) 料無料

岩村名物カステーラの老舗・松浦軒本店付近。一帯は中2階建ての江戸風情の町家が多い

5 町人地を貫く目抜き通り

岩村町本通り
いわむらちょうほんどおり

東西約1.3kmの通りに、江戸時代から明治・大正期の古い町家が並び、城下町の風情が残されている。飲食店やみやげ物店も多い。

6 歴史建築で芸術を楽しむ

いわむら美術の舘
（旧柴田家）
いわむらびじゅつのやかた（きゅうしばたけ）

明治建築の住宅を活用した美術館。岩村で暮らした画家・原田芳洲の絵画を中心に展示。美術作品と明治期の古建築の魅力を共に楽しむことができる。

☎0573-43-3231（岩村町観光協会）所恵那市岩村町1584-2 開10:00～16:00(12～2月は～15:00) 休金曜(祝日の場合は開館) 料無料

復元された太鼓櫓。江戸時代に岩村城山麓の藩邸近くに建てられ、城下に時を知らせた

3 江戸後期の豪商の屋敷

江戸城下町の館 勝川家
えどじょうかまちのやかた かつかわけ

材木や年貢米を扱い、江戸末期から隆盛した商家。建物は江戸後期建造の町家建築で、書院や茶室、使用人部屋などが残る。江戸絵や能面などの展示も見られる。

☎0573-43-3231（岩村町観光協会）所恵那市岩村町320 開10:00～16:00(12～2月は～15:00) 休火曜(祝日の場合は翌日) 料無料

4 染物の工程を紹介

土佐屋「工芸の館」
とさや「こうげいのやかた」

江戸時代の染物業者の屋敷を復元。当時の藍染の工程を学べる染工場、土佐屋を紹介する土蔵展示室がある。

☎0573-43-3231（岩村町観光協会）所恵那市岩村町269-1 開10:00～16:00(12～2月は～15:00) 休水曜(祝日の場合は翌日) 料無料

岩村MAP

恵那市岩村町本通り重要伝統的建造物群保存地区

彦根
ひこね

滋賀県彦根市
重要伝統的建造物群保存地区

井伊家が260年余統治した
琵琶湖東岸の壮大な城下町

　彦根藩35万石の城下町。譜代筆頭大名の治める大藩として繁栄し、江戸前期に大規模な城下町が形成された。城下には三重の堀をめぐらし、内堀と中堀の間に重臣の屋敷、中堀と外堀の間に武家地と町人地を配置。外堀の外にも町人地が広がり、外周部に足軽屋敷を配して城を守った。城下南東隅の河原町・芹町に並ぶ町家に町人地の面影を残す。本町や城町には商家、芹橋には足軽屋敷が点在する。

☐ ACCESS & INFORMATION

JR東海道本線・彦根駅、または近江鉄道本線・ひこね芹川駅下車。

彦根観光協会 ☎0749-23-0001

江戸時代の商家風の商店が並ぶ観光拠点・夢京橋キャッスルロード

彦根MAP

N
0 500m

・松原下屋敷(お浜御殿)　↑長浜駅
・旧磯﨑家住宅　　彦根藩主井伊家墓所
・金亀公園　・佐和山城跡
楽々園・　・玄宮園
滋賀大⊗　●国宝 彦根城
・彦根城博物館
●旧西郷屋敷長屋門
　　　●夢京橋キャッスルロード
旧彦根藩●　　ロード
足軽組辻番所　　〒千代神社
花しょうぶ通り商店街❶　　306
彦根市河原町芹町地区重要　ひこね
伝統的建造物群保存地区　芹川駅　近江八幡駅

芹町の街並み

古い町家の並ぶ芹町。江戸時代に城下と中山道を結ぶ街道沿いの町人地として発達した

❶ 素朴な懐かしさ漂う商店街
花しょうぶ通り商店街
はなしょうぶどおりしょうてんがい

重要伝統的建造物群保存地区にある商店街。江戸から昭和前期建造の町家建築の商店や寺院などが並び、城下町の名残である行き止まり小路の「どんつき」が無数に延びている。

❷ 城下を守った見張り番所
旧彦根藩足軽組辻番所
きゅうひこねはんあしがるぐみつじばんしょ

足軽屋敷の辻に設けられた辻番所として現存する彦根唯一の建物。通りに面する角には見張り窓が2つ設けられている。
☎0749-26-5833(彦根市文化財課) 所彦根市芹橋2-5-19 開土・日曜、祝日10:00～16:00 休不定休 料無料

写真提供：彦根市文化課

廃城令と戦禍を免れた
譜代大名・井伊氏の名城

国宝 彦根城
こくほうひこねじょう

石田三成の佐和山城を廃し、井伊直孝が元和8年(1622)に完成させた井伊氏14代の居城。現存天守と多聞櫓、附櫓が国宝指定で、国の名勝の大名庭園もある。
☎0749-22-2742 所彦根市金亀町1-1 開8:30～17:00(最終入場は彦根城、玄宮園、開国記念館とも16:30) 休無休 料800円(玄宮園を含む)

↑約20年の歳月をかけて築かれた

城下町・宿場町

長浜
ながはま

滋賀県長浜市

秀吉が築いた城下町の賑わい
旧街道沿いに商家の家並み

豊臣秀吉が初めて城持ち大名となった琵琶湖北東の町。秀吉が長浜城とともに築いた城下町が、町の基礎となった。江戸時代には北国街道(東近江路)の宿場町、大通寺の門前町、また琵琶湖の港町として発展した。黒壁スクエア周辺の北国街道沿いに、江戸から明治期の白漆喰や黒漆喰、舟板塀の古い商家が軒を連ねる。みやげ物店や飲食店も多く観光拠点として賑わう。大通寺門前は下町風情が残る。

北国街道
商家建築が連なる黒壁スクエア周辺の北国街道。浄琳寺の太鼓櫓が独特の景観を生む

☐ ACCESS & INFORMATION

JR北陸本線・長浜駅下車。

長浜観光協会 ☎0749-53-2650

明治期に呉服商を営んだ安藤家の邸宅。明治後期から大正初期の建造

長浜MAP

木之本駅
大通寺公園
長浜別院 大通寺②
本願寺 北国街道
③湖北観光情報センター
44 曳山博物館
山内一豊屋敷跡碑
①黒壁スクエア
長浜歴史文化芸術会館
長浜駅
豊公園(長浜城)
旧長浜本陣吉川家(明治天皇行在所)
長浜文化芸術会館
長浜鉄道スクエア
北陸本線
ヤンマーミュージアム
卍徳勝寺
琵琶湖
N
0 400m
長浜港
彦根駅

① 古い町並みに観光施設が点在
黒壁スクエア
くろかべスクエア

黒壁の明治建築の銀行を改装した「黒壁ガラス館」を中心に、周辺に集まる約23軒の観光スポットの総称。ガラスショップやギャラリー、物産店、レストラン、体験教室などが多彩に揃う観光のメッカ。☎0749-65-2330(株式会社黒壁) 所長浜市元浜町12-38 時10:00〜18:00(11〜3月は〜17:00) 休店舗による

② 桃山文化の貴重な建築
長浜別院 大通寺
ながはまべついん だいつうじ

真宗大谷派(東本願寺)別院で、長浜御坊とも呼ばれる。伏見桃山城の遺構とされる本堂や大広間、長浜城の追手門を移築した脇門などがある。☎0749-62-0054 所長浜市元浜町32-9 時10:00〜16:00 休冬季の平日(12月中旬〜1月) 拝500円

③ 商家を再生した施設
湖北観光情報センター
こほくかんこうじょうほうセンター

築300年以上の町家建築を活用した観光案内所。長浜や湖北一帯の観光やイベントの情報が手に入り、お得な共通入場券などの販売も行う。長浜での散策前に立ち寄ると便利。☎0749-65-0370 所長浜市元浜町14-12 時9:30〜16:30 休無休

長浜城歴史博物館
ながはまじょうれきしはくぶつかん

長浜城は、羽柴(豊臣)秀吉が安土桃山時代に築いた城で、江戸時代前期には廃城となった。昭和58年(1983)に往時の姿を模した天守が再興され、内部を歴史博物館として公開している。☎0749-63-4611 所長浜市公園町10-10 時9:00〜17:00(受付は〜16:30) 休無休 拝410円

展望台から湖北を一望 秀吉初めての居城跡

↑展望台から町と琵琶湖を一望

山村集落・講中宿

赤沢宿
あかさわしゅく

山梨県早川町
重要伝統的建造物群保存地区

2つの聖山を結ぶ講中宿 山深い集落に旅籠がたたずむ

身延山(みのぶさん)と七面山(しちめんさん)の2つの霊場を結ぶ参詣道にある唯一の宿場町。中世の頃から栄え、江戸時代には団体で参詣を行う「講」が流行し、集落の旅籠が団体客で賑わった。最盛期には1日に1000人ほどが訪れたが、昭和30年代に別ルートの自動車道が開通して来訪者は激減。9軒あった旅籠のほとんどが休業した。集落に連なる石畳の傾斜路には、軒下に講中札を下げたかつての旅籠が今も点在している。

ACCESS & INFORMATION

JR身延線・下部温泉駅から、はやかわ乗合バスで26分、七面山登山口・赤沢入口バス停下車、徒歩30分。

早川町観光協会 ☎0556-48-8633

常連の講の名が書かれたマネギ板(講中札)が旅籠の軒下に下がる

赤沢宿MAP

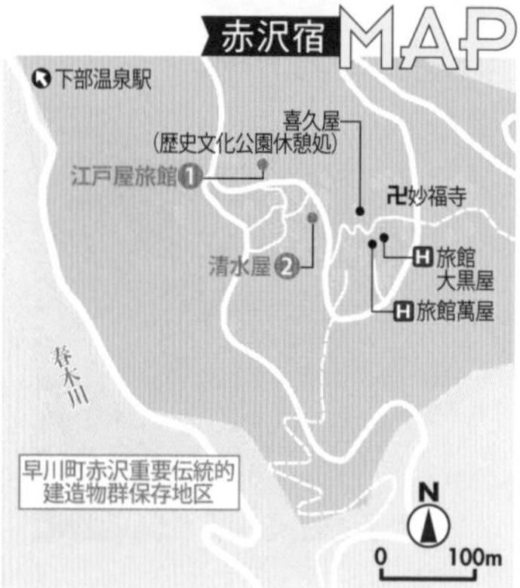

山あいの講中宿

明治初期には38戸が暮らし、9軒の旅籠が営まれていた。そのうち6軒の旅籠が現存する

1 かつての講中宿に宿泊
江戸屋旅館
えどやりょかん

赤沢で古くから営業を続ける宿。軒下に下がる講中札のマネギ板、講の団体客用に長い縁台を設けた入口の土間など、講中宿の面影を随所に残す。宿泊は1週間前に要予約。
☎0556-45-2162 所早川町赤沢158

2 2階から宿場を一望
清水屋
しみずや

旅籠を改装した観光案内所兼休憩所。地元の特産品や工芸品の販売をしており、喫茶スペースも用意している。
☎0556-45-3232 所早川町赤沢193 営10:00～15:30 休水曜、冬季休業

集落内には車道のほかに、急傾斜の石畳の歩道が続いていて風情満点。徒歩で見学したい

戸隠
とがくし

長野県長野市
重要伝統的建造物群保存地区

歴史ある宿坊が神域に集う
霊山・戸隠山麓の山岳霊場

　天岩戸が飛来したとの伝説が残る戸隠山は古くからの山岳霊場で、平安期には修験道場としてその名を知られた。麓には奥社・中社・宝光社・九頭龍社・火之御子社の5社からなる戸隠神社が鎮座。江戸時代には庶民にも戸隠信仰が広まり、参道に宿坊が立ち並んで門前集落が形成された。今も残る茅葺き屋根の宿坊が長い歴史を物語る。門前に、名物の戸隠そばや特産の竹細工の店が賑やかに並ぶ。

🗺 ACCESS & INFORMATION

JR北陸新幹線・信越本線／しなの鉄道北しなの線／長野電鉄長野線・長野駅から、アルピコ交通バスで約1時間、戸隠宝光社バス停下車。中社大門バス停までは、さらに5分。

戸隠観光協会 ☎026-254-2888

鬱蒼とした巨木に囲まれて建つ中社。戸隠の参詣・観光の中心地

戸隠MAP

中社の宿坊群

中社鳥居の近くには江戸時代から続く宿坊が点在して参詣客を迎えている

① 当主が神官を務める宿坊
宿坊極意
しゅくぼうごくい

中世からの歴史を持つという宿坊。参詣者の宿泊の世話や祈禱の取次を行う聚長を代々務めている。敷地に建つ茅葺き屋根の神殿と庫裏は、江戸後期の再建で、国の登録有形文化財。
☎026-254-2044 📍長野市戸隠3354

② 築250年の茅葺き建築
越志旅館
おしりょかん

宝光社の門前。戸隠神社の聚長として、代々参拝客をもてなしてきた宿坊。神殿には仏像を安置し、仏具や仏画も収めている。
☎026-254-2007 📍長野市戸隠宝光社2332

門前町が形成された
戸隠神社の2社

戸隠神社 中社
とがくしじんじゃ ちゅうしゃ

祭神の天八意思兼命は、天岩戸伝説で、岩戸を開く手立てを考案した智恵の神。学業成就や商売繁盛などのご利益で知られる。境内には樹齢800年超とされる三本杉や御神木が木陰をつくる。社殿には、近年復元された河鍋暁斎の「龍の天井絵」がある。
☎026-254-2001（戸隠神社社務所）
📍長野市戸隠中社 開休料拝観自由

↑戸隠五社の中心的な存在

↑中社の御子神「天表春命」を祀る

戸隠神社 宝光社
とがくしじんじゃ ほうこうしゃ

270余段の石段を上った先にある社殿は、戸隠五社で最古の江戸末期建造。神仏習合時代の名残をとどめる寺院式建築で彫刻が見事。
☎026-254-2001（戸隠神社社務所）
📍長野市戸隠3506 開休料拝観自由

善光寺門前町

ぜんこうじもんぜんまち

長野県長野市

「善光寺さん」とともに栄え 参詣者であふれる門前町

善光寺は642年に現在地に遷座したと伝えられ、庶民信仰の霊場として広く崇敬されてきた。中世を通じて門前町が形成され、江戸初期には北国街道の宿場町となって発展する。仁王門から本堂へ続く仲見世に、土蔵造りの仏具店や信州名物の店が賑やかに並ぶ。仲見世の裏手には宿坊街が広がり、古建築が閑静な趣で立ち並ぶ。仁王門から南に延びる中央通りにも、門前町らしい和の街並みが続く。

ACCESS & INFORMATION

JR北陸新幹線・信越本線／しなの鉄道北しなの線／長野電鉄長野線・長野駅から、徒歩25分。

（公財）ながの観光コンベンションビューロー
☎026-223-6050

善光寺へ続く表参道の中央通りには、瓦屋根や土蔵造りの店舗が並ぶ

善光寺門前町 MAP

```
N
0  200m
日本忠霊殿
（善光寺史料館）     長野県立
卍 善光寺          美術館
大勧進 卍           卍 寛慶寺
駒返り橋
（善光寺七橋）       なで牛    卍 城山小
喜世栄 S    仲善光寺
          見世
桜小路      通り
大本願 本智殿    善光寺仁王門
          表  善
          参  光
          道  寺
2 THE FUJIYA
  GOHONJIN
信州大    善光寺
       上堀小路
       大門      3 善光寺郵便局
406
長野駅        1 ぱてぃお大門
```

画像提供：善光寺

本堂へ続く石畳の仲見世通り。江戸時代より露店が並び、明治期には常設店舗が誕生した

1 蔵を再生した商業施設
ぱてぃお大門

ぱてぃおだいもん

門前町ならではの景観を残すため、付近一帯にあった蔵や商家を再生して生まれた表参道沿いの商業施設。個性的なショップや多彩な飲食店が集まる。
☎026-238-1717 所長野市大門町55
営休店舗により異なる

2 旧本陣のクラシック建築
THE FUJIYA GOHONJIN

ザ フジヤ ゴホンジン

江戸時代に創業し、加賀藩前田家の参勤交代時の定宿を務めた。アール・デコ調の建物は大正時代の再建。現在はイタリアン・レストラン＆結婚式場。
☎026-232-1241 所長野市大門町80 休不定休

3 旅館の一部を郵便局に
善光寺郵便局

ぜんこうじゆうびんきょく

脇本陣を務め、作家・池波正太郎に愛された元老舗旅館・五明館のフロント部分を改装した郵便局。建物は昭和7年（1932）に建造されている。
☎026-234-4761 所長野市長野大門町515

善光寺

ぜんこうじ

飛鳥時代の創建とされ、宗派や身分を問わず人々を救済する庶民の寺。本尊・一光三尊阿弥陀如来は絶対秘仏で、秘仏を模した前立本尊が七年に一度公開される。
☎026-234-3591 所長野市長野元善町491-イ 営施設により異なる 休無休 料境内自由（内陣・山門・経蔵・お戒壇巡り・史料館は有料）

日本最古と伝えられる絶対秘仏の本尊を安置

◎国宝の本堂は宝永4年（1707）の再建
画像提供：善光寺

坂本
さかもと

滋賀県大津市
重要伝統的建造物群保存地区

比叡山山麓に生まれた門前町
里坊の石垣が見事に連なる

　比叡山東麓の坂本は、比叡山と日吉大社の門前町として古くから栄えた。街並みを特徴づけているのは、点在する54の里坊。延暦寺の僧侶が里に建てた隠居所で、広大な敷地に優雅な庭園も有している。敷地にめぐらされた石垣は、名工と謳われた地元の石垣職人たちが穴太積みの手法で築いたものだ。大小の自然石を巧みに組み上げた見事な石垣で、日吉大社参道の日吉馬場でも見ることができる。

☐ ACCESS & INFORMATION

京阪石山坂本線・坂本比叡山口駅、またはJR湖西線・比叡山坂本駅下車。

坂本観光協会 ☎077-578-6565

名園として知られる滋賀院門跡の庭園。宸殿の縁側から鑑賞できる

坂本 MAP

日吉馬場

大小の石を自然の形のまま組み上げた穴太積みの堅牢な石垣。安土城にもこの手法が使われている

---

① 格式高い延暦寺の本坊
滋賀院門跡
しがいんもんぜき

天台座主を務めた代々の皇族が、江戸末期まで居所とした延暦寺の本坊。建物は京都の法勝寺から江戸初期に移築。広大な境内に内仏殿や宸殿、書院、庫裏、土蔵などが立ち並ぶ。
☎077-578-0130 ㊰大津市坂本4-6-1 ㊱9:00～16:00 ㊑無休 ㊹500円

② 清流を引き入れた庭園が季節に彩られる
旧竹林院
きゅうちくりんいん

里坊のひとつで、主屋のほか大正年間(1912～26)建造の2棟の茶室や四阿が建つ。約3300㎡の庭園は国の名勝で、紅葉の時期にライトアップされる。
☎077-578-0955 ㊰大津市坂本5-2-13 ㊱9:00～17:00(受付は～16:30) ㊑月曜(祝日の場合は翌日) ㊹330円

竹林院の主屋2階から望む庭園の縁。秋になれば、カラフルに色づく紅葉を満喫できる

③ 延暦寺の高僧の廟
慈眼堂
じげんどう

江戸前期の建造とされる慈眼大師天海の廟所。天海上人は徳川家康ら3代将軍に仕え、延暦寺の再興に尽力した。天海の木造坐像を安置し、境内に江戸期以降の天台座主の墓がある。
☎077-578-0130(滋賀院門跡) ㊰大津市坂本4-6-1 ㊱㊑㊹境内自由(堂内見学不可)

④ 「山王さん」の総本宮
日吉大社
ひよしたいしゃ

延暦寺の門前町、石積みの里・坂本に鎮座。大山咋神を祀る東本宮と、大己貴神を勧請した西本宮(ともに本殿は国宝)を中心に、建築美を誇る数多くの社殿が建つ。
☎077-578-0009 ㊰大津市坂本5-1-1 ㊱9:00～16:30 ㊑無休 ㊹300円

大津市坂本重要伝統的建造物群保存地区

大宮川公園
樹下宮本殿
史蹟日吉古墳群
成就院
太平記碑文
延命寺
④日吉大社
乗実院
流護因神社
旧竹林院②
律院
薬樹院
大将軍神社
大宮橋
穴太衆積みの石垣
坂本
比叡山口駅
坂本駅
①滋賀院門跡
御殿馬場
比叡山坂本ケーブル
③慈眼堂
十三体石仏群
石坂坂本鉄線
日吉東照宮
戒蔵院
最乗院
大覚寺
N
0　　200m

125

農村 & 山村

山村集落

白川郷
しらかわごう

岐阜県白川村
重要伝統的建造物群保存地区

「日本の原風景」と愛される
茅葺き屋根の合掌造り集落

飛騨地方西部の白川郷は日本有数の山岳豪雪地帯。江戸時代から養蚕が盛んになり、気候風土や養蚕に適した合掌造り民家が発達した。急勾配の屋根は雪の重みに耐え、広い屋根裏空間を養蚕の作業場とするなど、多くの機能性を備えた住宅だ。白川村の荻町集落には約60棟の合掌造り民家が残り、脈々と暮らしが営まれている。同じく合掌造り集落の富山・五箇山(P.190)とともに世界文化遺産に登録された。

☐ ACCESS & INFORMATION

JR高山本線・高山駅から、濃飛バスなどで50分、白川郷バスターミナル下車。
....
白川郷観光協会 ☎ 05769-6-1013

富山・五箇山(P.190)

MACHI めぐり

展望台から里を一望する

城山天守閣展望台
しろやまてんしゅかくてんぼうだい
2つある展望台のひとつで、食事処天守閣が一般に開放しているスポット。集落を見下ろす絶好のロケーション。和田家近くから展望台往復のシャトルバスが運行されている。
シャトルバス
☎ 05769-5-2341(白山タクシー) ⊕ 9:00～15:40(20分間隔で運行) ⊕ 片道200円

合掌造りの民家

ここは訪れたい!

合掌造り民家が一様に南北を向いているのは、地域特有の強い北風の風圧に耐えるためだ

1 格式高い合掌造り建築
和田家
わだけ
江戸時代に名主や番所役人を務めた旧家。建物は江戸時代中期の建築とみられ、国指定重要文化財。白川郷では最大規模を誇り、太い梁や柱、式台付きの玄関など豪壮な造りを見ることができる。
☎ 05769-6-1058 ⊕ 白川村荻町997 ⊕ 9:00～17:00 ⊕ 不定休 ⊕ 400円

2 石川の宮大工が建築
神田家
かんだけ
およそ200年前に和田家から分家。江戸時代後期に、宮大工が10年をかけて造った家屋が見事。
☎ 05769-6-1072 ⊕ 白川村荻町796 ⊕ 9:00～17:00(9:00～10:00 16:00～17:00は予約のみ) ⊕ 水曜(祝日の場合は開館) ⊕ 400円

3 暮らしの民具を展示
長瀬家
ながせけ
5階建ての豪壮な合掌家屋。1階には500年前の仏壇があり、美術品や生活用具も展示。
☎ 05769-6-1047 ⊕ 白川村荻町823-2 ⊕ 9:00～17:00 ⊕ 不定休 ⊕ 400円

④ 合掌造り民家が大集結

野外博物館
合掌造り民家園

やがいはくぶつかんがっしょうづくりみんかえん

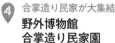

村内各地の合掌造り家屋25棟を移築し、保存・公開。村の歴史や文化を紹介する実物や写真を展示するほか、わら細工やそば打ちなどの体験もできる（要予約）。

☎05769-6-1231 ㊟白川村荻町2499
㊟8:40～17:00(入園は～16:40)、12～2月9:00～16:00(入園は～15:40) ㊡12～3月の木曜(祝日の場合は前日) ㊟600円

> 木造で茅葺きという火災に弱い建物のため、11月上旬には一斉放水訓練を実施している

白川郷 MAP

鳩谷八幡神社

白川橋

白川村荻町重要伝統的
建造物群保存地区

360

五箇山IC

お宿すみれ荘H

荻町城跡
展望台

城山天守閣展望台

白川郷観光協会

白川郷IC

白川郷

白山白川郷ホワイトロード

庄川

東海北陸自動車道

① 和田家

荻町の吊橋

合掌乃宿 孫右エ門H
本覚寺卍

② 神田家

一茶H
であい橋

③ 長瀬家

卍明善寺

野外博物館
合掌造り民家園

お宿 のだにやH

飛騨清見IC

白川八幡神社

0 200m

養蚕業の隆盛を今に伝える山あいの小さな集落

白砂川左岸の傾斜地に広がる集落。石垣の基礎が組まれた養蚕民家が本道沿いに並ぶ

山村・養蚕集落

六合赤岩
くにあかいわ

群馬県中之条町 重要伝統的建造物群保存地区

近代養蚕集落の景観を残す
出梁造りの大型養蚕民家

群馬県北西部の山間集落で、明治頃から昭和30年代まで養蚕で発展した。集落を南北に走る本道沿いに、幕末以降に建てられた2〜3階建ての大型養蚕農家が多く現存する。1階は住居、2階以上は広々とした養蚕の作業場で、梁を外壁より前に張り出させたで出梁造りが家屋の特徴。

☐ ACCESS & INFORMATION

JR吾妻線・長野原草津口駅から、六合地区路線バスで8分、赤岩入口バス停下車、またはさらに4分ほどの南大橋バス停下車。

中之条町観光協会 ☎0279-75-8814
赤岩ふれあいの家 ☎0279-95-3008

↑木造3階建て土蔵造りの湯本家。高野長英をかくまった部屋が残る

↑養蚕民家の建物。2階には出梁造りで生まれたベランダ空間がある

山村・養蚕集落

塩山下小田原上条
えんざんしもおだわらかみじょう

山梨県甲州市 重要伝統的建造物群保存地区

独特の突き上げ屋根を持つ
切妻造りの養蚕型農家が点在

塩山下小田原地区の上条集落に、江戸中期から明治期建造の茅葺き民家がまとまって残されている。屋根の中央部をせり上げた「突き上げ屋根」は、養蚕が盛んになった明治期以降に増設されたもので、屋根裏に設けた蚕室の採光や通風の役目を果たした。より増産を図るために、主屋とは別棟で建てた蚕室も残されている。

茅葺き屋根のほとんどがトタンで覆われているが、突き上げ屋根の特徴は残されている

☐ ACCESS & INFORMATION

JR中央本線・塩山駅から、甲州市民バス・大菩薩峠登山口線で16分、小田原橋バス停下車。

甲州市生涯学習課 ☎0553-32-5076

↑突き上げ屋根を持つ江戸後期建造の「もしもしの家」。現在は宿泊施設

↑集落の南に建つ金井加里神社は、戦国期創建と伝えられる古社

山村集落

青鬼
あおに

長野県白馬村 重要伝統的建造物群保存地区

棚田越しに望む北アルプス
小集落に善鬼伝説が残る

　白馬村北東部の標高約750mの山腹にある集落。傾斜地に江戸後期から明治期に建てられた14棟の茅葺き大型民家（トタン被覆）が並ぶ。東には石垣の組まれた棚田が広がり、江戸末期に開削された青鬼堰が今も大切に使われて棚田を潤している。棚田と民家越しに、白馬の市街と北アルプスの雄大な山並みを望む。

☐ ACCESS & INFORMATION

JR大糸線・白馬駅から、車で約10分（約5km）。

白馬村観光局インフォメーション
☎0261-85-4210

集落にある青鬼神社には膳や椀を貸してくれるという善鬼様を祀り、これが地名の由来とされる

⬆明治後期築の降簱家。「お善鬼の館」の名で一般公開している

⬆「日本の棚田百選」に選ばれた風景。特産の紫米が栽培されている

山村集落

遠山郷下栗
とおやまごうしもぐり

長野県飯田市

「日本のチロル」と称される
標高1000mの斜面集落

　標高800〜1000mの高地にある南信州の小集落。最大傾斜38度の急斜面に九十九折りの道が続き、通り沿いに家屋と耕作地が点在する。集落の目の前には、南アルプスの山々が幾重にも続いている。江戸時代に約300人だった人口も、現在は80人ほどとなったが、今も毎年12月には伝統の「霜月祭」が厳かに催される。

☐ ACCESS & INFORMATION

JR飯田線・飯田駅から、車で約1時間（約37km）。

遠山郷観光協会 ☎0260-34-1071

集落には宿泊施設もあり、付近には集落を一望できる展望スポットが用意されている

五個荘金堂

ごかしょうこんどう

滋賀県東近江市
重要伝統的建造物群保存地区

近江商人の豪壮な本宅前に錦鯉の泳ぐ掘割が走る

　琵琶湖の東岸、湖東平野の中央に位置し、古代から一帯の中心地として栄えた。一面に広がる水田地帯には、古代の土地区画制度である条里制の地割が残る。江戸初期に大和郡山藩領となり、陣屋と社寺を中心とした農村集落が形成された。江戸後期には、全国を舞台に昭和前期まで活躍した近江商人を数多く輩出。豪商の本宅や寺社が通りに並び、屋敷地をめぐる白壁や板塀、掘割が風情を誘う。

☐ ACCESS & INFORMATION

近江鉄道本線・五箇荘駅、またはJR東海道本線・能登川駅下車。

東近江市観光協会 ☎0748-29-3920

掘割に泳ぐ色鮮やかな錦鯉が観光客の目を楽しませてくれる

五個荘金堂 MAP

※中江準五郎邸・外村繁邸・藤井彦四郎邸の3館セット券1000円、
さらに東近江市近江商人博物館を加えた4館セット券1150円

寺前・鯉通り

ここは訪れたい！

1 「百貨店王」一族の屋敷
中江準五郎邸
なかえじゅんごろうてい

明治に創業し、戦前に中国大陸・朝鮮半島などで百貨店を経営した三中井一族の本宅を公開。庭園は池泉回遊式で、池の周りには石灯籠や巨石を配しており、屋内では郷土玩具の小幡人形などを展示。
☎0748-48-3399 所東近江市五個荘金堂町643 開10:00〜16:30 休月曜（祝日の場合は翌日）料400円

2 作家を生んだ商人屋敷
外村繁邸
とのむらしげるてい

明治後期に東京・日本橋と高田馬場に木綿呉服問屋を開いて活躍した近江商人の本宅。作家・外村繁の生家で、蔵を利用した外村繁文学館が建つ。
☎0748-48-5676 所東近江市五個荘金堂町631 開10:00〜16:30 休月曜（祝日の場合は翌日）料400円

弘誓寺周辺の寺町・鯉通りの街並み。寺院や商人屋敷の連なる閑静なたたずまい

⑤ 名のある豪商の屋敷で宿泊体験
NIPPONIA 五個荘 近江商人の町
ニッポニアごかしょう おうみしょうにんのまち

近江を代表する豪商・外村宇兵衛の江戸末期建造の邸宅を改装した一棟貸しの宿。蔵を活用したシアタールームもあり、10名まで宿泊可。
☎080-7000-7068 ㈲東近江市五個荘金堂町645

⑥ 近江商人を学び、絵画も鑑賞
東近江市近江商人博物館・中路融人記念館
ひがしおうみしおうみしょうにんはくぶつかん・なかじゆうじんきねんかん

近江商人の成功の軌跡について映像やジオラマなどを使って詳しく紹介。中路融人記念館では、滋賀の風景を数多く描いた東近江市ゆかりの日本画家・中路融人の作品を展示。
☎0748-48-7101 ㈲東近江市五個荘竜田町583 ㈱9:30～17:00(入館は～16:30) ㈯月曜(祝日の場合は翌日) ㈷300円

中江準五郎邸付近の「あきんど通り」には、白漆喰壁や舟板塀をめぐらせた土蔵が立ち並ぶ。行商から始めて、各地で成功を収めた近江商人の繁栄ぶりが偲ばれる

③ 贅を凝らした客殿と庭園
藤井彦四郎邸
ふじいひこしろうてい

「スキー毛糸」を開発して一代で財を成した藤井彦四郎の旧宅。屋敷と土蔵、洋館があり、近江商人について紹介している。細部に意匠を凝らした客殿と、そこから望む庭園が見事。
☎0748-48-2602 ㈲東近江市宮荘町681 ㈱10:00～16:30 ㈯月曜(祝日の場合は翌日) ㈷400円

④ 商人屋敷をおもてなしの場に
金堂まちなみ保存交流館
こんどうまちなみほぞんこうりゅうかん

三中井百貨店の経営者一族、中江四兄弟の三男、富十郎の邸宅を一般開放。季節ごとの展示や物産品の販売しており、コーヒーでの休憩もできる。
☎050-5801-7101 ㈲東近江市五個荘金堂町904 ㈱10:30～16:30 ㈯月・火曜(祝日の場合は翌日) ㈷無料

港町 & 漁村

港町・商家町

堅田
かたた

滋賀県大津市

中世に琵琶湖の特権を掌握し
近江最大の繁栄を誇った港町

　琵琶湖最狭部の西岸に位置し、満月寺浮御堂の優美な湖岸風景で知られる。中世から近世にかけて、琵琶湖の漁業権と自由通行権を掌握して繁栄を極め、「堅田千軒」と謳われる強大な自治都市を築いた。1000年余の歴史を有する社寺や街道筋に残る有力者の旧屋敷、迷路のような裏路地、掘割や舟入の史跡などに往時が偲ばれる。

☐ ACCESS & INFORMATION

JR湖西線・堅田駅下車。

堅田観光協会 ☎077-572-0425

近江八景のひとつ、「満月寺浮御堂」。風光明媚な風景を多くの文人墨客が愛で、歌に詠んだ

⬆湖上の関所があった地に、明治初年に建造された木造の出島灯台

⬆郷士の屋敷にある茶室・居初家天然図画亭。江戸期作庭の庭園が風雅

港町

菅浦
すがうら

滋賀県長浜市

湖と山が迫るかつての陸の孤島

　琵琶湖北岸、葛籠尾半島の先端、西側の入り江に位置する。中世には自治村落の「惣」が組織され、監視用に造られた四足門が集落の東西の端に残る。湖岸通りには、波除けの石積みのある港町の風情が広がる。

☐ ACCESS & INFORMATION

JR北陸本線・永原駅から、車で約13分(約9km)。

長浜観光協会 ☎0749-53-2650

港町・宿場町

海津
かいづ

滋賀県高島市

湖岸の石積みが独特の景観を見せる

　古くから湖上交通の要所とされた港町で、西近江路の宿場町としても発展した。湖岸に延々と続く石積みは、江戸時代に地元の代官が、大波による家屋や街道への甚だしい被害を防ぐために築いた石垣が始まり。海津を象徴する湖岸風景だ。

☐ ACCESS & INFORMATION

JR湖西線・マキノ駅から、国境線バスで6分、海津1区バス停下車。

びわ湖高島観光協会 ☎0740-33-7101

温泉町・宿場町

渋温泉
しぶおんせん

長野県山ノ内町

武将が傷を癒やした古湯が湧く 浴衣姿の似合う石畳の温泉街

　奈良時代に行基が発見したとされる開湯1300年の湯で、信玄の隠し湯とも伝えられる。江戸時代には松代真田藩の本陣が置かれ、草津街道の宿場町でもあったことから旅人や湯治客で賑わった。ゆるやかに曲がる石畳の通りに、明治から昭和初期に建てられた木造3〜4階の老舗旅館が多く残る。増改築を繰り返し複雑な構造を持つ建物は味わい深く、9つの外湯とともに古き良き温泉街の魅力が漂う。

ACCESS & INFORMATION

長野電鉄・湯田中駅から、長電バスで4分、渋温泉バス停下車。

渋温泉旅館組合 ☎0269-33-2921

横湯川沿いに広がる渋温泉街。寺社が点在し、脇道の裏路地も風情あり

渋温泉MAP

歴史の宿 金具屋❶
開花湯
一番湯・初湯
二番湯・笹の湯
三番湯・綿の湯
湯田中駅
渋温泉
湯温泉 旧歴仙閣
湯涌橋
横湯川
六番湯・目洗いの湯
渋温泉神社
八番湯・神明滝の湯
七番湯・七操の湯
九番湯・渋大湯
横湯大獅子
源泉館 湯本旅館❷
真田家旧本陣つばたや❸
四番湯・竹の湯
金具橋
沓野温泉
五番湯・松の湯
沓野
N
0　200m

歴史の宿 金具屋

木造4階の温泉旅館「歴史の宿 金具屋」。温泉街の中心部でひときわ存在感を示している

❶ 昭和の温泉文化を伝える
歴史の宿 金具屋
れきしのやどかなぐや

江戸中期創建の温泉旅館。昭和初期に建造された木造4階建ての宿泊棟「斉月楼」は国の登録有形文化財で、斬新な館内装飾も圧巻。4つの自家源泉を有し、8種類の個性あふれる湯が楽しめる。
☎0269-33-3131 ㊟山ノ内町平穏2202

❷ 大正ロマン漂う老舗旅館
源泉館 湯本旅館
げんせんかん ゆもとりょかん

創業約400年の歴史を有し、建物は大正初期建造の木造3階建て数寄屋造り。大正期のノスタルジックな雰囲気を漂う。
☎0269-33-2181
㊟山ノ内町平穏2218

❸ 真田家御用達の本陣宿
真田家旧本陣つばたや
さなだけきゅうほんじんつばたや

江戸時代に松代藩真田家の本陣を務めた宿。建物は明治初期の造建時の姿を残し、多くの文化人や政財界人が滞在した。
☎0269-33-2165
㊟山ノ内町平穏2052

九湯めぐり

渋温泉に宿泊した人だけが楽しめる、9つの外湯めぐり

地元の人々が利用する9カ所の共同浴場（外湯）を宿泊客に無料で開放している。九湯はそれぞれ源泉や効能が異なり、九労（苦労）を流し、厄除けなどのさまざまなご利益があるという。外湯の記念スタンプを押す祈願手ぬぐいも販売。
㊐6：00〜22：00　※渋温泉の各旅館で、外湯めぐり専用の鍵を貸し出している　㊎無料

宿泊者以外は、九番湯・渋大湯のみ利用できる。㊐10：00（月・水・金曜13：00）〜17：00　㊎500円

⬆温泉街の東にある五番湯・松の湯

⬆九番湯・渋大湯は褐色のにごり湯

重要伝統的建造物群保存地区 LIST　　vol.2

vol.1は P.70

番号	都道府県	地区名称等	種別	掲載
57	京都	京都市上賀茂	社家町	P200
58	京都	京都市産寧坂	門前町	P198
59	京都	京都市祇園新橋	茶屋町	P8
60	京都	京都市嵯峨鳥居本	門前町	P201
61	京都	南丹市美山町北	山村集落	P240
62	京都	伊根町伊根浦	漁村集落	P238
63	京都	与謝野町加悦	製織町	P236
64	大阪	富田林市富田林	寺内町・在郷町	P203
65	兵庫	神戸市北野町山本通	港町	P358
66	兵庫	豊岡市出石	城下町	P222
67	兵庫	丹波篠山市篠山	城下町	P218
68	兵庫	丹波篠山市福住	宿場町・農村集落	P247
69	兵庫	養父市大屋町大杉	山村・養蚕集落	P242
70	兵庫	たつの市龍野	商家町・醸造町	P252
71	奈良	橿原市今井町	寺内町・在郷町	P202
72	奈良	五條市五條新町	商家町	P208
73	奈良	宇陀市松山	商家町	P209
74	和歌山	湯浅町湯浅	醸造町	P210
75	鳥取	倉吉市打吹玉川	商家町	P232
76	鳥取	若桜町若桜	商家町	P246
77	鳥取	大山町所子	農村集落	P243
78	島根	大田市大森銀山	鉱山町	P234
79	島根	大田市温泉津	港町・温泉町	P245
80	島根	津和野町津和野	武家町・商家町	P228
81	岡山	倉敷市倉敷川畔	商家町	P264
82	岡山	津山市城東	商家町	P255
83	岡山	津山市城西	寺町・商家町	P255
84	岡山	高梁市吹屋	鉱山町	P268
85	岡山	矢掛町矢掛宿	宿場町	P278
86	広島	呉市豊町御手洗	港町	P276
87	広島	竹原市竹原地区	製塩町	P270
88	広島	福山市鞆町	港町	P275
89	広島	廿日市市宮島町	門前町	P283
90	山口	萩市堀内地区	武家町	P256

番号	都道府県	地区名称等	種別	掲載
91	山口	萩市平安古地区	武家町	P256
92	山口	萩市浜崎	港町	P277
93	山口	萩市佐々並市	宿場町	P282
94	山口	柳井市古市金屋	商家町	P269
95	徳島	美馬市脇町南町	商家町	P288
96	徳島	三好市東祖谷山村落合	山村集落	P298
97	徳島	牟岐町出羽島	漁村集落	P297
98	香川	丸亀市塩飽本島町笠島	港町	P296
99	愛媛	西予市宇和町卯之町	在郷町	P294
100	愛媛	内子町八日市護国	製蠟町	P292
101	高知	室戸市吉良川町	在郷町	P295
102	高知	安芸市土居廓中	武家町	P299
103	福岡	八女市八女福島	商家町	P330
104	福岡	八女市黒木	在郷町	P330
105	福岡	うきは市筑後吉井	在郷町	P328
106	福岡	うきは市新川田篭	山村集落	P346
107	福岡	朝倉市秋月	城下町	P308
108	佐賀	鹿島市浜庄津町浜金屋町	港町・在郷町	P336
109	佐賀	鹿島市浜中町八本木宿	醸造町	P336
110	佐賀	嬉野市塩田津	商家町	P335
111	佐賀	有田町有田内山	製磁町	P332
112	長崎	長崎市東山手	港町	P362
113	長崎	長崎市南山手	港町	P362
114	長崎	平戸市大島村神浦	港町	P344
115	長崎	雲仙市神代小路	武家町	P310
116	大分	日田市豆田町	商家町	P338
117	大分	杵築市北台南台	武家町	P312
118	宮崎	日南市飫肥	武家町	P320
119	宮崎	日向市美々津	港町	P345
120	宮崎	椎葉村十根川	山村集落	P346
121	鹿児島	出水市出水麓	武家町	P324
122	鹿児島	薩摩川内市入来麓	武家町	P325
123	鹿児島	南さつま市加世田麓	武家町	P326
124	鹿児島	南九州市知覧	武家町	P322
125	沖縄	渡名喜島渡名喜島	島の農村集落	P347
126	沖縄	竹富町竹富島	島の農村集落	P347

2021年8月2日現在

東海道

武蔵・相模・伊豆・駿河・遠江・三河・尾張・伊勢・志摩・伊賀

東京・神奈川・静岡・愛知・三重

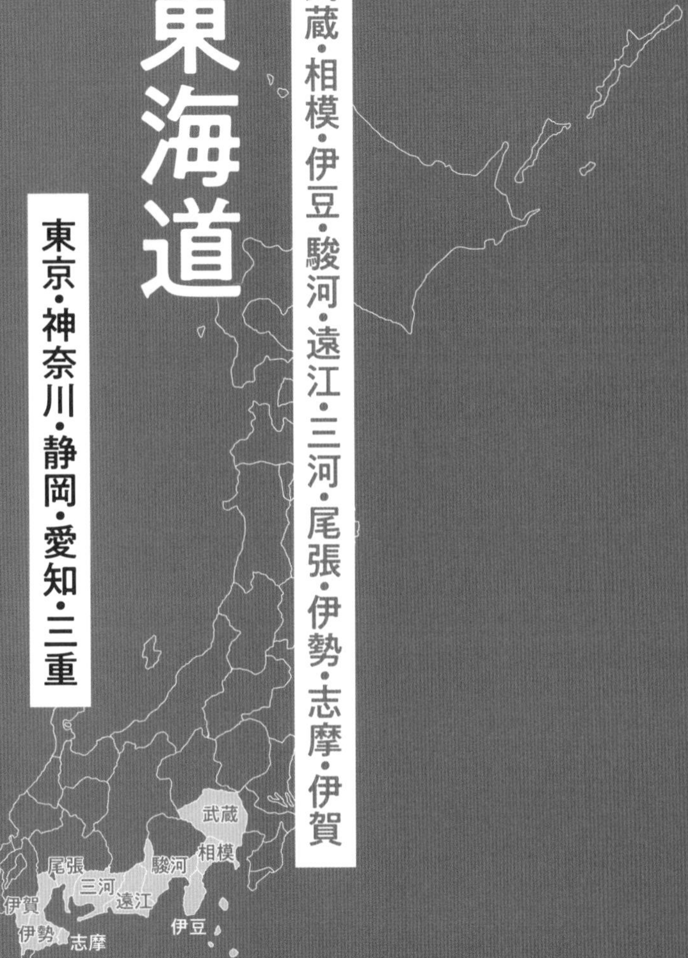

武蔵
相模
尾張
三河
駿河
伊賀
遠江
伊勢
志摩
伊豆

江戸から京都へと宿場が連なる太平洋岸の国々

　江戸時代に整備された五街道のひとつ、東海道を中心とした本州太平洋岸のエリア。交通と物流の大動脈だった東海道は、江戸日本橋から京都三条大橋まで53の宿場が置かれて多くの旅人が行き交った。

　関宿には、今も200軒以上の伝統的な町家が街道に連なる。東海道の宿場風情を色濃く残す通りを散策しながら、買い物やグルメも楽しむことができる。難所の薩埵峠を控えた間の宿の由比倉沢には格子造りの町家の家並みが、飯田街道の山あいの宿場・足助では白壁土蔵の並ぶ路地に宿場の面影を残す。

　伊豆の港町の下田や松崎は、なまこ壁の土蔵が連なる美しい商家町だ。尾張や三河、伊勢には、江戸時代に商人が台頭して栄えた商家町が数多い。酒や酢の醸造が盛んな半田、有松絞りが人気を呼んだ有松などに、土蔵や商家の連なる街並みが続いている。

　国宝天守のそびえる犬山の城下町は、町人街に並ぶ町家が商店街となって今も賑わいをみせる。江戸時代に商業が発展した城下町・松阪には、豪商屋敷や武家長屋が現存して往時の栄華を伝えている。

　昔も今も賑やかな浅草の仲見世や柴又の門前町、寺町・谷中では下町情緒あふれる商店街や路地を散策し、歴史ある寺院を参拝して町の歴史にふれたい。

↑江戸時代から明治期の町家が連なる関宿。東海道の宿場のなかでもとりわけ往時の姿を色濃くとどめる

↖有松で販売される有松絞りの手ぬぐいや浴衣は東海道の旅人に人気のみやげ物だった

武蔵

埼玉県 蕨　草加　下総

雲取山　氷川　青梅　箱根ヶ崎　神楽坂 P.20

信濃　長野県　板橋　田無　千住　松戸

甲州道中　国領　内藤新宿　江戸　柴又 P.159

韮崎　甲府　二大菩薩峠　小仏峠　府中　東京都　行徳

駿信往還　青梅街道　小仏峠　日野　浅草 P.159

甲斐　山梨県　上野原　関野　横山　下鶴間　品川　谷中 P.158

駿州往還　富士山　小原　駒木野　国分　大山街道　小杉　中原街道

相模　神奈川県　厚木　神奈川　川崎

万沢　古原　大山　保土ヶ谷　横浜 P.354

駿河　蒲原　由比　用田　戸塚　東京湾

静岡県　由比倉沢 P.139　由比　三島　箱根関所　糟屋　藤沢　鎌倉　上総　千葉県

東海道　興津　沼津　箱根　箱根峠　平塚　大磯　東海道

江尻　府中　韮山　小田原　相模湾　相模

神社　丸子　伊豆長岡　相模湾

P.348 宇津ノ谷　花沢の里 P.161　大仁　伊豆　安房

森町 P.139　宇津ノ谷峠　修禅寺卍　鋸山

藤枝　岡部　駿河湾　湯ヶ島　下田街道　太平洋

金谷　島田　駿河湾　湯ヶ野

日坂　掛川　P.144 松崎　下田 P.144　大島

太平洋

甲斐　山梨県

↖松阪の「御城番屋敷」には今も子孫が暮らす　　↖白漆喰の商家や土蔵が並ぶ足助の宿場町

137

宿場町

宿場町・商家町

足助
あすけ

愛知県豊田市
重要伝統的建造物群保存地区

伊那街道の宿場町に残る
塗籠造りの瀟洒な商家群

豊田市山間部の足助川流域に広がる町。江戸時代に伊那街道の宿場町として栄え、三河と信州を結ぶ「塩の道」の中継地として明治時代まで発展した。商家の町家や蔵が並ぶ現在の町並みは、安永4年(1775)の大火後に築かれた。そのため、防火用に漆喰を軒先まで塗り固めた塗籠造りの建物が数多い。蔵が連なる細路地、川沿いに建物が張り出す風景も、表通りとはまた異なる趣で楽しませてくれる。

☐ ACCESS & INFORMATION

名鉄三河線／豊田線・豊田市駅から名鉄バス・足助行きで43分、香嵐渓バス停下車。

豊田市足助観光協会 ☎0565-62-1272

江戸期に足助の中心地だった本町には大きな商家の建物が多く残る

足助MAP

豊田市足助重要伝統的
建造物群保存地区
田町交流館
足助中馬館 ②
足助トンネル
足助川
足助陣屋跡
旧田口家住宅 ①
普光寺卍
マンリン小路
足助両口屋 S ③旧鈴木家住宅
巴橋
香嵐渓 豊田市
足助資料館
西町
香嵐渓
飯盛山
香嵐渓 飯盛城跡
N
0   200m

足助散策のハイライト

新町にあるマンリン小路。土蔵の白漆喰と黒板の壁のコントラストが美しい人気スポット

① 代表的な伝統町家を公開
旧田口家住宅
きゅうたぐちけじゅうたく

江戸末期以前に建造された商家。高い天井や奥に長い屋敷構えなど、足助の町家建築の特徴がよくわかる。
☎0565-62-0601(豊田市足助支所地域振興担当) ㊟豊田市足助町本町 ㊟10:00〜17:00 ㊡火・木曜(祝日、11月は開館) ㊅無料

② 町の歴史資料を展示
足助中馬館
あすけちゅうまかん

大正元年(1912)築の旧稲橋銀行足助支店。現在は、足助の商業・金融・交通・街並みなどの資料を展示する。
☎0565-62-0878 ㊟豊田市足助町田町11 ㊟9:00〜17:00 ㊡木曜(祝日、11月は開館) ㊅無料

③ 東海地方で最大規模の商家
旧鈴木家住宅
きゅうすずきけじゅうたく

足助の歴史的な町並みの中心にある大商家で、江戸後期から明治期建造の16棟が建つ。平成26年(2014)から修理工事が実施されており、2023年夏頃、街道沿いの主屋のみ部分公開を予定。
☎0565-62-0609(豊田市文化財課足助分室) ㊟豊田市足助町本町20

古い町並みの北側の田町には伝統建築の商店が多く散策が楽しい

江戸の風情を残す東海道の宿場町と、秋葉街道沿いの小京都

宿場町

由比倉沢
ゆいくらさわ

静岡市清水区

富士を眺めて旅人が休息した間の宿

　東海道の由比宿と興津宿の中間にある間の宿で、東海道の難所・薩埵峠の東の登り口でもある。江戸時代には茶店が並び、峠を越える旅人たちで賑わった。今も格子造りなどの旧家が街道沿いに軒を連ね、江戸時代の旧街道の風情を残す。

ACCESS & INFORMATION　JR東海道本線・由比駅下車。
静岡市清水駅前観光案内所
☎054-367-9613

宿場町

御油宿
ごゆしゅく

愛知県豊川市

東海道一美しいと謳われる松並木

　江戸日本橋から数えて35番目の宿場町で、東海道と姫街道の分岐点として賑わった。西に500mほどのところに、江戸初期に植えられた松並木が続く。十返舎一九の『東海道中膝栗毛』で弥次さんが喜多さんを狐と間違えて縛り上げる話の舞台だ。

ACCESS & INFORMATION　名鉄名古屋本線・御油駅下車。
豊川市商工観光課☎0533-89-2140

宿場町

赤坂宿
あかさかしゅく

愛知県豊川市

江戸時代の旅籠屋が現存

　江戸日本橋から数えて36番目の宿場町。御油宿から赤坂宿までの距離が短かったため、その短さを松尾芭蕉は「夏の月御油より出でて赤坂や」という句に詠んでいる。江戸時代に一般の旅人が宿泊した大橋屋(旧旅籠鯉屋)が公開されている。

ACCESS & INFORMATION　名鉄名古屋本線・名電赤坂駅下車。
豊川市生涯学習課☎0533-88-8035

宿場町・商家町

遠州森町
えんしゅうもりまち

静岡県森町

参詣客と商人で賑わった宿場町

　秋葉神社へ通じる秋葉街道の宿場町。茶葉や古着をはじめ多くの物資が集産する商業地として賑わい、街道沿いに商家や旅籠が立ち並んでいた。古い街並みがよく残されているのは本町周辺で、江戸後期からの町家風の建物が街道沿いに点在する。

ACCESS & INFORMATION　天竜浜名湖鉄道・遠州森駅下車。
森町観光協会☎0538-85-6319

関宿
せきじゅく

三重県亀山市
重要伝統的建造物群保存地区

江戸期の賑わいが感じられる
東海道宿場町の貴重な街並み

　江戸から47番目の宿場町。大和街道と伊勢別街道が合流し、西に難所の鈴鹿峠を控えて多くの旅人で賑わった。約1.8km続く宿場に並ぶ半数以上の建物を江戸から明治期の伝統建築が占めている。中町は、本陣や大旅籠などの大規模建築が立ち並んでいた宿場の中心部。漆喰壁の虫籠窓などを施した華やかな意匠の町家が往時の栄華を偲ばせる。中心部から離れるにつれ、落ち着いた街並みへ変わる。

☐ ACCESS & INFORMATION

JR関西本線・関駅下車。

亀山市商工観光課 ☎0595-84-5074

建築&土木COLLECTION

虫籠窓 むしこまど
採光や通風のため、建物の2階に設けた格子状の固定窓。白漆喰で塗り籠めた壁に多く見られる。

江戸後期頃建築の旧田中家住宅。柱を漆喰壁から露出した真壁造りの建物

『東海道五十三次・本陣早立』のモデルとされる伊藤本陣跡。一部の建物のみが残る

伝統建築の街並み

中町に並ぶ大規模な町家群。東海道の宿場町で「唯一歴史的な街並みを残す宿場」といわれる

ここは訪れたい！

関宿の西端、西の追分は東海道と奈和街道の分岐点。休憩施設が設けられており、パネルなどの展示もある

高札場。江戸時代に本陣の役目を果たしていた御茶屋御殿があった場所。平成16年(2004)に復元された

MACHI めぐり

着物で宿場町さんぽ

三重の伝統工芸品「伊勢木綿」の着物が揃う、大人のためのレンタル着物で宿場町の街歩きが楽しめる。

きもも堂（きももどう）
☎090-9915-9158 所亀山市関町中町463-3 料着物レンタル5500円〜

中町にある眺関亭から、宿場風情漂う関宿の街並みが楽しめる

❶ 関宿の展望スポット
百六里庭・眺関亭
ひゃくろくりてい・ちょうかんてい

関宿が江戸から106里余であることから名付けられた公園。園内に建つ眺関亭の2階から関宿の街並みを見わたせる。

☎0595-84-5074(亀山市商工観光課) 所亀山市関町中町327 時8:00〜17:00 休無休 料無料

② 江戸時代の貴重な旅籠建築
関宿旅籠玉屋歴史資料館
せきじゅくはたごたまやれきししりょうかん

関宿を代表する大旅籠のひとつだった玉屋の建物を修復して内部を公開している。玉屋に残る道具類や歌川広重の浮世絵、旅に関する歴史資料などの展示も行っている。
☎0595-96-0468 所亀山市関町中町444-1 開9:00〜16:30 休月曜(祝日の場合は翌日) 料300円(関まちなみ資料館と共通)

江戸時代の旅人になったような気分が楽しめる空間だ

江戸時代に脇本陣のひとつとされていた鶴屋脇本陣(西尾脇本陣)。さらに西側には、川北本陣跡の碑が立つ

③ 江戸時代の町家を活用
関まちなみ資料館
せきまちなみしりょうかん

江戸末期建造の町家を利用した資料館。関宿の文化財や歴史資料の展示、街並み保存の取り組みを紹介。
☎0595-96-2404 所亀山市関町中町482 開9:00〜16:30 休月曜(祝日の場合は翌日) 料300円(関宿旅籠玉屋歴史資料館と共通)

関宿の東側の入口、東の追分。東海道と伊勢別街道の分岐にあたる

地図内表記
- 浄安寺卍
- 卍瑞光寺
- 延命寺卍
- 关神社
- 弘善寺卍
- 宝林寺卍
- 山祇神社
- ②関宿旅籠玉屋歴史資料館
- み案内所
- 場関内
- きもも堂S
- 川北本陣跡
- 関宿問屋場跡
- S立亜
- 鶴屋脇本陣跡
- 松月 西川家
- 大井家 御馳走場
- ④伊藤本陣跡
- 百六里庭・眺関亭①
- S明治屋
- Rエン
- アールグレイ C R ダイニング山石
- 岩田商店
- ③関まちなみ資料館
- 雲林院家・浅原家
- ⑤関の山車会館
- Sよろずや村田屋半兵衛
- Rセルクル
- 古民家かふぇきーぶ C
- 東の追分・
- 亀山市関宿重要伝統的建造物群保存地区
- 東海道

0　　100m　N

◎銘菓 関の戸。阿波特産の和三盆をまぶした上品な味わい。6個入り648円(税込)

④ 旅人が愛した和菓子
深川屋
ふかわや

創業約380年の老舗和菓子店。江戸時代から続く「銘菓 関の戸」は忍者の末裔が考案した餅菓子。
☎0595-96-0008 所亀山市関町中町327 開9:30〜17:00(出来上がりから売り切れまで) 休木曜(祝日の場合は営業)

⑤ 絢爛豪華な山車を展示
関の山車会館
せきのやまかいかん

関宿の夏の風物詩「関宿祇園夏まつり」で曳かれる関の山車のほか、祭りの関連品や歴史資料も展示している。
☎0595-96-1103 所亀山市関町中町531 開9:00〜16:30 休月曜(祝日の場合は翌日) 料300円

※関宿旅籠玉屋歴史資料館、関まちなみ資料館、関の山車会館の3館共通料500円

商家町 & 在郷町

商家町

下田
しもだ

静岡県下田市

ペリー提督も愛でた風景
なまこ壁と伊豆石の家並み

嘉永6年(1853)にペリー提督が黒船で下田に来航。その翌年、日本初の開港地となった下田に大津波が襲い、町は壊滅的な被害を受けた。復興は急ピッチで進められ、住宅などの建物は防災性に優れたなまこ壁や伊豆石の外壁で再建された。それらの建物が今も町の随所に残り、下田らしい美しい景観を生んでいる。

 **ACCESS & INFORMATION**

伊豆急行・伊豆急下田駅下車。

下田市観光協会 ☎0558-22-1531

伊豆石やなまこ壁の家並みが続くペリーロード。ペリー提督が歩いた道といわれている

⬆伊豆石となまこ壁が美しい旧澤村邸は大正4年(1915)築。現在は観光拠点に

⬆下田の代表的ななまこ壁の民家の鈴木家(雑忠)。伊豆石や炭を扱った商家

商家町・港町

松崎
まつざき

静岡県松崎町

港町になまこ壁の建築が点在
鏝絵名人の作品にもふれる

西伊豆の小さな港町に、なまこ壁の建築が190棟余り残されている。なまこ壁は平瓦を壁に貼り付け、目地を漆喰で盛り上げた外壁で、松崎では中瀬邸や伊豆文邸、近藤家などの建物が有名だ。松崎は漆喰鏝絵の名人・入江長八の故郷でもある。繊細で美しい鏝絵作品を伊豆の長八美術館や岩科学校などで見学できる。

ACCESS & INFORMATION

伊豆箱根鉄道駿豆線・修善寺駅から、東海バス快速・松崎行きで1時間33分、終点下車。

松崎町観光協会 ☎0558-42-0745

なまこ壁の建物が並ぶなまこ壁通り。薬問屋だった近藤家の邸宅や倉庫が小道に連なる

⬆明治初期建造の呉服商家・中瀬邸。無料で見学できる

⬆明治の和洋折衷建築の岩科学校。2階の欄間に入江長八の鏝絵作品が残る

尾張名古屋城下の賑わいを伝える商家町を散策する

染織町・商家町

有松
ありまつ

名古屋市緑区 重要伝統的建造物群保存地区

絞り染めで全国に知られた
尾張藩の茶屋集落

　江戸初期に、東海道の池鯉鮒宿（知立）と鳴海宿の間の茶屋集落として町が拓かれた。耕地が少なかったため尾張藩が副業として絞り染めの生産や販売を奨励すると、有松絞りの手ぬぐいや浴衣が旅人たちに人気を博し、町は大いに発展した。約800m続く通りには、往時の栄華の名残の豪壮な商家が立ち並ぶ。

☐ ACCESS & INFORMATION

名鉄名古屋本線・有松駅下車。

有松・鳴海絞会館 ☎052-621-0111

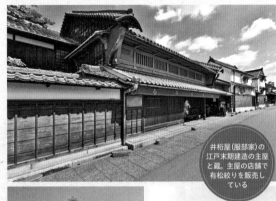

井桁屋（服部家）の江戸末期建造の主屋と蔵。主屋の店舗で有松絞りを販売している

⬆有松天満社秋季大祭では江戸時代の山車が登場。有松山車会館で見学できる

⬆絞り商・竹田家の豪壮な町家建築。庇の上には明治期のガス灯がある

商家町

四間道
しけみち

名古屋市西区

石垣の上に連なる土蔵群
船運で栄えた名古屋の商人町

　江戸時代に、名古屋城の築城とともに生まれた堀川沿いの商人の町。堀川は名古屋城と熱田湊（名古屋港）を結ぶ運河で、堀川の船運により商業活動が営まれた。四間道の地名は、江戸中期の大火後に防災のために道幅を4間（約7m）にしたのが由来とされる。通りの堀川側に石垣を組んだ土蔵群、向かいに町家建築が残る。

☐ ACCESS & INFORMATION

名古屋市営地下鉄桜通線・国際センター駅下車。

名古屋市金山観光案内所 ☎052-323-0161
オアシス21iセンター ☎052-963-5252

四間道に続く白壁土蔵が石垣の上に建つ。土蔵の正面は通り側ではなく川に向けられた

⬆通りに残る町家建築。元文年間の1740年頃の町の面影が残されている

⬆民家の屋根の上に祀られた小さな祠。屋根神と呼ばれる、名古屋に残る風習だ

145

有松絞

醸造町・港町

半田
はんだ

愛知県豊田市

江戸前寿司ブームを牽引した酢の醸造蔵が運河に連なる

古くから酒や酢などの醸造業が盛んな町。江戸時代に半田の中埜酢店(現・ミツカン)の創業者・初代中野又左衛門が開発した粕酢は、それまで主流だった高価な米酢に代わる手軽な材料であり、さらに寿司飯にも合うと評判で、江戸の寿司ブームの火付け役となった。かつて、酢や酒などを運ぶ船の行き交った半田運河の両岸には、昔ながらの黒板囲いの醸造蔵が今も並ぶ。

ACCESS & INFORMATION

JR武豊線・半田駅、または名鉄河和線・知多半田駅下車。

半田市観光協会 ☎0569-32-3264

明治建築の半田赤レンガ建物。幻となったカブトビールの醸造場だった

半田MAP

大府駅
半田赤レンガ建物
武豊線
師崎街道
本町7丁目
光照院卍
半田市鉄道資料館
業葉神社 ③國盛 酒の文化館
阿久比川
半田駅
小栗家住宅 ②
①旧中埜半六邸
中埜銀行跡
蔵のかけ橋 ● MIZKAN MUZEUM
山之神社
市役所前
半田病院
半田運河
蔵のまち公園
半田市役所
武豊駅
0 200m

酢の香りが漂う

黒壁の醸造蔵が並ぶ半田運河。歩道が整備され、景観を生かしたイベントも開催される

① 明治時代の豪商の屋敷
旧中埜半六邸
きゅうなかのはんろくてい

江戸時代から海運や醸造業を営んだ中埜半六家の邸宅。明治22年(1889)頃に完成した。1階は飲食店、2階は貸し部屋となっている。
☎0569-89-2925(半六コラボ)、蔵・庭園・広場は☎0569-84-0689(半田市観光課)鄹半田市中村町1-7働10:00〜17:00働木曜鄹庭園は無料

② 豪商の門庭で花を見る
小栗家住宅
おぐりけじゅうたく

半田屈指の豪商といわれる小栗家の邸宅兼店舗。建造は明治初期とされ、門庭では樹齢約150年という日本最古・最古級の白モッコウバラが春に花を咲かせる。国指定重要文化財。
☎0569-32-3264(半田市観光協会)鄹半田市中村町1-18働働鄹内部非公開(開花期のみ特別公開)

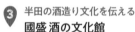

③ 半田の酒造り文化を伝える
國盛 酒の文化館
くにざかり さけのぶんかかん

中埜酒造で約200年使われていた酒蔵を利用した酒の資料館。酒造りの工程を和紙人形で再現し、伝統的な道具類を展示。日本酒や梅酒の試飲ができ、売店もある。
☎0569-23-1499鄹半田市東本町2-24働10:00〜16:00(要電話予約)働木曜(祝日の場合は翌日)鄹無料

MIZKAN MUSEUMは、ミツカングループが創業地に開設した体験型博物館。ミツカンの歴史や酢の製造などをガイド付きで紹介(完全予約制)

焼物の町

常滑
とこなめ

愛知県常滑市

今も常滑焼が町の主産業
昭和が薫る窯業集落を巡る

　朱泥の急須で有名な常滑焼のふるさと。常滑焼は平安末期からの歴史を有し、日本六古窯のひとつに数えられる。江戸時代には海運業も発達し、常滑焼の茶器などが全国へと運ばれた。昭和初期頃に栄えた窯業集落が市内の丘にあり、町並みを巡る「やきもの散歩道」が人気を呼んでいる。レンガの煙突や登窯、木造工場の集まる風景に懐かしさが漂い、古い建物を利用したギャラリーやカフェもある。

☐ ACCESS & INFORMATION

名鉄常滑線／空港線・常滑駅下車。

常滑市観光プラザ ☎0569-34-8888

朱泥急須は江戸時代から愛され続ける常滑焼を代表する陶器

でんでん坂を上る

やきもの散歩道にあるでんでん坂。焼酎瓶が壁面に並ぶ、常滑焼の里ならではの風景

常滑MAP

名鉄常滑線
名古屋駅
常滑駅
とこなめ招き猫通り
常滑市陶磁器会館
N
0　200m
常滑市観光プラザ
廻船問屋 瀧田家 ②
光明寺 卍
① 土管坂
でんでん坂
登窯広場
展示工房館
③ 登窯(陶榮窯)
名鉄空港線
252
栄町7丁目
卍 神明社
BOAT RACE とこなめ
本町大正館
宝樹院 卍
中部国際空港駅
INAXライブミュージアム

① 常滑焼に囲まれた坂道
土管坂
どかんざか

やきもの散歩道の代表的なスポット。明治期の土管と昭和初期の焼酎瓶が壁面にびっしりと埋め込まれ、路面には土管の焼成時に使った廃材が道の滑り止めに再利用されている。

② 廻船問屋の屋敷を復元
廻船問屋 瀧田家
かいせんどんやたきたけ

江戸から明治期に廻船問屋を営んだ瀧田家の江戸末期の邸宅を復元し公開。昔、灯火具や常滑焼を運んだ和船、海運の歴史などを展示。
☎0569-36-2031 所常滑市栄町4-75 開9:30〜16:30(最終入場16:00) 休水曜 料200円

③ 10本の煙突がそびえる
登窯 (陶榮窯)
のぼりがま(とうえいがま)

明治20年(1887)頃に造られた、現存では日本最大級の登窯。昭和49年(1974)まで稼働し、のちに国の重要有形民俗文化財に指定された。

商家町

伊勢河崎
いせかわさき

三重県伊勢市

「伊勢の台所」として賑わった
問屋町に残る黒板の蔵と町家

伊勢湾に注ぐ勢田川の中流域に広がる。大型船が一帯まで入れたため、中世から勢田川を利用した水運で栄えた。江戸時代にお伊勢参りが流行すると、参詣客をもてなす物資を供給する問屋町として町は大きく発展。勢田川沿いに点在する蔵や町家は往時の名残だ。川に並行して走る河崎本町通りには、黒板張りの商家の町家や蔵が多く並ぶ。伝統建築は商業観光施設などに活用されている。

◻ ACCESS & INFORMATION

JR参宮線／近鉄山田線・伊勢市駅下車。

伊勢市観光協会 ☎0596-28-3705

黒板張りの土蔵が並ぶ

ここは訪れたい！

多くの問屋が立ち並んでいた河崎
本町通りに伝統的な町家が残る

❶ 商人町のシンボル
伊勢河崎商人館
いせかわさきしょうにんかん

江戸時代に創業された酒問屋「小川酒店」を、当時の風情を残したまま修復。館内の蔵では実際に使用されていた家具や道具、貴重な資料などが見学でき、当時の人々の生活を垣間見ることができる。
☎0596-22-4810 ⓐ伊勢市河崎2-25-32 ⓣ9:30〜17:00 ⓗ火曜（祝日の場合は翌日）ⓨ350円

奥に入ると明治時代から昭和までサイダーを製造していた約600坪の広大な土地が広がる

←エスサイダー220円。かつて小川酒店で作られていたサイダーを復刻・再現

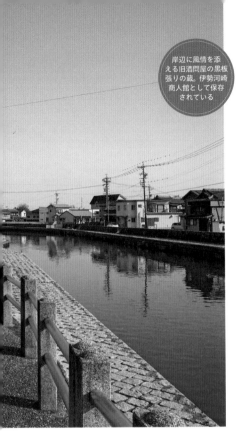

岸辺に風情を添える旧酒問屋の黒板張りの蔵。伊勢河崎商人館として保存されている

ほかにも魅力ある街並み

おはらい町
おはらいまち

「お伊勢参り」で賑わう伊勢神宮内宮の門前町。宇治橋の手前から五十鈴川に沿って、約800mの美しい石畳の通りに歴史情緒を感じさせる切妻、入母屋、妻入り様式の建物が立ち並び、さまざまなグルメや雑貨の店が軒を連ねる。通りの中央付近、赤福本店の向かいには、江戸から明治期にかけての伊勢路の代表的な建築物を移築再現した「おかげ横丁」がある。

所伊勢市宇治中之切町、宇治今在家町

↑つくりたての赤福餅2個と香ばしい番茶のセット、赤福本店のお召し上がり「盆」250円

赤福本店の向かいに作られた「おかげ横丁」。江戸～明治の伝統的な建物を移築

---

2 蔵造りの懐かしいショップ

河崎商人蔵
かわさきしょうにんぐら

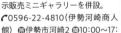

懐かしい空間に約20店舗が出店する。商人蔵カフェをはじめ、伝統工芸品や雑貨、骨董品などの展示販売ミニギャラリーを併設。

☎0596-22-4810（伊勢河崎商人館）所伊勢市河崎2 時10:00～17:00 休火曜（祝日の場合は翌日）

3 レトロな建物で町の歴史にふれる

河崎 川の駅
かわさき かわのえき

明治時代の蔵を修復したレトロな建物。川沿いのデッキは、伊勢市内を走っていた路面電車の駅舎がモチーフになっている。舎内では勢田川の歴史などを紹介する。

☎0596-22-4810（伊勢河崎商人館）所伊勢市河崎2-24-9 時10:00～17:00 休火曜（祝日の場合は翌日）料無料

伊勢河崎MAP

N
0 150m

卍養草寺
船江公園
河邊七種神社
稲荷神社
伊勢河崎局
河崎の環濠遺跡
星出館H
履物問屋
水野商店S
中寺前公園
英心高
松阪駅 近鉄山田線
伊勢市駅
参宮線
伊勢シティホテルH
伊勢神宮外宮

河崎 川の駅 **3**
伊勢河崎商人館 **1**
有緝小
河崎商人蔵 **2**
北新橋
中橋
茶房 河崎蔵
堤家（川守役宅跡）
古本屋 ぽらん S
南新橋
伊勢シティホテルアネックスH
伊勢パールピアホテルH
近鉄鳥羽線
清田橋
参宮線

城下町 & 武家町

城下町

犬山
いぬやま

愛知県犬山市

合戦の舞台にもなった要衝地
国宝犬山城が城下町を見守る

美濃との国境にある尾張の国の要衝で、木曽川沿いの丘に室町時代創建の国宝犬山城がそびえる。江戸時代に整えられた城下町は中央に町人街を置き、その外側に武家地や寺町、さらに外周を堀や土塁で囲む総構えの形態で守りを固めた。戦災をまぬがれて町割が残され、旧町人街の本町通りに江戸から昭和の古い町家が並ぶ。町家は商店に利用され、街歩きや買い物を楽しむ観光客で賑わっている。

⬜ ACCESS & INFORMATION

名鉄犬山線・犬山駅下車。

犬山駅観光案内所 ☎0568-61-6000

戦乱の舞台となった城
天守は日本最古の様式

国宝 犬山城
こくほういぬやまじょう

織田信長の叔父信康が天文6年(1537)に創建したといわれる。天守は現存では日本最古の様式を持つ。交通や政治の要衝に位置することから、信長や秀吉、家康が城の争奪戦を繰り広げた。天守は望楼を備えた3重4階地下2階建て。
☎0568-61-1711 ⊕犬山市犬山北古67-2 ⊕9:00~17:00(入場は~16:30) ⊛無休 ⊕550円

⬆本町通りから犬山城を望む

（北へ向かうと犬山城）

ここは訪れたい！

1 武家風住宅を一般公開
木之下城伝承館・堀部邸
きのしたじょうでんしょうかん・ほりべてい

犬山城主・成瀬家に仕える武士であった堀部家の旧宅。明治期の建物だが、武家屋敷の特徴が見られる。主屋や離れ座敷、土蔵などが国の登録有形文化財。
☎0568-90-3744 ⊕犬山市犬山南古券272 ⊕12:00~18:00 ⊛月・火曜(祝日の場合は翌日) ⊕無料

2 特徴的な江戸末期の町家
旧磯部家住宅
きゅういそべけじゅうたく

ゆるくふくらんだ「起り屋根」は、市内の町家で唯一の遺構。2階の正面のみ部屋がある「バンコ二階」も特徴。
☎0568-65-3444 ⊕犬山市犬山東古券72 ⊕9:00~17:00(入館は~16:30) ⊛無休 ⊕無料

3 造り酒屋が残した邸宅
高木家住宅
たかぎけじゅうたく

江戸時代から酒造業を営んでいた高木家の大正初期の主屋と茶室、蔵が残る。国の登録有形文化財。
☎0568-44-0354 (犬山市歴史まちづくり課) ⊕犬山市犬山東古券74 ⊕⊛⊕内部非公開

本町通りにはかつて商家が軒を連ね、通りの横町には酒造業者や職人が暮らしていた

ほかにも魅力ある街並み

寺内町
じないちょう

江戸時代の城下町の整備で、一帯に寺院が集められた。城下町の東の外れに位置し、江戸期の防衛の要所とされていた。室町後期から江戸初期創建の本龍寺、西蓮寺、圓明寺、浄誓寺の真宗4カ寺などが建つ。

↑圓明寺は樹齢推定300年のしだれ桜が有名

⑥ 信長の弟が建てた国宝の茶室がたたずむ

日本庭園 有楽苑
にほんていえん うらくえん

織田信長の弟で大茶匠・織田有楽斎が建てた国宝茶室「如庵」、重要文化財「旧正伝院書院」が移築された日本庭園。
☎0568-61-4608 所犬山市犬山御門先1 時9:30～17:00(最終入苑16:30) 休水曜 料1200円

写真提供：名古屋鉄道株式会社

④ 明治・大正期の豪商屋敷

米清旧邸
こめきよきゅうてい

江戸末期から大正まで活躍した犬山商人の邸宅。主屋は明治中期、黒漆喰壁の土蔵は大正前期に建造された。
☎0568-44-0354 (犬山市歴史まちづくり課) 所犬山市犬山東古券684 時休料内部非公開

⑤ 城下町のジオラマは必見

城とまちミュージアム
しろとまちミュージアム

江戸時代の城下町の巨大ジオラマなど、犬山の歴史や文化を展示で紹介する。
☎0568-62-4802 所犬山市犬山北古券8 時9:00～17:00(入館は～16:30) 休無休 料300円(隣接するIMASEN犬山からくりミュージアムと共通)

本町通りにある「高札場問屋場火の見櫓跡」。江戸時代には、問屋場の屋根の上に火の見櫓が設けられていた

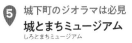

犬山MAP

城下町

西尾
にしお

愛知県西尾市

大給松平家6万石の城下町
市街地に残る江戸期の街並み

　三河湾に面した矢作川下流域の町で、江戸時代に西尾藩6万石の城下町として大きく発展。城下には武家と町人、農民が混在して暮らし、通りに豪商屋敷が立ち並んだという。旧城下町は市街地化されたが、肴町や順海町など随所に町家建築が並んで城下町の面影を残す。鎌倉中期創建の西尾城の一部が復元されている。

ACCESS & INFORMATION

名鉄西尾線・西尾駅下車。

西尾観光案内所 ☎0563-57-7840

肴町と順海町周辺の路地に残された風流な街並み。表通りには城下町の名残の町家が並ぶ

↑復元された西尾城本丸丑寅櫓。一帯は西尾市歴史公園となっている

↑昭和初期に築かれた京風公園の尚古荘。西尾城の遺構が生かされている

城下町

岡崎
おかざき

愛知県岡崎市

将軍家康を生んだ城下町に
八丁味噌の伝統が息づく

　徳川家康の生誕地、岡崎城5万石の城下町。豊臣秀吉の家臣・田中吉政が城下町の基礎を築き、譜代大名が歴代藩主を務めた江戸時代に東海道の宿場町、矢作川の舟運を利用した商業地として繁栄した。戦災で往時の街並みはほぼ失われたが、名物・八丁味噌の老舗蔵が連なる路地に、この町ならではの歴史情緒が漂う。

ACCESS & INFORMATION

名鉄名古屋本線・東岡崎駅下車。

岡崎市観光協会 ☎0564-64-1637

八丁蔵通り。南北朝期と江戸初期創業の2軒の八丁味噌の蔵元が今も味噌を作り続ける

↑徳川家康が生まれた岡崎城。天守が復興され、城跡は公園に整備されている

↑乙川に架かる殿橋は江戸初期の創建。現存の石橋は昭和2年(1927)の再建

城下町

伊賀上野
いがうえの

三重県伊賀市

伊賀忍者のふるさとに
築城の名手が築いた城下町

　三重県北西部、四方を山に囲まれた伊賀上野は伊賀忍者発祥の地で、俳人・松尾芭蕉の故郷でもある。江戸時代に伊賀の領主となった徳川家康の重臣・藤堂高虎が伊賀上野城を大改修し、碁盤目状の城下町を整備して現在の町の基礎を築いた。本町通りから三之町通りまでの一帯がかつての町人地で、その南の忍町には忍者の組屋敷が集まっていた。格子造りの商家や武家屋敷が一帯に点在している。

☐ ACCESS & INFORMATION

伊賀鉄道伊賀線・上野市駅下車。

伊賀上野観光協会 ☎0595-26-7788

町人地があった本町通り。特に西側の地区に伝統的な町家が多い

伊賀上野 MAP

422
平井神社 ⊥
俳聖殿
伊賀上野城
伊賀伝統伝承館
芭蕉翁記念館　伊賀くみひも 組匹の里
史跡
旧崇広堂 ❶
白鳳門
西大手駅　163
伊賀鉄道　上野市駅　広小路駅
伊賀線　56
本町通り
中之二之町通り
菊岡如幻翁　立　三　銀　寺
旧宅跡　三之町通り 座　町
卍　通　通
大仙寺　り　り
寺村家住宅 ❷　入交家住宅 ❸
赤井家住宅 ❹

0　300m

白壁が映える

赤門の愛称がある江戸時代の藩校の史跡 旧崇広堂。城内の面影が残る江戸後期の建築

❶ 江戸後期に建設された藩校跡
史跡 旧崇広堂
しせききゅうすうこうどう

藤堂藩の藩校・有造館の支校として文政4年(1821)に建てられた。伊賀、大和、山城の領地に暮らす藩士の子弟が学んでいた。創建時の講堂が残り、内部を見学することができる。
☎0595-24-6090 ㊟伊賀市上野丸之内78-1 ㊢9:00〜16:30 ㊡火曜(祝日の場合は開館) ㊫300円

❷ 城下で最古の豪商住宅
寺村家住宅
てらむらけじゅうたく

両替商・森川六右衛門の旧宅。江戸後期の建造で、城下で最古の町家とされている。明治36年(1903)に、骨董商を営んでいた寺村家の所有となった。主屋とそれに続く土蔵が国の登録有形文化財。
☎0595-21-3473(寺村清雅堂) ㊟伊賀市上野福居町3337-1

❸ 茅葺き屋根の武家屋敷
入交家住宅
いりまじりけじゅうたく

長屋門を構えた武家屋敷。門、主屋など、江戸時代の上野城下の武家屋敷のたたずまいがよく残っている。
☎0595-26-0313 ㊟伊賀市上野相生町2828 ㊢9:00〜16:30 ㊡火曜(祝日の場合は開館) ㊫300円

❹ 江戸時代の長屋門が現存
赤井家住宅
あかいけじゅうたく

長屋門は江戸後期の建築。明治建築の主屋に武家屋敷の間取りを残している。
☎0595-51-7578 ㊟伊賀市上野忍町2491-1 ㊢9:00〜17:00 ㊡水曜 ㊫無料

高さ30mの高石垣が守る藤堂高虎の築いた名城

伊賀上野城
いがうえのじょう

天正13年(1585)築城の筒井定次の城を慶長16年(1611)に藤堂高虎が改修。天守閣は完成直前に倒壊したが、昭和10年(1935)に木造3層で復興された。
☎0595-21-3148(伊賀文化産業協会) ㊟伊賀市上野丸之内106 ㊢9:00〜17:00(入館は〜16:45) ㊡無休 ㊫600円

⊿石垣の高さは日本屈指

松阪
まつさか

三重県松阪市

「豪商の町」に足跡を残す
豪商の旧宅と武家長屋

16世紀末に蒲生氏郷が築いた松坂城跡が市街地の丘陵に残る。蒲生氏は城下町も整備し、楽市楽座などの商業振興策を行って商都・松阪の基礎を築いた。江戸時代には有力商人の活躍する豪商の町、伊勢街道の宿場町として繁栄を極める。旧町人地の本町や魚町界隈に、豪商の旧宅が残されている。三の丸跡には城の警護役の藩士20人が家族と暮らした御城番屋敷が現存し、子孫が今も暮らしている。

🔲 ACCESS & INFORMATION

JR紀勢本線・名松線／近鉄山田線・松阪駅下車。

松阪市観光協会 ☎0598-23-7771

蒲生氏が3年で築城
壮大な石垣が残る

松坂城跡
まつさかじょうあと

豊臣秀吉から南伊勢を拝領した蒲生氏郷が天正16年(1588)に築城した平山城。江戸前期には松坂藩が紀州藩に組み込まれ、城主不在の城となる。現存する建物はないが、豪壮な石垣などが残る史跡公園となっている。
☎0598-23-7771(松阪市観光協会) 所三重県松阪市殿町 開休料見学自由

⬆石垣は築城時と江戸期で積み方が異なる

槙垣に囲まれて通りの両側に連なる武家長屋の御城番屋敷。今も暮らしが営まれる

御城番屋敷

御城番屋敷の1戸が公開されており、内部を見学することができる

ここは訪れたい!

❶ 現代に受け継がれる武家長屋
御城番屋敷
ごじょうばんやしき

松坂城を警護する藩士20人が家族とともに暮らした武家長屋で、文久3年(1863)の建造。城の裏門跡と搦手門跡を結ぶ石畳の両側に建ち、主屋19戸が残る。子孫が暮らし、1戸のみ公開されている。
☎0598-26-5174(御城番屋敷) 所松阪市殿町1385 開10:00〜16:00 休月曜(祝日の場合は翌日) 料無料

御城番屋敷は約1haの広さで、主屋のほかに土蔵や南龍神社が建ち、耕作地や前庭もある

❷ 実業家が生まれた武家屋敷
原田二郎旧宅
はらだじろうきゅうたく

殿町に残る江戸末期の武家屋敷。明治から大正期に活躍した実業家・原田二郎の生家で、一般公開されている。
☎0598-23-1656 所松阪市殿町1290 開9:00〜17:00(入館は〜16:30) 休水曜(祝日の場合は翌平日) 料100円

※原田二郎旧宅、旧長谷川治郎兵衛家、旧小津清左衛門家の3館は共通券570円

常足庵卍
旧小津清左衛門家④
本居宣長旧宅跡地⑤
阪内川
旧長谷川治郎兵衛家③
豪商のまち
松阪
観光交流
センター
松阪市民病院田
松阪市役所◎
殿町
松坂城大手門跡
大手通
松坂城跡
本居宣長旧宅
松阪市郷土資料室
本居宣長
記念館
御城番屋敷土蔵
原田二郎旧宅②
御城番屋敷
松坂城堀跡
松阪神社
赤壁校舎
0　　150m

N

---

③ 江戸で活躍した木綿問屋の大邸宅
旧長谷川治郎兵衛家
きゅうはせがわじろべえけ

松阪木綿を商い、江戸へいち早く進出した松阪屈指の豪商の本宅。30以上の部屋がある主屋と蔵は、17世紀後期から20世紀初頭に順次建造された。日本庭園や茶室もある。
☎0598-21-8600 所松阪市魚町1653 時9:00〜17:00(入館は〜16:30) 休水曜(祝日の場合は翌平日) 料400円

④ 江戸でいちばんの紙問屋として知られた
旧小津清左衛門家
きゅうおづせいざえもんけ

三井家、長谷川家と並ぶ大豪商の邸宅。主屋の中枢部は江戸中期の建造で、ほぼ明治期以前の姿に復原された。町家造りの主屋や向座敷、蔵などが現存。
☎0598-21-4331 所松阪市本町2195 時9:00〜17:00(入館は〜16:30) 休水曜(祝日の場合は翌平日) 料200円

⑤ 宣長が長年暮らした家
本居宣長宅跡
もとおりのりながたくあと

国学者の本居宣長が寛保元年(1741)に12歳で移り住み、没するまでを過ごした町家跡。家は魚町にあったが、明治後期に松坂城跡内へ移転、庭も復旧された。
所松阪市魚町1645
⊙魚町にある宅跡

↑松坂城跡内に移築されている本居宣長旧宅の建物 ☎0598-21-0312 所松阪市殿町・松阪公園内 時9:00〜16:30 休月曜(祝日の場合は翌平日) 料400円

ほかにも魅力ある街並み

射和・中万
いざわ・ちゅうま

松阪市南郊外の射和・中万地区は、伊勢商人発祥の地といわれている。室町時代より、付近で採れる丹砂(水銀鉱石)で「伊勢おしろい」を生産した。財を成した人々が松阪商人に先駆けて江戸へ進出し、さまざまな商売を手がけて成功を収めている。往時を偲ぶ豪商の邸宅が点在。
⊗JR紀勢本線／近鉄山田線・松阪駅から、三重交通大石行きバスで19分、射和バス停下車

↑中万の竹口家住宅。「ちくま味噌」で知られる豪商で、屋敷門などに往時の面影を残している

↑射和の國分家住宅。江戸日本橋で商売を立ち上げ、現在は酒類・食品卸売業である国分グループ創業家

↑竹川竹斎邸。日本初の私設図書館とされる「射和文庫」を創設している

157

寺町

谷中
やなか

東京都台東区

緑の境内が都心の寺町
路地裏を巡り下町情緒を楽しむ

　寛永2年(1625)に寛永寺が上野に創建され、近隣の谷中には多くの子院が建立された。江戸の都市整備などでその後も寺院の移転が続き、谷中は大規模な寺町となる。墓参を兼ねた行楽客がしだいに増え、賑やかな門前町に発展した。一帯は震災や戦災をほぼ免れ、今も70を超す寺院が並んで閑静なたたずまいを見せる。周辺の住宅地には細い路地や坂道が走り、昔ながらの下町の風情が感じられる。

☐ ACCESS

JR山手線／京成本線・日暮里駅下車。

桜並木が有名な谷中霊園はかつての天王寺の境内。徳川慶喜が眠る

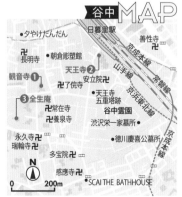

谷中MAP

観音寺の築地塀

観音寺境内の南面に続く築地塀は江戸時代の築造。土塀に葺かれた屋根瓦が風情を誘う

❶ 忠臣蔵ファンに人気
観音寺
かんのんじ

慶長16年(1611)創建の真言宗寺院。江戸前期に行われた区画整理で神田から移転した。赤穂四十七士の供養塔がある。
📞03-3821-4053 所台東区谷中5-8-28 時8:00〜16:00 休料境内自由

❷ 谷中七福神のひとつ
天王寺
てんのうじ

鎌倉時代創建で、江戸時代に天台宗寺院となった。本堂は戊辰戦争で焼失。谷中七福神の毘沙門天を祀る。
📞03-3821-4474 所台東区谷中7-14-8 時休料境内自由

❸ 山岡鉄舟が眠る寺院
全生庵
ぜんしょうあん

幕末・明治維新期の殉死者を弔うため、山岡鉄舟が明治16年(1883)に建立した寺院。鉄舟の墓所がある。
📞03-3821-4715 所台東区谷中5-4-7 時9:00〜17:00 休料境内自由

門前町

浅草
あさくさ
東京都台東区

都内最古の寺・浅草寺の門前町
仲見世で江戸情緒を味わう

　浅草寺は628年創建と伝わる古刹だが、浅草が門前町として発展したのは江戸時代以降のこと。浅草寺境内の掃除を任されていた人々が境内や参道での出店営業の許可を与えられて、江戸前期に仲見世が誕生した。今ではみやげ物店が軒を連ね、浅草一の賑わいをみせる。周辺にも江戸の下町情緒あふれる通りが数多い。

◻ ACCESS

東京メトロ銀座線／都営浅草線／東武スカイツリーライン・浅草駅下車。

浅草寺参道の仲見世通り。約250mの通りに伝統工芸品店や和菓子店など約90店舗が並ぶ

⬆江戸の街並みをイメージした伝法院通り。グルメ店やみやげ物店が多い

⬆花やしき通りの近くには、日本最古の遊園地・浅草花やしきがある

門前町

柴又
しばまた
東京都葛飾区

寅さんがふらりと帰ってくる
郷愁を誘う帝釈天の商店町

　映画『男はつらいよ』の寅さんの故郷として一躍有名になった。寛永6年(1629)帝釈天(経栄山題経寺)が創建され、農村地の柴又に門前町が形成された。明治・大正期の鉄道の発達で参詣客が増え、今では寅さんファンも多く訪れる。参道の商店街に草団子やせんべいなどの老舗が軒を連ね、大正から昭和期の街並みを残す。

◻ ACCESS & INFORMATION

京成金町線・柴又駅下車。

葛飾区観光協会 ☎03-3650-9876

柴又帝釈天参道には江戸時代の建物も残る。庇の下での対面販売に懐かしさが漂う

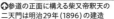

⬆参道の正面に構える柴又帝釈天の二天門は明治29年(1896)の建造

⬆帝釈天のほど近くにある邸宅・山本亭。大正ロマン漂う和洋折衷建築

寺内町

一身田
いしんでん

三重県津市

真宗寺院の大伽藍とともに
歴史を歩んできた寺内町

　三重県津市北部に位置し、真宗高田派専修寺の寺内町として発展した。寺内町とは、室町・戦国期に浄土真宗などの寺院を中心に生まれた自治集落だ。一身田の専修寺は室町期創建で、のち真宗高田派の本山とされた。集落は方形で周囲を防衛用の濠が囲み、専修寺の広大な境内と支院群、寺侍や寺人の家屋が立ち並んだ。集落を囲む濠が現存し、専修寺の大伽藍や点在する伝統家屋が町の歴史を伝える。

□ ACCESS & INFORMATION

JR紀勢本線・一身田駅下車。

一身田寺内町の館 ☎059-233-6666

観光拠点の一身田寺内町の館。寺内町の歴史を紹介する展示室がある

一身田 MAP

亀山駅
高田中・高
茶室 安楽庵
55
一身田駅
如来堂
旧伊勢別街道
佛足石
❶専修寺
御影堂
宝物館
山門
専修寺 食堂
智慧光院
専修寺茶所 蓮心庵
玉保院
下津家住宅長屋門 ❷
一身田寺内町の館
一心龍王大権現
黒門跡
百五銀行 一身田支店
津駅
紀勢本線

N
0　200m

専修寺の山門に続く通り

専修寺の山門前の大通りには、玉保院、智慧光院などの大規模な末寺が並んで閑静な町並みをつくる

❶ 国宝の壮麗な伽藍が立ち並ぶ
専修寺
せんじゅじ

寛政5年(1464)に創建された真宗高田派の寺院。東海北陸地方の布教活動の中心とされ、のちに全国600以上の末寺を有する高田派の本山となった。中心堂宇の壮大な御影堂と如来堂は華麗な装飾で彩られ、いずれも国宝に指定されている。
☎059-232-4171 ⓐ津市一身田町2819 ⓣ6:00〜18:00(御影堂・如来堂は〜15:30) ⓗ無休 ⓔ無料

如来堂には国の重要文化財、快慶作の阿弥陀如来立像を祀る

畳780枚が敷かれた御影堂。全国の国宝木造建築で5番目の大きさ

❷ 江戸期の寺侍屋敷の遺構
下津家住宅長屋門
しもづけじゅうたくながやもん

専修寺の警護を務めた寺侍の邸宅の長屋門で江戸末期の建造。のちに江戸期から醤油味噌醸造業を営む下津家が所有した。
☎059-229-3251(津市生涯学習課) ⓐ津市一身田町749 ⓣⓗⓔ内部非公開

専修寺の山門前にある江戸時代建造の釘貫代と石橋。寺領と町家を隔てる役割を持った

農村 & 山村

山村集落

花沢の里
はなざわのさと

静岡県焼津市
重要伝統的建造物群保存地区

古道に板張り民家が連なる
みかん栽培が盛んな谷間の里

　焼津市北部の谷間に30軒ほどが暮らす山村集落。奈良時代の東海道といわれる「やきつべの小径」が集落を通り、その街道に沿って板張りの建物が並ぶ。家屋は傾斜地に石垣を組んで建てられており、街道からは建物と石垣が連続する景観が河川など周囲の自然環境に溶け込み、独特の歴史的な趣を醸し出している。

ACCESS & INFORMATION

JR東海道線・焼津駅から、焼津循環線ゆりかもめバスで12分、高草山石脇入口バス停下車。花沢集落入口まで徒歩30分。

焼津市歴史民俗資料館 ☎054-629-6847

花沢の伝統的な建物が見学できる「花沢地区ビジターセンター」

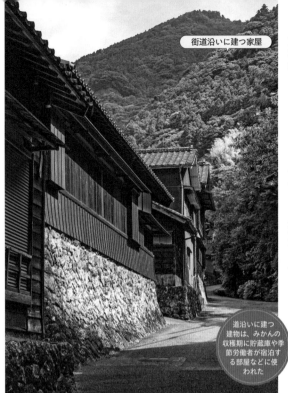

街道沿いに建つ家屋

道沿いに建つ建物は、みかんの収穫期に貯蔵庫や季節労働者が宿泊する部屋などに使われた

街道から花沢川へ下りる石段の「ダンダン」。野菜の洗い場などに使われている

↑花沢の里の入口に立つ常夜灯

↑川岸に建つ水車小屋は見学も可能

花沢の里 MAP

N
0　　300m

満観峰への登山口
卍法華寺
花沢の里
花沢地区ビジターセンター 🅸
オシャモッツァン
吉津神明宮 ⛩
鳴沢の滝
焼津駅　花沢城跡

焼津市花沢重要伝統的建造物群保存地区

150

山村ハイク

富士山と駿河湾を一望できる散策コース

　花沢の里は、満観峰への登山口でもある。標高470mの山頂からは、富士山や南アルプス、伊豆半島、駿河湾などが一望できる。家族連れや初心者にもおすすめ。

満観峰
まんかんほう
🚶花沢の里から徒歩1時間10分

↑富士山や静岡市街地が見渡せる

雁木造りの街並み
がんぎづくりのまちなみ

豪雪の日も歩行者の足元を守る雁木は、雪国の知恵から生まれた風情ある公共の生活道。

　雁木とは、家屋から張り出させた長い庇のことで、その下に通路を設けて積雪時の生活道路とした。道路に面した家々が私有地を提供し合って歩道を整備し、それぞれの家から延びる雁木が屋根となって歩道の積雪を防いだ。豪雪地帯特有の建築物で、東北では「コミセ」、山陰では「カリヤ」などと呼ばれている。雁木は近世頃に生まれて現在では減少したが、東北や信越、山陰地方に趣ある雁木通りが残されており、雪だけでなく、雨や日差しからも歩行者を守っている。

◉新潟県魚沼市の旧宿場町・塩沢宿。牧之通りに宿場時代の街並みを再生し、雪国を象徴する雁木も復元した

「武者返し」の雁木通りがある
栃尾雁木通り
とちおがんぎどおり

新潟県長岡市　MAP P.165

栃尾大町には、城下町の名残であるクランク状の通りに沿って折れ曲がる雁木通りが残されている。下は滝の下町、右は栃尾表町の雁木。

☎0258-51-1195(栃尾観光協会)

日本一の長さを誇る雁木通り
雁木通り
がんぎどおり

新潟県上越市　MAP P.165

上越市の市街地一帯で見られ、現存する雁木通りの総延長は約12kmで日本一の長さ。市文化財の旧今井染物屋は見学無料。

☎025-520-5629(上越市文化振興課)

江戸情緒が漂う通り
中町こみせ通り➡P.38
なかまちこみせどおり

青森県黒石市　MAP P.23/P.38

江戸時代に黒石の領主が通りの商家にコミセ(雁木)を造らせた。中町周辺に、コミセを設けた伝統的な町家造りの建物が連なり、江戸時代の面影を残す。

☎0172-52-3488(黒石観光協会)

仏壇の町に雁木を復元
愛宕町雁木通り
（仏壇通り）
あたごまちがんぎどおり（ぶつだんどおり）

長野県飯山市　MAP P.73

伝統産業の仏壇の店が軒を連ねる別名「仏壇通り」に約300mの雁木が再生された。沿道に花をあしらった美しい通り。

☎0269-62-7000
(信越自然郷 飯山駅観光案内所)

北陸道

越後・佐渡・越中・加賀・能登・越前・若狭

新潟・富山・石川・福井

佐渡
能登　越後
加賀　越中
越前
若狭

北前船航路の賑わいと加賀百万石の華やぎ

旧国名では、越後、佐渡、越中、能登、加賀、越前、若狭。五畿七道のひとつで、幹線として「北陸道」がエリアを貫くが、江戸時代に整備された北前船の航路が経済動脈となっただけでなく、各地の文化をも運ぶ交通路となった。佐渡の宿根木、能登の黒島地区、加賀橋立は、北前船の寄港地となった船主集落。三国湊も北前船で栄えた町のひとつだ。

江戸時代の越後は、新発田、村上、長岡、高田などの藩に分けられ、城下町らしい風情を感じさせる街並みも一部に残っている。藩政時代といえば、北陸の雄藩・加賀藩の城下町・金沢に栄華は極まる。

長町の武家屋敷群、ひがし茶屋街、主計町茶屋街、にし茶屋街などの茶屋町に、卯辰山麓、寺町台の寺町など、加賀百万石の歴史と文化が感じられる町として多くの人を惹きつける。加賀前田家の前田利長が開いた高岡は、鋳物や漆器など商工業が発展、山町筋、金屋町などに伝統的建造物が立ち並ぶ。

宿場町では、若狭街道(鯖街道)の熊川宿や近江へ向かう北陸道の今庄宿などが、往時の面影をよく残している。山あいの地域では、五箇山、加賀東谷、白峰などが、重要伝統的建造物群保存地区に選定されており、かつての暮らしの様子を伝えている。

◎若狭街道(鯖街道)の宿場町、熊川宿

◎職人町として栄えた高岡の金屋町

P.188 黒島地区

能登

氣多大社

P.14 ひがし茶屋街
P.17 主計町茶屋街
P.18 にし茶屋街
P.166 長町
P.184 卯辰山麓
P.184 寺町台

富山

津幡

高岡 P.172

富山

砺波平野の
P.248 散居村

金沢

P.178 越中八尾

松任

P.185 井波

城端

片原 P.186

粟生

金沢湯涌江戸村 P.356

寺井

五箇山 P.190

小松

石川県

西泰尾

P.188 加賀橋立

加賀

白川郷

大聖寺

加賀東谷 P.193

岐阜県

P.189 三国湊

金津

白峰 P.192

白川街道

稲多

北陸道

舟橋

永平寺

飛

福井

福井県

平泉寺白山神社

越前大野 P.171

P.302 一乗谷朝倉氏遺跡

上鯖江

越前

美濃街道

日本海

武生

河野

丹後

若狭湾

P.179 今庄宿

美濃

板取宿 P.348

若狭街道
鯖街道

木ノ芽峠 栃ノ木峠

P.175 小浜西組
P.19 三丁町

敦賀

疋田

P.180

但馬

兵庫県

京都府

小浜

熊川宿

木之本宿

若狭

水坂峠

琵琶湖

北陸道

山形県

羽前

佐渡

新潟県

相川金山

日本海

新潟県

佐渡海峡

出羽街道

鼠ヶ関

小俣

粟島

中村

塩野町

猿沢

P.170 村上

P.176 越後下関

越後米沢街道

米沢

P.20 古町花街

新潟

新発田

飯豊山

宿根木 P.187

佐渡

会津街道

赤谷
網木
新谷

寺泊

越後

津川

会津若松

福島県

P.177 出雲崎

栃尾雁木通り P.162

長岡

岩代

柏崎

六日市

小千谷

川口

堀之内

北陸道

新潟県

浦佐

五日町

六日町

三国街道

P.162

雁木通り

高田

荻ノ島
P.193

塩沢

関

巻機山

P.162

新井

二本木

北国街道

関山

田切

湯沢

三俣

燧ヶ岳

下野

栃木県

糸魚川

親不知

千国街道

妙高山

上野

群馬県

善の散居集落
248

境関

関川関所

谷川岳

二居

三国峠

白馬岳

中

信濃

長野県

立山

山県

❤金沢のひがし茶屋街。あでやかな風情を感じることができる(➡P.14)

城下町・武家町

長町
ながまち

石川県金沢市

タイムスリップしたかのよう
屋敷と土塀が続く武家屋敷跡

　風格ある長屋門や土塀をめぐらせた、城下町らしい風情が漂う長町エリア。加賀藩時代、重臣の長氏が住んでいたことから長町と名付けられ、当時、中級武士が屋敷を構えていた。今は住宅地だが、百万石文化の粋を集めた町筋は藩政時代を彷彿させ、袋小路や入り組んだ曲り角など、敵の襲撃に備えた防御策も講じている。市内を貫く犀川から水を引き入れた大野庄用水に沿う土塀も美しい。

戸室石を土台にした土塀が続く武家屋敷跡。金沢市指定の伝統環境保存区域および景観地区

ACCESS & INFORMATION

JR北陸本線・金沢駅から、北陸鉄道バスで10分、香林坊バス停下車。

金沢市観光協会 ☎076-232-5555

堂々と建つ石川門は
金沢のシンボル的存在

金沢城公園
かなざわじょうこうえん

金沢城は天正11年(1583)に加賀藩祖の前田利家が入城し、本格的な城造りが始まったとされる。度重なる火災により建物のほとんどを焼失しているが、復元が進められ往時の姿を取り戻しつつある。
☎076-234-3800(石川県金沢城・兼六園管理事務所) 所金沢市丸の内1-1 時7:00〜18:00(10月16日〜2月末日8:00〜17:00)、菱櫓・五十間長屋・橋爪門続櫓・橋爪門9:00〜16:30(入館は〜16:00) 休無休 料無料(菱櫓・五十間長屋・橋爪門続櫓・橋爪門は共通で320円)

⬇天明8年(1788)に再建された石川門。金沢城の搦手門(裏門)の役割を果たしていた

---

① 加賀藩の重臣の名家
武家屋敷跡 野村家
ぶけやしきあとのむらけ

各奉行職などを歴任した野村家の屋敷。現在の建物は昭和初期に北前船の豪商の家屋の一部を移築。用水を巧みに取り入れた庭の曲水は藩政時代の野村家のもので見応えあり。
☎076-221-3553 所金沢市長町1-3-32 時8:30〜17:30(10〜3月は〜16:30) 入館は各30分前まで 休1月1・2日、12月26・27日 料550円

大野庄用水を引いた曲水や落水が奥行きを醸す庭園。屋敷の建物と調和した造り

② 中級武士の屋敷跡
旧加賀藩士高田家跡
きゅうかがはんしたかだけあと

中級武士以上に許可された長屋門を構えた屋敷と、用水を引き入れた池泉回遊式庭園を修復。厩や奉公人部屋もある。
☎076-263-3640(金沢市足軽資料館) 所金沢市長町2-6-1 時9:30〜17:00 休無休 料無料

石畳の道に土塀が続く

土塀に沿って流れる大野庄用水。人々の暮らしに必要な生活用水だ

建築&土木COLLECTION

こも掛け

長町の冬を象徴する「こも掛け」。土塀を雪の水分から守るためのもの。

ごっぽ石

屋敷の角に据えられた「ごっぽ石」。下駄の歯に詰まった雪を落とすためのもの。

観光ボランティアガイド「まいどさん」が常駐する休憩所「長町武家屋敷休憩館」。希望すれば周辺の案内を無料でしてくれる

---

③ 下級武士の住まい跡
金沢市足軽資料館
かなざわしあしがるしりょうかん

藩政時代の足軽の居住地区から2軒を移築。門や土塀はなく生垣で囲まれた家は石を載せた屋根で、内部には家財道具などを展示。往時の暮らしを詳しく解説している。

📞076-263-3640 所金沢市長町1-9-3 営9：30～17：00 休無休 料無料

④ 加賀藩重臣の資料展示
前田土佐守家資料館
まえだとさのかみけしりょうかん

📞076-233-1561 所金沢市片町2-10-17 営9：30～17：00（入館は～16：30）休月曜（祝日の場合は翌平日）料310円

前田土佐守家は加賀藩祖・前田利家の次男、利政を祖とする家柄で加賀藩を支えた重臣。館内では土佐守家に伝わる古文書や書画、武具、調度品などの歴史資料を展示している。

長町MAP

安政年間（1855〜60）
金沢城下絵図（部分）

石川県立歴史博物館蔵

ひがし茶屋街

浅野川

村上
むらかみ

新潟県村上市

山頂の城跡を囲むように
広がる武家町、町人町、寺町

戦国時代や江戸時代に数々の城主を迎え入れた村上城。城下には旧武家町、旧町人町、寺町が残り、歴史を今に伝えている。石垣のみとなった村上城跡を囲むように武家町が広がり、重要文化財の若林家住宅やまいづる公園の移築復元住宅などで藩政期の中級武士の生活がうかがえる。地元で「お城山」と親しまれる村上城址は、標高135mの臥牛山山頂にあり、天守台まで散策が楽しめる。

☐ ACCESS & INFORMATION

JR羽越本線・村上駅下車、徒歩30分。

村上市観光協会 ☎0254-53-2258

町屋通りの町屋群は村上大工の職人技による建物。見学できる町屋も多い

村上 MAP

村上歴史文化館
安善寺 卍
安善寺
安善小路
おしゃぎり会館
(村上市郷土資料館)
まいづる公園 ❸
❶若林家住宅
❷旧成田家住宅
越後 Ⓢ
岩船家
Ⓢ六斎市(村上朝市)
村上市役所
村上城主居館跡
町屋通り
卍 村上駅
藤基神社
秋葉神社
卍 行恩寺　光徳寺 卍　村上城跡
N
0　　　　200m

黒塀が続く小路

寺町へと抜ける情緒ある黒塀の通り。近くの安善寺に由来し、安善小路と呼ばれている

❶ 中級武家住宅の特色を伝える
若林家住宅
わかばやしけじゅうたく

村上藩で物頭役を務めた若林氏の住宅。曲屋造りの茅葺き平屋建てが典型的な中級武家住宅の様式を伝えている。
☎0254-52-7840 ⌂村上市三之町7-13 ⏰9:00〜16:30 休無休 料500円

❷ 妻入り形式が特徴的
旧成田家住宅
きゅうなりたけじゅうたく

幕末から明治にかけて建てられた中級武士の住宅を、平成8年(1996)に復元。妻側に玄関を持つ妻入り形式の住宅として貴重。外観のみ見学可。
☎0254-52-1347(おしゃぎり会館) ⌂村上市新町3-23 ⏰9:00〜16:30、12〜2月10:00〜15:00 休火曜 料無料

❸ 村上藩士の往時の生活を偲ぶ
まいづる公園
まいづるこうえん

現天皇・皇后の御成婚を記念して造られた公園。雅子皇后にゆかりが深い旧嵩岡家住宅ほか、武家屋敷3棟が移築されている。
☎0254-52-1347(おしゃぎり会館) ⌂村上市庄内町・堀片 ⏰9:00〜16:30、12〜2月10:00〜15:00 休火曜 料無料

▲現存する直屋形式で最大規模の旧藤井家住宅

→長屋形式の住宅を一戸建てに大改造した旧岩間家住宅

城下を見下ろす山頂に残る貴重な遺構

村上城跡
むらかみじょうせき

16世紀前期の築城とされる村上城跡。戦国時代の竪堀・虎口、江戸時代の石垣の遺構が残る。国指定史跡。
☎0254-52-2003(村上城跡保存育英会) ⌂村上市二之町 ⏰休料見学自由

城下町

越前大野
えちぜんおおの

福井県大野市

白壁の土塀や石畳の道、風情ある碁盤の目の城下町を散策

戦国時代に、金森長近が築いた越前大野城の麓に広がる城下町で、400年以上の歴史を持つ。碁盤の目のように町が築かれ、土蔵や格子の街並みなど、往時の面影が残るたたずまいを見せる。町の外郭を固めるため東側には寺院を集めた寺町通りがあり、宗派が異なる16の寺が連なる。一方、城下の中心にある最も賑やかな七間通りは石畳の道で、風情ある街並みが現存している。

◻ ACCESS & INFORMATION

JR越美北線・越前大野駅下車。

大野市観光交流課 ☎0779-66-1111

春分の日から大晦日に朝市が立つ七間通り。野菜や花などが並ぶ

越前大野 MAP

- 亀山観世菩薩
- 亀山公園
- 越前大野城
- 学びの里めいりん
- 有終西小
- 柳廼社
- 百間堀
- 新堀清水
- 石灯籠会館
- 一番通り
- 二番通り
- 寺町通り
- 宇野酒造場
- 八間通り
- 武家屋敷旧田村家 ②
- 武家屋敷旧内山家 ①
- 七間朝市
- 七間通り
- 越前大野駅
- 大野市洋学館跡の碑
- 大野市民俗資料館
- 六間通り
- 三番六間
- まちの駅御清水
- 明源寺
- N
- 0 200m

町の東端の寺院群

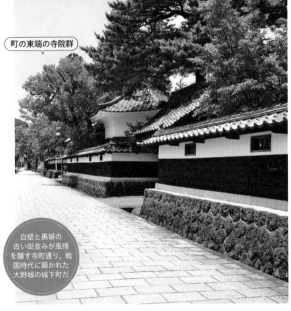
白壁と黒塀の古い街並みが風情を醸す寺町通り。戦国時代に築かれた大野城の城下町だ

① 幕末の名家老の邸宅
武家屋敷旧内山家
ぶけやしききゅううちやまけ

大野藩の再建に貢献した家老、内山家の屋敷を復元。明治期の母屋や大正期の書院などが並ぶ。見上げると越前大野城を望む庭園も。

☎0779-65-6122 ㊐大野市城町10-7 ㊖9:00〜16:00(日曜、祝日は〜17:00) ㊡無休 ㊅300円

② 大野藩家老の屋敷跡
武家屋敷旧田村家
ぶけやしききゅうたむらけ

大野藩の家老を務めた田村又左衛門の屋敷跡。文政10年(1827)建築の母屋が見どころ。新たに設置された風車が風情を添える(季節限定)。

☎0779-65-6212 ㊐大野市城町7-12 ㊖9:00〜16:00(日曜、祝日は〜17:00) ㊡無休 ㊅300円

雲上にぽっかり浮かぶ幻想的な「天空の城」

越前大野城
えちぜんおおのじょう

天正8年(1580)、標高約250mの山頂に織田信長の家臣・金森長近が4年をかけて築城。強固な石垣が見事。最近は天空の城として話題を集めている。

↑雲海に浮かぶ越前大野城

☎0779-66-1111(大野市観光交流課) ㊐大野市城町3-109 ㊖9:00(土・日曜、祝日6:00)〜17:00(10・11月は〜16:00) ㊡12〜3月 ㊅300円

商家町 & 在郷町

商家町・鋳物師町・在郷町

高岡
たかおか

富山県高岡市
重要伝統的建造物群保存地区

藩主の支援で発展を遂げた豪商と鋳物職人の町

加賀前田家2代当主・前田利長は、高岡城を築くとともに城下に町人を招いて商人町を配した。その後、3代当主・利常の支援により、商工業の町として発展。中心部の山町筋には米や綿などを取引する商人が集まり、金屋町は鋳物の職人町となった。豪商の土蔵造りの住宅や洋風建築など、往時の繁栄を伝える山町筋、作業場や土蔵など鋳物職人の暮らしを物語る金屋町はともに重要伝統的建造物群保存地区。

ACCESS & INFORMATION

JR城端線・氷見線／あいの風とやま鉄道・高岡駅下車。

高岡市観光協会 ☎0766-20-1547

 高岡MAP

6 旧南部鋳造所キュポラと煙突
7 高岡市鋳物資料館
卍法光寺
卍神妙寺
卍宗泉寺
高岡市金屋町重要伝統的
建造物群保存地区
得照寺卍 旧室崎家住宅 4
高岡鋳物発祥の地碑
卍榮木神社
専称寺卍 菅野家住宅 1
高岡御車山会館 3
専称寺卍 2 筏井家住宅
5 赤レンガの銀行 片原町
(旧富山銀行本店)
卍超願寺
教恩寺卍 末広町
妙円寺卍 卍浄土寺 關野神社
高岡市山町筋重要伝統的
建造物群保存地区
高岡やぶなみ駅
卍南町局
あいの風とやま鉄道 高岡駅
N 城端線
0 200m

ここは訪れたい！

1 山町筋を代表する重厚な町家
菅野家住宅
すがのけじゅうたく

明治35年(1902)、実業家が巨額を投じて建設した山町筋を代表する町家。黒漆喰塗の重厚な外観や華やかな内部意匠が特徴。高岡大火後だったため、防火構造になっている。国指定重要文化財。
☎0766-22-3078 ⑰高岡市木舟町36 ⑳9:30〜16:00 ㉕火曜、1・2月 ㈷300円

2 高岡大火の直後に再建
筏井家住宅
いかだいけじゅうたく

糸などの卸商を営んでいた商家。高岡大火に遭った直後に再建され、防火壁を取り入れた構造に。伝統的町家に洋風建築も取り入れている。
⑰高岡市木舟町17 ⑳㉕㈷内部非公開

山町筋
やまちょうすじ

北陸道沿いの山町10カ町で構成される山町筋。土蔵造りや真壁造りの町家、洋風建築の銀行など、明治中期から昭和初期の伝統的建物が立ち並ぶ。

山町筋の町並み

江戸期から明治期にかけて商業の中心地として栄えた名残がそこかしこに漂う町並み

③ 山町筋が華やぐ一大祭り
高岡御車山会館
たかおかみくるまやまかいかん

毎年5月1日に市内中心部で開催される高岡御車山祭。会館では、御車山の見学のほか、からくり人形やお囃子演奏の体験ができる。
所高岡市守山町47-1 開9:00〜17:00(入館は〜16:30) 休火曜(祝日の場合は翌平日) 料450円

毎年5月1日に開催される高岡御車山祭。ユネスコ無形文化遺産にも登録されている

④ 土蔵造りをとどめる町家
旧室崎家住宅
きゅうむろさきけじゅうたく

かつて綿糸や綿を扱っていた卸商の住宅。土蔵造りの特徴である「通り土間」が残る数少ない町家だ。
☎0766-20-1453(高岡市文化財保護活用課) 所高岡市小馬出町26 開休料内部非公開

⑤ 県内唯一の大正期の本格西洋建築
赤レンガの銀行（旧富山銀行本店）
あかレンガのぎんこう（きゅうとやまぎんこうほんてん）

大正3年(1914)、高岡共立銀行本店として建造。近代洋風建築で有名な辰野金吾が監修した県内唯一の本格西洋建築物。
所高岡市守山町22 開休料内部非公開

金屋町
かなやまち

加賀前田家2代当主・利長が領内から7名の鋳物師を招いたことに始まる金屋町。高岡鋳物発祥の地として知られ、往時の職人町のたたずまいを今も残している。

---

6 鋳物の歴史を物語る煙突
旧南部鋳造所キュポラと煙突
きゅうなんぶちゅうぞうしょキュポラとえんとつ

大正13年(1924)に建てられた製鉄炉およびレンガ造り煙突。煙突は高さ14.5m、幅1.78m角。高岡鋳物のシンボル的存在で、国登録有形文化財。
☎0766-20-1547(高岡市観光協会)　所高岡市金屋本町3-45
開休料見学自由

7 高岡鋳物の歩みを展示
高岡市鋳物資料館
たかおかしいものしりょうかん

地場産業として発展した高岡鋳物の400年の歴史を紹介。古文書や技術の発展を知る制作用具や製品を展示している。
☎0766-28-6088　所高岡市金屋町1-5　開9:00～16:30　休火曜(祝日の場合は翌日)　料300円

吉久
よしひさ

加賀藩の年貢米を納める「御蔵」があり、米の集積地として発展。明治期以降も米を扱う「米商」が集まり繁栄した。旧街道沿いには重厚な町家が50棟余立ち並ぶ。
交万葉線高岡軌道線・吉久駅下車。

吉久MAP

吉久駅
六渡寺新神明社
貨物線
西照寺
吉久簡易局
智徳寺
万葉線
吉久神明社
N
高岡市吉久重要伝統的建造物群保存地区
0　200m

幕末から昭和初期に建てられた商家兼農家風の町家が多く、特色ある雰囲気を醸し出す

商家町・寺町・茶屋町

小浜西組
おばまにしぐみ

福井県小浜市
重要伝統的建造物群保存地区

商人町の面影を色濃く残す
独特の町家様式が見どころ

江戸期に京極家が小浜城を築城した際、町づくりが進められ、小浜は東・中・西の3組の町人地に分けられた。現存する小浜西組の街並みは、明治4年(1871)の地籍図とほぼ同じ形態をとどめる。丹後街道沿いに商家町、山麓に寺町、西側には茶屋町の三丁町を形成。町家、離れ、土蔵、寺社、西洋建築と多彩な建物が往時の面影を伝えている。伝統の若狭瓦や防火壁など独特の建築様式にも注目したい。
三丁町➡P.19

⬚ ACCESS & INFORMATION

JR小浜線・小浜駅下車。

若狭おばま観光案内所 ☎0770-52-3844

丹後街道に面した八幡神社の一の鳥居。別名は「小浜八幡宮」

小浜西組MAP

丹後街道沿いの街並み

商家町には、釉薬をかけない土葺きの若狭瓦や防火壁となる袖壁を備えた町家が並ぶ

お市の方の次女の菩提寺
常高寺
じょうこうじ

寛永7年(1630)に創建。織田信長の妹・お市の方と浅井長政の次女・お初の方(常高院)の菩提寺で、お初の肖像画や墓所などが残る。
☎0770-53-2327 ㊟小浜市小浜浅間1 ⏰9:00～16:00 ㊡1月1～4日、8月6～17日、9月27日 ㊎400円

建築&土木COLLECTION

ガッタリ
町家の外に備えられた折りたたみ式の縁台。京町家がルーツといわれている。

かつて茶屋町だった三丁町には、今もしっとりとした風情が漂う

宿場町

越後下関
えちごしもせき

新潟県関川村

米沢街道沿いに豪農・豪商の堂々たる邸宅が立ち並ぶ

新潟県関川村は、かつて交通の要衝として栄えた場所。村を流れる荒川を利用した舟運の拠点として、また越後と米沢を結ぶ越後米沢街道の宿場として発展した。JR越後下関駅にほど近い旧街道沿いには今も豪農や豪商の屋敷が軒を連ね、18世紀の宿場町風情を色濃く残す。越後下関地区の建物は、棟をT字型に組み合わせた撞木造りが特徴で、国指定重要文化財の渡邉邸や佐藤邸など貴重な建築物も多い。

◻ ACCESS & INFORMATION

JR米坂線・越後下関駅下車。(2023年2月現在、坂町～今泉間は不通で、代行バスが運行中)

関川村地域政策課 ☎0254-64-1478

関川村の歴史を紹介する「せきかわ歴史とみちの館」。外観は渡邉邸をイメージ

越後下関 MAP

荒川
113
下関の桜並木
関川村コスモスパーク
道の駅関川
桂岩寺 卍
せきかわ歴史とみちの館
ℹ せきかわ観光情報センター(にゃ～む)
佐藤邸 ③
東桂苑
米沢藩上関出張陣屋跡
越後下関駅
米坂線
関川村役場
津野邸 ④
渡邉邸 ①
雲母温泉 土樽共同浴場
272
113
正満寺 卍 卍 安養寺
米沢駅
N
神明社 ⊞
0 ── 300m

豪商・豪農の家

渡邉邸の母屋と土蔵が国の重要文化財、庭園が名勝に指定されている

① 米沢藩を支えた名家
渡邉邸
わたなべてい

廻船業や酒造業で財を成した渡邉家の邸宅。母屋は桁行35.1m、梁間17.8mという豪壮な造りで、約22万枚の杉板と約1万5000個の石を使った石置木羽葺き屋根も見もの。
☎0254-64-1002(渡辺家保存会) 所関川村下関904 開9:00～16:00 休無休 料600円

② 明治の建築技術を伝える
東桂苑
とうけいえん

渡邉家の分家で、明治38年(1905)に建てられた純和風建築と庭園が見事。庭を眺めながらくつろげるカフェコーナーも。
☎0254-64-1349 所関川村下関906-2 開4月中旬～11月上旬9:00～16:00 休期間中無休 料100円

④ 江戸中期建築の商家
津野邸
つのてい

「湊屋」の屋号で知られた商家で、渡邉邸に隣接。寛政元年(1789)に建てられたもので、この時代の貴重な商家建築の姿を伝えている。
☎0254-64-1478(関川村地域政策課) 所関川村下関 開休料内部非公開

③ 茅葺き屋根の豪壮な建物
佐藤邸
さとうてい

佐藤家は江戸時代に地域の庄屋を務めた地主。米沢街道に面した主屋は明和2年(1765)の建築で国指定重要文化財。
☎0254-64-1478(関川村地域政策課) 所関川村下関897 開休料内部非公開

宿場町

出雲崎
いずもざき

新潟県出雲崎町

越後随一の人口密度を誇った妻入りの町並みを歩く

　江戸幕府直轄の天領地だった出雲崎は、日本海を航行する北前船の寄港地として、また佐渡で採掘された金銀の荷揚げ港として賑わった。江戸時代には約2万人もの人が暮らし、北陸道の宿場町として大いに発展したという。海岸線沿いに延びる旧北陸道に約4kmにわたって間口の狭い妻入家屋が軒を連ね、独特の街並みが郷愁を誘う。江戸後期の禅僧・良寛の生誕地でもあり、ゆかりの地も多い。

妻入りの町並み

背後に迫る山と日本海に挟まれた街道沿いに、細長く延びる妻入りの街並み

☐ ACCESS & INFORMATION

JR越後線・出雲崎駅から、タクシーで約7分（約4km）。

出雲崎町観光協会 ☎0258-78-2291

良寛の生家跡に建つ良寛堂。裏手には母の故郷・佐渡を見つめる良寛像がある

出雲崎MAP

日本海

歴史や五郎兵衛 ②
402
出雲崎代官所跡
良寛堂
352
住吉神社
円明院卍　良寛記念館
出雲崎漁港　・芭蕉園
（敢賀屋敷跡）
卍岩舩社
道の駅 越後出雲崎・天領の里
出雲崎市場 S
①北國街道妻入り会館
352
日本海
夕日公園　卍養泉寺
卍光照寺
卍諏訪神社
卍稲荷社
・代官所跡

出雲崎駅

0　　　300m
N

① 特徴的な妻入り家屋を見学

北國街道妻入り会館
ほっこくかいどうつまいりかいかん

出雲崎の伝統的な妻入り家屋の間取りを再現した見学交流施設。間口が狭く奥行きが深い館内では季節の展示や催しも。
☎0258-78-3700 ⓟ出雲崎町尼瀬166 ⓣ
9:00～18:
00（10～3
月は～17:
00） ⓗ無
休 ⓨ無料

② かつての料亭を改修

歴史や五郎兵衛
れきしやごろべえ

明治・大正時代の料亭を改修した交流施設。通り土間や吹き抜けなど、妻入り家屋の特徴が見られる。
☎0258-78-2250（出雲崎町教育委員会） ⓟ出雲崎町羽黒町105-1 ⓣ3
～11月の土・日曜、祝日10:00～16:
00 ⓨ無料

周辺海域は好漁場でもあり、出雲崎漁港は新潟県内有数の漁港でもある

宿場町・商家町

越中八尾
えっちゅうやつお

富山県富山市

華やかな町人文化を伝承する情緒豊かな町のたたずまい

　井田川（いだがわ）の右岸に広がる越中八尾は、石垣が築かれた河岸段丘に形成された坂の町。江戸時代には飛騨との交易や養蚕などで栄え、最盛期には富山藩財政の約3分の2をまかなっていたという。往時の繁栄を背景とした町人文化は、華麗な曳山（ひきやま）行事や「おわら風の盆」といった伝統文化として今も息づいている。おわらの舞台となる旧町には、石畳の道に白壁や格子戸、土蔵が連なる歴史的な街並みが残る。

☐ ACCESS & INFORMATION

JR高山本線・越中八尾駅から、富山市コミュニティバスで3分、町民ひろば前バス停下車。

越中八尾観光協会 ☎076-454-5138

毎年9月1〜3日に八尾で開催される民謡行事「越中八尾おわら風の盆」が有名だ

越中八尾 MAP

石垣の坂道

江戸時代の水害を機に、井田川に面した高台に町が築かれた。河岸段丘なので坂が多い

❶ 昔ながらの土蔵が連なる
蔵並み通り
くらなみどおり

旧町には土蔵造りの家屋が多い。越中八尾観光会館前の通りには土蔵が立ち並び、白壁と黒い下見板のコントラストが美しい。

❷ おわら風の盆の舞台
諏訪町本通り
すわまちほんどおり

旧町のひとつで、石畳が敷かれた道に面して白壁と格子戸の家々が軒を連ねる。無電柱化などの整備が行われ、日本の道100選にも選定。通りの名の由来となった諏訪社などに立ち寄りながら散策を。

川に面した禅寺坂から爽快な眺めを満喫したい（左）。町の名所・おたや階段。上った先におたや地蔵がある（右）

宿場町

今庄宿
いまじょうしゅく

福井県南越前町
重要伝統的建造物群保存地区

越前随一の賑わいを誇った
山あいの宿場町を訪ねる

　福井県の中ほど、南条山地の山間部に位置する今庄は、旧北陸道の宿場町。公家や大名などが宿泊した本陣や脇本陣、宿の事務を担った問屋場などが置かれ、江戸時代を通じて越前で最も栄えた。江戸時代後期には55軒もの旅籠があったという。現存する建物の多くは文政元年(1818)の大火後に再建されたものだが、道の形や町割はほぼ当時のまま。かつての宿場の雰囲気を伝えている。

◻ ACCESS & INFORMATION

JR北陸本線・今庄駅下車。

南越前町今庄観光協会 ☎0778-45-0074

藩札の両替が行われた御札場跡。福井藩では藩札の使用が強制されていた

今庄宿 MAP

南越前町今庄宿重要伝統的建造物群保存地区

武生駅↑
北陸本線
北国街道
旧京藤甚五郎住宅 ①
御札場跡
清心寺卍 鳴り瓢 S
浄念寺卍 ②越前今庄わかさや(旧旅籠若狭屋)
明治殿③ 今庄駅
西念寺卍 ④昭和会館
嘉祥院卍 卍福厳寺 今庄宿脇本陣跡
卍願満寺
新羅神社⊞ 今庄宿本陣跡
高野由平商店 S
稲荷神社⊞
N 燧ヶ城址
0　300m
日野川
476
365

旧北陸道の宿場町

今庄宿は豪雪地帯にあり、積雪に耐える太い登り梁が特徴。延焼を防ぐ卯建も見られる

1 堂々たる卯建が特徴
旧京藤甚五郎家住宅
きゅうきょうとうじんごろうけじゅうたく

京藤家は酒造業を営み、脇本陣格にも指定された旧家。享和年間(1801〜04)の建築で、水戸天狗党が宿泊した際につけたという刀傷がある。
☎0778-47-8005(南越前町教育委員会事務局)⊛南越前町今庄68-35 営金〜日曜、祝日10:00〜16:00 休1·2月

2 今庄宿を代表する旧旅籠
越前今庄 わかさや
(旧旅籠若狭屋)
えちぜんいまじょうわかさや(きゅうはたごわかさや)

天保年間(1830〜44)に建てられた旧旅籠で、国の登録有形文化財。NPO法人今庄旅籠塾が改修して活動拠点とし、通常はそば処として活用されている。
☎0778-45-0360 ⊛南越前町今庄75-13 営11:00〜14:30 休月曜

4 昭和初期の洋風建築
昭和会館
しょうわかいかん

昭和5年(1930)、脇本陣跡に社会教育の拠点として建てられた。のちに今庄町役場となり、現在は公民館となっている。
☎0778-47-8005(南越前町教育委員会事務局)
⊛越前町今庄75-6

3 今庄宿の本陣跡
明治殿
めいじでん

明治天皇が宿泊した本陣の居室を移築。周辺の本陣跡とともに公徳園として整備されている。住民の憩いの場でもあり、春は桜が見事。
☎0778-45-0074(南越前町今庄観光協会)⊛南越前町今庄76-6 営内部はイベント時に公開

ゆるやかにカーブを描く街道に面して家々が立ち並ぶ。手前はかつて旅籠を営んでいた高野由平商店

熊川宿
くまがわじゅく

福井県若狭町
重要伝統的建造物群保存地区

都へ鯖を運んだ鯖街道
往時の面影が町の随所に

　海の幸に恵まれた若狭は古来、都へ食材を送る御食国だった。18世紀後半には大量の鯖が運ばれるようになり、若狭と京都を結ぶ道はいつしか鯖街道と呼ばれるようになった。その重要拠点だった熊川宿は、江戸時代初期には戸数200を超え、最盛期には1日1000頭の牛馬が往き交うほどの賑わいだったという。平入り、妻入りなど、多様な形式の建物が混在する街並みが約1kmにわたって続く。

☐ ACCESS & INFORMATION

JR小浜駅から、西日本JRバス若狭線で29分、若狭熊川バス停下車。

若狭町歴史文化課（若狭三方縄文博物館内）
℡0770-45-2270

川から荷揚げした米は「御蔵道」を通って蔵屋敷へ運ばれた

下ノ町と中ノ町の境。枡形になった道で「まがり」と呼ばれる

京都方面から上ノ町、中ノ町、下ノ町と呼ばれる。写真はメインストリートの中ノ町

🔵小浜

• 村田館

303

下ノ町

まがり •

②伝統的な建築様式
高源 逸見源右衛門家
たかげん へんみげんうえもんけ

中ノ町にある町家で、柱を壁に隠す塗籠造りといった伝統的な建築手法が見られる。店先には折りたたみ式縁台も。
所若狭町熊川38-30 開休料内部非公開

①熊川宿で最も古い町家
倉見屋 荻野家住宅
くらみや おぎのけじゅうたく

荻野家は人や馬を替えて荷物を送る人馬継立を営んだ。主屋は文化8年(1811)建築で国の重要文化財。
所若狭町熊川38-17 開休料内部非公開

③レトロモダンな洋風建築に注目
若狭鯖街道
熊川宿資料館 宿場館
わかささばかいどうくまがわじゅくしりょうかん しゅくばかん

昭和15年(1940)に建てられた旧熊川村役場を資料館として活用。熊川宿や若狭街道について豊富な資料とともに紹介している。
☎0770-62-0330 所若狭町熊川30-4-2 開9:00～17:00(入館は～16:30) ※冬季は変更あり 休月曜(祝日の場合は開館) 料200円

🅃松木神社

得法寺卍

倉見屋 荻野家住宅
①
熊川郵便局 〒

御蔵道

🅲給食カフェ はな結
②高源 逸見源右衛門家

🅁ひのきや

🅁葛と鯖寿しの店まる🔲

中ノ町

⑤熊川宿若狭美

八百熊川│YAO‹KUMAGAWA 🄷

覚成寺卍

• 福井新聞
上中東販売

若狭鯖街道
熊川宿資料館 宿場館③
旧逸見勘兵衛家住宅④

• 中条橋

🅂勘治良

🅃白石神社

上ノ町と中ノ町を結ぶ中条橋。木製の欄干が風情を醸し出している

④ 熊川宿を代表する町家
旧逸見勘兵衛家住宅
きゅうへんみかんべえけじゅうたく

熊川村の初代村長・逸見勘兵衛と、その子息で伊藤忠商事2代社長・伊藤竹之助の生家。安政5年(1858)の建築で、大規模修理を経て喫茶・宿泊施設となっている。

☎080-6359-0808 ㊻若狭町熊川30-3-1 ㊺㊡喫茶は土・日曜、祝日10:30〜16:30のみ営業(臨時休業あり)

⑤ 古民家を活用した美術館
熊川宿若狭美術館
くまかわじゅくわかさびじゅつかん

かつて倉庫や銀行、酒蔵などに使用されていた古民家を改修。障がい者アートや現代美術作品などを展示している。

☎050-3565-5885 ㊻若狭町熊川39-5-1 ㊺10:00〜16:30 ㊡火〜木曜(祝日の場合は開館) ㊤協賛金200円

⑥ 歴史資料をもとに復原
熊川番所
くまがわばんしょ

若狭と近江の国境に近い熊川宿には、人や物資の往来を監視する番所が置かれた。平成14年(2002)に、元の位置に復原。

☎0770-62-0330(若狭鯖街道熊川宿資料館 宿場館) ㊻若狭町熊川18-2 ㊺10:00〜16:00 ※冬季は変更あり ㊡火・水・金曜(祝日の場合は開館) ※冬季は変更あり ㊤50円

中ノ町から「まがり」と呼ばれるクランクを経て下ノ町へ。静かな町並みが続く

⑦ 漫画で知る若狭鯖街道
鯖街道ミュージアム(資料展示館)
さばかいどうミュージアム(しりょうてんじかん)

道の駅「若狭熊川宿」に隣接。京都精華大学マンガ学部とコラボし、若狭鯖街道について漫画でわかりやすく解説。

☎0770-62-9111 ㊻若狭町熊川11-1-1 道の駅 若狭熊川宿 ㊺9:30〜17:00 ㊡3・6・9・12月の第2木曜 ㊤無料

若狭町熊川宿重要伝統的建造物群保存地区

5c

S 雑貨きのした (梟の宿)　●大岩

●若州忍者道場

川宿 伍助 **R**

303

河内屋傳次郎 **S**
権現神社 **卍**

熊川番所 ⑥

下ノ町

Saba*Cafe サバカフェ **R**

道の駅 若狭熊川宿 ㊺

鯖街道

⑦ 鯖街道ミュージアム
(資料展示館)

熊川番所が置かれた上ノ町は熊川宿の玄関口。風情ある町家が静かにたたずむ

上ノ町の街道脇にある大岩。別名・子守岩とも呼ばれる

N

0　　　　50m

高島市 ➡

寺町

卯辰山麓
うたつさんろく

石川県金沢市 **重要伝統的建造物群保存地区**

寺院が連なる静かな小径を
厳かな堂宇を見ながら散策

　金沢城の東にある卯辰山は標高141mあまりの低山。ひがし茶屋街から卯辰山麓にかけては、加賀藩前田家が城下の防衛策として集めた寺院が点在し、曲がりくねった小径沿いにおよそ50寺がひしめく。卯辰山麓寺院群としての散策スポットであり、昭和レトロな住宅街も通り抜ける一帯は、金沢市民の暮らしも垣間見える。

▢ ACCESS & INFORMATION

JR北陸本線・金沢駅から、北陸鉄道バスで7分、
橋場町バス停下車。

金沢市観光協会 ☎076-232-5555

大きなワラ草履が楼門形式の山門に吊るされる全性寺。健脚や健康を願って奉納されたもの

↑金沢五社のひとつ宇多須神社。境内奥に利常公酒湯の井戸がある

↑ひがし茶屋街から長谷山観音院に続く階段坂。黒瓦の家並みを見下ろす

寺町

寺町台
てらまちだい

石川県金沢市 **重要伝統的建造物群保存地区**

旧街道が交錯する交通の要衝に
形成された寺院の集合エリア

　加賀藩時代、敵の侵入を防ぐために寺院を集結させた金沢城西側の台地。寺町と野町に集まるこの一帯を寺町寺院群と呼ぶ。卯辰山麓の寺院群よりも規模が大きく、およそ70の寺院が集まっている。界隈には塀に囲まれた寺院が並び、梵鐘の音が響き渡る。寺町台を下った先に金沢三茶屋街のひとつ、にし茶屋街がある。

▢ ACCESS & INFORMATION

JR北陸本線・金沢駅から、北陸鉄道バスで14分、
広小路バス停下車。

金沢市観光協会 ☎076-232-5555

旧野田道沿いの野田寺町と、白山への参詣道である旧鶴来道沿いの泉寺町からなる寺院群

↑老舗料亭、山錦楼の建物の建つ通り。昭和初期建築の木造4階建て

寺内町

井波
いなみ

富山県南砺市

彫刻師を擁した瑞泉寺と
ともに発展した八日町通り

　小気味よい木槌の音が響く八日町通りは、江戸時代から続く木彫りの里。今も欄間や彫刻の置物などの、往時が偲ばれる工房が連なる。井波彫刻は、江戸中期に焼失した瑞泉寺を再建する際、京都の御用大工が井波に派遣され、地元の大工に技を伝えたのが始まり。その門前が八日町通りであり、数々の看板や彫刻作品、バス停の標識など、随所に井波彫刻の技を見ることができる。

☐ ACCESS & INFORMATION

JR北陸本線・金沢駅から、加越能バス（南砺～金沢線）で1時間19分、交通広場バス停下車。

南砺市観光協会 ☎0763-62-1201

> 道の駅 井波「いなみ木彫り里創遊館」では、彫刻師の技が見学できる

井波 MAP

```
N          卍回向寺
0  200m        21

●横山一夢工芸美術館
S刃物販売・      卍大宝寺
 研ぎの匠雲堂
           井波彫刻総合会館 ❶
交通広場         卍北川神明宮
黒髪庵 ❷
浄蓮寺卍
 斎賀家住宅      松島古城
           公園
白山社卍      臼波水 卍金城寺
卍照円寺    21
  井波城跡   卍八幡宮
  卍瑞泉寺   ┐井波の蚕堂
卍本願寺井波別院
  卍藤橋鎮座八幡宮
```

石畳の八日町通り

> コンコンと音が響く八日町通りは、環境省の「残したい日本の音風景100選」に認定

❶ 力強い井波彫刻が200点以上

井波彫刻総合会館
いなみちょうこくそうごうかいかん

国指定の伝統的工芸品である井波彫刻。館内では欄間や衝立、置物など、彫刻師の技が凝縮された多様な彫刻作品をはじめ歴史などを紹介。実演も行われている。
☎0763-82-5158 ⓐ南砺市井波北川733 ⓣ9:00～17:00（入館は～16:30）ⓗ第2・4水曜（祝日の場合は翌日）ⓨ500円

❷ 北陸の俳人たちが建てた庵

黒髪庵
くろかみあん

瑞泉寺の浪化上人は芭蕉の門弟。滋賀県・義仲寺の芭蕉の墓から小石を3つ運び、浄蓮寺境内に翁塚を建てた。のちに黒髪庵が建立された。
☎0763-23-2014（南砺市文化・世界遺産課）ⓐ南砺市井波3609 ⓣⓨ見学自由（内部見学は上記連絡先に要相談）

瑞泉寺
ずいせんじ

明徳元年（1390）、後小松天皇の勅願所として開創。以来、北陸地域の浄土真宗の拠点として繁栄。建物の随所に彫刻が施され、山門にある「竜」は明治の大火で水を吹いて山門を守り、奇跡的に焼け残ったとの伝説が。
☎0763-82-0004 ⓐ南砺市井波3050 ⓣ9:00～16:30 ⓗ無休 ⓨ500円

> 井波彫刻の粋を集めた彫りの傑作が宿る古刹

↑総欅造りで入母屋重層造、堂々たる姿を見せる山門

↑山門では水を吹いた伝説の竜を見ることができる

寺内町・商家町

城端
じょうはな

富山県南砺市

越中の小京都と呼ばれる
ノスタルジックな街並み

富山県の南西部に位置し、白川郷や五箇山で産出された塩硝や繭の集積地として栄えた。城端は室町時代に創建された善徳寺の門前町でもあり、高台に広がる街並みと、旧五箇山街道の面影、伝統的様式を受け継ぐ町家が並ぶ景観は、「越中の小京都」と呼ばれてきた。最近では城端を舞台としたアニメ作品が注目を集め、土曜に城端線を走る観光列車「べるもんた」も人気だ。

ACCESS & INFORMATION

JR城端線・城端駅下車。

南砺市観光協会 ☎0763-62-1201

川島地区は、西陣の老舗「旧川島織物」の創業者の出身地。絹の町の名残をとどめる

城端MAP

4つの蔵が連なる

土蔵群「蔵回廊」。基礎部分の石垣、板張りの土堀、漆喰といった伝統的な様式を見ることができる

① 蔵そのものが展示品
土蔵群「蔵回廊」
どぞうぐん「くらかいろう」

今町通りに、豪商野村家の4つの蔵を復元。回廊で結ばれた蔵の中には、城端の歴史や文化を紹介する資料を展示。曳山が並ぶ城端曳山会館に直結している。
☎0763-62-2165 ⑰南砺市城端579-3 ㋐9:00〜17:00 休無休 料520円

② 坂と蔵の町のシンボル
坡場の坂
はばのさか

かつては造り醤油屋だった建物。今も入口に掛かる「醤油」の看板や赤レンガの倉庫にその名残をとどめている。
⑰南砺市城端東上

ユネスコ無形文化遺産に登録された城端曳山祭は毎年5月に開催

昭和5年(1930)に建てられ、近年まで銭湯として営業していた旧桂湯。レトロ感あふれる建物は、国の登録有形文化財

1万点以上の宝物を収蔵する歴史ある古刹

善徳寺
ぜんとくじ

文安元年(1444)に蓮如上人によって創建された真宗大谷派の寺。その歴史にふさわしく、多数の寺宝を収蔵し、一部を公開。山門や本堂、鐘楼堂など、多くの建物が県指定文化財になっている。
☎0763-62-0026 ⑰南砺市城端405 ㋐9:00〜16:30 休無休 料400円

⬆焼失後、文化12年(1815)に再建された山門

港町 & 漁村

港町

宿根木
しゅくねぎ

新潟県佐渡市
重要伝統的建造物群保存地区

船大工が腕をふるった
舟形の家もある

　佐渡島の南端、小木半島の入り江に位置する集落。江戸後期から明治初期にかけて北前船産業の地として発展した。集落には約1haの土地に220棟もの建物がきっちり収まり、うち約100棟が伝統的建造物として選定されている。集落内には迷路のような細い小路が交差し、狭い土地を最大限に利用するために、船大工の技術を応用して三角に建てた三角家も見ることができる。

ACCESS & INFORMATION

直江津港から、佐渡汽船のフェリーで1時間40分、小木港着(4月末〜11月中旬までの運航)。小木港から、新潟交通バスで14分、宿根木バス停下車。または、新潟港から佐渡汽船ジェットフォイルで1時間7分、両津港着。新潟港から両津港へはカーフェリーも運航していて、所要2時間30分。両津港から、佐渡市中心部の佐和田バスステーションへは新潟交通バスで40分、佐和田バスステーションから小木へは1時間2分。

南佐渡観光案内所📞0259-86-3200

宿根木 MAP

佐渡国小木民俗博物館・千石船展示館 ④
称光寺
白山神社
宿根木公会堂
三角家 ①
十王坂
茶房 やました
一客一亭のお宿 伊三郎
あなぐち
旧郵便局舎
小木宿根木郵便局
清九郎 ②
金子屋 ③
宿根木 ばんぎり
世捨小路
宿根木町並み案内所
0 100m
N
45
45
卍

佐渡市宿根木重要伝統的建造物群保存地区

入り江に開かれた集落

① この地だけの建築様式
三角家
さんかくや

狭い路地に合わせて三角形に建てられた宿根木のシンボル。舟形の家とも呼ばれる。平成18年(2006)まで実際に使われており、現在は内部を公開している。
📞0259-86-3200(南佐渡観光案内所)📍佐渡市宿根木448 ⏰4月〜11月中旬 💰300円

② 財を成した船主の邸宅
清九郎
せいくろう

江戸時代から明治にかけて船主の邸宅として使用され、その後清九郎家が買い取った。贅を尽くしたしつらえが見どころ。
📞0259-86-3200(南佐渡観光案内所)📍佐渡市宿根木448 ⏰4月〜11月中旬 💰400円

船大工が築いた町並みや特徴的な建造物が、かつてと変わらず保存されている

③ 船大工職人の住まい
金子屋
かねこや

19世紀前半に建てられた。船板の外壁や縄を引いて開閉する窓の仕掛けなど、船大工らしい工夫が随所に感じられる。
📞0259-86-3200(南佐渡観光案内所)📍新潟県佐渡市宿根木 ⏰9:00〜16:00 ※時期により異なる 休12〜3月、期間中無休 💰300円

④ 宿根木の暮らしを知る
佐渡国小木民俗博物館・
千石船展示館
さどこくおぎみんぞくはくぶつかん・せんごくぶねてんじかん

廃校となった旧宿根木小学校の校舎を利用。漁業や船大工、日用品などに関する民俗資料約3万点を収蔵する。
📞0259-86-2604 📍佐渡市宿根木270-2 ⏰8:30〜17:00 休無休 💰500円

船主集落

黒島地区
くろしまちく

石川県輪島市 **重要伝統的建造物群保存地区**

漆喰の白壁と黒瓦が美しい
幕府の天領地

　黒島地区は能登半島外浦の最も北にある集落。北前船主と船頭や船乗りの居住によって栄え、貞享元年(1684)には幕府直轄の天領となった。船主たちの屋敷は、家の中心に造った中庭を三方から囲む特有の間取りで、「ミツボガコイ」と呼ばれる。外壁は雨風から守るため、板の下部を重ねる下見板張りが主流。

ACCESS & INFORMATION

のと鉄道七尾線・穴水駅から、北鉄奥能登バス・門前総持寺前行きで37分、終点下車。総持寺前バス停から、愛のりバス久川コースで9分、黒島バス停下車。

輪島市文化課 ☎0768-22-7666

能登でよく見られる黒い瓦。寒さや塩害に強い能登瓦が使用されている

↑米蔵、大豆蔵、塩蔵などが並ぶ角海家。国の重要文化財に指定されている

↑若宮八幡神社の参道から見る黒島地区。同社は、古くから海運の守護神として信仰が篤い

船主集落

加賀橋立
かがはしたて

石川県加賀市 **重要伝統的建造物群保存地区**

荒波に打ち勝つことで
手に入れた豪華な邸宅

　加賀橋立は江戸時代に加賀藩の支藩である大聖寺藩に属していた。もともと半農半漁の集落だったが、18世紀半ばから北前船の船主になる者が村人のなかから現れるようになった。その数は、寛政8年(1796)には、船主が34名、船頭8名にのぼり、贅を競った巨大な屋敷が立ち並ぶようになった。

ACCESS & INFORMATION

JR北陸本線・加賀温泉駅から、加賀周遊バス「キャン・バス」で25分～1時間、北前船の里資料館バス停下車。

加賀市文化振興課 ☎0761-72-7888

加賀南部産の赤瓦と石段や石畳に使われる薄緑青色の笏谷石が趣を添える

↑蔵六園は旧北前船主・酒谷長一郎家の屋敷。藩主専用の部屋なども残る

↑北前船の里資料館(旧酒谷長兵衛家住宅)。豪奢な北前船主の暮らしぶりを訪ねよう

港町

三国湊
みくにみなと

福井県坂井市

町家と商家が並ぶ町並みに
往時の賑わいを偲ぶ

　北前船交易で隆盛を極めた江戸から明治初期にかけての面影が残る。道の両側の建物は、妻入り屋根の正面に平入り屋根を設置した「かぐら建て」と呼ばれる様式が特徴で、三国だけで見られる伝統建築。資料館のほか、町家を利用して食事を楽しめる店舗もあり、ゆっくりと散策したい。三国湊町家館ではレンタサイクルもあるので、移動に利用すると便利。

風情ある港町

かぐら建ての町家が続く。その一角には昭和を代表する作家の一人、高見順の生家もある

① 往時のたたずまい
旧岸名家
きゅうきしなけ

文政6年(1823)に建てられ、材木商を営んでいた岸名家が代々暮らしてきた。帳場や大八車が行き来した通路もそのまま残る。

📞0776-82-0947 　所坂井市三国町北本町4-6-54 　時9:00〜17:00 　休水曜(祝日の場合は開館) 　料100円

② 海運と文学がテーマ
マチノクラ

海運の歴史と文学の回廊からなるミニ資料館。文学の回廊では、町にゆかりの文人を紹介し、町の姿を撮影したムービーも上映。

📞0776-82-8392(三國會所) 　所坂井市三国町北本町4-6-48 　時10:00〜16:00 　休水曜(祝日の場合は開館) 　料150円

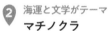

洋風建築にも注目

大正ロマン漂う西欧デザイン
旧森田銀行本店
きゅうもりたぎんこうほんてん

廻船業で莫大な財を成した豪商森田家が経営した銀行の建物で大正9年(1920)に建てられた。内部には見事な漆喰模様が施されている。

📞0776-82-0299 　所坂井市三国町南本町3-3-26 　時9:00〜17:00 　休月曜 　料無料

ACCESS & INFORMATION

えちぜん鉄道三国芦原線・三国駅下車。

三国湊町家館📞0776-82-8552

観光スポットやショップが集まる三国湊きたまえ通りがエリアのメインストリート

出村と呼ばれる界隈は昔花街があった場所で街並みもどこか艶っぽい

三国湊MAP

卍宝林寺
三国港駅
三国駅
えちぜん鉄道三国芦原線
氷川神社　卍久昌寺
卍法円寺
金鳳寺卍　●高見順生家
●福井藩三国湊
川口御番所跡
⑦　卍大和甘林堂
　マチノクラ②
　旧岸名家①
三国湊町家館
九頭竜川
勝授寺
旧森田銀行本店
元三国大野屋
内田本家跡
宝林寺
あわら湯の町駅
かもめ通り
N
0　　200m

農村 & 山村

山村集落

五箇山
ごかやま

富山県南砺市
重要伝統的建造物群保存地区

日本の原風景が残る
世界遺産の集落

　世界遺産に登録されている秘境の集落。周囲と分断された環境で独自の文化や風習が育まれてきた。豪雪に耐えられるように急勾配に造られた建築様式は、両手を合わせて合掌したときの形に似ていることから合掌造りと呼ばれる。緑濃い山里に合掌造りの家屋が寄り添うように建つ光景は、まるで昔話の世界。車の場合は集落入口の駐車場を利用し、集落内は徒歩での観光が基本。

☐ ACCESS & INFORMATION

JR城端線・氷見線／あいの風とやま鉄道・高岡駅から、加越能バス「世界遺産バス」で1時間18分、相倉口バス停下車。菅沼へはさらに15分、菅沼バス停下車。

五箇山総合案内所 ☎0763-66-2468

相倉、菅沼は、庄川に沿ったエリアにある集落。一帯は紅葉の美しさでも知られる

相倉 MAP

冬のライトアップ

相倉
あいのくら

五箇山で最大の合掌造り集落。20棟の合掌造りや茅葺き屋根の寺などが現存し、その多くは江戸から明治に建てられたもの。民宿もあり、世界遺産に宿泊できる。

合掌造りの原型で、現存する最後の原始合掌造り

1 実際の合掌造り民家を利用
相倉民俗館
あいのくらみんぞくかん

五箇山に昔から伝わる生活用具や農具、合掌造りの模型などを展示する。囲炉裏端に座ればよりリアルに五箇山の生活を体感できる。

☎0763-66-2732 所南砺市相倉352 開8:30〜17:00 無休 料300円(相倉伝統産業館との共通券500円)

相倉合掌集落。ライトアップされた雪景色の集落は、民話の世界のようなたたずまい

菅沼
すがぬま

庄川の右岸に9棟の合掌造りが現存し、のどかな景観が広がる。規模は小さいが、喫茶、みやげ店、民俗館などがあり、充実した時間を過ごせる。

菅沼展望広場からは箱庭のような集落を一望。季節ごとのライトアップも見もの

② 火薬の原料「塩硝」を紹介
塩硝の館
えんしょうのやかた

江戸時代、加賀藩が幕府の目を忍んで製造を命じていた塩硝づくりの技術や工程をジオラマや影絵を使ってわかりやすく再現。

☎0763-67-3262 所南砺市菅沼134
時9:00〜16:30(12〜3月は〜16:00)
休無休 料210円(五箇山民俗館との共通券300円)

菅沼MAP

↑高岡
袴腰トンネル
東海北陸自動車道
五箇山橋
庄川
神明社
五箇山民俗館
②塩煙の館
籠の渡し
陶芸の家
松与門家
水上家住宅
菅沼展望広場
P
菅沼
菅沼展望台
南砺市菅沼重要伝統的建造物群保存地区
→相倉
156
卍漆谷念仏道場
↓五箇山合掌の里
↓白川郷
156

0 200m
N

白峰
しらみね

石川県白山市
重要伝統的建造物群保存地区

日本屈指の豪雪地帯で
雪と生きる山村の暮らし

　日本三名山のひとつ白山の麓にあり、江戸時代には幕府直轄の天領だった。田はほとんどなく、人々は養蚕と焼畑農業を主な生業として暮らしてきた。豪雪地帯のため、2、3階建ての家屋が多く、見上げるほど巨大な建物も珍しくない。建物上層階は養蚕の作業スペースとして利用されていた。集落には1階が板張りの典型的な白峰民家が並び、絹肌の湯として名高い白峰温泉総湯もある。

☐ ACCESS & INFORMATION

JR北陸本線・金沢駅から、北鉄白山バスで1時間46分〜2時間、白峰車庫バス停下車。

白峰観光協会 ☎076-259-2721

かつて白山山頂に祀られていた仏像を白山下山仏堂に安置。白山信仰の歴史を伝える林西寺

白峰 MAP

旧長坂家住宅
旧杉原家住宅
旧表家住宅
旧尾田家住宅

← 金沢市

0　　250m

❷ 白山ろく民俗資料館

白峰

牛首紬織の資料館
白山工房

白山市白峰重要伝統的
建造物群保存地区

157　聖得寺卍
　　　　卍白峰温泉総湯
　　　Ⓢまんさ本舗
林西寺卍　卍真成寺
　行勘寺

勝山市　　旧山岸家住宅❶　　□白峰車庫バス停

集落の中心部

白峰の町並みの特徴は、山村なのに建物が密集し、町場のような景観を生み出していること

❶ 圧倒的スケールの庄屋宅
旧山岸家住宅
きゅうやまぎしけじゅうたく

江戸時代に幕府の命で約200年間、この地を預かっていた大庄屋の邸宅。黄土色の壁と縦長の窓が連続する白峰の典型的民家。

☎076-274-9579(白山市文化財保護課) 所白山市白峰イ72 開休料通常内部非公開

❷ さまざまな家屋を展示
白山ろく民俗資料館
はくさんろくみんぞくしりょうかん

昔の家屋をそのまま移築し、山村の生活を再現する屋外展示施設。内部では当時の道具類も展示している。

☎076-259-2665 所白山市白峰リ30 開9:00〜16:30(入場は〜16:00) 休木曜(祝日の場合は翌日)、12月11日〜3月9日 料260円

旧尾田家は、耕地の近くで居住するために建てられた出作り民家。素朴な建物だ

一棟としては石川県下で最大級の民家である旧杉原家。江戸時代には代々村役人を務めていた

農村集落

荻ノ島
おぎのしま

新潟県柏崎市

家屋が田を取り囲む
全国でも珍しい環状集落

　柏崎市の南部に位置し、貴重な環状茅葺き集落として知られる。その名のとおり山を背にして、中央の水田をぐるりと取り囲むように民家が並んでいる。その多くは中門造りと呼ばれる突出した入口を持つのが特徴。集落内を巡る道路は一周が約800mなので、のんびりと徒歩で散策したい。2022年、隈研吾氏が設計した茅葺き屋根のカフェ「陽の楽家」がオープンしている。

☐ ACCESS & INFORMATION

北越急行ほくほく線・まつだい駅から、タクシーで約20分（約11km）。

柏崎市商業観光課 ☎0257-21-2334

水田の周りに民家が輪を描くように並ぶ集落に人々が生活している。陽の楽家は、土・日曜の営業

山村集落

加賀東谷
かがひがしたに

石川県加賀市 重要伝統的建造物群保存地区

静かで美しい山村に
ゆったりと時が流れる

　加賀市の南東部、動橋川と杉ノ水川の上流域。荒谷、今立、大土、杉水の4つの集落からなる。かつては製炭業が盛んだった地域で、集落内には明治前期から昭和30年代に建てられた家屋が受け継がれている。どっしりとした民家は赤い瓦屋根と煙出し付きの屋根が目を引き、棚田と古民家のコントラストも美しい。

☐ ACCESS & INFORMATION

JR北陸本線・加賀温泉駅から、車で約35分（約19km）。

加賀市文化振興課 ☎0761-72-7888

ふるさとを愛する人たちの手で懐かしい景観が大切に守られている大土集落

⬆今立集落では、明治前期から昭和30年代頃の建物が多い

⬆4つの集落のうち、いちばん西側にある荒谷集落の民家

街並み&建築用語の基本

古い街並みに関連した用語や建築用語のうち、本書を読むうえで役立ちそうな用語をまとめています。用語によっては専門家の解釈が分かれるものもあります。

あ

穴太積み【あのうづみ】 滋賀県大津市穴太地区出身の石工集団が手がけた石垣。自然石をほぼ加工せずに組んでいる。

卯建【うだつ】 民家の屋根の両端に造られた小屋根付きの袖壁。防火と装飾を目的に設けられ、家の格を示すものとなった。

表屋造り【おもてやづくり】 通り側に店舗、奥に主屋を別棟で建て、玄関棟でつなげた町家の形式。近畿地方に多い。

か

河岸【かし】 河川や湖沼に設けた船着き場や港。周辺に市場も設けられた。

冠木門【かぶきもん】 2本の柱の上に冠木（横木）をのせて扉を付けた屋根なしの門。武家屋敷などで用いられた。

茅葺き【かやぶき】 ススキやヨシなどで葺いた屋根。防水性や断熱性が高い。

唐破風【からはふ】 弓のように曲線を描く破風（屋根側面の板）。玄関や門、社寺、城郭の屋根に多く、装飾性が高い。

雁木【がんぎ】 階段状の船着き場。潮の干満に関係なく船から荷揚げができるため、干満差の大きい地域に設けられた。

雁木／コミセ【がんぎ／コミセ】 民家や店舗の庇を道路側へ張り出して設けた屋根付きの歩道。積雪時に便利なため豪雪地に多く、東北地方ではコミセと呼ぶ。

切妻屋根【きりづまやね】 本を開いて伏せたような山形の屋根。2面からなる、最もシンプルで一般的な屋根の形状。

桁行【けたゆき】 柱の上に渡す横木を桁といい、桁行は桁の方向または長さ。

煙出し【けむだし／けむりだし】 煙を外に出すための窓。屋根の上に、越屋根の形を取ることもある。

鏝絵【こてえ】 左官職人が鏝で作る漆喰の浮き彫り装飾。江戸中期に始まり、土蔵や家屋の壁に紋所や龍などを描いた。

木羽葺き【こばぶき】 サワラや杉の薄い板を重ねて葺いた屋根。武家屋敷や社寺などで使われ、杮葺きともいう。

さ

桟瓦葺き【さんがわらぶき】 波形の瓦を重ねて並べる、現代の一般的な瓦屋根の葺き方。本瓦葺きよりも安価で軽量。

蔀戸【しとみど】 格子を取り付けた板戸。上下2枚に分かれ、上半分は吊り上げて開くことができ、下半分は取り外せる。

重要文化的景観【じゅうようぶんかてきけいかん】 地域の自然と暮らしが育んだ文化景観のなかで、特に重要と認められた景観。文化庁により選定される。

陣屋【じんや】 江戸時代に郡代や代官などが任地に構えた役宅。または、城を持たない小藩大名の居館などをいう。

石州瓦【せきしゅうがわら】 島根県石見地方産の赤褐色の粘土瓦。寒さに強く丈夫なため寒冷地で多く使われる。

千本格子【せんぼんごうし】 縦の目を細かく組んだ格子。店先などに使われる。

袖卯建【そでうだつ】 防火や装飾を目的に建物に造られる卯建の一種で、軒下の両端に小屋根付きの袖壁を設けている。

袖蔵【そでぐら】 店舗の脇に配置される収納蔵。主屋の防火壁の役割も持つ。

た

築地塀【ついじべい】 木枠の中に土を入れ、突き固めて造った土塀。塀の上に瓦や板を葺いた小屋根が付いている。

妻入り【つまいり】 建物の妻（屋根側面の三角形の部分）の方向に出入口がある建物の形式。建物の短辺側の場合が多い。

土居【どい】 地頭や郷士の居館で、四国に多く見られる。土居を中心に形成された小城下町風の都市を指す場合もある。

登録有形文化財【とうろくゆうけいぶんかざい】 貴重な文化財を守り、地域での活用促進を目的に設けられた制度。明治から昭和期の建造物が多い。

な

長屋門【ながやもん】 門扉の両側に家臣らの居室を結合した門形式。江戸時代の武家屋敷、旧家の町家でも見られる。

なまこ壁【なまこかべ】 平瓦を壁面に並べて貼り、継ぎ目部分を漆喰でかまぼこ状に盛り上げた外壁。盛り上がった形状がナマコに似ているのが名称の由来。

塗籠造り【ぬりごめづくり】 柱や軒などの木部まで土壁で厚く覆う外壁の工法で、防火に優れる。塗屋造りともいう。

は

平入り【ひらいり】 切妻屋根の傾斜方向側（平側）に出入口がある建物の形式。建物の長辺側の場合が多い。

ま

曲家【まがりや】 L字型の平面を持つ民家形式で、岩手県南部に広く分布する。突き出た部分を馬小屋などに利用した。

枡形【ますがた】 城郭の出入口を石垣や土塁で囲った方形の広場空間。敵の侵攻を遅らせるなどの防衛目的を持ち、宿場ではクランク状に曲げた道をいう。

見世蔵【みせぐら】 江戸期に生まれた土蔵造りの店舗。防火用に厚い扉を設けた。

虫籠造り【むしこづくり】 中2階に虫籠窓を設けた民家の形式。近世に生まれた。

虫籠窓【むしこまど】 町家の中2階に通風や採光のために取り付ける格子状の窓。防火用に漆喰などが塗られている。

や

薬医門【やくいもん】 本柱2本と控え柱2本の計4本で切妻屋根を支える門。屋根の中心が中間より前方に位置する。

寄棟造り【よせむねづくり】 4方向に屋根面を持ち、2つの台形と2つの二等辺三角形で構成された屋根の形式。

ら

連子格子【れんじごうし】 細い木材を粗い間隔で縦に連ねた格子。町家で見られる。

わ

脇本陣【わきほんじん】 江戸時代の宿場で本陣の予備とされた宿舎。本陣では足りないときなどに使われ、普段は旅籠を営んだ。

ま（右列）

檜皮葺き【ひわだぶき】 檜の樹皮を密に重ねて葺いた屋根。茅葺きより高価なため、宮殿や社寺建築などで使われる。

紅殻／弁柄【べんがら】 濃い赤褐色の顔料で、酸化鉄を主成分とする。耐久性や耐熱性、耐水性に優れている。

本瓦葺き【ほんがわらぶき】 平瓦と丸瓦を交互に組み合わせて葺く屋根の形式。桟瓦よりも古く、城郭や社寺に使われる。

本陣【ほんじん】 江戸時代の宿場に設けられ、参勤交代の大名や宮家、公家、高僧などの貴人が利用した宿泊所。

本棟造り【ほんむねづくり】 板葺きの切妻屋根で、妻側（屋根の三角形側）に出入口を持つ民家形式。長野県南部に多い。

畿内・紀伊

山城・摂津・河内・和泉・大和・紀伊

京都南部・大阪・兵庫南東部・奈良・和歌山・三重南西部

古都を彩る花街と伝統的な町家の家並みを巡る

京都は2000を超える寺社と17の世界遺産を有し、寺町、門前町、茶屋町と寺社にまつわる街並みも多彩。清水寺への参道である二寧坂（二年坂）、産寧坂（三年坂）は定番の散策路。上賀茂の社家町、愛宕神社の嵯峨鳥居本、豊臣秀吉が築いた城下町の伏見など、京都ならではの街並みが点在する。

特に祇園や先斗町などの花街は国内外にも知られたお茶屋文化を継承する町。紅殻格子に虫籠窓、簾がたれる軒下には犬矢来という町家のたたずまいに、時折行き交う舞妓さんや芸妓さんが、伝統の花街情緒を醸し出す。

↑世界遺産・元興寺の旧境内に、格子町家が立ち並ぶ「ならまち」

京都よりも歴史の古い奈良には、平城京以来の町割を残すならまちや宇陀松山など伝統的な町家が見られる。城下町・武家町の高取、大和郡山の街並みは江戸時代の雰囲気を伝える。重厚な町家や酒蔵などが軒を連ねる寺内町と呼ばれる宗教自治都市だった今井町や大阪の富田林は、濠を巡らした環濠集落の自衛的な町割が興味深い。

和歌山の湯浅の醸造蔵は、日本の味の原点である醤油の味を守り続ける。

↑寺内町として重厚な町家が残り、大阪唯一の重要伝統的建造物保存地区の富田林

↓八坂神社や高台寺方面から清水寺へ向かう二寧坂（二年坂）、産寧坂（三年坂）は石畳の坂道にみやげ物店や茶店が軒を連ね、京都らしい風景が楽しめる

丹波

山陰道

京都府

篠山街道

丹波篠山
福住

兵庫県

摂津

山陽道

兵庫
神戸 P.358
和田岬
西宮

明石
須磨

瀬川
昆陽

芥川
郡山

大坂 北船場 P.205
P.205

暗越奈良街道
堺

大津
岸和田
佐野

和泉

西高野街道

紀州街道

孝子峠

和歌山

岩出
粉河

大阪湾

大阪府

富田林 P.203

高野街道

竹内街道

三日市

紀見峠
橋本

高野口

高野山町石道

金剛峯寺
高野山

護摩壇山

紀伊
和歌山県

湯浅 P.210

道成寺

御坊
日ノ御埼

南部
田辺
田辺湾

周参見

串本
潮岬

若狭街道
鯖街道

西近江路

中山道

近江
滋賀県

琵琶湖

鳥居本
彦根

大原
途中越
比叡山
延暦寺

京都

伏見 P.204

山城

石清水八幡宮

東高野街道
京街道

枚岡
暗峠 P.348
斑鳩

柏原
古市

龍田越奈良街道
太子
今井町 P.202

竹内街道
高取 P.213

五條新町 P.208

吉野

大和
奈良県

大峯山寺

大峯奥駈道

熊野古道 小辺路

熊野古道 中辺路

近露
熊野本宮大社
本宮

瀞八丁
丸山千枚田 P.284

熊野速玉大社
熊野那智大社
那智

古座

東海道

三重県
関宿

大和街道

伊賀上野

柳生街道
木津
加茂
笠置
柳生

奈良
大和郡山 P.212

稗田環濠集落 P.214
若槻環濠集落 P.214

榛原
室生口

宇陀松山 P.209

伊勢街道

高見峠
七日市

伊賀

初瀬街道 P.206
高畑町 P.207

伊勢本街道

伊勢

多気

鈴鹿峠

伊勢街道

青山峠

和歌山街道

熊野古道伊勢路

荷坂峠

尾鷲湾

三重県

熊野浦

賀田湾

新宮

太平洋

寺町 & 門前町

門前町

産寧坂

さんねいざか

京都市東山区
重要伝統的建造物群保存地区

石段や石垣に歴史が宿る
東山の有名社寺を巡る散策路

　平安京以前から開けた地で、清水寺、法観寺、祇園社(八坂神社)などの門前町として発展した。各寺社への参詣路として、ゆるやかな登り道の二寧坂(二年坂)に続く産寧坂(三年坂)など、石段や折れ曲がった石畳の坂道に沿って町が形成された。八坂の塔(法観寺)や高台寺などの社寺建築と、江戸時代から大正時代に建てられた町家を生かしたみやげ物店、茶店などが一体となり、京都を代表する景観のひとつとなっている。

🔲 ACCESS & INFORMATION

JR京都駅から、市バス100・206系統で16分、清水道バス停下車。

京都総合案内所(京なび)📞075-343-0548

春はしだれ桜が美しい

カラフルな「くくり猿」

八坂庚申堂のお守りで、手足をくくられた色とりどりのくくり猿に願い事を書いて結ぶとき、何かひとつ欲を我慢すると願いが叶うという。

八坂庚申堂(金剛寺)
やさかこうしんどう(こんごうじ)

📞075-541-2565 🏠京都市東山区金園町390 🕐9:00～17:00 休無休 料無料

---

③ 東山のランドマーク

八坂の塔(法観寺)
やさかのとう(ほうかんじ)

聖徳太子が如意輪観音の夢告により五重塔を建て、仏舎利を納めたと伝わる。現在の塔は室町幕府将軍・足利義教の再建。

📞075-551-2417 🏠京都市東山区八坂上町388 🕐10:00～15:00 休不定休 料400円(小学生以下拝観不可)

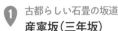
ここは訪れたい！

① 古都らしい石畳の坂道
産寧坂（三年坂）
さんねいざか（さんねんざか）

大同3年（808）に造られたため三年坂、または清水寺の子安観音へ安産祈願のための参道だったため産寧坂とも記す。三年坂で転ぶと3年以内に死ぬという迷信があり、厄除けの瓢箪を売る店もある。

沿道には多数のみやげ物店、陶磁器店、料亭などが並ぶ。「明保野亭」は坂本龍馬の定宿だったという

② おみやげ選びが楽しい道
二寧坂（二年坂）
にねいざか（にねんざか）

和風雑貨のみやげ物店や京都スイーツ店、甘味処などが立ち並ぶ人気の坂道。大正時代の挿絵画家・竹久夢二が彦乃と暮らしたという「夢二寓居址」の石碑も立つ。

④ 秀吉の妻ねねゆかりの道
ねねの道
ねねのみち

高台寺の西側を南北に通る石畳の道。高台寺塔頭の圓徳院で晩年を過ごした豊臣秀吉の正妻・北政所「ねね」にちなむ。

⑤ 大正ロマンが薫る小路
石塀小路
いしべこうじ

ねねの道と下河原通を東西につなぐ石畳と石塀が美しい小路。祇園の奥座敷的な存在として大正時代初期の家並みを残す。

台所坂は、ねねが晩年を過ごした圓徳院から高台寺に通った石段の坂道で、紅葉時期は特に趣深い

産寧坂MAP

大雲院卍　雙林寺卍　大谷祖廟
卍　円山公園音楽堂　長楽寺卍

東山安井

台所坂　卍高台寺　東大谷墓地
圓徳院卍

東大谷通
東山安井

下河原通

⑤ 石塀小路
④ ねねの道

京都霊山護国神社

維新の道

霊山歴史館●

③ 八坂の塔（法観寺）卍

八坂庚申堂
（金剛寺）

② 二寧坂（二年坂）

清水道
清水道

① 産寧坂（三年坂）

清水道

清水坂

興正寺卍

西光寺卍

東山署

成就院卍

安祥院卍

五条坂

京都市産寧坂重要
伝統的建造物群保存地区

清水寺卍

N

0　　150m

199

上賀茂
かみがも

京都市北区
重要伝統的建造物群保存地区

明神川の流れに沿って
広がる清冽な社家町

　社家とは代々神社に仕えてきた神官の家柄のこと。室町時代に形成された社家町は上賀茂神社の境内から流れる明神川沿いに広がる屋敷町だ。江戸時代には社家が300軒ほどに及んだという。明治時代に社家の世襲制が廃止され、現在は30戸ほどに減少しているが、明神川に架かる小橋、屋敷を囲む土塀や門、土塀越しの庭の緑に軒の低い母屋の家々など自然豊かな景観を残している。西村家別邸が冬季を除き、公開されている。

◻ ACCESS & INFORMATION

京都駅から市バス9系統で38分、上賀茂御薗橋バス停下車。

京都総合案内所(京なび) ☎075-343-0548

上賀茂神社境内を流れる「ならの小川」。かつて神饌を盛るための葉の茂るナラの木があったことが名の由来という

上賀茂 MAP

上賀茂神社
二葉姫稲荷神社
渉渓園
奈良神社
山森神社
京都市上賀茂重要伝統的建造物群保存地区
N
0　　100m
上賀茂神社前
上賀茂本通
上賀茂神社大鳥居
上賀茂御薗橋バス停
賀茂川
明神川
西村家別邸
藤木神社

社家町に清流が流れる

明神川の清らかな水は庭園に使われたほか、身を清める禊ぎにも使われたという

明神川を見守る守護神
藤木神社
ふじのきじんじゃ

樹齢500年の大きな楠は社家町のシンボル。大木の根元にあるのが藤木社という上賀茂神社の末社。瀬織津姫神を祀り、古くから家運隆昌の神として信仰されてきた。
⊕京都市北区上賀茂藤ノ木町 働休無 拝観自由

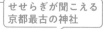

上賀茂神社
かみがもじんじゃ

せせらぎが聞こえる
京都最古の神社

古代豪族・賀茂氏の氏神として知られ、正式には賀茂別雷神社。下鴨神社とともに総称して賀茂社と呼ぶ。神域には「ならの小川」が流れ、神秘的で清浄な雰囲気が漂う。
☎075-781-0011 ⊕京都市北区上賀茂本山町339 働5:30〜17:00、特別参拝10:00〜16:00(土・日曜、祝日は〜16:15) 休無休 特特別参拝500円

↑一の鳥居から二の鳥居にかけて広大な芝生が広がり、春には桜が美しい

嵯峨鳥居本
さがとりいもと

京都市右京区
重要伝統的建造物群保存地区

茅葺き民家と町家が共存する愛宕神社の門前町

　嵯峨野の西北、愛宕山の麓にあり、室町時代に農林業や川漁業を営む集落として発展。江戸時代には愛宕詣での門前町として賑わった。8体の地蔵尊が並ぶ三叉路から愛宕神社一之鳥居にかけてはゆるやかな勾配の坂道が続く。化野念仏寺を境に瓦屋根の町家風民家が多い「下地区」と、茅葺きの農家風民家が多い「上地区」に分かれ、江戸時代や明治時代にタイムスリップしたような風景に出会える。

ACCESS & INFORMATION

阪急嵐山線・嵐山駅から、京都バス94系統で16分、鳥居本バス停下車。

京都総合案内所(京なび) ☎075-343-0548

五山送り火の「鳥居形」松明は嵯峨の曼荼羅山で灯される。通年入山禁止

嵯峨鳥居本 MAP

N
0　　　200m

愛宕神社
愛宕神社一之鳥居
鳥居本
鮎茶屋平野屋
❶京都市嵯峨鳥居本町並み保存館
五山送り火鳥居形
化野念仏寺❷
西院の河原　仏舎利塔
清滝料金所
八体地蔵
嵐山高雄パークウェイ
京都市嵯峨鳥居本重要伝統的建造物群保存地区

紅葉や新緑の名所

愛宕神社の一之鳥居前に建つ鮎料理で有名な茶店の創業は江戸時代

❶ 奥嵯峨野の町並みを今に伝える
京都市嵯峨鳥居本町並み保存館
きょうとしさがとりいもとまちなみほぞんかん

明治時代初期に建てられた民家を復元整備して公開。昭和初期の町並みのジオラマやおくどさん、井戸などが見学できる。
☎075-864-2406 所京都市右京区嵯峨鳥居本仙翁町 営10:00〜16:00 休月曜(祝日の場合は翌日) 料無料

❷ 幽玄な千灯供養を行う
化野念仏寺
あだしのねんぶつじ

平安時代に空海が風葬で野ざらしの遺骸を弔ったのが起源。約8000体の石仏が並ぶ「西院の河原」が有名。
☎075-861-2221 所京都市右京区嵯峨鳥居本化野町17 営9:00〜16:30(1・2・12月は15:30受付終了) 休無休 料500円

↑下地区。虫籠窓に京格子、ばったり床几に駒寄せなど町家風だが、内部は田の字型の間取りと土間がある農家建築の民家が並ぶ

「火の用心」で知られる愛宕神社の総本宮

愛宕神社
あたごじんじゃ

古くから火伏せ・防火の神として信仰が篤く、「火迺要慎」のお札は京都の家の台所の必需品。標高924mの愛宕山の山頂にあるため、参拝は登山の用意で。
☎075-861-0658 所京都市右京区嵯峨愛宕町1 営9:00〜16:00 休無休 料無料

↑京都では、3歳までに愛宕山に参詣をすると一生火事に遭わないという言い伝えも

寺内町・在郷町

今井町
いまいちょう

奈良県橿原市
重要伝統的建造物群保存地区

江戸時代の町並みに
タイムスリップ

　江戸時代「大和の金は今井に七分」と謳われるほど繁栄した町。室町時代末期、一向宗(浄土真宗)の寺を中心に信徒が集まり、町の周囲に濠と土塁をめぐらせて自治自衛の寺内町を形成したことに始まる。連子格子に漆喰壁の重厚な町家が軒を連ねる風景は、肥料、木綿、酒などの取引や大名相手の金融業も盛んで、独自の紙幣今井札が流通するなど、大和国の豪商たちの財力や格式をよく伝えている。

☐ ACCESS & INFORMATION

近鉄橿原線・八木西口駅下車。

今井まちなみ交流センター「華甍」
☎0744-24-8719

今井町の歴史を展示や映像で学べる今井まちなみ交流センター「華甍」

今井町 MAP

橿原市今井町重要伝統的建造物群保存地区

八木西口駅
飛鳥川
小綱池
24
桜井線
北尊坊通り
大工町筋
中町筋　②旧米谷家住宅
本町筋　高木家住宅
称念寺卍
南尊坊通り
166　③今井まちや館
①今井西家住宅
今井まちなみ交流センター「華甍」
大和高田バイパス
橿原神宮前駅
0　100m
N
畝傍駅
近鉄橿原線

江戸時代の旅人気分で

東西600m、南北310mの範囲に、500棟の伝統的建造物が軒を連ねる町並みは時代劇の撮影などにも使われる

① 今井町最古の建物
今西家住宅
いまにしけじゅうたく

代々惣年寄筆頭を務めた家。慶安3年(1650)の再建で、納戸の帳台構えはわが国最古のもので民家の法隆寺といわれ、裁きのための白州風の土間や罪人を閉じ込めたいぶし牢が残る。
☎0744-25-3388(十市県主今西家保存会) 所橿原市今井町3 営10:00〜17:00(最終入館16:30) ※要事前予約 休月曜(祝日の場合は翌平日)料500円

② 農家風様式が残る商家
旧米谷家住宅
きゅうこめたにけじゅうたく

米忠の屋号で金物や肥料を扱っていた豪商の旧居。土間に竈や煙返しが残り、隠居部屋の蔵前座敷など江戸時代の商人の暮らしぶりを知ることができる。
☎0744-23-8297 所橿原市今井町1-10-11 営9:00〜12:00 13:00〜17:00 休12月25日〜1月5日 料無料

③ 昔の暮らしを体験
今井まちや館
いまいまちやかん

江戸時代の伝統的な町家を復元した施設。梯子で天井裏へ上がったり、窓を開け閉めできたり当時の暮らしを体験できる。

☎0744-22-1287 所橿原市今井町3-1-22 営9:00〜12:00 13:00〜17:00 休12月25日〜1月5日 料無料

今井町の要となった由緒ある寺

称念寺
しょうねんじ

寺内町の成立、発展を支えた真宗寺院。明治天皇が投宿の際、西南戦争勃発の一報を聞かれたとの逸話も残る。
☎0744-22-5509 所橿原市今井町3-2-29 営8:00〜17:00(要予約) 休無休 料無料

➡本願寺の一家衆・今井兵部卿豊寿が本願寺の道場を建てたのが始まりという寺院

富田林
とんだばやし

大阪府富田林市
重要伝統的建造物群保存地区

南河内の寺内町として
独自の街並みを伝える

戦国時代末期、京都興正寺門跡の証秀上人が「富田の芝」と呼ばれていた荒地を買い受け、周辺の4つの村から集めた八人衆に興正寺別院の建立と町割などを任せたのが始まりとされる。宗教自治都市のため税金が安く、商工業者が多く移り住んだ。造り酒屋、河内木綿、材木などで成功する商家で賑わい、当時の様子を物語る瓦葺き屋根に虫籠窓、白壁に木格子の豪壮な商家が閑静な町並みに残る。

☑ ACCESS & INFORMATION

近鉄長野線・富田林駅下車。

観光交流施設きらめきファクトリー
☎0721-24-5500
じないまち交流館 ☎0721-26-0110

じないまち交流館は、散策前に訪れたい観光案内所兼休憩所

富田林 MAP

- 石上露子歌碑
- 富田林駅
- 旧田中家住宅
- 富田林市富田林重要伝統的建造物群保存地区
- じないまち交流館
- ②越井家住宅
- 城之門筋
- 佐藤家住宅 705
- 浄谷寺
- 葛原家住宅
- 市場筋
- 富筋
- 東高野街道
- 興正寺別院 山門
- じない町展望広場
- 橋本家住宅
- 木口家住宅
- 旧杉山家住宅①
- 西方寺
- ③仲村家住宅
- 火の用心の道標
- 富田林石川河川敷グラウンド
- 0 100m
- 石川

城之門筋の建築群

外部からの侵入を防ぐ目的で辻角の町路を半間ほどずらした「あてまげの道」が続く

① 町内最古・最大の商家
旧杉山家住宅
きゅうすぎやまけじゅうたく

造り酒屋として栄えた商家。明治の明星派歌人・石上露子の生家で、4層の大きな屋根が特徴的な母屋に土蔵、庭園などが当時の姿のまま残る。
☎0721-23-6117 ⨀富田林市富田林町14-31 ⨀10:00～17:00 ⨀月曜(祝日の場合は翌日) ⨀400円

② 黒漆喰の豪壮な建物
越井家住宅
こしいけじゅうたく

平尾屋庄兵衛を名乗り、材木商を営み庄屋を務めた家柄。母屋は明治末期の築造で、北側にある長大な米蔵が特徴。⨀⨀⨀内部非公開

③ 松陰が滞在した造り酒屋
仲村家住宅
なかむらけじゅうたく

屋号を佐渡屋と号し、河内最大規模の造り酒屋として栄えた。文人墨客が数多く訪れ、吉田松陰も滞在している。⨀⨀⨀内部非公開

浄土真宗の寺院の本堂では大阪府最古の建物

興正寺別院
こうしょうじべついん

永禄年間(1558～69)に京都興正寺の別院として証秀上人が開基。山門はもと伏見桃山城の城門で、興正寺本山の北之門として長く使われていたものを安政4年(1858)に移築したもの。
☎0721-23-3555 ⨀富田林市富田林町13-18 ⨀⨀大修復工事の状況による ⨀無料

⬆山門の前の城之門筋は日本の道100選に選定されている

商家町 & 在郷町

醸造町・城下町

伏見
ふしみ

京都市伏見区

歴史の舞台となった城下町、港町、そして酒造りの町

文禄元年(1592)、豊臣秀吉の居城として築かれた伏見城。その城下町として伏見港などを中心に京都と大坂を結ぶ水運の拠点として栄えた。多くの船宿が立ち並び、坂本龍馬をはじめとする幕末の動乱の歴史の舞台ともなった。また、良質な地下水に恵まれた日本屈指の酒どころとしても知られ、伏見城の外堀にあたる濠川沿いには、白壁と焼杉板の風情ある酒蔵と柳の美しい風景が続く。

⬚ ACCESS & INFORMATION

京阪本線・中書島駅、または伏見桃山駅下車。

京都総合案内所(京なび) ☎075-343-0548

レンガ煙突や大正時代に造られた仕込み蔵などが建つ松本酒造

伏見MAP

- 松本酒造
- 大手筋通
- 竜馬通り
- 桃山御陵前駅
- 伏見桃山駅
- 油掛通
- 史跡 寺田屋 ❸
- 商店街
- ❷黄桜記念館 Kappa Gallery
- 伏見みなと公園
- 月桂冠大倉記念館 ❶
- 濠川
- 伏見十石舟
- 近鉄奈良線
- 京阪本線
- 中書島駅
- 京阪宇治線
- 京都府立伏見港公園
- 宇治川
- 0 300m
- N

川沿いの酒蔵群

春の桜、初夏の新緑、秋の紅葉と四季折々に楽しめる川沿いの景観

❶ 伏見の酒造りの歴史を紹介
月桂冠大倉記念館
げっけいかんおおくらきねんかん

明治時代に建てられた酒蔵を改装し、伏見の酒造りを紹介。限定販売も含めて、約10種類のお酒から好きな3種類を選んで試飲が楽しめる利き酒体験が好評。☎075-623-2056 圏京都市伏見区南浜町247 圏9:30〜16:30(受付は〜16:00) 圏8月13〜16日 圏600円

❷ 日本酒と河童を学ぶ
黄桜記念館 Kappa Gallery
きざくらきねんかん カッパギャラリー

酒造りのビデオやジオラマ展示コーナーと、黄桜のキャラクターである河童について学べる河童資料館に懐かしい黄桜のCMが観られるギャラリーがある。☎075-611-9919 圏京都市伏見区塩屋町228 圏10:00〜16:00 圏月曜(祝日の場合は開館) 圏無料

❸ 幕末の歴史を物語る旅籠
史跡 寺田屋
しせきてらだや

薩摩藩尊攘派が殺傷された「寺田屋騒動」と坂本龍馬がお龍の機転で難を逃れたという襲撃事件の舞台を再現した船宿。☎075-622-0243 圏京都市伏見区南浜町263 圏10:00〜16:00(受付は〜15:40) 圏月曜不定休 圏600円

MACHI めぐり

十石舟に乗って遊覧

江戸時代、伏見と大坂を結び、宇治川・淀川を行き交っていた運搬船を再現した遊覧船。濠川沿いの酒蔵や柳並木を眺めながら伏見の町を巡ることができる。

伏見十石舟
ふしみじゅっこくぶね

☎075-623-1030 圏月桂冠大倉記念館裏発 圏10:00(始発)〜16:20(最終) 11月25日〜12月3日は15:40が最終 圏月曜(4・5・10・11月、祝日は無休) 12月上旬〜3月中旬、8月14〜31日 圏1500円

在郷町

深草 伏見街道
ふかくさ ふしみかいどう

京都市伏見区

京と伏見を結ぶ街道沿いの
個性あふれる京町家

　伏見街道は、豊臣秀吉が京と伏見を結ぶために開削した街道。江戸時代は西国大名の参勤交代に活用された街道でもあり、伏見稲荷大社や東福寺などへの参詣客でも賑わった。幕末の内戦で町は衰退するも、日露戦争後に編成された陸軍第16師団が置かれ、軍部の需要を満たすために各地から商人が集まり活況を呈した。今も商家などの町家が点在し、街道として栄えた面影を伝えている。

通り名は七瀬川に対して橋を斜めに架けたことから名付けられた直違橋に由来する

☐ ACCESS & INFORMATION

京阪本線・龍谷大前深草駅、または藤森駅下車。

京都総合案内所（京なび）☎075-343-0548

↑虫籠窓や駒寄せ、格子も種類がさまざまな町家が点在する

↑築160年の京町家を大学施設として改修復元した龍谷大学深草町家キャンパス

商家町

北船場
きたせんば

大阪市中央区

商都大阪の中心部に残る
歴史的建造物を訪ねて

　近代的な建築群が並ぶ中之島エリアから、土佐堀川の橋を渡った南側。大坂の町人文化の中心となった町だ。戦災によって甚大な被害を受けているが、歴史的な建造物も点在している。緒方洪庵の開いた蘭学塾・適塾、明治時代に建てられた大阪市立愛珠幼稚園園舎、さらに近代の大阪の歴史を伝える近代建築も興味深い。

江戸時代の典型的な町家遺構である適塾。もとは商家の建物だったという。国の重要文化財

☐ ACCESS & INFORMATION

大阪市営地下鉄御堂筋線・淀屋橋駅、堺筋線・北浜駅下車。ともに京阪本線も利用できる。

Osaka Call Center ☎06-6131-4550

↑明治34年(1901)建築の愛珠幼稚園の園舎。現役の幼稚園の園舎で国の重要文化財

↑辰野金吾の設計による旧大阪教育生命保険ビル。明治45年(1912)の建築

ならまち

奈良県奈良市

奈良格子が美しい

奈良町家は間口が狭く奥行きが深い構造で、町家を改装した店舗や各種資料館も多い

1300年の奈良の都の歴史と今が感じられる町

平城京の外京として整備されたエリアで、元興寺の旧境内地に形成された門前郷を起源とする。南都七大寺のひとつとして大伽藍を誇った元興寺は中世に起こった天災や土一揆などで衰微したため、その境内地に民家が立ち並ぶようになった。江戸時代には晒や酒造、墨、甲冑、一刀彫などのさまざまな産業が興り、商業の町としても栄えた。古い町家が細い路地に連なり、落ち着いた風情を漂わす。

☐ ACCESS & INFORMATION

近鉄奈良線・近鉄奈良駅、またはJR奈良線・奈良駅下車、徒歩15分。

奈良町情報館 ☎0742-26-8610

元興寺は、蘇我馬子が創建した飛鳥寺の後身。屋根には飛鳥時代の瓦も残る

ならまちMAP

近鉄奈良駅
開化天皇陵
興福寺
率川神社
四之室辻子
猿沢池
すらぎの道
荒池
一念寺
ならまち大通り
旧大乗院庭園
奈良町情報館
元興寺
JR奈良駅
奈良町にぎわいの家 ③
奈良町物語館
今西家書院 ②
① ならまち格子の家
N
0　300m

---

1 休憩スポットも町家で
ならまち格子の家
ならまちこうしのいえ

伝統的な奈良町の家を再現した施設。深い奥行きの母屋や土間に中庭、箱階段など昔ながらの生活様式が見学できる。散策中の休憩スポットとしても便利。
☎0742-23-4820 ㊟奈良市元興寺町44 ㊟9:00～17:00 ㊡月曜（祝日の場合は翌日）、祝日の翌平日 ㊷無料

2 室町時代の書院建築
今西家書院
いまにしけしょいん

もとは興福寺大乗院坊官福智院氏の居宅。大正13年(1924)より造り酒屋の今西家の所有となる。現在の和室の原型ともいえる中世の書院造りの様式を伝える貴重な遺構で、国の重要文化財。
☎0742-23-2256 ㊟奈良市福智院町24-3 ㊟10:30～16:00（受付は～15:30）㊡月～水曜、夏期、冬期 ㊷400円（喫茶は別途）

3 築100年の町家
奈良町にぎわいの家
ならまちにぎわいのいえ

大正6年(1917)に美術商が建築した表屋造りの町家。座敷、茶室、通り庭、吹き抜けなど、昔ながらの暮らしの様子を伝えている。
☎0742-20-1917 ㊟奈良市中新屋町5 ㊟9:00～17:00 ㊡水曜（祝日の場合は開館）㊷無料

悪病や災い除けとして家々の軒先に吊るされている身代わり申は庚申信仰の名残で、庚申様の使いの赤い猿をかたどったもの

高畑町
たかばたけちょう

奈良県奈良市

文化人が愛した
土塀が続く閑静な街並み

　鎌倉時代から春日大社の神職らが住む社家町だったが、江戸末期の大火、明治初期の廃仏毀釈によって衰退。売り払われた屋敷跡が寂しい姿になっていたところ、大正から昭和初期にかけて、志賀直哉をはじめとする文化人が移り住み、閑静な屋敷町として発展した。春日山の北側には板塀、土塀、石壁などを備えた邸宅が並び、新薬師寺までの道に点在する洋館もノスタルジックな雰囲気を漂わす。

☐ ACCESS & INFORMATION

JR奈良線・奈良駅から、奈良交通バスで9分、砥石町バス停下車。

奈良市観光協会☎0742-27-2223

ささやきの小径は、春日大社二之鳥居から志賀直哉旧居方面に続く散歩道。春には馬酔木の花が彩る

高畑町 MAP

奈良公園
浮見堂
鷺池
粉川家住宅
砥石町
頭塔
JR奈良駅
藤岡家住宅
閼伽井庵
80
春日大社
二之鳥居
ささやきの小径
志賀直哉旧居
藤間家住宅
新薬師寺
入江泰吉記念
奈良市写真美術館
奈良教育大
N
0　300m

素朴な味わいの土塀

志賀直哉が「名画の残欠が美しいように美しい」と書いた奈良の滅びの美を伝える土塀

『暗夜行路』を完成させた家

志賀直哉旧居
しがなおやきゅうきょ

志賀直哉が自ら設計し、京都の数寄屋大工を呼んで建てた旧邸宅。昭和4年(1929)から9年間、家族とともに住んだ。モダンな和洋折衷の食堂やサンルームなども備え、武者小路実篤や梅原龍三郎など多くの文人・画家が集い、高畑サロンとも呼ばれた。

☎0742-26-6490 ㊙奈良市高畑大道町1237-2 ㊺9:30〜17:30(12〜2月は〜16:30) ㊡無休 ㊫350円

古き奈良の風情が残る新薬師寺界隈。散策が楽しい道だ

商家町

五條新町
ごじょうしんまち

奈良県五條市
重要伝統的建造物群保存地区

宿場町から商家町へ
吉野川に沿う多彩な街並み

大和五條は古くから伊勢街道や紀州街道を結ぶ交通の要所。近世には街道沿いの宿場町として栄えた。吉野川と並行して築かれた新町は、江戸時代初期に城造りに秀でた松倉重政が城下町として建設したといわれ、商業活動を中心に発展してきた町である。約900mの街道沿いには、白漆喰塗や黒漆喰塗に虫籠窓や格子など、江戸初期から昭和初期までの約4世紀にわたる建物が軒を連ねる。

🚉 ACCESS & INFORMATION

JR和歌山線・五条駅下車、徒歩10分。

五條市観光協会 ☎0747-20-9005
まちなみ伝承館 ☎0747-26-1330

鉄屋橋から橋越しに見える町家群の景観が美しく、絶好のビューポイント

五條新町 MAP

五條市五條新町重要伝統的建造物群保存地区

0 ─── 200m

宿場町の雰囲気を残す

江戸時代の町家は切妻造り、瓦葺きの厨子2階建てで白壁、格子が主流

① 日本最古の民家
栗山家住宅
くりやまけじゅうたく

慶長12年(1607)と、建築年代が判明している日本最古の町家。反りのついた大屋根が特徴。
所五條市五條1-2-8 開休料内部非公開

② 天誅組の明治維新
民俗資料館
みんぞくしりょうかん

尊皇攘夷派の天誅組によって焼かれた五條代官所を別地に再建した際の建物で、天誅組決起から終焉までの資料を展示している。
☎0747-22-0450 所五條市新町3-3-1 開10:00〜16:00 休月曜(祝日の場合は翌日) 料無料

③ 五條新町の観光拠点
まちなみ伝承館
まちなみでんしょうかん

明治から大正にかけて建てられた医院兼住居を改修整備した館内は、町の歴史や文化を伝える展示室やトイレなどを備えている。
☎0747-26-1330 所五條市本町2-7-1 開9:00〜17:00(入館は〜16:00) 休水曜(祝日の場合は翌日) 料無料

④ 伝統的な町家建築
まちや館
まちやかん

江戸時代に建築された米商家の旧辻住宅。井戸や竈、箱階段なども復原され、当時の暮らしを偲ばせる。
☎0747-23-2203 所五條市本町2-6-6 開10:00〜16:00 休月・木曜(祝日の場合は翌日) 料無料

⑤ まぼろしの鉄道遺跡
五新鉄道跡
ごしんてつどうあと

奈良県五條市と和歌山県新宮市を結ぶ計画だった鉄道路線。未成線の鉄道跡としてアーチ型の高架橋が地区内に残されている。
☎0747-24-2011(五條市文化財課) 所五條市新町 開休料見学自由

町なかを小川が流れる

商家町・城下町

宇陀松山
うだまつやま

奈良県宇陀市
重要伝統的建造物群保存地区

悠久の時を超えて
表情豊かな町家建築群

古くは「阿騎野」と呼ばれ、大和朝廷の猟場として薬草刈りなどが行われていた地。近世には城下町として栄え、大坂と伊勢を結ぶ交通の要衝として、宇陀川に沿って延びる通りには薬、吉野葛、宇陀紙などの商家が並び、その賑わいから「宇陀千軒」「松山千軒」ともいわれた。間口の広さが特徴で、格子が途切れずに連続する街並みに土蔵や石垣や水路などが一体となって、往時の雰囲気を今に伝えている。

古代狩場、城下町、商家町、薬のまちと時代ごとに変遷して今の街並みを形成している

ACCESS & INFORMATION

近鉄大阪線・榛原駅から、奈良交通バスで20分、大宇陀バス停下車。

宇陀市観光協会 ☎0745-82-2457

昔ながらの製法で葛をさらす作業場が残る森野旧薬園

宇陀松山 MAP

宇陀松山重要伝統的建造物群保存地区

松山西口関門・宇陀恵毘須神社
❷宇陀市歴史文化館「薬の館」
春日神社
宇陀松山城跡
大宇陀高校
神楽岡神社
❶森野旧薬園
大宇陀かぎろひの丘万葉公園
松山会館(旧松山町役場)
まちどラボ
道の駅 宇陀路大宇陀
❸宇陀市松山地区まちづくりセンター「千軒舎」
N 0 300m

---

❶ 江戸時代からの薬草園
森野旧薬園
もりのきゅうやくえん

吉野葛の老舗、森野葛本舗の裏山に広がる薬草園。約250種類もの薬草が栽培され、裏山からは街並みを見渡すことができる。
☎0745-83-0002 ㊟宇陀市大宇陀上新1880 ㊐9:00〜16:30 ㊡不定休 ㊅300円

第11代当主森野賽郭が建て、薬草研究をしたという桃岳庵

❷ 薬商時代の資料を展示
宇陀市歴史文化館「薬の館」
うだしれきしぶんかかん「くすりのやかた」

薬問屋を商っていた細川家住宅を改修した歴史文化館。看板に書かれた「人参五臓圓・天寿丸」という腹薬を販売していた。
☎0745-83-3988 ㊟宇陀市大宇陀上2003 ㊐10:00〜16:00 ㊡月・火曜(いずれかが祝日の場合は水曜休館)、12月15日〜1月15日 ㊅310円

❸ 明治時代の建物を見学できる無料公開施設
宇陀市松山地区まちづくりセンター「千軒舎」
うだしまつやままちづくりセンター「せんげんしゃ」

薬屋・歯科医院だった内藤家住宅で、明治時代前期の建築とされる。改修されて、現在は町屋の無料公開施設として開放されている。
☎0745-87-2274 ㊟宇陀市大宇陀拾生1846 ㊐9:00〜17:00 ㊡無休 ㊅無料

400年前の黒い関門
城下町の要となる出入口

松山西口関門
まつやまにしぐちかんもん

江戸時代初期、福島高晴が城主として宇陀松山城に入城した際に築かれた城門。壁以外は黒塗りであることから「黒門」とも呼ばれる。
☎0745-82-3976(宇陀市文化財課) ㊟宇陀市大宇陀下本・下茶 ㊐㊡㊅見学自由

400年前の建築当時の位置にあり、防備のため門口から道路が直角に折れている

湯浅
ゆあさ

和歌山県湯浅町
重要伝統的建造物群保存地区

醤油の始まりを今に伝える
おいしい日本遺産の技と町

　紀伊半島の西岸に位置し、古くから港町として栄え、陸路でも熊野古道の宿場町として発達した地。醤油醸造の発祥の地としても名高く、鎌倉時代、この地域に伝来したのが「金山寺味噌」。その製造過程で醤油が生まれ、江戸時代には地域を代表する産業になっていった。醸造蔵や古い町家が建つ「通り」とその間を迷路のように結ぶ「小路」を歩けば、手作りの伝統手法を守る老舗醸造元から醤油の香りが漂ってくる。

◻ ACCESS & INFORMATION

JR紀勢本線・湯浅駅下車、徒歩15分。

湯浅町観光協会
☎0737-22-3133

熊野古道沿いに天保9年(1838)に建てられた、高さ2.35mの石の道標「立石道標」

湯浅 MAP

太田久助吟製 ❸
角長 ❷
大仙堀 ❶
角長職人蔵
甚風呂 ❻
旧赤桐家

湯浅美味いもん蔵
❼津浦家
　（旧内伝麹店）
❺旧栖原家住宅
　（フジイチ）
❹北町ふれあい
　ギャラリー
木下家

立石道標・立石茶屋
熊野古道

湯浅町湯浅重要伝統的建造物群保存地区

N
0　　200m

湯浅駅
御坊駅

角長の醤油仕込み蔵群

ここは訪れたい！

❶ 醤油の積み込み港だった
大仙堀
だいせんぼり

醤油やその原料の積み下ろしに使われた内港。醤油醸造蔵から直接小舟に積み込まれた醤油は、沖の大型船に積み替えられ江戸や大坂へと運ばれていった。

❷ 手作り醤油の醸造蔵
角長
かどちょう

天保12年(1841)創業の醤油醸造の老舗。併設の醤油資料館にはジオラマ・パネルが展示され、醤油造りをわかりやすく紹介している。国の重要文化財。
☎0737-62-2035 ⊞湯浅町湯浅7 ⏰9:00〜17:00 ⊗無休

⬆濁り醤(ひしお)180㎖850円(左)と湯浅たまり900㎖1300円(右)

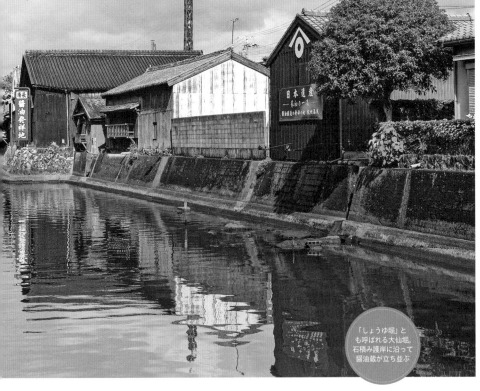

「しょうゆ堀」とも呼ばれる大仙堀。石積み護岸に沿って醤油蔵が立ち並ぶ

③ 金山寺味噌が名物
太田久助吟製
おおたきゅうすけぎんせい

創業は明治6年(1873)、江戸末期の建物で手作りされる金山寺味噌が名物。米、大豆、裸麦に麹菌を付け、白ウリ、丸ナス、しそ、しょうがと一緒に発酵させた、そのまま食べる「おかず味噌」。

📞0737-62-2623 🏠湯浅町湯浅15 🕘9:00～17:00 🈲不定休

⤴昔ながらの手作り金山寺味噌(270g)1080円(税込)

④ 多彩な作品展を開催
北町ふれあいギャラリー
きたまちふれあいギャラリー

明治時代の建物を街並み散策の休憩所を兼ねたギャラリーとして活用。絵画、写真、陶芸、手芸などの作品を月替わりで展示している。

📞0737-64-1128(湯浅町教育委員会) 🏠湯浅町湯浅47-6 🕘9:00～17:00 🈲水曜(祝日の場合は翌日)

⑤ 明治から続いていた醤油の醸造家
旧栖原家住宅(フジイチ)
きゅうすはらけじゅうたく(フジイチ)

明治7年(1874)築の建物を、明治39年に初代栖原秋松が譲り受け、フジイチの屋号で醤油醸造業を営んでいた。主屋と土蔵・文庫蔵などが残っており、湯浅弁で醤油醸造を解説するVRも体験できる。

📞0737-20-9012 🏠湯浅町湯浅557 🕘9:30～16:30 🈲水曜(祝日の場合は翌日) 🈷無料

⑥ 銭湯の民俗資料館
甚風呂
じんぶろ

幕末の頃から昭和の終わりまで営業していた銭湯と住居跡に、電話や時計、蓄音機などの昔懐かしい古民具を展示している。

📞0737-20-2033 🏠湯浅町湯浅428 🕘9:30～16:30 🈲水曜(祝日の場合は翌日) 🈷無料

⑦ 麹文化にふれる
津浦家(旧内伝麹店)
つうらけ(きゅううちでんこうじてん)

醤油や金山寺味噌の製造に欠かせない原料である麹の製造販売業を営んでいた家。明治時代の建物に「麹屋」の趣のある看板が印象的。

🕘🈲🈷内部非公開

城下町 & 武家町

城下町

大和郡山
やまとこおりやま

奈良県大和郡山市

町歩きが楽しい
金魚が泳ぐ城下町

　戦国時代、筒井順慶が築き、豊臣秀吉の弟、秀長が郡山城に入封後に栄えた城下町。商工業の職業別で住み分けさせた「箱本十三町」を作って自治運営させた町は、今も紺屋町、魚町、豆腐町、塩町、雑穀町などの地名が残り、往時を偲ばせる町割や古社寺も点在する。江戸時代から続く金魚の生産地としても有名で、金魚田と呼ばれる養殖池が点在し、金魚をモチーフにした町おこしも盛んだ。

☐ ACCESS & INFORMATION

近鉄橿原線・近鉄郡山駅、またはJR大和路線・郡山駅下車。

大和郡山市観光協会 ☎0743-52-2010

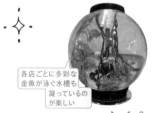

各店ごとに多彩な
金魚が泳ぐ水槽も
凝っているの
が楽しい

大和郡山 MAP

紺屋町に残る水路

紺屋町は染物屋が集まっていた町。道の中央にある水路で染物をさらしていたという

1 金魚が泳ぐ商店街

金魚ストリート やなぎまち商店街
きんぎょストリート やなぎまちしょうてんがい

商店街の店ごとにPCや自販機、改札機などを利用したユニークな水槽が置かれ、約30種200匹の金魚が泳ぐ。御朱印帳を模した各店オリジナルスタンプが集められる「御金魚帖」も好評。

2 遊郭建築を一般公開

町家物語館
まちやものがたりかん

大正時代に建てられた遊郭建築で、連子格子に覆われた木造3階建ての建物。遊女が髪を整えた髪結場近くのハート形三連透窓や意匠を凝らした欄間などを見ることができる。

☎0743-52-8008 ㊟大和郡山市洞泉寺町10 ㊟9:00〜17:00(入館は〜16:30) ㊡月曜(祝日の場合は翌日)、祝日の翌日 ㊟無料

「日本の桜百選」に
選ばれた桜の名所

史跡 郡山城跡
しせき こおりやまじょうあと

天正8年(1580)に筒井順慶により築かれた城。明治時代には荒廃したものの、昭和になると追手門、多聞櫓などが復元された。

☎0743-52-2010(大和郡山市観光協会) ㊟大和郡山市城内町 ㊟㊡見学自由

↑追手門や多聞櫓などが往時を偲ばせる

薬の町としても有名

高取
たかとり

奈良県高取町

山城トレッキングから
城下町散策まで楽しめる

日本三大山城の高取城の麓に栄えた城下町。筒井順慶によって郡山城の詰城として再建されたのち、豊臣秀長の家臣であった本多利久が城主となり、天正13年(1585)山城式に平城式を取り入れた城郭へと整備・拡張。江戸時代に、譜代大名の植村氏が藩主となって以後は、藩主や家臣は山麓の土佐街道の下屋敷に移ったため、商家が軒を並べる街道沿いに武家屋敷が混在する珍しい街並みとなった。

土佐街道の名前は、遠く大和朝廷の都造営の労役で移り住んだ土佐の人々が故郷を懐かしんでつけた地名とか

▢ ACCESS & INFORMATION

近鉄吉野線・壺阪山駅下車。

高取町観光案内所「夢創館」☎0744-52-1150

3月1〜31日には、街道筋の町家、商店などにひな人形が展示され、雛の里親館には、17段500体の「天段の雛」が飾られる

高取MAP

近鉄吉野線
壺阪山駅
吉野口駅
卍満法寺
卍光明寺
石川医院(旧高取藩下屋敷移築表門)
卍光授寺
高取川
土佐恵美須神社
雛の里親館
街の駅 城跡
國府神社
鴨門
池田屋敷跡
高取町観光案内所「夢創館」
植村家長屋門❶
田塩家❷
卍小島神社
高取城跡
壺阪寺❸
総門跡

❶ 近代武家屋敷表門の遺構
植村家長屋門
うえむらけながやもん

江戸時代末期建立の高取藩・城代家老の屋敷。旧大手門通り沿いに漆喰を盛り上げたなまこ壁は間口39mにも及ぶ。長屋門の両側にある部屋は中間たちの住まいだった。
☎0744-52-1150(高取町観光案内所「夢創館」)⊕高取町下子島3 ㋬㋙㋙内部非公開

❷ 警備万全の武家屋敷
田塩家
たしおけ

装飾性と監視・防御を兼ねた出格子窓と格子が横向きの「与力窓」が2つある武家屋敷。両袖に物見処と馬屋を備え、玄関脇にも監視窓付きの塀がある珍しい遺構。
☎0744-52-1150(高取町観光案内所「夢創館」)⊕高取町下子島 ㋬㋙内部非公開

❸ 『壺坂霊験記』で知られる
壺阪寺
つぼさかでら

大宝3年(703)、元興寺の僧・弁基上人が観音菩薩を庵に祀ったのが始まりと伝わる。本尊十一面千手観世音菩薩は、眼病に霊験あらたかな「眼の観音様」として信仰されている。
☎0744-52-2016 ⊕高取町壺阪3 ㋜8:30〜17:00 ㋬無休 ㋓600円

山中に埋もれた城跡
麓から続く石垣ワールド

高取城跡
たかとりじょうせき

標高583.9mの高取山に築かれた山城。城門から天守台までの高低差は390mで、今は豪壮な石垣を残すだけだが、その規模は広大。壺阪山駅から徒歩で約2時間ほどの行程になる。
☎0744-52-3334 ⊕高取町高取 ㋬㋙㋓見学自由

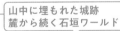

↑本丸、二の丸跡の石垣は往時の栄華を感じさせる規模

環濠集落
かんごうしゅうらく

弥生時代と中世にかけて各地で造られた環濠集落。先人の知恵が詰まる日本の城の起源だ。

環濠集落とは、周囲を濠、土塁、柵で囲んだ大規模な集落のこと。佐賀県の吉野ヶ里遺跡は弥生時代に発展を遂げた大規模な環濠集落の代表例だ。稲作が始まり定住文化が根付いたことで、水や土、食糧などを争う外敵の侵入を防ぐ濠は、防御のほか灌漑・排水・水運などに利用された。中世以降の集落は、近畿地方、ことに奈良盆地に多く残る。

◆萱生環濠集落(奈良県天理市)。山の辺の道沿いにあり、古墳の濠を利用している。北側にある竹之内環濠集落は大和では最も高所に造られた

濠で守られた中世集落の典型
稗田環濠集落
ひえだかんごうしゅうらく

奈良県大和郡山市　**MAP** P.197

東西約260m、南北約260mの規模で、北東に七曲りと呼ばれる屈曲した濠を造り、集落内はT字型や袋小路など防御に適した構造。『古事記』の編纂者である稗田阿礼の出身地と伝わり、稗田阿礼を祀る賣太神社がある。
☎0743-52-2010(大和郡山市観光協会) 所大和郡山市稗田町 交JR大和路線・郡山駅から徒歩20分

城郭的性格を備えた環濠
若槻環濠集落
わかつきかんごうしゅうらく

奈良県大和郡山市　**MAP** P.197

室町時代の戦乱を機に軍事力の向上を目指して整備された。南北70m、東西200mの細長い集落で、町路は遠見遮断を多用した防衛構造。天満神社周辺の濠が最もよく残っている。
☎0743-52-2010(大和郡山市観光協会) 所大和郡山市若槻町 交JR大和路線・郡山駅から徒歩30分

山陰道

丹後・丹波・但馬・因幡・伯耆・出雲・石見・隠岐

京都北部・兵庫北部・鳥取・島根

隠岐
石見　出雲　伯耆　丹後
　　　　　　因幡　但馬
　　　　　　　　丹波

京都を北上して日本海沿岸に連なる北近畿・山陰の国々

北近畿から周防（山口）まで、本州西部の日本海沿岸地域を横断する山陰道一帯のエリア。宿場町の面影は、智頭街道沿いにある因幡最大の宿場・智頭や若桜街道沿いにある山あいの小さな宿場・若桜などで感じることができる。

丹波篠山や出石、津和野は、城下町ならではの景観をよくとどめている。丹波篠山や出石には武家屋敷や商家が通りに軒を連ね、山陰の小京都・津和野とともに、風雅な街並みを楽しませてくれる。城下町からのちに商家町として発展した倉吉では、川沿いに並ぶ赤瓦の白壁土蔵群が味わい深い風景を描く。

内陸部の美山や大杉、板井原は、のどかな里山の風景が魅力。山あいに茅葺き民家が散在する美山の懐かしい風景は「日本の原風景」といわれる。生野銀山や石見銀山では、鉱山町の歴史にふれてみたい。

日本海沿岸には、江戸時代に北前船の寄港地となって発展した港町や漁村を訪ねたい。小さな入り江の町伊根浦では湾曲した入り江に並ぶ舟屋群、美保関や竹野では伝統民家の並ぶ懐かしい港町の風景が広がる。海辺近くに湧く山陰の名湯城崎温泉や温泉津も旅のルートに組み込んで、情緒あふれる温泉街を下駄に浴衣姿でゆっくり散策したい。

↑城下町・出石のシンボルである明治建築の時計台「辰鼓楼」

↑丹波篠山・河原町は城下町で最も賑わった町人地。白壁の商家や土蔵が今も立ち並んでいる

↑「かやぶきの里」として知られる美山。北集落だけで約40棟の茅葺き民家が並ぶ

城下町 & 武家町

城下町・商家町

丹波篠山
たんばささやま

兵庫県丹波篠山市
重要伝統的建造物群保存地区

武家屋敷と町家、城跡が
一体となった城下町の面影

　篠山盆地の中央に位置し、古くから交通の要衝とされた。徳川家康は西国諸大名への抑えとして慶長14年(1609)に篠山城を築かせ、周辺に城下町も整備された。城の西堀沿いには、警備担当の御徒士衆が暮らしていた。彼らの多くは明治の廃藩置県後も転出せず、以後も建物の手入れがされたため、今なお武家町の面影を色濃く残している。河原町では、古い町家が並ぶ旧商家町の風情が楽しめる。

⬜ ACCESS & INFORMATION

JR福知山線・篠山口駅から、神姫バスで13分、二階町バス停下車。

丹波篠山市観光協会 ☎079-506-1535

城の主要建築の
大書院を復元

篠山城跡
ささやまじょうせき

徳川家康の命で慶長14年(1609)に築城。天守の代わりに主要な建物をなした大書院が復元され、内部を一般公開している。
☎079-552-4500 所丹波篠山市北新町2-3
開8:30〜20:00(11〜4月は〜19:00)休散策自由／**大書院**開9:00〜17:00(受付終了16:30)休月曜(祝日の場合は翌日)料400円

江戸後期建造の
武家屋敷が点在。
茅葺きの長屋門と
土塀が通りに連
なる

ここは訪れたい！

2 武士の屋敷を公開
武家屋敷安間家史料館
ぶけやしきあんまけしりょうかん

江戸時代後期に建てられた安間家の武家屋敷。茅葺き屋根、入母屋造りの建築当初の構造が残る。屋内には、安間家に伝わる古文書や日用品、武具などを展示。
☎079-552-6933 所丹波篠山市西新町95
開9:00〜17:00(受付は〜16:30)休月曜(祝日の場合は翌日)料200円

茅葺きで曲り屋の
母屋と瓦葺きの土
蔵が現存。武士の
暮らしを伝える

武家屋敷が連なる

❶ 警備を担う武士の町

御徒士町武家屋敷群
おかちまちぶけやしきぐん

篠山城下の旧武家町で、藩で警備にあたった御徒士衆が暮らした。天保元年(1830)の大火後に建てられた武家屋敷が今も残り、武士たちの暮らしぶりを今に伝えている。
☎079-506-1535(丹波篠山市観光協会)㊟丹波篠山市西新町

❸ 日本最古級の木造裁判所

丹波篠山市立歴史美術館
たんばささやまりつれきしびじゅつかん

明治24年(1891)に篠山裁判所として建造された建物に、丹波篠山に伝わる武具や陶磁器、漆芸などの美術品を展示。
☎079-552-0601 ㊟丹波篠山市呉服町53 ㊺9:00～17:00(受付は～16:30)㊡月曜(祝日の場合は翌日)㊣300円(特別展は異なる場合あり)

❹ 旧藩主の明治期の別邸

青山歴史村
あおやまれきしむら

明治から昭和期に、旧篠山藩主・青山家の別邸だった桂園舎のほか、3棟の土蔵や長屋門も残り、屋内で青山家ゆかりの品々や篠山藩関連の資料、蔵書などを展示。
☎079-552-0056 ㊟丹波篠山市北新町48 ㊺9:00～17:00(受付は～16:30)㊡月曜(祝日の場合は翌日)㊣300円

❺ 代表的な武家屋敷門

小林家長屋門
こばやしけながやもん

文化年間(1804～18)頃に12代藩主・青山忠裕が、老女・小林千衛のために改築した住宅兼用の長屋門。内部に上段の間や見晴らし窓が設けられている。
☎079-552-6907(丹波篠山市商工観光課)㊟丹波篠山市北新町97 ㊡休㊣料内部非公開

※篠山城大書院、武家屋敷安間家史料館、丹波篠山市立歴史美術館、青山歴史村は4館の共通券600円(10～12月の歴史美術館特別展の開催期間中は異なる)、2日間有効

6 江戸時代の商店街
河原町妻入商家群
かわらまちつまいりしょうかぐん

篠山城の築城によって整備された旧商家町。約600mにわたり、妻入りと呼ばれる中2階建ての旧商家や土蔵が連なる。現存する主な建物は江戸時代末期から昭和初期の建築。
☎079-506-1535 (丹波篠山市観光協会)

7 丹波焼の代表作を展示
丹波古陶館
たんばことうかん

平安末期に生まれ、日本六古窯のひとつに数えられている丹波焼を紹介。草創期から江戸末期までの代表作品を年代や形状などで分類展示している。
☎079-552-2524 所丹波篠山市河原町185 開10:00～16:30 休月曜(祝日の場合は翌日)、8月20～31日 料700円(篠山能楽資料館との共通券1000円)

古丹波 三筋壺
平安時代末期
丹波古陶館蔵
高25.5×
胴径20.7cm

8 丹波の文化にふれる
篠山能楽資料館
ささやまのうがくしりょうかん

中世から続く古典芸能・丹波猿楽を中心に、能に関する資料の収集や研究を行っている。能面や装束、楽器などの貴重な歴史コレクションを鑑賞できる。
☎079-552-3513 所丹波篠山市河原町175 開10:00～16:30 休月曜(祝日の場合は翌日)、1・2・8月 料700円(丹波古陶館との共通券1000円)

丹波杜氏の伝統

丹波地域出身の杜氏たちの手で、数多くの灘の銘酒が造り出された。

丹波地域の村々では江戸時代、農閑期に伊丹や池田へ出稼ぎし、酒造りで生活の糧を得ていた。やがて彼らの造る酒が評判となり、篠山出身者らの酒造り集団「丹波杜氏」の名が各地に広まった。「剣菱」や「男山」など、今ある多くの灘の銘酒は、丹波杜氏が手がけたものだ。丹波篠山の民謡・デカンショ節では、「灘のお酒はどなたがつくる おらが自慢の丹波杜氏」と唄われる。丹波杜氏は全国へ指導に赴き、地方の酒造りに貢献した。

酒造のプロ集団の歴史
丹波杜氏酒造記念館
たんばとじしゅぞうきねんかん

酒造りの名匠とされる丹波杜氏の歴史や、日本酒造りの工程をパネルや映像などで紹介する。酒造りの道具も展示されている。

☎079-552-0003(丹波杜氏組合) 所丹波篠山市東新町1-5 開9:00～17:00 土・日曜、祝日10:00～16:00 休11～3月の土・日曜、祝日 料協力金100円

▲灘の銘酒を造り上げた丹波杜氏を詳しく紹介

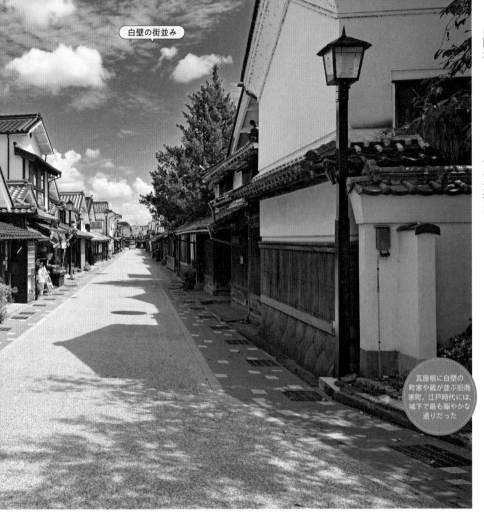

白壁の街並み

瓦屋根に白壁の町家や蔵が並ぶ旧商家町。江戸時代には、城下で最も賑やかな通りだった

\洋風建築にも注目/

レトロな休憩スポット
大正ロマン館
たいしょうロマンかん

大正12年(1923)建造の旧篠山町役場を活用した観光拠点。レストランや売店などがある。

☎079-552-6668 所丹波篠山市北新町97 営10:00〜17:00 休火曜

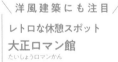

丹波篠山 MAP

N
0   200m

③ 丹波篠山市立歴史美術館
来迎寺卍
二階町
春日神社前
歴史美術館前
城北口
篠山駅
桂園舎(旧青山家別邸)
●大正ロマン館
卍丹波篠山市役所
下立町
④青山歴史村
●丹波篠山デカンショ館
三の丸広場
北端
下立町
●丹波杜氏酒造記念館
秋葉神社
王地山
▲
卍まけきらい稲荷
①御徒士町武家屋敷群
●大書院
上立町
卍宝塔寺
篠山城跡
卍青山神社
立町通り
王地山展望台
南馬出
観音寺卍
卍本経寺
卍光乗寺
丹波古陶館
⑦
⑧篠山能楽資料館
⑤小林家長屋門
外濠
河原町通り
卍真福寺
篠山城南馬出跡
⑥河原町妻入商家群
②武家屋敷安間家史料館
黒岡川
篠山川
京口橋

丹波篠山市篠山重要伝統的建造物群保存地区

出石
いずし

兵庫県豊岡市
重要伝統的建造物群保存地区

町家が美しい「但馬の小京都」多様な年代の建築が町を形成

　出石の城下町は、出石藩主・小出吉英が出石城を築いた慶長9年(1604)頃に整備された。やがて出石藩は5万8000石の雄藩として名を馳せ、城下は但馬地方の政治経済の中枢となって繁栄。今も赤土壁の商家が並び、碁盤目状の町割が残る街並みは、「但馬の小京都」と称される。明治建築の芝居小屋「永楽館」や時計台の「辰鼓楼」、寺社や酒蔵などの建築と相まって趣深い歴史景観を生んでいる。

☐ ACCESS & INFORMATION

JR山陰本線・豊岡駅から、全但バスで30分、出石バス停下車。

但馬國出石観光協会 ☎0796-52-4806

> 出石藩の本城
> 櫓や門を復元

出石城跡
いずしじょうせき

有子山山頂の山城を廃し、慶長9年(1604)頃に小出吉英が山麓に築城した平山城。野面積みの石垣が現存し、隅櫓や城門、登城橋などが復元された。上部からの眺望も見事。☎0796-52-4806(但馬國出石観光協会) 所豊岡市出石町内町 開休料見学自由

↑天守はなく、4基の櫓などが築かれていた

↩復元された登城橋を渡って城跡を見学

ここは訪れたい！

① 日本最古級の時計台
辰鼓楼
しんころう

明治4年(1871)に太鼓で時を告げる楼閣として建造され、明治14年(1881)に大時計が設置された。現在の時計は3代目。
☎0796-52-4806(但馬國出石観光協会) 所豊岡市出石町内町 開休料見学自由

② 明治期の生糸商の屋敷
出石史料館
いずししりょうかん

明治時代の豪商の旧宅を公開し、出石藩ゆかりの資料も展示する。数寄屋風の邸宅の随所に意匠を凝らした装飾が見られ、離れや土蔵も公開している。
☎0796-52-6556 所豊岡市出石町宵田78 開9:30~17:00(入館は~16:30) 休火曜 料300円

③ 武家の暮らしを伝える
出石家老屋敷
いずしかろうやしき

上級武士が暮らした屋敷。隠し階段を設けるなど、防備用の造りが各所に見られる。内部では大名行列の諸道具など出石藩の資料を展示。
☎0796-52-3416 所豊岡市出石町内町98-9 開9:30~17:00(入館は~16:30) 休無休 料200円

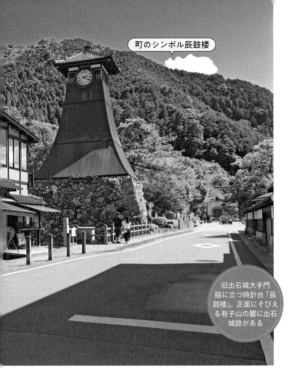

町のシンボル辰鼓楼

旧出石城大手門脇に立つ時計台「辰鼓楼」。正面にそびえる有子山の麓に出石城跡がある

町家建築のそば店や酒造店、みやげ物店などの店舗も数多く並ぶ

洋風建築にも注目

モダンな明治の洋館

出石明治館
いずしめいじかん

明治20年(1887)に建造された木造擬洋風建築の郡役所。内部は出石の郷土資料館に活用されており、出石の偉人に関する展示を行う。☎0796-52-2353 ㉑豊岡市出石町魚屋50 ⊕9:30～17:00(入館は～16:30)㉘月曜 ㉔200円

---

④ 明治の芝居小屋が現存

出石永楽館
いずしえいらくかん

明治34年(1901)に開館した近畿最古の芝居小屋。歌舞伎などが上演され賑わったが、のちに閉館。平成20年(2008)に改修して復活を遂げた。
☎0796-52-5300 ㉑豊岡市出石町柳17-2 ⊕9:30～17:00(入館は～16:30) ㉘木曜 ㉔400円

名物の出石皿そば。出石焼の白い小皿に盛り分けて出される。出石には約50軒のそば店が並ぶ

---

⑤ 江戸時代から銘酒を生んだ酒蔵

出石酒造酒蔵
いずししゅぞうさかぐら

老舗酒造場の江戸時代中期建造の酒蔵。赤壁が情緒を醸し出している。売店も設けている。
☎0796-52-2222 ㉑豊岡市出石町魚屋114-1 ⊕9:30～18:30 ㉘不定休

出石MAP

文化7年（1810）
出石城下町絵図（部分）

豊岡市立歴史博物館提供

水路が流れ、商家造りの家屋が並ぶ旧城下町・鹿野。殿町、大工町などの町名も往時の名残

城下町・在郷町

鹿野
しかの

鳥取県鳥取市

碁盤目のような水路と
町家建築が情緒を醸す

　戦国時代に亀井氏の城下町が整備され、江戸時代には商業中心の町として、また鹿野往来の宿場町として発展した。城跡や町割り、縦横に走る水路、町名などに城下町の名残をとどめている。江戸末期から明治期を中心に建てられた商家造りの町家建築が街並みを形成。古民家がカフェやみやげ物店にも活用されている。

ACCESS & INFORMATION

JR山陰本線・浜村駅から、日ノ丸バス白兎海岸線で19分、立町バス停下車。

鳥取市鹿野往来交流館 童里夢
☎0857-38-0030

↑戦国時代の亀井氏の居城・鹿野城跡。内堀や石垣に往時の面影を残す。桜の名所として知られ、春は花見客で賑わう

↑鳥取市西部の観光拠点「鳥取市鹿野往来交流館 童里夢」。地域の歴史や伝統行事を紹介する展示や特産品販売を行う

城下町・商家町

米子
よなご

鳥取県米子市

「山陰の大坂」と謳われ
水運に恵まれた商都の面影

　安土桃山時代に近世城郭の米子城が築城されて以降、米子は城下町として栄えた。江戸時代には加茂川などを利用した水運が盛んになり、物資の集散する商業の町として明治時代まで大きな発展を遂げる。加茂川沿いには、白漆喰の土蔵や商家が立ち並ぶ。水辺に出入口を設けた建物風情は水運都市ならでは。

ACCESS & INFORMATION

JR山陰本線・米子駅下車。

米子市国際観光案内所 ☎0859-22-6317

加茂川沿いに立ち並ぶ白壁土蔵。加茂川・中海遊覧船で水上からも商都の風情が楽しめる

↑江戸時代に海運業を営んだ後藤家の邸宅跡。母屋と2つの蔵が国の重要文化財。屋根は寺院建築同様の重厚な本瓦葺き（内部非公開）

↑米子城跡。近世城郭は安土桃山時代に毛利一族の吉川広家が築城。湊山頂上の天守跡から日本海や市街地を望む

松江 塩見縄手
まつえ しおみなわて

島根県松江市

小泉八雲も暮らした
武家屋敷の連なる通り

松江は宍道湖と中海に挟まれて位置し、川が縦横に市内を巡る「水の都」として知られる。江戸前期築城の松江城には、山陰唯一の現存天守がそびえ立つ。城の周囲に築かれた城下町のたたずまいをとどめるのが、北堀沿いに続く塩見縄手の通り。上級・中級武士が暮らした武家屋敷が今も残されている。小泉八雲が居を構えた旧居も残されており、内部を公開している。

◻ ACCESS & INFORMATION

JR山陰本線・松江駅から、ぐるっと松江レイクラインバスで16分、小泉八雲記念館前バス停下車。

松江観光協会 ☎0852-27-5843

松江城を取り囲む約3.7kmの堀川を、小船で遊覧する「堀川めぐり」

松江 MAP

- ❷小泉八雲旧居（ヘルン旧居）
- 小泉八雲記念館
- 小泉八雲記念館前
- ▪塩見縄手
- ❶武家屋敷
- ぐるっと松江堀川めぐり（松江堀川遊覧船）
- ❸田部美術館
- 松江城・
- ・松江歴史館
- ◎島根県庁
- 京橋川
- 船玉稲荷神社 🏣
- 松江市役所
- 北松江線一畑電車
- 松江しんじ湖温泉駅
- 大宮橋川
- 大橋川
- 宍道湖
- 松江駅
- N 0 400m

のちに松江藩家老となった塩見小兵衛の邸宅があった狭い通り（縄手）が、「塩見縄手」の由来とされる

❶ 280年前の姿をそのままにとどめる
武家屋敷
ぶけやしき

江戸時代初期から幕末にかけて、上級・中級武士が屋敷替えによって入れ替わり暮らしていた屋敷を保存。往時の間取りが残る屋敷内には、刀筆筒などの調度や化粧道具、玩具などの生活用具を展示。
☎0852-22-2243 所松江市北堀町305 営8:30〜18:30(10〜3月は〜17:00) 入館は各30分前まで 休無休 料310円

❷ 八雲が新婚生活を送った武家屋敷
小泉八雲旧居（ヘルン旧居）
こいずみやくもきゅうきょ（ヘルンきゅうきょ）

小泉八雲が妻・セツとともに明治24年(1891)に約5カ月間暮らした武家屋敷。江戸後期建造の屋敷で、日本庭園が主屋を取り囲む。
☎0852-23-0714 所松江市北堀町315 営8:30〜18:30(10〜3月は〜17:00) 入館は各20分前まで 休無休 料310円

❸ 立派な門をくぐって芸術品鑑賞
田部美術館
たなべびじゅつかん

松江藩松平家7代藩主・松平不昧公の愛蔵品など、茶道具を展示。入口にある武家屋敷の長屋門は市の指定文化財。
☎0852-26-2211 所松江市北堀町310-5 営9:00〜17:00(入館は〜16:30) 休月曜(祝日の場合は開館) 料700円

実戦重視の現存天守別名は「千鳥城」

松江城
まつえじょう

慶長16年(1611)に完成した松江藩の居城で、全国に現存する12天守のひとつ。天守の最上階から市街が一望できる。天守は国宝。
☎0852-21-4030 所松江市殿町1-5 営8:30〜18:30(10〜3月は〜17:00) 登閣受付は各30分前まで 休無休 料680円

➌千鳥が羽を広げたような曲線の屋根であることから「千鳥城」とも呼ばれる

津和野
つわの

島根県津和野町
重要伝統的建造物群保存地区

「山陰の小京都」と称される
優美なたたずまいの城下町

西中国山地の盆地に広がる津和野は、城下町の美しい街並みで知られる。江戸前期に、今日の津和野の基礎となる城下町が形成された。武家町のメイン通りだった殿町通りには、重厚な武家屋敷門が沿道に連なり、なまこ壁の塀や鯉の泳ぐ堀が情緒を誘う。古い商家建築の商店が軒を連ねる本町通りは、かつての商家町。津和野出身の文豪・森鷗外など、多くの逸材を輩出した藩校養老館跡も残る。

☐ ACCESS & INFORMATION

JR山口線・津和野駅下車。

津和野町観光協会 ☎0856-72-1771

旧武家地の殿町通り。水路を保存修理し、電柱の地中化を行うなどして城下町の趣を保つ

ここは訪れたい！

山城の頂から津和野の町を一望

津和野城跡
つわのじょうせき

標高362mの霊亀山頂上に吉見氏が鎌倉時代に築いた山城で、明治維新まで藩主の居城とされた。石垣がほぼ完全な形で残り、山麓には江戸時代の藩邸の遺構である2棟の櫓が残る。
☎0856-72-1771(津和野町観光協会) 働津和野町後田 働休料見学自由

⟲江戸時代の藩邸の表門にあった馬場先櫓。幕末の再建とされる。近くには藩邸庭園の嘉楽園がある

① 上級武士の屋敷の遺構

旧津和野藩家老
多胡家表門
きゅうつわのはんかろうたごけおもてもん

津和野藩筆頭家老・多胡氏の邸宅の表門。幕末の安政年間(1854〜60)の建造とされる。多胡氏は殖産興業の奨励に努め、藩の繁栄に貢献した。
☎0856-72-1771(津和野町観光協会)
働津和野町後田 働休料見学自由

② 江戸時代の教育施設

藩校養老館
はんこうようろうかん

天明6年(1786)、津和野藩主の亀井氏が創設した藩校跡。武術教場や御書物蔵の建物と敷地が残る。
☎0856-72-0300(津和野町郷土館) 働津和野町後田66 働9:00〜17:00 働無休 料100円

③ 大正期の和風公共建築

郡庁跡
ぐんちょうあと

大正8年(1919)に鹿足郡役所として建造された。昭和30年(1955)からは津和野町役場となり、現在も庁舎として利用されている。
☎0856-72-1771(津和野町観光協会)
働津和野町後田口64-6 働8:30〜17:00 働土・日曜、祝日 料無料

カラフルな鯉が泳ぐ殿町通りの水路。初夏には花菖蒲が水路脇に花開く

益田駅
光明寺卍
津和野駅
安野光雅美術館
津和野町津和野重要伝統的建造物群保存地区
津和野町日本遺産センター
古橋酒造 ⑥
永明寺卍
妙寿寺卍
本町通り
殿町通り
高岡通り
万里
門前
郡庁跡 ③
旧津和野藩老 ①
多胡家表門
津和野カトリック教会
藩校養老館 ②
太鼓谷稲成神社卍
弥栄神社卍
郷土館前
津和野町郷土館
津和野川
観光リフト乗り場
杜塾美術館
卍本性寺
山口線
剱玉神社
嘉楽園
津和野城馬場先櫓
津和野城跡大手登山口
⑨
津和野城跡
④ 西周旧居
⑤ 森鷗外旧宅・森鷗外記念館
山口駅

N
0　　　300m

---

④ 「日本の哲学の父」旧宅

西周旧居
にしあまねきゅうきょ

津和野藩の藩医の長男で、のちに啓蒙思想家となる西周が25歳まで過ごした。森鷗外旧宅の向かいにあり、母屋や土蔵などが現存する。
📞0856-72-3210(森鷗外記念館) 🏠津和野町後田64-6 🕘9:00～17:00 🈵無休 💴無料

---

⑤ 明治の文豪が幼少期を過ごした

森鷗外旧宅・森鷗外記念館
もりおうがいきゅうたく・もりおうがいきねんかん

小説家・森鷗外が文久2年(1862)に生まれ、10歳まで過ごした家。父は津和野藩の藩医だった。隣接する記念館では、映像や写真パネル、遺品、直筆原稿などを公開している。
📞0856-72-3210 🏠津和野町町田イ238 🕘9:00～17:00(入館は～16:45) 🈵月曜(祝日の場合は翌日)、旧宅は無休 💴600円(旧宅の観覧料含む、旧宅のみは100円)

赤い石州瓦屋根の商家や蔵が並ぶ本町通り。造り酒屋やみやげ物店などが軒を連ねる

洋風建築にも注目

城下町に溶け込む教会

津和野カトリック教会
つわのカトリックきょうかい

城下町に異国の風情を添える、昭和6年(1931)建造のカトリック教会。ゴシック風建築の屋内には畳が敷かれている。
📞0856-72-0251 🏠津和野町後田口66-7 🕘8:00～17:00 🈵無休 💴見学無料

---

⑥ 明治建築の造り酒屋

古橋酒造
ふるはししゅぞう

明治初期創業の造り酒屋。地元の湧水と酒米を使った代表銘柄「初陣」などを販売。事前に予約すれば、昔ながらの酒蔵を見学できる。
📞0856-72-0048 🏠津和野町後田ロ196 🕘9:00～17:00 🈵無休(酒造期は見学不可の場合あり) 💴酒蔵見学無料

天保11年（1841）
津和野城下町絵図（部分）

津和野町郷土館蔵

津和野藩御殿

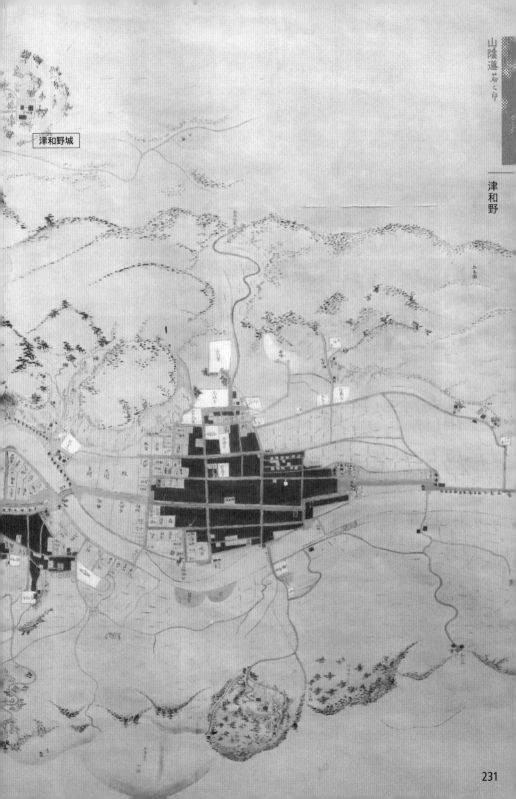

津和野城

商家町 & 在郷町

商家町

倉吉
くらよし

鳥取県倉吉市
重要伝統的建造物群保存地区

軒を連ねる土蔵と商家
商業の町の栄華の名残

　鳥取県中央部に位置し、古代から政治・文化・経済の中心地だった。室町時代には打吹山に山城が、山麓に城下町が築かれている。江戸時代に鳥取藩家老・荒尾氏の陣屋町となってからは、交通の要衝という地の利を生かして商業が盛んになり、大正時代まで商工都市として発展していった。玉川沿いに並ぶ、白壁に赤い石州瓦屋根の土蔵群、本町通りの商家の街並みが往時の繁栄を伝える。

☐ ACCESS & INFORMATION

JR山陰本線・倉吉駅から、市内路線バスで12分、赤瓦・白壁土蔵バス停下車。

倉吉白壁土蔵群観光案内所 ☎0858-22-1200

市街地南部にそびえる標高204mの打吹山。室町時代に城が築かれた

打吹玉川の白壁土蔵群

白漆喰と焼杉板の壁、赤い石州瓦屋根の土蔵群、連なる石橋が昔ながらの面影を残す

ここは訪れたい!

1 川沿いに白壁が連なる
倉吉白壁土蔵群
くらよししらかべぞうぐん

玉川のほとりに連なる土蔵群は、江戸時代から明治時代の建造が多い。壁面の白漆喰や焼杉板は防水・耐火の役目を果たす。建物を改装したカフェや工房もある。
☎0858-22-1200(倉吉白壁土蔵群観光案内所) 所倉吉市新町1丁目、東仲町、魚町、研屋町周辺

2 醤油を使ったスイーツが人気
桑田醤油醸造場
くわたしょうゆじょうぞうじょう

白壁土蔵で醤油を造り続けて140年余り、今も昔ながらの製法を守る。各種醤油製品のほか、醤油を使った加工品も多く、観光客に好評だ。
☎0858-22-2043 所倉吉市東仲町2591 営9:00〜17:30 休不定休

➡醤油のアイスクリームやマカロンをおみやげに

倉吉MAP

国313

倉吉市打吹玉川重要
伝統的建造物群保存地区

倉吉白壁土蔵群　❶倉吉線鉄道記念館

誓願寺卍　卍妙寂寺　打吹公園通り　赤瓦・白壁土蔵　白壁倶楽部
吉祥院卍　大蓮寺卍光明寺　卍大岳院
倉吉淀屋❹　弁天参道❺
桑田醤油醸造場❷　❸元帥酒造本店
倉吉陣屋跡　❸倉吉白壁土蔵群観光案内所
秋葉神社勝斗寺卍　防災センターくら用心
卍満正寺　大江神社　倉吉市役所◎　隆泉寺卍　倉吉駅
鎮霊神社　倉吉博物館　賀茂神社
倉吉歴史民俗資料館

長谷寺卍　▲打吹山
打吹城跡

N
0　　200m

赤瓦の館

倉吉の伝統的な街並みを保存するため、古い蔵や店舗を改装してカフェやレストラン、物産館などに活用している。現在、一～十八号館まであり、散策の際の便利な立ち寄り・休憩スポットとなっている。

---

❸ 幕末に創業した老舗酒蔵
元帥酒造本店
げんすいしゅぞうほんてん

嘉永年間(1848～54)から酒造りを続ける酒蔵。米の旨みを大切に爽やかな含み香を持つ酒を生み出している。すっきりした飲み心地が人気。

⭐やや辛口で香り豊かな大吟醸　元帥斗瓶囲い　5500円

☎0858-22-5020　🏠倉吉市東仲町2573　⏰9:00～17:30　🈂無休

町家を復元した「防災センターくら用心」は見学自由。週末には農産物の販売やギャラリーとして使用されることもある

---

❹ 倉吉最古の町家を公開
倉吉淀屋
くらよしよどや

豪商・牧田家の旧宅で、主屋と付属屋が残っており、市の有形文化財に指定されている。宝暦10年(1760)建造の主屋は、倉吉市に現存する最古の町家建物。

☎0858-23-0165　🏠倉吉市東岩倉町2280-3　⏰9:00～17:00　🈂無休　🈵無料

---

❺ 生活感あふれる参道
弁天参道
べんてんさんどう

朱色の行灯が味わいある小路。山門をくぐって境内に入ると、大蓮寺のモダンで立派な本堂が現れる。

☎0858-22-1200(倉吉白壁土蔵群観光案内所)　🏠倉吉市新町

洋風建築にも注目

レトロ建築でランチ
白壁倶楽部
しらかべくらぶ

明治41年(1908)建築の国の登録有形文化財、旧国立第三銀行倉吉支店の建物を改装したレストラン。レトロな雰囲気のなかでフレンチを楽しめる。

☎0858-24-5753　🏠倉吉市魚町2540　⏰10:30～21:00　※ディナーは要予約　🈂水曜、第3火曜

石見銀山
いわみぎんざん

島根県大田市
重要伝統的建造物群保存地区

多様な身分や職種の人々が混在して暮らした銀山の町

　島根県大田市の山間部にある大森町は、石見銀山の関係者が暮らす鉱山町だった。江戸時代前期に江戸幕府の代官所が置かれ、周辺には豪商の屋敷や武家屋敷、職人屋敷、寺院が立ち並んだ。銀山の最盛期には数万人が町に暮らしたという。銀山の閉山で過疎化が進んだが、江戸時代からの武家屋敷や商家、代官所の残る通りに町民の暮らしが垣間見える。

ACCESS & INFORMATION

JR山陰本線・大田市駅から、石見交通バスで25分、大森代官所跡バス停下車。

石見銀山大森観光案内所 ☎0854-88-9950

ここは訪れたい！

かつて世界に名を馳せた銀山

石見銀山（龍源寺間歩）
いわみぎんざん（りゅうげんじまぶ）

日本最大の銀山跡として知られる。戦国時代から大正時代までの約400年の間、銀の採掘・精錬が行われた。
☎0854-89-0117 ⑰大田市大森町二183 働9:00〜17:00（12〜2月は〜16:00）入場は各10分前まで ㊡無休 ㊎410円

⛏900以上ある間歩のなかで唯一、常時公開されている間歩

1 かつての大森代官所跡

いも代官ミュージアム
いもだいかんミュージアム

徳川幕府の直轄領の銀山一帯を統括した代官所の跡で、江戸後期築の門長屋が現存する。採掘工具や鉱石など、石見銀山の関連資料を展示。
☎0854-89-0846 ⑰大田市大森町ハ51-1 働9:30〜17:00 ㊡火・水曜（祝日の場合は翌日） ㊎550円

2 大森町最大の商家建築

熊谷家住宅
くまがいけじゅうたく

銀山経営や御用商人も務め、大森で最も有力な商家のひとつだった熊谷家の大邸宅。江戸後期の大火後に再建された主屋や5棟の蔵が復元・修復されている。国の重要文化財。
☎0854-89-9003 ⑰大田市大森町ハ63 働9:30〜17:00 ㊡毎月最終火曜、ほか臨時休館あり ㊎520円

広大な敷地を持つ熊谷家住宅。江戸後期から明治期建造の建物が並ぶ

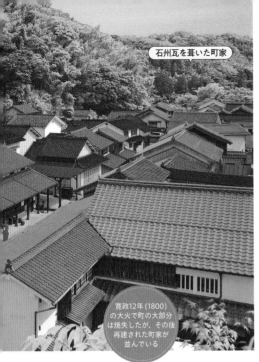
石州瓦を葺いた町家

寛政12年(1800)の大火で町の大部分が焼失したが、その後再建された町家が並んでいる

⑤ 地役人が暮らした屋敷
代官所地役人遺宅 旧河島家
だいかんしょやくにんいたく かわしまけ

江戸時代、銀山附地役人を務めた河島家の屋敷。江戸後期に建築された主屋が見られる。武家屋敷の特徴を示す通り沿いの門や塀、庭も整備され、往時の姿をとどめる。

☎0854-89-0932 所大田市大森町ハ118-1 時9:30～16:30 休火曜、ほか臨時休館あり 料200円

/ 洋風建築にも注目 /

明治時代に開設の旧大森区裁判所を復元
大森町並み交流センター
おおもりまちなみこうりゅうセンター

明治23年(1890)に開設された旧大森区裁判所。法廷の一部が復元され、町を紹介する資料展示室もある。

☎0854-89-0330 所大田市大森町イ490 時9:00～16:30 休不定休 料無料

④ 江戸時代の商家の建物
石見銀山 群言堂本店
いわみぎんざんぐんげんどうほんてん

ライフスタイルブランドを展開し、衣類や雑貨、スキンケア商品なども扱う群言堂の本店。築約170年の旧商家を再生した建物で、ショップのほかに中庭を望むカフェでは、地の食材を使ったランチやデザートも楽しめる。

☎0854-89-0077 所大田市大森町ハ183 時11:00～17:00(カフェ16:30LO) 休水曜(祝日の場合は営業)

③ 武家屋敷に泊まる
暮らす宿 他郷阿部家
くらすやどたきょうあべけ

築230年の武家屋敷を再生した宿泊施設。竈を備えた台所で手作りする家庭料理を味わい、暮らしの豊かさを思い出す、心のふるさとのような場所。和室や洋間が用意され、1日2組限定。

☎0854-89-0022 所大田市大森町ハ159-1

山々に囲まれた銀山川沿いの通りに伝統的な町家建築が軒を連ねる

石見銀山 MAP

大田市駅

いも代官ミュージアム ①
熊谷家住宅 ②
大森代官所跡
青山家住宅
妙蓮寺
井戸神社
⑤代官所地役人遺宅 旧河島家
大田市大森銀山重要伝統的建造物群保存地区
大森町並み交流センター
暮らす宿 他郷阿部家 ③
宗岡家
石見銀山群言堂本店 ④
石見銀山
大森観光案内所
石見銀山処刑場跡地
羅漢寺
五百羅漢
妙正寺
極楽寺
安養寺
石見銀山世界遺産センター
山吹城跡
清水寺
新切間歩
高橋家住宅
石見銀山(龍源寺間歩)
佐毘売山神社

0 500m

N

235

製織町

加悦 ちりめん街道
かや ちりめんかいどう

京都府与謝野町 重要伝統的建造物群保存地区

丹後ちりめんで大きく発展
町の近代化を物語る建築群

　丹後半島の付け根にある加悦地区では、中世から絹織物の生産が盛んに行われていた。江戸時代にちりめん織の技術が京都・西陣から伝わると、丹後ちりめんの一大産地に発展する。ちりめん街道沿いには、町の近代化の歴史を伝える江戸時代から昭和初期までの建物が立ち並ぶ。今も軽快な機を織る音が町に響いている。

☐ ACCESS & INFORMATION

京都丹後鉄道宮豊線・与謝野駅から、タクシーで約10分（約6.2km）。

与謝野町観光協会 ☎0772-43-0155

江戸〜昭和初期の建築が立ち並ぶちりめん街道。写真は、嘉永元年(1848)に建てられた杉本家住宅

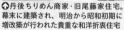
↑丹後ちりめん商家・旧尾藤家住宅。幕末に建築され、明治から昭和初期に増改築が行われた貴重な和洋折衷住宅

↑昭和初期に建造された洋風建築の旧加悦町役場庁舎。現在は観光案内所やシルク産品の展示販売コーナーなどがある

鉱山町

生野銀山
いくのぎんざん

兵庫県朝来市

銀の生産に湧いた鉱山町で
隆盛期の面影をたどる

　生野銀山は16世紀から昭和48年(1973)まで活躍した鉱山。最盛期の江戸時代に、現・朝来市生野町に鉱山町が開かれた。町には江戸期の地役人屋敷や郷宿などの町家が残り、近代鉱山となった明治期以降の近代建築も混在。カラミ石と呼ばれる、製錬くずを固めた石が民家塀や水路に使われており、鉱山町独特の景観を生む。

☐ ACCESS & INFORMATION

JR播但線・生野駅下車。

朝来市観光協会生野支部 ☎079-679-2222

生野銀山の官吏や技士が暮らした旧生野鉱山職員宿舎。塀には製錬くずのカラミ石を利用

↑生野銀山は江戸時代に、石見銀山と並ぶほどの銀の産出量を誇った。明治時代には官営鉱山となって近代化を遂げた

↑江戸時代の郷宿を改修整備した「生野まちづくり工房井筒屋」。内部を見学でき、カフェやギャラリー、売店もある

商家町

平田 木綿街道
ひらた もめんかいどう

島根県出雲市

上質な木綿で栄えた町の
漆喰となまこ壁の家並み

　町を東西に流れる平田船川沿いの街道に、古い街並みが残されている。平田町は江戸期から明治期に、宍道湖をつなぐ平田船川の水運を利用した物資の集散地として栄えた歴史を持つ。江戸時代には、この地に集まる良質な「雲州平田木綿」が上方で評判を呼び、町に大きな繁栄をもたらした。平田船川沿いの片原町や新町、宮ノ町に江戸時代からの商家が軒を連ね、往時の繁栄ぶりがうかがえる。

☐ ACCESS & INFORMATION

一畑電鉄・雲州平田駅下車。

出雲観光協会 ☎0853-31-9466

平田船川の水辺近くに商家が並んでおり、船着き場や洗い場も設けられた

平田 MAP

江戸中期建造の本石橋邸

平田船川沿いに続く「木綿街道」。木綿の集散地として栄えた時代の面影を残している

❶ 江戸中期の大邸宅「本石橋邸」に隣接
木綿街道交流館
もめんかいどうこうりゅうかん

木綿街道にある観光案内所兼食事処。隣接する建物は約250年前に建てられた本石橋邸で、藩主御成りの座敷や茶室、庭園を見学できる。
☎0853-62-2631 ⬤出雲市平田町841 ⏰9:00〜17:00 休火曜(祝日の場合は翌平日)

❷ 江戸期から受け継ぐ菓子
來間屋生姜糖本舗
くるまやしょうがとうほんぽ

創業は正徳5年(1715)。煮詰めた砂糖に地元産宍西生姜の絞り汁を加え、冷まし固めたシンプルな生姜糖を販売。
☎0853-62-2115 ⬤出雲市平田町774 ⏰9:00〜19:00 休不定休

↑昔から変わらぬ味を守り続ける生姜糖600円

❸ 造り酒屋を宿に改装
NIPPONIA
出雲平田 木綿街道
ニッポニアいずもひらた もめんかいどう

18世紀中頃に建てられた旧石橋酒造の建物を改装した宿泊施設。かつての客間や酒蔵など、往時の趣を残した全6室を用意。一軒家のようなゆったりとした客室空間が広がる。
☎0853-31-9202 ⬤出雲市平田町新町831-1

❹ 木綿街道の造り酒屋
酒持田本店
さけもちだほんてん

明治10年(1877)創業の日本酒の蔵元。出雲杜氏が醸す代表銘柄「ヤマサン正宗」で知られる。
☎0853-62-2023 ⬤出雲市平田町785 ⏰8:30(土・日曜、祝日9:30)〜18:00 休不定休

港町 & 漁村

漁村集落

伊根浦
いねうら

京都府伊根町
重要伝統的建造物群保存地区

入り江に連続する舟屋群
波穏やかな漁村の風景

　丹後半島の東端に位置する伊根浦は、伊根湾沿いにある小さな漁村。湾に面して約5kmにわたり、約230軒の舟屋が立ち並ぶ独特の景観で知られる。舟屋とは、1階に漁船の格納庫や作業場、2階に居室を設けた建物で、江戸中期から昭和初期に建てられている。主屋は細い道路を挟んだ山側に建てられた。波が穏やかで干満の差が少なく、海がすぐに深くなるなどの自然条件が舟屋群の景観を生んだ。

▣ ACCESS & INFORMATION

京都丹後鉄道・天橋立駅から、丹海バス伊根線で57分、伊根バス停下車。

伊根町観光協会 ☎0772-32-0277

湾から船を入れるため1階の間口を開放し、床に傾斜路を設けた

伊根浦 MAP

173 伊根トンネル
平田トンネル
伊根町伊根浦重要伝統的建造物群保存地区
🚻伊根
道の駅 舟屋の里伊根
海蔵寺 （宿坊 櫻海）
八阪神社
正法寺 舟屋日和
大乗寺 ふなや喜左衛門
伊根漁協前
伊根漁港
🚏伊根湾めぐり・日出 おちゃやのかか
伊根湾めぐり遊覧船 （民俗資料館）
伊根湾
阿字野神社
宇亀島伊根舟屋群 卍慈眼寺
青島
伊根城跡
N
0 500m

伊根湾舟屋群

三方を山に囲まれた伊根湾に連なる舟屋。山が迫る舟屋の裏側には主屋の建物が立ち並ぶ

MACHI めぐり

海の上から舟屋を眺める

　舟屋群は海側から眺めると、その特徴が最もよくわかる。伊根湾を巡る遊覧船を利用すれば、海上から舟屋の連なりや山に囲まれた伊根浦の風景をゆっくりと満喫できる。

伊根湾めぐり遊覧船
いわんめぐりゆうらんせん
☎0772-32-0009 　所伊根町日出11 　営9:00〜16:00
※季節により変動あり（毎時0分、30分発）　休荒天時
料1000円

北前船の寄港地として栄えた、日本海の港町

焼杉板が張られた家屋が並ぶ。竹野川の沿岸付近の川港でも同様の風景が見られる

港町

竹野
たけの

兵庫県豊岡市

板壁の家屋が路地に並び
日本海の風雪に耐える

日本海に面した古くからの漁村で、江戸から明治時代に北前船の寄港地として栄えた。竹野浜の付近には迷路のような細い路地が走り、焼杉板の家々の街並みが広がる。家屋を覆う外壁の焼杉板は、日本海特有の塩分を含む風雪や砂から家々を守る役目を果たしている。先人の知恵が生んだ情緒を誘う港町の風景だ。

☐ ACCESS & INFORMATION

JR山陰本線・竹野駅下車、徒歩20分。

たけの観光協会 ☎0796-47-1080

⬆猫崎半島と竹野浜が美しい竹野の風景。浜辺近くに密集した街並みが広がる

港町

美保関
みほのせき

島根県松江市

北前船で栄えた往時を偲ぶ
雨に濡れて味わいを増す石畳

島根半島の東端、リアス式海岸が美しい歴史ある港町。江戸時代には北前船の寄港地として繁栄した。海辺近くに延びる青石畳通りは、物資を運ぶために江戸後期に敷かれた石畳で、廻船問屋や旅籠が賑やかに軒を連ねていた。敷石の青石は水を含むと青色に変わり、雨の日には古建築の並ぶ石畳が青く艶めいていっそう趣深い。

☐ ACCESS & INFORMATION

JR山陰本線・松江駅から、一畑バスで45分、美保関ターミナルでコミュニティバスに乗り換え、美保関バス停(終点)下車。

松江観光協会 美保関町支部 ☎0852-73-9001

青石畳通りには、今も元廻船問屋や旅館などの古建築が並び、往時の情緒が感じられる

農村 & 山村

山村集落

美山
みやま

京都府南丹市
重要伝統的建造物群保存地区

200年前後の歴史を刻む
茅葺き民家が並ぶ京の山里

　京都府のほぼ中央にある南丹市美山町。由良川の流れる谷間に、江戸時代から明治時代に建てられた茅葺き民家が数多く残り、昔ながらの山村風景を描く。なかでも北集落は、50棟のうち39棟を茅葺き民家が占め、「かやぶきの里」と呼ばれる。一帯の家屋は「北山型民家」と呼ばれ、田の字型の間取りや木製の壁と戸、一段高い土間の「上げ庭」が主な特徴。美山民俗資料館などで家屋の内部が見学できる。

江戸〜明治期に建てられた茅葺き民家が並ぶ北集落。茅葺きの民家での宿泊体験もできる

ACCESS & INFORMATION

JR山陰本線・園部駅から、南丹市営バスで1時間、北バス停下車。

南丹市美山観光まちづくり協会
☎0771-75-1906

「かやぶきの里」の入口にあるバス停の待合所も茅葺き屋根をいただく

美山MAP

南丹市美山町北重要伝統的建造物群保存地区

普明寺卍
北稲荷神社⛩
美山民俗資料館❶
❷ちいさな藍美術館
⛩鎌倉神社
⛩知井八幡神社
美山かやぶき由良里街道
由良川
北
栖雲大橋
38
石田家住宅
園部駅
N
0　　　200m

ここは訪れたい！

❶ 茅葺き民家を一般公開
美山民俗資料館
みやまみんぞくりょうかん

農家住宅の主屋と納屋、蔵を公開。主屋と納屋は平成12年(2000)に焼失したが、2年後に忠実に復元された。内部では古い農機具や生活道具を展示。往時の間取りや茅葺き民家での暮らしぶりがわかる。
☎0771-77-0587 🏠南丹市美山町北中牧15 🕘9:00〜17:00 12〜3月10:00〜16:00 休12〜3月の月曜 料300円

北集落「かやぶきの里」

山陰道

美山

❷ 藍染美術館と藍染ショップ
ちいさな藍美術館
ちいさなあいびじゅつかん

寛政8年(1796)建築の古民家を活用した美術館。世界の藍染作品を展示し、作業場も見学できる。

☎0771-77-0746 ㊟南丹市美山町北上牧41 ㊟11:00〜17:00 ㊡木・金曜(祝日の場合は開館)、冬季休館あり ㊎300円

```
あわせて訪れたい
```

石田家住宅
いしだけじゅうたく

美山町樫原にある慶安3年(1650)建造の農家。現存では国内で最も古い農家建築とされている。

☎0771-75-9110(南丹市美山町大野振興会) ㊟南丹市美山町樫原 ㊟内部見学は4〜11月の土・日曜、祝日10:00〜16:00のみ ㊎無料

山村・養蚕集落

大杉
おおすぎ

兵庫県養父市 **重要伝統的建造物群保存地区**

大規模な3階建ての
養蚕住宅が集まる山里

　兵庫県北部の養父市大屋町は、県内で最も養蚕が盛んな地域だった。大屋町中央部の大杉地区には、江戸後期から昭和30年代にかけて建造された木造2〜3階建ての養蚕住宅が立ち並んでいる。なかでも、明治中期以降に建てられた3階建ての近代養蚕住宅は全国でも珍しく、特徴的な養蚕集落の景観を今に残している。

□ ACCESS & INFORMATION

JR山陰本線・八鹿駅から、全但バスで40分、大杉バス停下車。

やぶ市観光協会 ☎079-663-1515

養蚕住宅の1階は住居で、2〜3階は養蚕部屋。瓦葺きの屋根に抜気という換気装置を設けている

山村集落

板井原
いたいばら

鳥取県智頭町

昭和30年代に時を止めた
古民家の並ぶ山村集落

　智頭町北部にある板井原は、平家の落人伝説も残る山深い谷間の集落。江戸から明治時代までは炭焼きや養蚕などが営まれてきた。昭和42年(1967)のトンネル開通以後に過疎化が進み、昭和30年代の山村風景がそのまま残された。現在は、小道沿いに古民家がたたずむ歴史的景観の保存・再生活動が進められている。

□ ACCESS & INFORMATION

JR因美線・智頭駅から、タクシーで約12分(約5.5km)。

智頭町観光協会 ☎0858-76-1111

通年生活する住民がわずかとなった板井原集落。昭和30年代頃までの家屋が通りに並ぶ

↑明治32年(1899)に建てられた藤原家住宅は、板井原集落に唯一残る茅葺き民家。主屋のほかに蔵や養蚕場もある

↑住宅や土蔵など、築50年以上の建物110棟余が集落に残る。そのうち23戸の住宅が江戸時代から昭和初期の建築

所子
ところご

鳥取県大山町
重要伝統的建造物群保存地区

「カミ」「シモ」の家屋群に
大規模な豪農屋敷が残る

　大山北麓にのどかな農村地帯が広がる。集落を通る大山参詣道(坊領道)沿いに、古い景観を残すカミ、シモの2つの家屋群がある。カミは近世初頭頃に、シモは江戸中期以降に形成された家屋群で、水路が縦横に走り、屋敷を囲む長い塀が道端に続く。屋敷の敷地に立ち並ぶ主屋や蔵、納屋などの建物は、多くが近世から昭和初期の建築。田畑とともに、伝統的な山陰の山村風景を今に残している。

水路のある家並み

江戸中期以降に生まれたシモの家屋群。門脇家を中心に形成された街並みが残る

◻️ ACCESS & INFORMATION

JR山陰本線・大山口駅下車。

大山町大山支所観光課 ☎0859-53-3110

美甘家を中心とする、元の村落の家屋群が「カミ」と呼ばれる

所子MAP

山陰本線
大山口駅
米子駅
延命地蔵堂
にしかど C
サイノカミ
門脇家住宅 ①　東門脇家住宅
南門脇家住宅
美甘家住宅 ②
S エムマート
賀茂神社 ⛩
大山町所子重要伝統的建造物群保存地区
N
0 　300m
山陰道
大山IC
9

---

① 豪農の大型茅葺き民家
門脇家住宅
かどわきけじゅうたく

門脇家はシモの家屋群の中心をなす旧家で、江戸中期に大庄屋を務めた。明和6年(1769)建築の主屋は、豪農でありながら大庄屋の役宅としての造りも備えている。ほか、2棟の蔵や水車小屋などが建つ。国指定重要文化財。
☎0859-53-4062 ㊟大山町所子360 ㊡春・秋に1週間程度一般公開 ㊸公開時有料

---

② 江戸末期の主屋が残る
美甘家住宅
みかもけじゅうたく

祖先は中世中期頃から所子に拠点を置いた土豪とされ、集落の発祥となったカミの家屋群の中心をなす旧家。江戸末期築の主屋や新蔵などが残る。国の登録有形文化財。
☎0859-53-3110(大山町大山支所観光課) ㊟大山町所子170 ㊡庭園のみ公開

温泉町

城崎温泉
きのさきおんせん

兵庫県豊岡市

川辺に揺れる柳並木と
木造3階建て旅館が醸す情緒

1300年の歴史を持つという山陰の名湯。古くから多くの文人墨客に愛され、江戸時代にその名が全国に知られた。大正14年(1925)の北丹大地震では、温泉街が壊滅的な被害を受けた。昭和10年(1935)頃にほぼ復旧し、現在の温泉風情あふれる街並みが生まれた。大谿川に架かる太鼓橋と水辺の柳並木、木造3階建ての旅館や外湯が城崎らしい情緒を誘う。

ACCESS & INFORMATION

JR山陰本線・城崎温泉駅下車。

城崎温泉観光協会 ☎0796-32-3663

大谿川の柳並木

城崎温泉は浴衣姿がよく似合う。大正時代の大地震から復興して美しい街並みが生まれた

城崎温泉と歴史を刻む

温泉寺
おんせんじ

城崎温泉を開いたとされる道智上人が天平10年(738)に開創した古刹。城崎温泉の守護寺。
☎0796-32-2669 所豊岡市城崎町湯島985-2 営9:00〜17:00 休第2・4木曜(祝日の場合は開門) 料300円

伝統ある老舗宿

三木屋
みきや

創業300年以上の歴史を持ち、一部木造3階の建物と日本庭園が和の風情満点。志賀直哉が愛用した客室が残されている。
☎0796-32-2031 所豊岡市城崎町湯島487

西村屋本館
にしむらやほんかん

安政年間(1855〜60)創業、160年の伝統を伝える老舗旅館。朝食会場の「泉霊の間」は、桐の格天井など豪華な造りの広間で、国の登録有形文化財に指定されている。大浴場に趣向を凝らした内湯と露天風呂を備える。
☎0796-32-4895 所豊岡市城崎町湯島469

7つの外湯めぐり

趣の違う7つの外湯が楽しめる

御所の湯、一の湯、柳湯、鴻の湯、まんだら湯、地蔵湯、駅舎温泉 さとの湯の7つの外湯があり、それぞれに味わいがある。宿泊客はチェックアウトまで何度でも無料で利用可能。入浴料はそれぞれ800円。日帰り客には、7つの外湯が入り放題の1日券がある。

良縁成就の湯として人気の「御所の湯」。近年改修し、七湯で初の全面露天風呂に

城崎温泉 MAP

竹野駅

城崎温泉元湯
(城崎温泉薬師源泉)
♨鴻の湯
温泉寺
山麓駅
西村屋本館
つるや旅館
御所の湯
蓮成寺卍
湯の里通り
与謝野寛・晶子歌碑
森津屋旅館
卍四所神社
9
木屋町通り
三木屋
大谿川
城崎文芸館
北柳通り
南柳通り
柳湯
地蔵湯
一の湯
山陰本線
城崎ロープウェイ
♨まんだら湯
愛宕神社
卍極楽寺
駅舎温泉 さとの湯
城崎温泉観光協会
城崎温泉駅
豊岡駅

N

0 200m

温泉津
ゆのつ

島根県大田市
重要伝統的建造物群保存地区

ノスタルジックな街並みに
薬効の湯が湧く港町の温泉街

島根県北西部にある温泉津は、温泉情緒漂う港町。戦国時代に石見銀山(いわみぎんざん)の外港となり、江戸時代には北前船の寄港地として栄え、港付近に廻船問屋の屋敷が立ち並んだ。温泉津は、開湯1300年とされる薬効豊かな温泉地としても知られる。港から山へ続く道沿いに温泉街が広がる。旧廻船問屋の白壁土蔵や昔ながらの温泉旅館、レトロな大正建築が通りを連ね、古い港町と温泉街の風情がともに味わえる。

🔲 ACCESS & INFORMATION

JR山陰本線・温泉津駅から、大田市生活バスで8分、温泉前バス停下車。

大田市観光協会温泉津観光案内所
📞0855-65-2065

温泉津には江戸後期から昭和初期までの多様な年代の建物が並ぶ

温泉津 MAP

泉薬湯 温泉津温泉元湯
薬師湯(旧藤乃湯)
温泉前
法泉町
西念寺卍　籠御前神社　卍
愛宕神社　西楽寺卍　卍惠珖寺
ゆう・ゆう館　●内藤家庄屋屋敷
　　　　温泉津温泉口
大田市温泉津重要伝統的
建造物群保存地区
温泉津港　小浜温泉　卍極楽寺
　　　　　　卍　厳島神社　大田市駅前
　　妙好人 浅原才市の家　　駅
N　小浜温泉 才市の湯　山陰本線　駅前
0　　200m　　　温泉津駅

温泉津温泉街

昔ながらの旅館が並ぶ温泉津温泉街の路地。奥に見えるのは大正建築の薬師湯旧館

温泉津焼は水瓶などの日用食器で知られる。「やきものの里」に日本最大級の登り窯がある

江戸期の廻船問屋の屋敷

内藤家庄屋屋敷
ないとうけしょうややしき

代々庄屋を務めた廻船問屋・内藤家の屋敷。延享4年(1747)の大火後の建造で、屋敷や土蔵群が残る。見学は外観のみ。
📞0855-65-2065(大田市観光協会温泉津観光案内所) 所大田市温泉津町温泉津 休内部非公開

波の穏やかな天然の良港の温泉津港。今も現役の積出港として使われている

若桜宿のカリヤ通り

宿場町

宿場町・商家町
若桜
わかさ

鳥取県若桜町
重要伝統的建造物群保存地区

「カリヤ」が連なる表通りと土蔵の並ぶ裏通りの趣

　若桜町は、江戸時代に宿場町や商家町として発展した。明治18年(1885)の大火で町並みはほぼ失われたが、のちに街道拡幅と防火対策を施して町が復興。裏通り(蔵通り)には耐火性の高い白壁土蔵を建て、住居を禁止した。本通りには、町家の庇を延ばした屋根付き通路の「カリヤ」を設け、風雨をしのぐアーケードとなった。土蔵が並ぶ蔵通り、カリヤの町家が残る本通り(カリヤ通り)と異なる宿場風情が楽しめる。

ACCESS & INFORMATION

若桜鉄道・若桜駅下車。

若桜町観光協会 ☎0858-82-2237

鎌倉時代に、矢部氏が鶴尾山上に築いた若桜鬼ヶ城跡。石垣や堀が残る

若桜 MAP

郡家駅
●若桜迎賓館
若桜鉄道
若桜町観光案内所ℹ
三百田氏住宅
たくみの館
若桜駅
意非神社⛩
中之島公園
蓮教寺卍
道の駅若桜桜ん坊
休憩交流処かりや
卍西方寺
卍寿覚院
若桜民工芸館❷
若桜町若桜重要伝統的建造物群保存地区
若桜町役場○
N
0　200m　若桜鬼ヶ城跡

建築&土木COLLECTION

カリヤ

町家の庇を長くして設けた屋根付きの歩道。雁木ともいう。往時は約800mも連なっていた。

❶ 若桜の歴史や文化を紹介
若桜郷土文化の里
わかさきょうどぶんかのさと

江戸中期建築の「三百田氏住宅」、若桜の昔の生活用具や発掘品などを展示する「若桜町歴史民俗資料館」、木工制作体験や定期的に企画展を開催する「たくみの館」がある。
☎0858-82-0583 ⊕若桜町屋堂羅37 ⊕9:00〜17:00 ⊛月曜 ⊕無料

❷ 多種多様な土鈴を展示
若桜民工芸館
わかさみんこうげいかん

大正建築の古民家を改装し、若桜ゆかりの民工芸品を展示。壁に下がる約2000点の土鈴が目を引く。
☎0858-82-1289 ⊕若桜町若桜268 ⊕10:00〜17:00 ⊛無休 ⊕無料

カリヤ通り(本通り)には、カリヤと呼ばれるアーケード空間を設けた町家が点在する

本通り(カリヤ通り)の裏に続く蔵通り。今も約20棟の土蔵が連なっている

宿場町・農村集落

福住
ふくすみ

兵庫県丹波篠山市 重要伝統的建造物群保存地区

宿場と農村集落が隣り合う
近世の街並みが広がる

　京都と丹波を結ぶ篠山街道の宿場町として江戸時代に栄えた。今も福住の街道沿いに妻入り民家が並び、商家が軒を連ねた宿場の面影を残す。東に連なる川原、安口、西野々の各地区は街道沿いに形成された農村集落で、瓦葺きや茅葺きの伝統家屋が数多く残る。宿場と農村集落が隣接する歴史的な街並みが楽しめる。

☐ ACCESS & INFORMATION

JR福知山線・篠山口駅から、神姫グリーンバスで1時間、福住バス停下車。

丹波篠山市観光協会 ☎079-506-1535

宿場町

智頭
ちづ

鳥取県智頭町

鳥取藩最大を誇った宿場町
明治以降の歴史建築も点在

　江戸時代に、上方と因幡地方を結ぶ智頭街道と備前街道が交わる交通の要として繁栄した旧宿場町。街道沿いに伝統的な町家建築が立ち並ぶ。江戸時代に大庄屋を務めた石谷家の大屋敷、明治～昭和初期に建築された塩屋出店の主屋や洋館など、宿場町の変遷がうかがえるさまざまな時代の歴史建築を見学できる。

☐ ACCESS & INFORMATION

JR因美線・智頭駅下車。

智頭町観光協会 ☎0858-76-1111

本陣や脇本陣も置かれた福住宿。妻入り瓦葺きの伝統建築が街道沿いに残されている

江戸期から続く商家・石谷家の旧宅。国の重要文化財に指定され、大邸宅や日本庭園を公開

↑石谷家の分家「塩屋出店」の旧宅。主屋は明治時代の建築で、国の登録有形文化財。趣向を凝らした部屋を公開している

↑西河克己映画記念館。西智頭町出身の映画監督・西河克己氏を紹介している。建物は塩屋出店の昭和建築の洋館

247

散居村／屋敷林
さんきょそん／やしきりん

田園地帯に家がぽつぽつとたたずむ散居村の暮らしには知恵と工夫が詰め込まれている。

　広大な土地に人家が散在する村落を散居村、または散村という。各家の周辺に田畑を設けて、効率的な農作業が行われてきた。宅地の周囲には、風雪や日差しを防ぐ屋敷林をめぐらせている。屋敷林の枝木は、薪燃料や建築用材などの貴重な資源にもなった。豊かな水源や水を引きやすい緩傾斜地などの自然条件が揃う、限られた土地のみで見られる暮らしの風景だ。

⬆砺波平野の散居村。鉢伏山にある展望台から一望できる

国内最大規模の散居村
砺波平野の散居村
となみへいやのさんきょそん

富山県砺波市　MAP P.164

庄川と小矢部川が形成した約220km²の大扇状地に、約7000戸の家々が50～150m間隔で点在。独特の伝統家屋「アズマダチ」の民家も残る。

⬆となみ散居村ミュージアム。散居村の歴史や生活を紹介している
☎0763-33-1397(砺波市商工観光課)

夕日に染まる日本海の散居村
入善の散居集落
にゅうぜんのさんきょしゅうらく

富山県入善町　MAP P.165

日本海に面した黒部川扇状地にあり、アルプスの恩恵である湧水群にも恵まれている。舟見城址から日本海に沈む夕日とオレンジに染まる田園風景が楽しめる。

☎0765-72-3802(入善町キラキラ商工観光課)

美しく刈り込まれた屋敷林
出雲平野の築地松
いずもへいやのついじまつ

島根県出雲市　MAP P.216

出雲平野の散居集落などで見られる背の高い黒松の屋敷林。きれいに整えられており、水田や稲穂、雪景色など季節の風景に映えて美しい。
☎0853-21-6176(出雲市建築住宅課)

屋敷林を利用したエコ住宅
飯豊の田園散居集落
いいでのでんえんさんきょしゅうらく

山形県飯豊町　MAP P.23

約1200haの規模で広がる。屋敷林は西側に落葉しない針葉樹、南に落葉樹を植え、冬温かく夏涼しい環境を生み出している。収穫後の稲束をかける「稲架掛け」にも屋敷林が利用されてきた。
☎0238-86-2411(〈一社〉飯豊町観光協会)

エグネとキズマが屋敷を守る
胆沢の散居集落
いさわのさんきょしゅうらく

岩手県奥州市　MAP P.23

胆沢平野の扇状地に広がり、砺波平野、出雲平野とともに日本三大散居集落に数えられている。エグネと呼ばれる屋敷林のほか、燃料の薪を垣根のように家の周囲に積んだ「キズマ」も見られる。
☎0197-34-0313(奥州市胆沢総合支所地域支援グループ)

山陽道

播磨・美作・備前・備中・備後・安芸・周防・長門

兵庫南西部・岡山・広島・山口

山陽道の宿場町に里山、レトロな瀬戸内沿いの港町を満喫

　映画やドラマ、アニメのロケ地として登場し、なぜこれほどまでに昔ながらの街並みが残っているのだろうと思うほど、江戸時代から明治、大正、昭和と時を超えた街並みが多いエリア。

　姫路から出雲に至る出雲街道や鳥取に至る因幡街道沿いの平福、大原宿、津山、勝山、新庄宿などに江戸時代さながらの宿場町の街並みが見られる。岡山でも里山に開けた弁柄色の吹屋は印象的だ。

　旧山陽道は京都と大宰府を結ぶ日本最初の街道であり、江戸時代には西国大名の参勤交代の道として46の宿場町を数えた。宿場町の繁栄ぶりを偲ばせる矢掛、城下町の面影も伝える神辺など、地域おこしも盛ん。また、瀬戸内海沿いには古くから波待ち潮待ちの北前船寄港地として栄えた港町が点在。世界遺産の宮島や尾道、鞆の浦ほど知名度はないが、室津、坂越、玉島、下津井、豊町御手洗などレトロな街並みは、それぞれの歴史に郷愁を覚えるはず。

　商家町では、酒造、製塩、油、米などで財を得た豪商たちが重厚な街並みを築いた竹原、上下、古市金屋の白壁のなまこ塀や土蔵造りの建物群には目を見張る。また、萩や萩往還、長府などに明治維新の震源地として幕末の志士たちの足跡が残る。

⬆なまこ壁が美しい萩藩御用達の豪商・菊屋の名を残す菊屋横町。高杉晋作旧宅もある

◆江戸時代の常夜灯が溶け込む港町の鞆の浦

◆弁柄色で統一されたノスタルジックな鉱山町の吹屋

山陽道

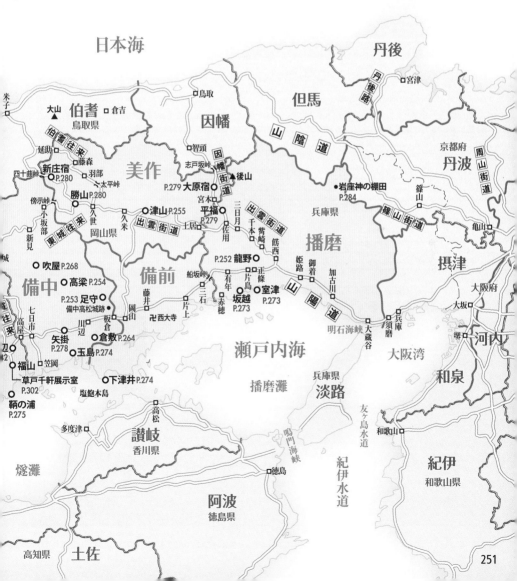

日本海

丹後

宮津

米子

伯耆
大山
倉吉
鳥取県

因幡

鳥取

但馬

山陰道

京都府
周山街道
丹波

篠山

亀山

伯耆往来

延助

藤森

美作

智頭

志戸坂峠

因幡街道

後山

岩座神の棚田
P.284

篠山街道

四十曲峠

新庄宿 P.280

羽部

P.279 大原宿

宮本

三日月

兵庫県

摂津

傍示峠

勝山 P.280

一太平峠

出雲街道

津山 P.255

平福
P.279

千本

背折

播磨

大阪府

小坂部

久世

久米

土居

佐用

餝西

御着

加古川

大坂

新見

岡山県

東城往来

出雲街道

船坂峠

龍野
P.252

姫路

正條

兵庫
須磨

城

吹屋 P.268

備中

備前

藤井

有年

室津
P.273

山陽道

堺

河内

備中
高梁 P.254

P.253 足守

三石

片上

赤穂

坂越
P.273

明石海峡

大蔵谷

七日市

備中高松城跡

川辺

岡山

卍西大寺

瀬戸内海

大阪湾

和泉

往来

高屋

矢掛
P.278

板倉

倉敷 P.264

玉島 P.274

兵庫県

淡路

和歌山

紀伊

福山

草戸千軒展示室
P.302

笠岡

下津井 P.274

播磨灘

友ヶ島水道

和歌山県

鞆の浦
P.275

塩飽本島

高梁

多度津

讃岐

香川県

鳴門海峡

紀伊水道

燧灘

高松

阿波

徳島

徳島県

高知県

土佐

251

城下町・商家町・醸造町

龍野
たつの

兵庫県たつの市
重要伝統的建造物群保存地区

播州の情緒ある城下町は
赤とんぼの里

「播磨の小京都」とも呼ばれ、揖保川の清流から育まれた手延べそうめん「揖保乃糸」や淡口醤油の一大産地として知られる。城下町としては戦国時代に赤松氏が鶏籠山（けいろうざん）に山城を築いたことに始まる。江戸時代に龍野城は山裾に移され、今も城に続く道なりに伝統的な町家が残り、醤油蔵や洋風建築、醸造関連施設なども残っている。童謡『赤とんぼ』を作詞した三木露風（みきろふう）の生家なども公開されている。

▢ ACCESS & INFORMATION

JR姫新線・本竜野駅、JR山陽本線・竜野駅から徒歩15〜20分。

たつの市観光振興課 ☎0791-64-3156

かどめふれあい館は明治期の町家を復元した無料休憩所。街並みの案内パネルなど設置している

龍野 MAP

聚遠亭 ❸
野見宿福塚
旧脇坂屋敷 ❶
三木露風旧邸跡
龍野城
三木露風生家
霞城館
龍野歴史文化資料館
如来寺卍
本行寺卍
かどめふれあい館
たつの市武家屋敷資料館 ❷
法雲寺卍
うすくち龍野醤油資料館
たつの市龍野重要伝統的建造物群保存地区
卍龍寶寺
多世代交流カフェ（旧中川邸）
白鷺山公園
源徳寺卍
圓覚寺卍
光善寺卍
川原町まちや案内所
昭和レトロ情景館
竜野駅

白壁が美しい

下川原は、江戸時代には酒造業や醤油醸造業で賑わった商家町。うすくち龍野醤油資料館がある

❶ 旧藩主の屋敷跡
旧脇坂屋敷
きゅうわきさかやしき

江戸屋敷に居住していた旧龍野藩主・脇坂安斐（やすあや）以来の旧住居。現在は、観光施設、地域コミュニティの場として一般公開されている。
☎0791-64-3131（たつの市）働たつの市龍野町中霞城118 働10:00〜16:00 休月・火曜（祝日の場合は翌日）、祝日の翌日 料無料

❷ 龍野城下町の武家屋敷
たつの市武家屋敷資料館
たつのしぶけやしきしりょうかん

武家屋敷の様子を知る目的で、建物自体を資料として一般公開。歴史的な雰囲気を楽しみながら見学できる。
☎0791-64-3131（たつの市）働たつの市龍野町上霞城45 働10:00〜16:00 休月曜（祝日の場合は翌日）、祝日の翌日 料無料

❸ 紅葉の名所
聚遠亭
しゅうえんてい

龍野藩主・脇坂氏が御所の再建に尽くしたとして、孝明天皇から拝領したという風雅な浮堂の茶室がある。前庭からの展望絶景を讃えてその名がある。
☎0791-62-2058 働たつの市龍野町中霞城6 働9:00〜16:30 休月曜（祝日の場合は翌日）料無料

鶏籠山山頂の山城と平山城の2期に分けられる

龍野城
たつのじょう

脇坂氏の龍野城は天守閣を持たず平屋の御殿形式が特徴。本丸御殿、白亜の城壁、多聞櫓、埋門、隅櫓が復元されている。
☎0791-63-0907 働たつの市龍野町上霞城128-1 働8:30〜17:00 休月曜（祝日の場合は翌日）料無料

↑城壁と隅櫓の周囲は桜の名所

陣屋町・商家町

足守
あしもり

岡山県岡山市

白壁となまこ壁が際立つ 北政所ねねゆかりの陣屋町

豊臣秀吉の正室ねねの実兄・木下家定（いえさだ）を藩祖とし、城を持たない2万5000石の陣屋町として、明治維新まで約260年、木下家の統治で栄えた。「足守歴史ふれあい通り」と名付けられた道沿いには、漆喰のなまこ壁に虫籠（むしこ）窓、丸瓦の屋根に平格子や出格子など、江戸時代の商家町の風情を色濃く残す町家が連なる。毎年2月〜3月下旬には町のいたるところでお雛さまを見ることができる行事がある。

商家の街並み

蔵造りの建物が多く並ぶ「足守歴史ふれあい通り」。町人の町として落ち着いた雰囲気を残している

ACCESS & INFORMATION

中国横断自動車道(岡山米子線)・岡山総社ICから車で約12分(約5㎞)。

足守プラザ ☎086-295-0001

旧木下権之助屋敷表門。藩主一門の武家屋敷の遺構。以前は小学校の正門として活用されていた

足守MAP

近水園3
岡山市立歴史資料館
足守文庫
木下利玄の生家
足守陣屋跡
海禅寺
陣屋みち
田上寺
足守歴史紹介処
旧足守藩侍屋敷遺構2
木野山神社
近水観光振興会お休処
足守歴史ふれあい通り
足守川
429
乗典寺
1旧足守商家 藤田千年治邸
岡山市 備中足守まちなみ館
足守プラザ
足守プラザ
足守駅
N
0
200m

1 足守の商家の様子を伝える
旧足守商家 藤田千年治邸
きゅうあしもりしょうか ふじたせんねんじてい

江戸時代末期に建てられた本瓦葺き入母屋2階造り漆喰塗りという豪壮な造りの建物。往時の醤油工場、帳場などを再現。

☎086-295-0005 所岡山市北区足守916 開9:00〜16:30 休月曜(祝日の場合は翌日) 料無料

2 足守藩家老・杉原家の旧宅
旧足守藩侍屋敷遺構
きゅうあしもりはんさむらいやしきいこう

白壁の長屋門と土壁に囲まれた国家老を務めた杉原家の屋敷。母屋の正面には唐破風の屋根を構えた玄関を設けている。

☎086-295-0983 所岡山市北区足守752 開9:30〜16:30 休月曜(祝日の場合は翌日)、祝日の翌日 料無料

3 足守藩主の大名庭園
近水園
おみずえん

小堀遠州流と伝えられる池泉回遊式庭園。18世紀初めの築庭とされる

池泉回遊式庭園の池には藩主の長寿を象徴する鶴島・亀島を配置。池畔には数寄屋造りの「吟風閣」が建つ。

☎086-295-0981 所岡山市北区足守803 開9:30〜16:30 休月曜(祝日の場合は翌日)料無料

高梁
たかはし

岡山県高梁市

天空の山城と
風光明媚な城下町

雲海の合間に見え隠れする姿から「天空の山城」ともいわれる標高430mに天守を持つ備中松山城の城下町。山々に囲まれた盆地の中央を流れる高梁川の中流域という地の利を生かし、高瀬舟を利用した物資の集積地として繁栄した。城の南麓、城主の平時の住まいである御根小屋跡(現・高梁高等学校)を起点にした街並みには、今も格式ある門構えの武家屋敷や商家、神社仏閣が点在し、江戸時代の面影を伝えている。

▢ ACCESS & INFORMATION

JR伯備線・備中高梁駅下車。

高梁市観光課 ☎0866-21-0217

高梁基督教会堂。明治初期の西洋建築で岡山最古の教会堂。バルコニーと鐘楼が特徴

高梁MAP

石火矢町ふるさと村

落ち着いたたたずまいを見せる備中松山城下。旧武家屋敷が立ち並ぶ石火矢町

1 江戸時代の空気を感じる
石火矢町ふるさと村
いしびやちょうふるさとむら

武家屋敷通りとして250mにわたって武家屋敷が立ち並ぶ石火矢町と、紺屋川に沿って並木が続く紺屋町美観地区との2つの地域で構成されている。
☎0866-21-0217(高梁市観光課) 所高梁市石火矢町 開休料散策自由

漆喰壁の美しい長屋門や書院造りの母屋など江戸時代のまま残る旧折井家

藩主・板倉勝政の生母の実家。寺院建築や数寄屋風を取り入れた旧埴原家

3 小堀遠州の名園で知られる
頼久寺
らいきゅうじ

足利尊氏創建の禅寺。小堀遠州作の蓬莱式枯山水庭園が名高い。鶴亀島、大刈込、敷石と見どころ豊富。
☎0866-22-3516 所高梁市頼久寺町18 開9:00〜17:00 休無休 料400円

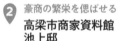

2 豪商の繁栄を偲ばせる
高梁市商家資料館
池上邸
たかはしししょうかしりょうかんいけがみてい

享保年間(1716〜36)に小間物屋を始め、その後両替商、高瀬舟の船主等を経て醤油製造で財を成した豪商の家を利用した無料休憩所。
☎0866-21-0217(高梁市観光課) 所高梁市高梁本町94 開10:00〜16:00 休無休 料無料

備中松山城
びっちゅうまつやまじょう

標高430mの臥牛山の小松山にそびえる現存する天守を持つ山城。向かいの山には、雲海に浮かぶ姿が一望できる展望台がある。
☎0866-21-0461(高梁市観光協会) 所高梁市内山下1 開9:00〜17:30(10〜3月は〜16:30)※最終入城は各30分前 休無休 料500円

雲海に浮かぶ幻想的な天空の山城

↑雲海展望台から眺めた備中松山城

津山
つやま

岡山県津山市
重要伝統的建造物群保存地区

江戸期の賑わいを伝える
長く連なる軒庇の街並み

姫路から松江、そして出雲へ続く出雲街道の要衝だった地。城下町として発展したのは、中世の鶴山城跡に、森蘭丸の弟・森忠政が津山城を築いてから。城の東西を城東と城西地区に分け、出雲街道の表通りを商人町に、脇道裏道を職人町に定めた。なかでも城東地区の旧苅田酒造建築群の町家は、厨子二階建てで壁を共有し庇が途切れることなく60mにも連続するノスタルジックな景観が魅力だ。

☐ ACCESS & INFORMATION

JR津山線／姫新線・津山駅下車。

津山市観光協会 ☎0868-22-3310

池泉回遊式の大名庭園、衆楽園。津山藩の別邸やご対面所などとして使用されていた

津山MAP

衆楽園
宮川
津山市役所
津山市城西重要伝統的建造物群保存地区
城東むかし町家（旧梶村邸）❶
❸津山城下町歴史館
慈眼寺 大隅神社
千光寺
津山城（鶴山公園）
箕作阮甫旧宅 ❷
津山郷土博物館
旧苅田酒造
妙願寺 小桜神社
知新館
津山市城東重要伝統的建造物群保存地区
吉井川
姫新線
429
津山線
津山駅
N
0 500m

旧出雲街道

城東むかし町家。間口31.5m、奥行き34mの敷地を誇り、中庭も見応えがある

❶ 4世代の建物が融合
城東むかし町家
（旧梶村邸）
じょうとうむかしまちや（きゅうかじむらてい）

藩御用達商人の梶村家の屋敷跡。江戸・明治・大正・昭和の各時代の建物が混在する豪邸の町家を一般公開している。
☎0868-22-5791 ㊟津山市東新町40 ⊕9:00～17:00（入館は～16:30）㊡火曜（祝日の場合は翌日）㊎無料

❷ 日本初の大学教授
箕作阮甫旧宅
みつくりげんぽきゅうたく

ペリー来航時やロシア使節の外交文書の翻訳に携わり、幕末に活躍した藩医で洋学者の箕作阮甫の生家。
☎0868-31-1346 ㊟津山市西新町6 ⊕9:30～16:00 ㊡月曜（祝日の場合は翌日）㊎無料

❸ 津山だんじりを展示
津山城下町歴史館
つやまじょうかまちれきしかん

江戸時代の武家屋敷だった旧田淵邸を復元し、400年の歴史を持つ津山だんじりや大名行列図の複製などを展示。
☎0868-22-8688（城西浪漫館）㊟津山市田町93-1 ⊕9:00～17:00 ㊡月曜 ㊎無料

扇状の勾配の石垣に残るハート形の石を探して

津山城（鶴山公園）
つやまじょう（かくざんこうえん）

切り立つ石垣が美しい城。備中櫓が復元されている。さわると幸せになれるというハート形の石垣がある。
☎0868-22-4572 ㊟津山市山下135 ⊕8:40～19:00（10～3月は～17:00）㊡無休 ㊎310円

🔼 約1000本の桜が咲く名所

萩
はぎ

山口県萩市
重要伝統的建造物群保存地区

激動の時代を走り抜けた
維新の志士が暮らした城下町

　江戸初期に初代萩藩主・毛利輝元が指月山山麓に萩城を築き、萩の町の基礎となる城下町が整備された。城内の三の丸には上級武士たちの大屋敷が並び、外堀の外に広がる町人地には、商人や中・下級武士たちの商家や屋敷が軒を連ねた。旧町人地には碁盤目状の町割が今もよく残り、白壁や黒板塀の連なる往時のたたずまいも感じられる。高杉晋作や木戸孝允ら維新の志士たちゆかりの地もある。

☐ ACCESS & INFORMATION

JR山陰本線・東萩駅から、萩循環まぁーるバス西回りで21分、萩美術館浦上記念館・萩城城下町入口バス停下車。

萩市観光協会 ☎0838-25-1750

毛利氏が築いた
長州の本拠地

萩城跡(指月公園)
はぎじょうあと(しづきこうえん)

　慶長9年(1604)、萩藩祖・毛利輝元が指月山山麓に築城。天守、櫓などの建造物は明治維新後に解体され、現在は堀の一部と石垣が残る。
☎0838-25-1826(指月公園料金所) 🏠萩市堀内1-1 🕘8:00〜18:30、11〜2月8:30〜16:30、3月8:30〜18:00 休無休 料220円(旧厚狭毛利家萩屋敷長屋と共通)

↑標高143mの指月山山頂からは城内と海を監視

ここは訪れたい!

① 町人地の風情を残す
菊屋横町
きくやよこちょう
旧町人地・菊屋家住宅の脇に延びる道。美しい白壁となまこ壁が続き、「日本の道100選」にも選ばれている。

② 江戸初期からの豪商屋敷
菊屋家住宅
きくやけじゅうたく
萩藩の御用商人を務めた菊屋家の江戸初期からの旧宅。主屋や蔵など5棟が重要文化財に指定されている。美しい庭園も必見。
☎0838-22-0005 🏠萩市呉服町1-1 🕘9:00〜17:00(入館は〜16:45) 休12月31日 料650円

③ 酒造業で栄えた商家
旧久保田家住宅
きゅうくぼたけじゅうたく
幕末から明治期に呉服商、酒造業で栄えた久保田家の邸宅。建物は江戸後期から明治期のもので、当時の様子を今に伝える。
☎0838-25-3139(萩市観光課) 🏠萩市呉服町1-31-5 🕘9:00〜17:00 休無休 料100円

✱✱

黒板壁が続く江戸屋横町。木戸孝允や蘭方医・青木周弼が暮らしていた

なまこ壁が続く菊屋横町

城下町の面影を色濃く残す旧町人地の菊屋横町。豪商屋敷や高杉晋作の誕生地などがある

④ 維新の功労者の旧宅

木戸孝允旧宅
きどたかよしきゅうたく

維新の三傑のひとり、木戸孝允(桂小五郎)の旧宅。誕生の間や庭園が残り、常駐ガイドが案内してくれる。

☎0838-25-3139(萩市観光課) 所萩市呉服町2-37 時9:00～17:00 休無休 料100円

⑤ 「幕末の風雲児」の誕生地

高杉晋作誕生地
たかすぎしんさくたんじょうち

敷地の一部を公開。ゆかりの品が展示され、屋外には産湯に使ったとされる井戸や自作の句碑がある。

☎0838-22-3078 所萩市南古萩町23 時9:00～17:00 休不定休 料100円

⑥ 防長医学の発展に大きく貢献した

青木周弼旧宅
あおきしゅうすけきゅうたく

日本を代表する蘭学医で、13代藩主・毛利敬親の侍医も務めた。

☎0838-25-3139(萩市観光課) 所萩市南古萩町3 時9:00～17:00 休無休 料100円

堀内鍵曲。城下町特有の鍵手形の道。江戸時代らしい風情が色濃く残る閑静な散策路になっている

堀内地区
ほりうち

かつて萩城三の丸があり、上級武士が居住したエリア。往時の地割がよく残り十数棟の武家屋敷が現存、重要伝統的建造物群保存地区にもなっている。

MACHI めぐり

遊覧船で水の都を巡る

萩城跡近くの指月橋から橋本川へ出て、堀内の武家屋敷や平安古の松原などを眺める約40分の船旅。天候の良い日は海へ出て景観を楽しめる。

萩八景遊覧船
はぎはっけいゆうらんせん

📞0838-21-7708 所萩市堀内122-1（指月橋そばから出発）受受付9:00〜16:00（11月は〜15:30）で随時運航 休12〜2月、荒天時 料1200円

⑦ 武家地への出入りを監視
北の総門
きたのそうもん

町人地と上級武家地（堀内地区）を隔てる外堀に設けられた総門のひとつ。日本最大級の高麗門（2004年復元）。
📞0838-25-3139（萩市観光課）所萩市堀内 開休料見学自由

⑧ 萩を代表する武家屋敷
口羽家住宅
くちばけじゅうたく

永代家老に次ぐ上級職を務めた。白壁となまこ壁の美しい立派な表門や主屋が残る。
📞0838-25-3139（萩市観光課）所萩市堀内146-1 開9:00〜17:00 休火・水・金曜 料100円

⑨ 見張り台を兼ねた武器庫
旧益田家物見矢倉
きゅうますだけものみやぐら

永代家老・益田家にあった矢倉（武器収納庫）。高さ1.8mの石塁の上に建ち、北の総門の出入りを見張る見張り台も兼ねた。
📞0838-25-3139（萩市観光課）所萩市堀内 開休料見学自由

⑩ 格式を感じる大規模な長屋門
旧厚狭毛利家萩屋敷長屋
きゅうあさもうりけはぎやしきながや

毛利元就の五男・元秋を祖とする厚狭毛利家の屋敷跡。安政3年（1856）築の長屋のみが残る。萩に現存する武家屋敷では最大規模を誇る。
📞0838-25-2304 所萩市堀内85-2 開8:00〜18:30、11〜2月8:30〜16:30、3月8:30〜18:00 休無休 料100円 ※萩城跡（指月公園）との共通券220円

防衛用に道を直角に曲げた平安古鍵曲。高い塀に囲まれた重臣の下屋敷が建てられた

平安古地区
ひやこ

江戸時代に開墾が進められ、多くの武家屋敷が立ち並んだ平安古地区。武家屋敷や道を鍵の手（直角）に曲げた鍵曲、それに連なる土塀をはじめ、藩政時代の武家地の町並みや遺構がよく保存されている。

⑪ 明治に活躍した2人の邸宅
旧田中別邸
きゅうたなかべってい

萩に夏みかん栽培を広めた萩藩士・小幡高政の明治時代の邸宅。第26代首相の田中義一が大正時代に増改築し別邸とした。
☎0838-25-3139（萩市観光課）所萩市平安古町164-3 開9：00〜17：00 休無休 料100円

⑫ 藩政改革の立役者が暮らした
村田清風別宅跡
むらたせいふうべったくあと

村田清風は13代藩主・毛利敬親に登用されて藩政改革で手腕を発揮し、幕末維新期の長州藩隆盛の財政基盤を築いた。藩政に携わった約25年を過ごした別宅で、長屋門が残る。
☎0838-25-3139（萩市観光課）所萩市平安古町334-3 開休料見学自由

建築＆土木COLLECTION

鍵曲 かいまがり

道を鍵の手（直角）に曲げ、土塀を高くして見通しを悪くした防衛上の道筋。

この地区では維新後、夏みかん栽培が奨励され、今でも収穫期には夏みかんの実が土塀越しに姿をのぞかせる

⑬ 江戸時代の石橋が現存
平安橋
へいあんばし

平安古総門前の外堀に架けられた石橋。創建当初は木造で、現存の橋は江戸中期の建造とされている。
☎0838-25-3139（萩市観光課）所萩市平安古町・堀内 開休料見学自由

観光の起点はここ

萩・明倫学舎では城下町を含めた萩の世界遺産について情報が得られるので、最初に訪れたい。江戸時代さながらの風情を感じながら散策を楽しみたい。

萩・明倫学舎
はぎ・めいりんがくしゃ

☎0838-21-0304 所萩市江向602 開9：00〜17：00、レストラン11：00〜15：00 18：00〜21：00（夜は予約があれば営業）休2月第1火曜と翌日（レストランは火曜、第3月曜）料本館無料、2号館300円

萩MAP

慶応元年（1865）
萩御城下絵図（部分）

山口県文書館蔵

萩城

橋本川

城下町

長府
ちょうふ

山口県下関市

古代から歴史舞台に登場する石垣と練塀が続く城下町

　大化の改新後に長門国の国府が置かれ「長府」となり、幕末には下関戦争や高杉晋作の倒幕旗揚げ拠点になるなど、幾度も歴史の舞台となった地。長府毛利藩の城下町として栄えた面影を残すのが、長府毛利邸に通じる古江小路や切通しに乃木神社の脇にある横枕小路。石垣の上の黄土色の練塀が続く小道は、塀越しの庭木からの緑陰もあいまって往時の武家屋敷の雰囲気をよく伝えている。

☐ ACCESS & INFORMATION

JR山陽本線・長府駅から、サンデン交通バスで5分、城下町長府バス停下車。

長府観光協会 ☎083-241-0595

藩祖・毛利秀元が築いた櫛崎城跡。幕末には奇兵隊らが外国船の見張りをした

長府MAP

- 本覚寺卍
- 乃木神社卍　○長府駅
- 横枕小路　⑨
- 菅家長屋門 ②　古江小路
- 長府毛利邸 ①　卍城下町長府
- 下関市立　　長府観光会館
  歴史博物館　③長府藩侍屋敷長屋
- 日頼寺卍　三吉周亮邸跡
- 　　　豊功神社卉
- 　　松原
- 長府庭園 ④
- 下関市立美術館　櫛崎城跡
- 　　　　　卉市立美術館前

N　0　500m　瀬戸内海

練塀と石垣が続く

江戸時代の練塀が今も通りに連なる古江小路。土壁は戦に備えた防御壁の役割を担っていた

① 花や紅葉の美しい庭園が魅力
長府毛利邸
ちょうふもうりてい

長府毛利家14代当主・元敏が明治36年(1903)に建てた屋敷。池泉回遊式庭園や書院庭園が広々とした母屋から眺められる。
☎083-245-8090 ⊕下関市長府惣社町4-10 ⊕9:00～17:00(入場は～16:40) ⊕無休 ⊕210円

② 重厚感のある長屋門
菅家長屋門
かんけながやもん

長府藩の藩医と侍講職を務めた菅家長屋門は、武家屋敷の構えとは趣が異なるが、古江小路沿いに今も保存されている。
☎083-254-4697(下関市教育委員会文化財保護課) ⊕下関市長府古江小路町2 ⊕⊕⊕内部非公開

③ 上級藩士の住居
長府藩侍屋敷長屋
ちょうふはんさむらいやしきながや

家老職・西家の分家の門に附属していた建物を、100m南の場所から壇具川沿いに移築。武者窓など、随所に上級藩士邸ならではの凝った造りが見られる。
☎083-254-4697(下関市教育委員会文化財保護課) ⊕下関市長府侍町1-1-1 ⊕9:00～17:00

④ 池に映える鏡紅葉の名所
長府庭園
ちょうふていえん

毛利藩の家老格であった西運長の屋敷跡の池泉回遊式庭園。庭園内は約3万1000㎡。四季折々に散策が楽しめる。
☎083-246-4120 ⊕下関市長府黒門東町8-11 ⊕9:00～17:00(入園は～16:40) ⊕無休 ⊕210円

岩国
いわくに

山口県岩国市

橋梁美を誇る錦帯橋と
城が結ぶ武家屋敷と町人町

　川幅約200mの錦川を天然の外濠とし、川の右岸の横山に岩国城を構えた街並みは、優美な意匠を見せる5連アーチの錦帯橋とともに発展してきた。城山の麓に藩主居館や重臣の屋敷が置かれ、対岸の岩国地区は中下級の武家地や業種ごとに住み分けた「岩国七町」と呼ばれる町家が碁盤目状に整備された。今も虫籠窓に紅殻格子の民家が立ち並び、町人地由来の風情ある街並みを継承している。

☐ ACCESS & INFORMATION

JR山陽本線・岩国駅から、いわくにバスで15分、錦帯橋バス停下車。

岩国市観光振興課 📞0827-29-5116

延宝元年(1673)に創建された5連アーチの錦帯橋。木組み構造で全長は193.3m

岩国MAP

萬徳院卍
岩国城
岩国城跡三階櫓
山頂駅
❸ 旧目加田家住宅
吉香神社 卍
山麓駅
岩国徴古館
永興寺 吉香公園
❷ 吉川史料館
六角亭・洞泉寺
錦帯橋
錦帯橋
香川家長屋門 ❶
椎尾八幡宮 卍
岩国駅
近ノ森稲荷神社 卍
❹ 本家 松がね
善福寺卍

0　500m

元禄時代の武家屋敷

岩国藩家老香川氏の表門で、元禄6年(1693)の建立。門の前の桜が満開になる春や冬の雪景色も美しい

❶ 上級武士の豪壮な長屋門
香川家長屋門
かがわけながやもん

17世紀末の建物で、瓦ひとつひとつに家紋が刻まれた長屋門は、正面に向かって左寄りに出入口があり、左に茶屋、右に中間部屋と武道場、厩があった。
📞0827-29-5116 (岩国市観光振興課) 所岩国市横山2-4-9 休不定 料無料

❷ 吉川家伝来の宝物
吉川史料館
きっかわしりょうかん

始祖から約840年の歴史を持つ吉川家伝来の歴史資料や美術工芸品など約7000点を収蔵。年3回程度の展示替えを行っている。正面の長屋門は寛政5年(1793)の建造。
📞0827-41-1010 所岩国市横山2-7-3 時9:00～16:30 休水曜 (祝日の場合は翌日) 料500円

❸ 中流藩士の屋敷
旧目加田家住宅
きゅうめかだけじゅうたく

2階建てだが一見平屋に見え、屋根に岩国独特の両袖瓦が葺かれ、鬼瓦ならぬ桃瓦が家を守っているのが珍しい。
📞0827-29-5116 (岩国市観光振興課) 所岩国市横山2-6 時9:30～16:30 休月曜 (祝日の場合は翌日) 料無料

❹ 商家建築の観光交流所
本家 松がね
ほんけ まつがね

髪付け油の製造販売業を営んでいた「松金屋」の主屋。昭和初期に國安家の所有となり、「國安家住宅」として有形文化財に登録されている。現在は、観光情報や物産情報などを展示紹介する施設となっている。
📞0827-28-6600 所岩国市岩国1-7-3 時9:00～17:00 (4～8月は～18:00) 休無休 料無料

錦帯橋から徒歩5分
ロープウェーで登城

岩国城
いわくにじょう

桃山風南蛮造りの天守閣は昭和37年(1962)に再建されたもので、3階までは武具甲冑類を展示。展望台からは市街が一望できる。
📞0827-41-1477 (錦川鉄道 岩国管理所) 所岩国市横山3 時9:00～16:45 (入場は～16:30) 休無休 (ロープウェー点検日を除く) 料270円

標高約200mの城山

商家町 & 在郷町

商家町

倉敷
くらしき

岡山県倉敷市
重要伝統的建造物群保存地区

倉敷河畔の柳並木と蔵屋敷、町家が調和する美的景観

　川舟が行き交う倉敷川の岸辺に柳の枝が揺れ、白壁の蔵が連なる風景。倉敷は寛永19年(1642)に幕府の直轄領となって以来、物資の集散する商業地として大きく発展した。今に残る歴史的な街並みは「倉敷美観地区」と呼ばれる。岸辺以外にも、商人や職人の町家が並ぶ閑静な街並みが残り、繊維産業の開花した明治以降の洋館も点在。蔵や町家を改装した観光施設やカフェ、ショップも数多い。

☐ ACCESS & INFORMATION

JR山陽本線・倉敷駅下車。

倉敷館観光案内所☎086-422-0542

**MACHI
めぐり**

小舟から観る風景

風情ある倉敷の街並みを川舟でゆったりと楽しめる倉敷川の観光川舟。船頭のガイド付きで今橋と高砂橋を20分ほどの乗船で往復する。

くらしき川舟流し
くらしきかわふねながし

☎086-422-0542(倉敷館観光案内所) 働倉敷市中央1-4-8 働9:30(始発)〜17:00(最終) 働第2月曜、12〜2月は月〜金曜 働500円

⬆風情ある蔵が連なる

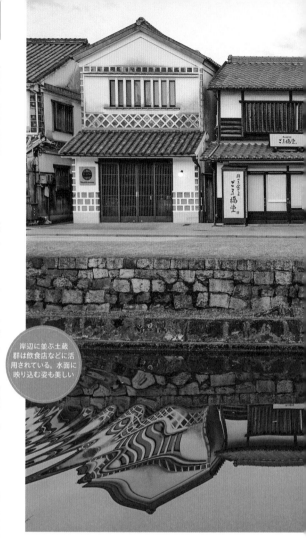

岸辺に並ぶ土蔵群は飲食店などに活用されている。水面に映り込む姿も美しい

⬆美観地区でよく見かける狭い路地のことを「ひやさい」という。両側には風情ある蔵が連なり、のんびり歩くだけでも十分楽しい

⬆石造りの中橋は明治10年(1877)の再建。中橋の向こうに建つ洋風木造建築は、大正初期建築の旧倉敷町役場で、現在は倉敷館 観光案内所になっている

倉敷川沿いの土蔵

観光案内所の対岸に建つ倉敷考古館。江戸時代の米蔵を活用しており、なまこ壁が美しい

ここは訪れたい！

① 江戸時代に栄えた豪商の屋敷
大橋家住宅
おおはしけじゅうたく

江戸時代に水田・塩田開発や金融業で財を成した大橋家の邸宅。代官所の許可なくしては建てられなかった長屋門を構え、その奥に主屋が配置されていることからも、格式の高さがうかがえる。主屋、長屋門、米蔵、内蔵が国の重要文化財に指定。
☎086-422-0007 ⌂倉敷市阿知3-21-31 ⏰9：00～17：00(入館は～16：30) 休12～2月の金曜(祝日の場合は開館) ¥550円

② 上質な暮らしの風景
倉敷民藝館
くらしきみんげいかん

江戸時代後期の米蔵を改装して昭和23年(1948)に開館。陶磁器、ガラス、木工品、漆器など、約1万5000点に及ぶ国内外の民芸品を所蔵。
☎086-422-1637 ⌂倉敷市中央1-4-11 ⏰9：00～17：00(入館は～16：30) 休月曜(祝日の場合は開館) ¥1200円

すべての部屋から庭が見える造り。広い建物の奥まで風や光が通るよう工夫されている

④ 吉備の歴史を物語る
倉敷考古館
くらしきこうこかん

岡山県下で発掘された考古資料を中心に展示。旧石器時代から中世に至るまでの土器や石器など約300点が並ぶ。米蔵を改装した建物にも注目したい。
☎086-422-1542 ⌂倉敷市中央1-3-13 ⏰9：00～17：00(入館は～16：30) 休月・火曜(祝日の場合は開館)、ほか臨時休館あり ¥500円

③ 倉敷を代表する町家
語らい座 大原本邸
かたらいざ おおはらほんてい

国指定重要文化財の大原家当主の屋敷。邸内には、石畳に連なる蔵群、静寂の日本庭園と、外からは想像できない景色が広がる。
☎086-434-6277 ⌂倉敷市中央1-2-1 ⏰9：00～17：00(入館は～16：30) 休月曜 ¥500円

⑤ 瓦屋根が際立つ大原家旧別邸
有隣荘
ゆうりんそう

昭和3年(1928)、大原孫三郎が夫人のために建てた別邸。緑色に光る屋根瓦が印象的で、「緑御殿」の呼び名で親しまれる。春と秋に内部を特別公開。
☎086-422-0005(大原美術館) ⌂倉敷市中央1-3-18 ⏰休¥外観のみ見学自由

⑥ 長屋門や土蔵は必見
倉敷市倉敷物語館
くらしきしくらしきものがたりかん

旧東大橋家の住宅を改修。江戸時代の長屋門や土蔵をはじめ、歴史的な建造物が残る。館内には倉敷の日本遺産を紹介する展示コーナーやカフェなどがある。
☎086-435-1277 ⌂倉敷市阿知2-23-18 ⏰9：00～21：00(12～3月は～19：00)入館は各15分前まで 休無休 ¥無料

建築&土木COLLECTION

雁木

荷物の積み下ろしに利用された船着場の石段。美観地区内には、江戸時代に築かれたとされる雁木が5つある。

倉敷格子

親竪子の間に、上端を切り詰めた細い子が3本入るのが特徴。

倉敷窓

2階正面に開かれた窓で、木地の竪子が3本または5本入る。

（地図内の表記）
- 倉敷駅
- 倉敷中央通り
- 鶴形山公園
- 鶴形山
- 観龍寺卍
- 地蔵院
- 阿知南
- 林源十郎商店S
- 清澄茶庵
- 阿智神社⛩
- 倉敷市倉敷物語館
- 本通り
- 旧倉敷郵便局
- ❶大橋家住宅
- ❻
- 語らい座 大原本邸
- UKIYO-E KURASHIKI／国芳館
- 美観地区入口
- ❸
- ❺有隣荘
- ❹大原美術館 新児島館
- 本町通り
- 吉井旅館
- 森田酒造
- 大原美術館
- ❹倉敷考古館
- 倉敷国際ホテル
- 中橋
- The 華紋
- H旅館くらしき
- いがらしゆみこ美術館
- 倉敷市立自然史博物館
- 倉敷館観光案内所
- 倉敷民藝館❷
- くらしき川舟流し
- 倉紡記念館
- 大原美術館分館P
- 日本郷土玩具館
- 倉敷川
- 倉敷市立美術館
- 倉敷アイビースクエア
- 中央1
- 白壁通り 22
- 前神橋
- 倉敷市倉敷河畔重要伝統的建造物群保存地区
- 0 100m N

洋風建築群にも注目したい

明治時代以降も、繊維の町として発展を続けた倉敷を象徴するのが近代洋風建築。紡績業で街の発展に寄与した人々らが建てたモダンな木造建築が点在する。商家町の和の伝統建築とともに美しい街並みをつくる。

珠玉の名画を数多く収蔵

大原美術館
おおはらびじゅつかん

実業家・大原孫三郎が、昭和5年(1930)に設立した日本最初の西洋美術中心の私立美術館。孫三郎の支援を受けた洋画家・児島虎次郎がヨーロッパで収集した西洋絵画を中心に、約3000件を収蔵する。エル・グレコやモネといった世界的に知られる巨匠の名作は必見。
☎086-422-0005 所倉敷市中央1-1-15 時9:00〜17:00(12〜2月は〜15:00)、ミュージアムショップ(本店)10:00〜17:15(12〜2月は〜16:00) 休月曜(祝日の場合は開館、夏休み期間、10月は無休) 料2000円、音声ガイド600円

↑エル・グレコ『受胎告知』。聖母マリアが、大天使ガブリエルからキリストの受胎を告げられる場面を描いたもの

↑関根正二『信仰の悲しみ』。20歳で夭折した関根の、19歳のときの作品

倉敷で最初の本格的な洋風建築を美術館に

大原美術館 新児島館(仮称)
おおはらびじゅつかん しんこじまかん

建物は旧中国銀行倉敷本町出張所で、大正11年(1922)建造。現在は大原美術館の新しい施設として、2021年の暫定開館を経て2024年にグランドオープンの予定。
☎086-422-0005(大原美術館) 所倉敷市本町3-1 時休料外観のみ見学可

かつての倉敷代官所跡に建つ

倉敷アイビースクエア
くらしきアイビースクエア

明治22年(1889)に建設された倉敷紡績所の本社工場を改修した複合文化施設。かつて倉敷の経済を支えた元工場の広大な敷地内に、ホテルやレストラン、記念館、体験工房などが集まる。
☎086-422-0011(代表) 所倉敷市本町7-2 時休料施設により異なる

↑ツタに覆われた赤レンガの建物。中央の広場は憩いのスペース

吹屋
ふきや

岡山県高梁市
重要伝統的建造物群保存地区

弁柄と銅で栄え
赤く彩られた町並み

吉備高原の山あいに忽然と現れる赤い町並みは、江戸時代、銅山町として栄え、その銅の副産物として産出された硫化鉄鉱から弁柄顔料を製造、一大産地として「ジャパンレッド発祥の地」と称される。莫大な富を築いた商家の旦那衆たちは宮大工を招き、各家々を石州瓦に弁柄格子という統一感をもたせた町並みに整備した。独特の赤銅色の建物群は約500mにわたって続き、往時の繁栄を偲ばせる。

ACCESS & INFORMATION

JR山陽本線・備中高梁駅（高梁バスセンター）から、備北バスで約1時間、吹屋バス停（終点）下車。

高梁市観光協会吹屋支部 ☎0866-29-2205

城郭のような広兼邸は映画『八つ墓村』のロケにも使われた大庄屋建築

吹屋MAP

吹屋資料館（旧吹屋町役場）
本山山神社
❸旧吹屋小学校
❷郷土館
銅栄寺
吹屋
小金山城跡
吹屋ふるさと村観光協会
85
本教寺
❶旧片山家住宅
高草八幡神社
黄金山城跡説明看板
吹屋案内所
下町ふらっと
旧吹屋往来説明看板
中野口
備中高梁駅
高梁市吹屋重要伝統的建造物群保存地区
吹屋銅山笹畝坑道
広兼邸
N
0　　　200m

268

赤褐色の石州瓦と弁柄で彩色された壁や格子の外観で統一された町並み

❶ 吹屋の代表的な伝統建築
旧片山家住宅
きゅうかたやまけじゅうたく

宝暦9年（1759）の創業以来、200年余にわたって弁柄の製造・販売を手がけた老舗。主屋や弁柄の作業場、蔵、庭園などが見られる。
☎0866-29-2111 ㊟高梁市成羽町吹屋699 ㊟10:00～17:00（12～3月は～16:00）㊡無休㊟500円（郷土館と共通）

❷ 粋を凝らした町家建築
郷土館
きょうどかん

片山本家から分家された1棟で、宮大工が5年かけて完成させたからくり戸や隠し部屋などが見学できる。
☎0866-29-2205 ㊟高梁市成羽町吹屋699 ㊟10:00～17:00（12～3月は～16:00）㊡12～3月の火～金曜㊟500円（旧片山家住宅と共通）

❸ 明治の木造洋風校舎
旧吹屋小学校
きゅうふきやしょうがっこう

明治時代に建築され平成24年（2012）まで現役だった校舎。修復後、2022年から一般公開されている。
☎0866-29-2811 ㊟高梁市成羽町吹屋1290-1 ㊟10:00～16:00 ㊡無休㊟500円

削岩機の跡も生々しい坑道を再現

吹屋銅山笹畝坑道
ふきやどうざんささうねこうどう

復元整備された延長320mには鉱石搬出軌道なども残り、坑道内に配された人形などで作業の様子を再現している。
☎0866-29-2145 ㊟高梁市成羽町中野1987 ㊟10:00～17:00 ㊡12～3月の火～金曜㊟400円

⬆坑内は一年を通じて15℃前後の気温が保たれている

商家町

古市金屋
ふるいちかなや

山口県柳井市
重要伝統的建造物群保存地区

金魚ちょうちんが揺れる
重厚な白壁の町並み

　江戸時代には岩国藩のお納戸と呼ばれ、瀬戸内海有数の商港都市として賑わった柳井市。特に油の取引により厖大な利益を得ていた豪商たちが集まった古市金屋地区には、室町時代からの町割が残る約200mの通りに、白壁の美しい当時の商家や町家の建物が軒を連ねている。軒先には「金魚ちょうちん」がずらりと吊り下げられ、近年は"映える"スポットとしても人気の町並みとなっている。

☐ ACCESS & INFORMATION

JR山陽本線・柳井駅下車。

柳井市観光協会 ☎0820-23-3655

柳井川から荷揚げした産品を運んだかけや小路。「カニ注意」の看板も

古市金屋 MAP

🎌秋葉神社
ℹ️柳井市観光案内所
④やない西蔵
③甘露醤油資料館
柳井市町並み資料館
本町通り
卍誓光寺
柳井川 小かけ路やか
①国森家住宅
むろやの園
きじや小路
国木田独歩旧宅●
普慶寺卍

柳井市古市金屋重要
伝統的建造物群保存地区

瑞相寺卍

山陽本線
柳井駅

N
0　　　200m

金魚ちょうちんが揺れる

元禄以降の白壁の重厚な町家が連なる本町通り。軒先には金魚ちょうちんが下がる

① 日本最大規模の商家屋敷
むろやの園
むろやのその

　油商として栄えた小田家の屋敷跡。約800坪・奥行き119mを誇る敷地内に11棟35室もの建物があり、当時の生活用具などが展示されている。

☎0820-22-0016 ㊟柳井市柳井金屋439 ⏰9:00〜17:00 休水・木曜 料450円

② 近世商家の典型建築
国森家住宅
くにもりけじゅうたく

　灯し油や鬢付け油を商った富商の家。火災への備え、盗難や強盗を防ぐための工夫など、さまざまな仕掛けが見られる。

☎0820-23-3655(柳井市観光協会) ㊟柳井柳井津金屋467 ㊟柳井市観光協会を通じてガイドツアーのみ予約可(変更の場合あり)

④ 金魚ちょうちん作りに挑戦
やない西蔵
やないにしぐら

　大正時代末期に醤油蔵だった白漆喰土蔵造り建物。「金魚ちょうちん」「柳井縞」の製作体験ができる。

☎0820-23-2490 ㊟柳井市柳井3700-8 ⏰9:00〜17:00 休火曜(祝日の場合は翌日) 料無料(体験は有料)

③ 巨大な醤油樽が並ぶ
甘露醤油資料館
かんろしょうゆしりょうかん

　天保元年(1830)創業の蔵元「佐川醤油店」の資料館。醤油製造の道具類や製造工程などを公開。醤油を使ったジェラートなども販売。

☎0820-22-1830(佐川醤油) ㊟柳井市柳井古市3708-1 ⏰8:00〜17:00 日曜、祝日9:30〜16:30 休不定休 料無料

洋風建築にも注目

散策前の観光案内所
柳井市町並み資料館
やないしまちなみしりょうかん

　周防銀行本店として明治40年(1907)に建築された建物。町家模型などを展示。

☎0820-23-2137 ㊟柳井市柳井津442 ⏰10:00〜17:00 休月・木曜 料無料

商家町・製塩町

竹原
たけはら

広島県竹原市
重要伝統的建造物群保存地区

製塩業や酒造業で繁栄した
重厚な町人文化の街並み

　古くは京都下鴨神社の荘園として栄え、中世には港町として賑わった。江戸時代に、竹原湾を干拓して開発した塩田から製塩業や廻船業、酒造業などで繁栄した町には今も重厚な商家の屋敷が残る。瓦葺きの漆喰塗籠の町家など、多様な格子や凝った意匠などは浜旦那と呼ばれた豪商たちが美意識を競った証しだ。塩田経営の財力を背景に、頼山陽など頼一門を輩出した学問・文化も発達した地でもある。

☐ ACCESS & INFORMATION

JR呉線・竹原駅下車。

竹原市観光協会 ☎0846-22-4331

明治7年(1874)から60年間利用された初代郵便局。黒い郵便ポストは現役

竹原MAP

照蓮寺 卍
頼惟清旧宅 ❷
藤井酒造 茶 竹原市歴史民俗資料館
酒蔵交流館 町 竹原の町並み保存センター
旧光本家住宅 通 初代郵便局跡
復古館頼家住宅 ❶ り 卍西方寺
春風館頼家住宅 ❻普明閣
堀川醤油醸造所 ❹旧松阪家住宅
　　　　　　　　❺竹鶴酒造
旧笠井邸
竹原市竹原地区重要
伝統的建造物群保存地区
旧森川家住宅 ❸
稲荷大明神
432
鎮海山城跡
◎竹原市役所
185 185 185
◎竹原駅
0　　　200m

ここは訪れたい!

❶ 儒学者・頼山陽ゆかりの旧宅
復古館頼家住宅・春風館頼家住宅
ふっこかんらいけじゅうたく・しゅんぷうかんらいけじゅうたく

春風館は頼山陽の叔父で広島藩の儒医であった頼春風の居宅。武家屋敷風の長屋門と門構えを持つ建物で、茶室や露地をしつらえている。隣接する復古館は頼春風の養子であった小園の三男の家。酒造業を営んでいた頃の臼場・米蔵・室蔵などが配されている。
復古館 所竹原市本町3-7-26 **春風館** 所竹原市本町3-7-24
開休料ともに内部非公開

変化に富んだ甍が続く

➡復古館(上)と春風館(下)

❷ 頼一門発祥の地
頼惟清旧宅
らいただすがきゅうたく

頼山陽の祖父が紺屋を営んでいた家。18世紀の建築とされ、本瓦葺き、重層屋根、入母屋造り、塗籠の壁が特徴。
所竹原市本町3-12-21 開9:30〜16:30
休無休 料無料

人物FILE

頼山陽 らいさんよう

安永9年(1781)〜天保3年(1832)。儒学者、史家、漢詩人。父は竹原出身の儒学者・頼春水。江戸で尾藤二洲、山崎闇斎に師事、朱子学・国学を学び、のち京都に塾を開いた。主著に『日本外史』があり、幕末の尊皇攘夷運動に影響を与えた。

京都大学総合博物館蔵

無電柱化に石畳が整備されたメインストリートの本町通り

⑤ 「日本のウイスキーの父」の生誕地
竹鶴酒造
たけつるしゅぞう

NHK連続テレビ小説『マッサン』のモデルにもなったニッカウヰスキーの創業者で、「日本のウイスキーの父」と呼ばれた竹鶴政孝の生家。
☎0846-22-2021 所竹原市本町3-10-29 営8:00～12:00 13:00～17:00 休土・日曜

西方寺の山門からは、甍の続く竹原の町を見下ろすことができる

③ 大正期の豪邸のたたずまい
旧森川家住宅
きゅうもりかわけじゅうたく

元竹原町長・森川八郎宅。大正期に塩田の一角に造成され、端正な庭園に主屋、離れ座敷や茶室、土蔵、隠居部屋など大正時代の建物が立ち並ぶ。
☎0846-22-8118 所竹原市中央3-16-33 営10:00～16:00(入館は～15:30) 休木曜(祝日の場合は開館) 料400円

⑥ 舞台から街並みを一望
普明閣
ふめいかく

明和2年(1765)に再建された西方寺の観音堂。本瓦葺き二重屋根の舞台造りが特徴。
所竹原市本町3-10-44 営8:00～18:00 休無休 料無料

④ 建物に残る浜旦那の美意識
旧松阪家住宅
きゅうまつさかけじゅうたく

薪・石炭問屋や製塩などで栄えた豪商の屋敷。波打つような大屋根や菱格子の窓、うぐいす色の漆喰壁など華やかな意匠が目を引く。
☎0846-22-5474 所竹原市本町3-9-22 営10:00～16:00(入館は～15:30) 休水曜(祝日の場合は開館) 料300円

╲ 洋風建築にも注目 ╱

竹原塩田の歴史を紹介
竹原市歴史民俗資料館
たけはらしれきしみんぞくしりょうかん

昭和初期に図書館として建築されたレトロモダンな建物。竹原塩田を中心に、竹原の歴史、文化、民俗に関する資料を展示している。
☎0846-22-5186 所竹原市本町3-11-16 営10:00～16:00(入館は～15:30) 休火曜(祝日の場合は開館) 料200円

港町 & 漁村

港町

尾道
おのみち

広島県尾道市

海も山も島も楽しめる
風光明媚な坂と路地の港町

　尾道三山と対岸の島に囲まれ、町の中心を通る尾道水道の恵みによって、中世の開港以来、交易と流通の拠点として発展した港町。山の斜面に建てられた歴史を刻む寺社群と山肌に密集する家々を結ぶ入り組んだ路地や坂道が織りなす景観は、多くの映画やドラマのロケ地になったほか、作家や画家など数々の文化人たちをも魅了してきた。瀬戸内しまなみ海道の本州側の起点でもある。

瀬戸内海に面した尾道と対岸の向島に挟まれた幅200〜500mの尾道水道。尾道海峡とも呼ばれる

◻ ACCESS & INFORMATION

JR山陽本線・尾道駅下車。

尾道観光協会 ☎0848-36-5495

港の雁木。雁木とは船着場の潮位が変わっても船が接岸できるようにした階段

1 絶好の撮影場所
千光寺新道
せんこうじしんみち

映画やテレビにもしばしば登場する石畳の坂道。眼下には、風情ある街並みが広がる。

2 尾道を象徴する朱塗りの本堂
千光寺
せんこうじ

創建は大同元年(806)と伝えられる。千光寺山の中腹にせり出すように建つ朱塗りの本堂をはじめ、境内にある不思議な巨石や鐘楼など見どころが多い。本堂からの景観も見事。
☎0848-23-2310 所尾道市東土堂町15-1 開9:00〜17:00 休無休 料無料

尾道から向島までフェリーの乗船時間は5分程度。料金は大人100円で(自転車の持ち込み+10円)、6:00から22:10まで、毎日約5〜10分間隔で運航している

尾道は坂道を散歩するのが楽しい町。石畳の道が入り組んだ景観は多くの文人にも愛された

尾道MAP

千光寺山ロープウエイ・大山寺卍・浄泉寺卍
千光寺山城跡・善勝寺卍・善導寺卍
八福稲荷神社卍・良神社卍・正授院卍・福善寺卍・福山駅
千光寺公園・千光寺 **2**・天寧寺卍・おのみち歴史博物館
尾道市立美術館・千光寺新道 **1**・信行寺卍・尾道市役所◎
光明寺卍・宝土寺卍・住吉神社卍
持光寺卍・山陽本線・**2**・尾道本通り商店街
尾道駅・尾道本通り商店街・尾道水道
ℹ尾道駅観光案内所・向島 0 300m・N

室津港に係留している漁船の数が多いのも、カキの養殖をはじめ天然の良港である証し

港町

室津
むろつ

兵庫県たつの市

1300年の歴史を持つ
宿場町としても栄えた港町

　奈良時代に行基法師が開いた「摂播五泊」の港のひとつ。三方を山に囲まれた入り江は風待ちの港として、江戸時代には参勤交代の西国大名や朝鮮通信使の船などで埋め尽くされた。また北前船の寄港地でもあり、その繁栄ぶりは「室津千軒」とも呼ばれた。2019年に北前船関連文化財の日本遺産に認定された。

☐ ACCESS & INFORMATION

山陽電鉄・山陽網干駅から、神姫バスで23分、室津バス停下車。

たつの市観光振興課 ☎0791-64-3156

⤴海岸線沿いの入り組んだ通りに沿って古い街並みが残る

⤴豪商「魚屋」の建物を利用した室津民俗館。民俗関連の資料を展示

石畳の大道には出格子と虫籠窓の伝統的な建物が見られる

港町

坂越
さこし

兵庫県赤穂市

北前船寄港地の船主集落は
赤穂の塩の積出港

　坂越湾に浮かぶ原生林、生島によって守られた波穏やかな良港として、江戸時代には北前船航路の拠点として栄えた。かつて千種川の高瀬舟によって運ばれた赤穂の塩は、海に向かう「大道」を通って港に運ばれ、今も残る豪壮な塩廻船業の商家や船主屋敷、酒蔵、寺院など、往時の隆盛の面影を残している。

☐ ACCESS & INFORMATION

JR赤穂線・坂越駅下車。

赤穂市観光課 ☎0791-43-6839

⤴播州赤穂産ブランドカキ「坂越かき」の養殖生産地としても有名な坂越の港

⤴坂越湾が一望できる旧坂越浦会所。赤穂藩主の茶屋としても使われた

273

玉島
たましま

岡山県倉敷市

備中松山藩の外港に漂う
大正ロマン、昭和レトロの郷愁

　古くは瀬戸内海に浮かぶ小さな島々を、備中松山藩の新田開発で干拓が進められ、松山藩の外港として北前船と高瀬舟の往来で栄えた町。元禄期には40軒余の商家や土蔵が立ち並んだという問屋街や商人街の面影を伝える通りは、店の数は減少したものの江戸から昭和の各時代を感じさせる建物が郷愁を誘う。

☐ ACCESS & INFORMATION

JR山陽新幹線／山陽本線・新倉敷駅から、井笠バス、または両備バスで8分、玉島中央町バス停下車。

倉敷市玉島支所産業課 ☎086-522-8114

仲買町は、江戸時代から続く商人の町。味噌、醤油、造り酒屋、紙屋など今も現役で営業中

⬆羽黒神社西側の潮止堤防上に造られた旧新町問屋街。虫籠窓やなまこ壁の商家や土蔵が残る

⬆松山藩主に仕えた庄屋・柚木家の旧宅。御成門、主屋、茶室のある庭園など江戸中期の遺構

下津井
しもつい

岡山県倉敷市

懐かしさと新しさが混在する
瀬戸大橋のたもとの小さな港町

　児島半島南端に位置する港町で、江戸時代には北前船による綿花、ニシン粕の中継取引港として、また、海を隔てた讃岐金毘羅参りの人々の宿場として繁栄した。今でも昔ながらの漆喰壁になまこ壁、虫籠窓の商家やニシン蔵などが残され、港町の風情ある古い町並みと瀬戸大橋の雄大な景色を一緒に楽しめる。

☐ ACCESS & INFORMATION

JR瀬戸大橋線・児島駅から、下津井循環線とこはい号で20分、田の浦港前バス停下車。

倉敷市観光課 ☎086-426-3411

祇園神社から港にかけての旧街道沿いになまこ壁や虫籠窓の商家や蔵が立ち並ぶ

⬆明治時代の廻船問屋を復元した資料館、むかし下津井回船問屋

⬆ニシンや昆布を積んだ北前船で賑わった下津井港。タコの水揚げ港として有名

江戸時代の情緒が薫る

安政6年(1859)に建造された鞆の浦のシンボル、常夜灯。基礎部分を含む高さは約10m

港町

鞆の浦
とものうら

広島県福山市
重要伝統的建造物群保存地区

潮待ちの港町に残る
歴史ある町並みと港湾施設

　万葉の時代から潮待ち港として栄えた港町で、江戸時代には北前船や朝鮮通信使の寄港地となり、幕末には政変に破れた三条実美ら七卿が寄航し、沖合で「いろは丸」を沈められた坂本龍馬も談判のために滞在した。入り組んだ石畳の細い路地に多彩な町家がひしめき、古寺社に常夜灯、雁木、波止場、焚場跡、船番所跡などの近世の港湾施設が揃って残され、狭いエリアに多数の見どころが凝縮されている。

☐ ACCESS & INFORMATION

JR山陽本線・福山駅から、鞆鉄バス鞆線で30分、鞆港バス停下車。

(公社)福山観光コンベンション協会
☎084-926-2649

保命酒は、江戸時代初期に医師が考案した薬味酒。現在は4軒の酒蔵で製造している

鞆の浦 MAP

0 ─ 300m

N

福山 ▲

鞆の浦観光情報センター ⓘ
福山市鞆の浦歴史民俗資料館 ㉒
鞆の津ミュージアム
鞆の浦町並み保存拠点施設 鞆てらす
沼名前神社 ⛩
南禅坊 卍　地蔵院 卍
　　　　　　　鞆支所
明円寺 卍　　対仙酔楼跡
医王寺 卍　太田家住宅 ❶
　　　　　　　　卍福禅寺
いろは丸展示館 ❷　常夜燈
鞆港　　❸對潮楼
焚場跡●　　　卍圓福寺
　　船番所跡 ⛩穴葉神社
　　鞆の浦

福山市鞆町重要伝統的建造物保存地区

㊼

淀姫神社 ⛩

---

❶ 保命酒の蔵元として繁栄
太田家住宅
おおたけじゅうたく

江戸時代から保命酒の製造販売で栄えた中村家の邸宅。主屋や酒蔵など9棟からなり、国の重要文化財に指定。三条実美ら七卿が滞在したことでも知られる。

☎084-982-3553 　⑰福山市鞆町鞆842 　⑯土・日曜、祝日10:00〜17:00 　㉝400円

❷ 海に沈んだ龍馬の船
いろは丸展示館
いろはまるてんじかん

いろは丸は坂本龍馬が海運業を行っていた船で、慶応3年(1867)紀州藩の軍艦と衝突し鞆の沖に沈んだ。江戸時代に建てられた蔵を資料館としていろは丸の足跡を伝えている。

☎084-982-1681 　⑰福山市鞆町鞆843-1 　⑯土・日曜、祝日10:00〜17:00(入館は〜16:30) 　㉝200円

❸ 絶景を見渡す迎賓館
對潮楼
たいちょうろう

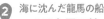

福禅寺の本堂に隣接する客殿。抜群の眺望を誇り、朝鮮通信使の高官が「日東第一形勝」と絶賛したという。国史跡。

☎084-982-2705(福禅寺) 　⑰福山市鞆町鞆2 　⑯9:00(土・日曜、祝日8:00)〜17:00 　㊡無休 　㉝200円

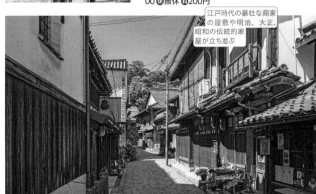

江戸時代の豪壮な商家の屋敷や明治、大正、昭和の伝統的な家屋が立ち並ぶ

豊町御手洗
ゆたかまちみたらい

広島県呉市
重要伝統的建造物群保存地区

瀬戸内海に浮かぶ歴史の港町
花一輪のもてなしの町並み

　瀬戸内海に浮かぶ芸予諸島のひとつ、大崎下島の東端に位置する。江戸時代に潮待ち風待ちの港町として、北前船や諸大名の交易船の寄港地として栄えた。港を中心に広がる町は、細い路地に江戸時代の町家から昭和初期の洋館まで多種多様な建物が並び、まるで迷路のよう。幕末ゆかりの屋敷跡や花街の名残などもあり、地元の人が各家々の軒先に飾るもてなしの一輪挿しも町に彩りを添えている。

江戸時代を思わせる町並み

神功皇后、また菅原道真がこの地で手を洗ったという伝説・伝承が残り、それが地名の由来のひとつ

□ ACCESS & INFORMATION

JR呉線・呉駅から、さんようバスで1時間30分、御手洗港バス停下車。

重伝建を考える会 ☎0823-67-2278

昭和初期のモダン建築の芝居小屋の乙女座を復元公開している

① 伊能忠敬も滞在した家
旧柴屋住宅
きゅうしばやじゅうたく

大長村庄屋役および御手洗町年寄役を代々務めていた高橋家の別宅。伊能忠敬が大崎島の測量をしたときに宿舎にしたと伝わる、御手洗地区の伝統的な町家のひとつ。
☎0823-67-2278（重伝建を考える会）
所呉市豊町御手洗 時9:00〜17:00 休火曜（祝日の場合は翌日）料無料

② 江戸時代の茶室が残る
旧金子家住宅
きゅうかねこけじゅうたく

町年寄、庄屋役を務めた金子家が、江戸後期に藩の要人や文人墨客を迎えるために建てた屋敷。数寄屋風書院造の屋敷、茶室などからなる。
☎0823-67-2278（重伝建を考える会）
所呉市豊町御手洗 時土・日曜、祝日9:00〜17:00（平日は要事前申込み）休火曜日（祝日の場合は翌日）料200円

豊町御手洗 MAP

呉市豊町御手洗重要伝統的建造物群保存地区

御手洗港
常盤町通り
御手洗港
江戸みなとまち展示館
乙女座
御手洗休憩所
旧柴屋住宅 ①
② 旧金子家住宅
大東寺
御手洗天満神社
若胡子屋跡
高灯籠
歴史の見える丘公園展望台
住吉神社前
住吉神社
千砂子波止
355

豊島／呉
355

N
0　　200m

江戸時代の面影が残る常盤町通り。御手洗の繁栄の歴史を今に伝える

港町

浜崎
はまさき

山口県萩市
重要伝統的建造物群保存地区

萩藩の経済を支えた
日本海に開かれた港町

萩城下の三角州の北東、松本川が日本海に注ぐ河口に開けた港町。藩政期には、北前船寄港地でもあり、廻船問屋、船宿、海産物卸、加工業などを営む商家や魚市場など水産業に関わる人々などで賑わい、萩藩の経済を支えていた。

その町筋には江戸期から明治・大正・昭和前期にかけて100棟以上の蔀戸や虫籠窓の伝統的な町家や土蔵が昔ながらの町割に沿って残されている。

□ ACCESS & INFORMATION

JR山陰本線・東萩駅下車、徒歩15分。

萩市観光課 ☎0838-25-3139

旧山中家住宅の建物内では浜崎に残る旧家や浜崎の町を紹介する展示が見られる

浜崎MAP

本町の旧山村家住宅

切妻造り桟瓦葺きの厨子2階建ての商家が立ち並ぶ無電柱化された街並み

① 江戸後期に建築された大規模な町家
旧山村家住宅
きゅうやまむらけじゅうたく

店舗と住居を前後に分け、間に玄関庭を設けた表屋造りと呼ばれる建築様式が特徴。浜崎の旧家に関する実物や資料を展示している。
☎0838-22-0133（浜崎しっちょる会）⊕萩市浜崎町77 ⊕9:00〜17:00 ㊡水曜 ㊟無料

② 大商人が暮らした隠居所

梅屋七兵衛旧宅
うめやしちべえきゅうたく

幕末に酒造業を営んだ人物で、藩の密命により長崎で1000丁の鉄砲を命がけで買い付けに行き、戊辰戦争での長州藩勝利に貢献した。
☎0838-25-3238（萩市文化財保護課）⊕萩市浜崎町浜崎 ⊕㊡㊟内部非公開

③ 浜崎の典型的な町家

旧山中家住宅
きゅうやまなかけじゅうたく

海産物商を営んでいた山中家の昭和初期建築の町家。表通りから裏通りにかけて、主屋と附属屋、土蔵が並ぶ。
☎0838-22-0133（浜崎しっちょる会）⊕萩市浜崎町209-1 ⊕9:00〜17:00 ㊡水曜 ㊟無料

④ 藩政時代の貴重な船倉
旧萩藩御船倉
きゅうはぎはんおふなぐら

藩主の乗る御座船を格納していた場所。安山岩の石垣の壁や木製扉、瓦屋根が残る、日本で唯一現存する藩政時代の屋根付き船倉。
☎0838-22-0133（浜崎しっちょる会）⊕萩市東浜崎町浜崎 ⊕㊡㊟外観のみ見学自由

⑤ 海運業が栄えた江戸時代の遺構
旧小池家土蔵
きゅうこいけけどぞう

江戸後期の建造時期には松本川に面しており、港から陸揚げした荷物を一時的に保管する倉庫の役割を果たした。床板を厚くして、重い荷にも耐える構造になっている。
☎0838-22-0133（浜崎しっちょる会）⊕萩市浜崎町 ⊕9:00〜17:00 ㊡水曜 ㊟無料

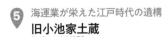

宿場町

矢掛
やかげ

岡山県矢掛町
重要伝統的建造物群保存地区

400年の時を超えて蘇る
おもてなしの宿場町

山陽道(西国街道)の宿場町として、本陣と脇本陣が残る街並みは、町の南側を流れる小田川沿いに約750mにわたって続く。元宿場町でありながら、約半世紀の間、宿泊施設がなかった町に、平成30年(2018)、町全体を宿と見立てる取り組みがなされ、宿場町らしい古民家を利用した客室、温浴施設、レストラン、カフェ、ショップなどが続々とオープンしている。

☐ ACCESS & INFORMATION

井原鉄道井原線・矢掛駅下車。

矢掛町産業観光課 ☎0866-82-1016

やかげ町家交流館は、昭和初期の古民家を改修した建物で、観光情報の発信や特産品の販売も

矢掛MAP

矢掛中
井原鉄道井原線　矢掛駅
総社駅へ
0　200m
N
矢掛町役場
矢掛町矢掛宿重要伝統的建造物群保存地区
井原駅へ
旧矢掛脇本陣高草家住宅 **②**
多聞寺卍
やかげ郷土美術館 **③**
専教寺卍
古意庵美術館
旧矢掛本陣石井家住宅 **①**
旧山陽道
美川
やかげ町家交流館 ℹ
矢掛ビジターセンター問屋 ℹ
道の駅山陽道やかげ宿
新栄橋
小田川
弦橋

妻入り町家が5棟並ぶ

山陽道に対して間口が狭く、奥に細長い、いわゆる「うなぎの寝床」の町家が多い

① 参勤交代の大名の宿泊施設
旧矢掛本陣石井家住宅
きゅうやかげほんじんいしいけじゅうたく

庄屋で造り酒屋を営む石井家の約1000坪の敷地に、大名や公家を迎えた御成門や上段の間を備えた御座敷など威厳あるたたずまい。天璋院篤姫が宿泊した記録も残る。☎0866-82-2110(やかげ郷土美術館) 所矢掛町矢掛3079 営9:00～17:00(11～2月は～16:00) 入館は各30分前まで 休月曜(祝日の場合は翌日) 料500円

② 宿場の補佐を務めた脇本陣
旧矢掛脇本陣高草家住宅
きゅうやかげわきほんじんたかくさけじゅうたく

かつて「大高草」と称された高草家の敷地は約600坪。白壁と張瓦のコントラストが美しい備中南部の建築様式を伝える。☎0866-82-2100(矢掛町教育委員会) 所矢掛町矢掛1981 営土・日曜10:00～15:00 休月～金曜 料300円

③ 「水見やぐら」が目印
やかげ郷土美術館
やかげきょうどびじゅつかん

矢掛町出身の芸術家の作品および郷土資料を展示する美術館。高さ16mの水見やぐらから街並みが一望できる。

☎0866-82-2110 所矢掛町矢掛3118-1 営9:00～17:00(入館は～16:30)休月曜(祝日の場合は翌日)料200円(特別展はその都度設定)

姫路と鳥取を結ぶ因幡街道（智頭往来）の宿場町

宿場町・商家町

平福
ひらふく

兵庫県佐用町

因幡街道の宿場町を象徴する
川面に映る川座敷と土蔵群

　江戸時代、姫路から鳥取へ至る因幡街道の宿場町として栄え、旧街道沿いには千本格子やなまこ壁に卯建などが見られる屋敷や土蔵群が残る。特に佐用川沿いの、石垣に並ぶ川座敷や土蔵群が連なる川端風景は格別。各屋敷から川に下りるための石段があり、石垣に川門と呼ばれる板戸がアクセントになっている。

☐ ACCESS & INFORMATION

智頭急行・平福駅下車。

佐用町商工観光課 ☎0790-82-0670

佐用川の流れや利神山を愛でるために建てられた川座敷と呼ばれる離れが連なる

⬆平福陣屋門。代官陣屋の表門として元治元年（1864）に代官・佐々木平八郎が建築

⬆江戸時代から続く醤油醸造元など、歴史を重ねた町家が立ち並ぶ

宿場町

大原宿
おおはらじゅく

岡山県美作市

本陣、脇本陣が現存する
水路が流れる宿場町

　鳥取藩主が参勤交代の折に宿泊した風格ある本陣、脇本陣が現存する旧因幡街道の宿場町。鳥取と姫路を結んだ街道の道幅も両脇の水路も江戸時代のままで、江戸末期から明治・大正時代に造られた町家が連続する。家々には袖壁、なまこ壁、煙出しなど、防火を意識した建築意匠が残され、宿場町の風情を伝えている。

☐ ACCESS & INFORMATION

智頭急行・大原駅下車。

武蔵の里大原観光協会 ☎0868-78-3111

ノスタルジックな町家が連なる石畳の道は無電柱化されてすっきりとした街並み

⬆大原宿本陣。御成門と御殿が現存する鳥取藩主・池田氏の参勤交代の宿泊所

⬆大原宿脇本陣。家老や奉行の宿泊所。長屋門は従者の詰めの間に使われた

宿場町・城下町

勝山
かつやま

岡山県真庭市

古い町並みにモダンな風で
暖簾が揺れる

　美作勝山藩の城下町として発展し、出雲街道の宿場町として、また高瀬舟の最北の発着地としても賑わった町だ。そのことを物語る白壁、なまこ壁の酒蔵や武家屋敷などの建物が往時を偲ばせ、今は古民家、蔵などを活用した工房、カフェ、ギャラリーなど各店の軒先を飾る暖簾が町並みを華やかにしている。

☐ ACCESS & INFORMATION

JR姫新線・中国勝山駅下車。

勝山観光協会 ☎0867-44-2120

旭川沿いに約700mにわたり続く町並み保存地区。個性的な暖簾が目を引く

↑高瀬舟発着場跡には明治初期に造られた石畳の護岸と雁木が残る

↑家老格の名門・渡辺家の家屋で、土蔵を展示館とし勝山武家屋敷館として公開

宿場町

新庄宿
しんじょうじゅく

岡山県新庄村

春、桜色に染まる
里山の自然に抱かれた宿場町

　出雲街道の難所といわれた美作と伯耆の国境にあたる四十曲峠の麓に息づく小さな山里。江戸時代、参勤交代の松江藩主・松平家の本陣が置かれるなど、宿場町として栄えた。街道沿いには水路が整備され、また日露戦争の勝利を記念して植えられた桜の木が、春、白壁や赤い石州瓦など伝統的な建物と調和して街並みを彩る。

☐ ACCESS & INFORMATION

JR姫新線・中国勝山駅から、コミュニティバス「まにわくん」で37分、道の駅新庄前バス停下車。

新庄村産業建設課 ☎0867-56-2628

脇本陣木代邸。松江藩主が参勤交代などで利用した江戸時代末期の家屋で、馬をつなぐ環や刀掛け跡が残る

↑雲州候本陣。松江藩の大名行列が通行のたびに休憩した「お茶屋」で、その後、藩主も宿泊して本陣に昇格した

↑街道を埋め尽くす132本の桜の古木が400mのトンネルをつくる「がいせん桜通り」

宿場町

上下
じょうげ

広島県府中市

天領の歴史と格式を伝える白壁の家並み

「上下」の地名は、町に分水嶺があり、雨が日本海と瀬戸内海の上下に分かれて流れることから名付けられたという。元禄13年(1700)に幕府直轄地となり、のち石見銀山大森代官所の出張陣屋となった。徳川幕府を後ろ盾とした金融業で栄えた町に幕府公金を扱う豪商が生まれ、政治経済の中心地として発展。白壁・黒壁の商家や土蔵などが往時の偉容を偲ばせる。

☐ ACCESS & INFORMATION

JR福塩線・上下駅下車。

府中市観光協会上下支部 ☎0847-54-2652

天領だった街並み

白壁やなまこ壁、格子窓など多彩な装飾を施した町家が連なるメインストリート

旧家をリノベーションした観光案内所(府中市観光協会上下支部)では、2階を宿泊施設として利用できる

上下 MAP

```
N
0    200m
              上下八幡神社卍
              (亀山八幡宮)
上下キリスト教会 ③      翁座 ②
上下町商工会    専教寺卍
旧館
府中市観光協会
上下支部    ①府中市上下
          歴史文化資料館
上下駅    石見銀山街道    上下川
  上下代官所       ④旧警察署
  移築門    432    卍吉井寺
        合祀神社卍  上下の
福塩線   天領上下代官所跡  分水嶺
府中駅              卍玉泉寺
```

① 歴史と文化の発信拠点
府中市上下歴史文化資料館
ふちゅうしじょうげれきしぶんかしりょうかん

明治の作家・田山花袋の小説『蒲団』のモデルとなった小説家・岡田美知代の生家を改築した資料館。町の歴史や岡田美知代の紹介もしている。
☎0847-62-3999 ㊟府中市上下町上下1006 ㊟10:00～18:00 ㊡月曜(祝日の場合は開館) ㊙無料

② 町の娯楽施設
翁座
おきなざ

芝居や映画の上演・上映が行われていた大正時代の木造劇場。回り舞台や花道、すっぽん、奈落、楽屋などに、当時の建築技術がうかがえる。
☎0847-54-2652(府中市観光協会上下支部) ㊟府中市上下町上下2077 ㊟土・日曜、祝日10:00～15:00 ㊡月～金曜(祝日の場合は開館) ㊙200円

③ 蔵を利用した教会
上下キリスト教会
じょうげキリストきょうかい

明治時代の財閥・角倉家の蔵として建築された建物を、昭和に教会として活用。蔵の上に見晴台が残っている。上下のシンボル的建物のひとつ。
☎0847-54-2652(府中市観光協会上下支部) ㊟府中市上下町上下1057-2 ㊟㊡㊙通常内部拝観不可(要問合せ)

④ 明治時代の警察署
旧警察署
きゅうけいさつしょ

商店街の東端付近にある、屋根の上にある火の見櫓が目印の木造2階建て。明治初期に建てられ、白壁の街並みに合わせた建築様式を残している。

☎0847-54-2652(府中市観光協会上下支部) ㊟府中市上下町上下1026 ㊟㊡㊙内部非公開

路地裏にまで、板塀と白壁の民家や土蔵が続く

神辺
かんなべ

広島県福山市

本陣や私塾の跡が残る
山陽道の宿場町

　備後の中枢として、江戸時代初期の神辺城廃城までは城下町、廃城後は山陽道（西国街道）の参勤交代道の宿駅として賑わった。街道沿いに菅茶山が開塾した「廉塾」が各地の藩儒・文化人との交流をもたらし、文化・教育の拠点となる宿場町として、参勤交代時の本陣をはじめ、町ぐるみで宿泊対応を行った家々のたたずまいが今も残されている。

▢ ACCESS & INFORMATION

JR福塩線・神辺駅下車。

神辺町観光協会 ☎084-963-2230

菅波家が営んでいた本陣跡。参勤交代の諸侯が門前に掲げた木札が数多く伝わる

⬆厨子2層、虫籠窓になまこ壁、正面に格子や駒寄せを残す町家が宿場町の面影を伝える

⬆江戸時代の儒学者・菅茶山が開いた廉塾と旧宅が残る。頼山陽も塾頭の一人だった

佐々並市
ささなみいち

山口県萩市　**重要伝統的建造物群保存地区**

石州赤瓦の家並みが続く
萩往還の宿場町

　江戸時代に萩城下町と三田尻（防府市）を結ぶ「萩往還」の宿駅を果たした宿場町。参勤交代の際は、町全体がひとつの宿として機能する一方で、日常的には豊かな農村集落として栄え、現在でも、水田や棚田が広がる山里らしい風景に、茅葺きや石州赤瓦の古民家が静かにたたずむ町並みを楽しむことができる。

▢ ACCESS & INFORMATION

JR山陰本線・萩駅から、中国JRバスで33分、佐々並バス停下車。

萩市佐々並支所 ☎0838-56-0211

水田や棚田の緑の中に石州赤瓦が映える町並みを台山と呼ばれる高台から一望できる

⬆農家風の茅葺き民家や石州赤瓦屋根の商家や町家が入り交じる

⬆全長約53kmの萩往還。吉田松陰、高杉晋作ら幕末の志士たちが駆け抜けた古道

寺町 & 門前町

門前町

宮島
みやじま

広島県廿日市市
重要伝統的建造物群保存地区

嚴島神社だけじゃない
宮島を再発見できる小路散策

「神を斎き祀る島」として、その海上に造営された嚴島神社を中心に、西町、東町と分かれて発展した門前町。寺社や社家町などで形成された西町に、江戸時代から歓楽街的な商家町として繁栄した東町など異なる風情が楽しめる。特に「町家通り」は、切妻造りの瓦屋根に千本格子の町家や島民のための昭和レトロな商店に、古民家を活用したおしゃれな店などが混在する注目の通りになっている。

ACCESS & INFORMATION

JR山陽本線・宮島口駅下車。徒歩5分の桟橋から、フェリーで10分、宮島桟橋下船。

宮島観光協会 ☎0829-44-2011

嚴島神社へと続く約350mの宮島表参道商店街。みやげ物店や食事処が立ち並ぶ

宮島MAP

N
0 ── 200m

宮島口 宮島松大汽船
宮島港 フェリー乗り場
徳寿寺卍
宮尾城跡
(要害山)
❸山辺の古径
廿日市市宮島町重要伝統的建造物群保存地区
因幡邸
宮島表参道商店街
卍宝寿院
❶町家通り
大鳥居・豊国神社卍
嚴島神社
卍清盛神社
宮島歴史民俗資料館 卍大願寺
etto宮島交流館
❷滝小路
嚴島神社宝物館
うぐいす歩道
紅葉谷公園

五重塔を望む

① レトロモダンな裏通り
町家通り
まちやどおり

表参道商店街の東側に位置する町家通りはかつてのメイン通り。現在は伝統的な町家が残る住民たちの生活道路にレトロモダンな店が点在する。

五重塔と町家建築が映える町家通り。2021年に「門前町」として重要伝統的建造物群保存地区に選定

② 宮島でいちばん古い街並み
滝小路
たきこうじ

嚴島神社から、空海が創建した大聖院へ通じる坂道。神職が住む社家や内侍の屋敷、宿坊などが点在する落ち着いた街並みを散策できる。

③ 宮島最古の参道
山辺の古径
やまのべのこみち

約800年前、宮島表参道商店街が海の底だった頃に神社への参詣客が歩いた参道。途中、宮尾城跡(要害山)からは大鳥居や五重塔、街並みが一望できる。

嚴島神社
いつくしまじんじゃ

宮島のシンボルともいえる古社。日本で唯一、潮の満ち引きのある場所に建つ寝殿造りの社殿群と大鳥居からなる優美な神社。干潮時には大鳥居まで歩いて行ける。

☎0829-44-2020 ⟨所⟩廿日市市宮島町1-1
⟨開⟩6:30～18:00(季節により変更あり) ⟨休⟩無休(高潮のときは拝観中止) ⟨料⟩300円

海上に浮かぶ朱色の神殿

海に浮かぶ社殿を見るなら満潮時に

棚田の集落
たなだのしゅうらく

山の斜面や谷間の傾斜地に階段状に造られた棚田。懐かしさを覚える日本の原風景だ。

棚田はたくさんの田んぼが一面に広がる光景から「千枚田」ともいわれる。優美な曲線を描く棚田には、石積みや土手造りなど先人が築いてきた技法があり、現在では、全国各地で米作りに参加できる棚田オーナー制度が行われている。また、早苗の水面に空と雲が映りこむ「水鏡」の春、青田の夏、黄金色の秋と四季折々の美しい風景に癒やされようと訪れる人も多い。

○長崎・平戸島の小さな集落にある「春日の棚田」。国の重要文化的景観にも選定されている

1340枚の棚田を誇る
丸山千枚田
まるやませんまいだ

三重県熊野市 　MAP P.197

白倉山の南西斜面に大小さまざまな田んぼが幾重にも連なる。千枚田に明かりが灯される初夏の虫おくりの行事は幻想的。オーナー制度で田植えや稲刈り体験もできる。
℡0597-97-1113(熊野市地域振興課)

急斜面のアート
四谷の千枚田
よつやのせんまいだ

愛知県新城市 　MAP P.136

標高883mの鞍掛山を水源とする石垣造りの棚田。山麓の標高220m付近から山頂に向かって約420枚の棚田が広がり、その高低差は200m。急斜面に配置された棚田はまるでアートのよう。
℡0536-29-0829(新城市観光協会)

寺勾配の石積み
岩座神の棚田
いさりがみのたなだ

兵庫県多可町 　MAP P.251

北播磨の最高峰、千ヶ峰の麓にある標高300～400mの集落に、石積みの棚田が約350枚が広がる。石垣は地場産の石材を用いており、寺勾配と呼ばれる石積みの反り返りの美しさが特徴。
℡0795-32-4779(多可町商工観光課)

600年続く棚田
大井谷棚田
おおいだにたなだ

島根県吉賀町 　MAP P.216

室町時代から江戸時代に築かれた棚田は約600年もの間、石垣の積み直しや補修を重ねて現在約600枚の棚田が広がる。幾重にも重なる棚田の縁をLEDでライトアップするイベントが好評。
℡0856-79-2213(吉賀町産業課)

案山子が見守る
鬼木棚田
おにぎたなだ

長崎県波佐見町 　MAP P.305

長崎県で唯一海に面していない波佐見町の虚空蔵山の裾野に広がる400枚の棚田は、江戸時代中期に開拓され、黄金色の稲穂と真っ赤な彼岸花が咲き誇る秋は多くの人で賑わう。
℡0956-85-2290(波佐見町観光協会)

南海道

徳島・香川・愛媛・高知・兵庫淡路島

讃岐
阿波
淡路
伊予 土佐

畿内と四国を結ぶ街道沿いに繁栄した商家町や港町

　南海道とは、本来、阿波、讃岐、伊予、土佐の四国全域と、淡路、紀伊を合わせた6カ国を指す。これらの国々を結ぶ街道も南海道と呼ばれ、四国と畿内を結ぶ街道として古代に整備された歴史を持つ。

　江戸時代から物資の流通や生産で繁栄した商家町や在郷町の伝統的な街並みを見ることができる。脇町や貞光、宇和町卯之町は、商人の富の象徴である卯建を上げた商家が通りに軒を連ねる風景で知られる。木蠟生産で栄えた内子では、商家や町家の並ぶ通りで今も手作りの和蠟燭が売られ、芝居小屋の「内子座」などの見どころも数多い。

　城下町では、復元天守が町にそびえる大洲の白壁土蔵の街並み、安芸では石垣や土塀の連なる武家屋敷町に藩政時代のたたずまいを残している。

　沿海部では、海運で栄えた港町や漁村ののどかな風情を味わいたい。太平洋沿岸の外泊や吉良川町では、台風被害を防ぐために工夫を凝らした海辺の民家が独特の景観を見せる。瀬戸内海に浮かぶ塩飽本島では港町の散策とともに、多島美の絶景を満喫したい。一方、中央の内陸部には四国山地の豊かな自然が広がる。急傾斜地にある山村・東祖谷落合の日常風景と山岳の雄大な自然風景に魅せられる。

◯阿波藍の集散地として繁栄した脇町。富の象徴である卯建の上がる町並みで知られる

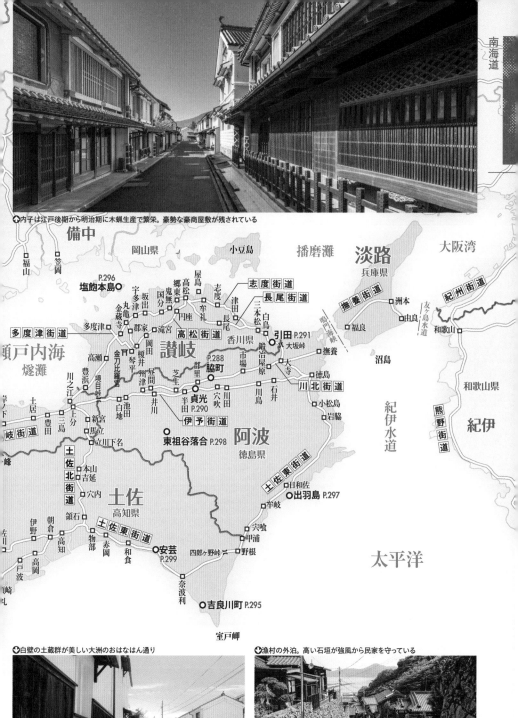

↑内子は江戸後期から明治期に木蝋生産で繁栄。豪勢な豪商屋敷が残されている

↓白壁の土蔵群が美しい大洲のおはなはん通り

↓漁村の外泊。高い石垣が強風から民家を守っている

商家町

脇町
わきまち

徳島県美馬市
重要伝統的建造物群保存地区

豪商たちの成功のシンボル
立派な「うだつの町並み」

　吉野川中流域にある脇町は、吉野川の水運などを利用した阿波藍の集散地として江戸期から明治期まで繁栄した。中心部の南町には今も約400mにわたって、本瓦に白漆喰の豪壮な商家が軒を連ねる。各商家には、隣家との境に袖壁の卯建を設けている。防火壁の役目を持つが、明治の頃より華美なものが増え、藍商人や呉服商の繁栄の象徴とされた。卯建の連なりが通りに独特の景観を生んでいる。

☐ ACCESS & INFORMATION

JR徳島本線・穴吹駅から、タクシーで約8分(約4km)。

美馬観光ビューロー ☎0883-53-8599

商人たちは、卯建の高さや装飾を競い合った。鏝絵が描かれた豪華なものも

脇町MAP

美馬市脇町南町重要伝統的建造物群保存地区

安楽寺
本覚寺
カネ天小路
松屋小路
桜小路
森家
① 吉田家住宅(藍商佐直)
② 田村家
道の駅 藍ランドうだつ
川北街道
⑤ 脇町劇場(オデオン座)
⑫
伝統工芸体験館美来工房
平田家 ④
国見家 ③
美馬市地域交流センターミライズ
川北街道
⑫
穴吹駅
吉野川

0　　200m
N

建物2階部分に張り出した屋根付きの袖壁が卯建。手前は明治13年(1880)築の森家住宅

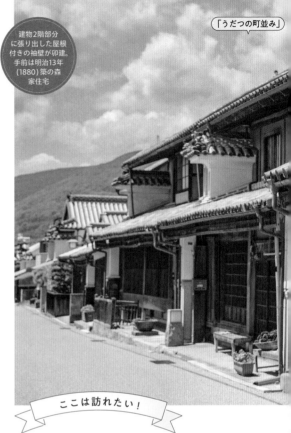

ここは訪れたい!

① 藍商人の屋敷を公開
吉田家住宅(藍商佐直)
よしだけじゅうたく(あいしょうさなお)

寛政4年(1792)建造の藍商屋敷を公開。「うだつの町並み」で最大の床面積を誇り、商談に利用した「みせの間」や帳場、使用人部屋、藍蔵などが残り、裏手には船着き場跡もある。
☎0883-53-0960 ⑰美馬市脇町大字脇町53 ⑨9:00～17:00 ⑭無休 ⑭510円

② 江戸中期建造の商家
田村家
たむらけ

江戸時代に繭糸業を営んだ大谷屋が所有していた屋敷。「うだつの町並み」で2番目に古い、宝永8年(1711)築とされる。かつては敷地が吉野川まで続いていた。
☎0883-53-8599(美馬観光ビューロー)
⑰美馬市脇町 ⑱⑭内部非公開

③ 通りで最古の商家建築
国見家
くにみけ

主屋は宝永4年(1707)の建造で、「うだつの町並み」で最も古い建築物。現在も通りから吉野川までの広い敷地を有している。川岸に設けた門を抜ければ船着き場へと至る。
☎0883-53-8599(美馬観光ビューロー) 所美馬市脇町 料休料内部非公開

④ 将棋名人・小野五平翁の生家
平田家
ひらたけ

幕末から大正時代にかけて活躍した第12世将棋名人・小野五平の生家。天保2年(1831)に宿屋・木屋五平で生まれ、のちに九段終身名人となった。
☎0883-53-8599(美馬観光ビューロー) 所美馬市脇町 料休料内部非公開

⑤ 歴史ある劇場を保存
脇町劇場(オデオン座)
わきまちげきじょう(オデオンざ)

昭和9年(1934)創建の芝居小屋。戦後は映画館となり、映画『虹をつかむ男』の舞台になった。現在は創建時の姿に修復され、内部を一般公開している。
☎0883-52-3807 所美馬市脇町大字猪尻字西分140-1 時9:00～17:00(最終入館16:30) 休火曜 料200円

藍の積み下ろしを行った船着き場跡。船着き場公園として整備され、段状に続く石垣が残る

貞光
さだみつ

徳島県つるぎ町

芸術的な装飾を施した
二層卯建の商家が並ぶ

　吉野川支流、貞光川流域の町で、江戸時代から昭和中期頃まで葉煙草や繭の産地として賑わった。北町から南町の街道沿いに、伝統的な商家が多く残る。商家の両脇には卯建が設けられ、近隣の脇町とともに「うだつの町」として知られる。貞光では、前後2段に並ぶ珍しい二層卯建が多い。屋根の形式もさまざまで精緻な絵模様も施されており、多彩な意匠の卯建に出会える。

☐ ACCESS & INFORMATION

JR徳島線・貞光駅下車。

つるぎ町産業経済課 ☎0883-62-3114

貞光に多い、切妻屋根の二層卯建「二層厨子上下共切妻型」という(左)。同じ切妻屋根で、上段の背が高い「二層二階上下共切妻型」もある(右)

貞光 MAP

二層卯建の町並み

往時の栄華を伝える重厚な二層の卯建。中町から南町にかけての一帯に多く見られる

❶ 江戸期の卯建が残る
織本屋
おりもとや

代々酒造業を営んできた織本屋の商家で明治初期の再建。上段が切妻、下段が葺き下ろしの卯建が見られ、江戸時代の古い形式を今に残している。国の登録有形文化財。
☎0883-62-3114(つるぎ町産業経済課) ㊟つるぎ町貞光字西83-2 ㉕10:00~17:00 ㉔第3水曜 ㉓無料

❷ 江戸中期の茅葺きの屋敷
旧永井家庄屋屋敷
きゅうながいけしょうややしき

江戸時代に庄屋を務めた永井家の住居で、寛政3年(1791)建造。約500坪の敷地を有し、主屋や蔵などの建物のほか鶴亀蓬莱庭園もある。
☎0883-62-3114(つるぎ町産業経済課) ㊟つるぎ町貞光西浦37 ㉕10:00~17:00 ㉔第3水曜 ㉓無料

引田
ひけた

香川県東かがわ市

豪商屋敷や庄屋屋敷が並ぶ
醤油と讃岐三白で栄えた港町

　香川県の東端、瀬戸内海に面した引田は、風待ちの良港、讃岐三白（砂糖、塩、綿）の産地、醤油の醸造などで江戸時代から繁栄した。JR引田駅から海へ向かう一帯に、碁盤目状の古い町並みが残る。なかでも、引田の氏神・誉田八幡宮から本町通り沿いには、商家の町家や老舗の醤油醸造所、レトロな商店など、江戸期から昭和期の建物が並び、細い路地のたたずまいとともに郷愁を誘う。

☐ ACCESS & INFORMATION

JR高徳線・引田駅下車。

東かがわ市地域創生課 ☎0879-26-1276

本町通りにある旧引田郵便局は昭和7年(1932)築。現在はレトロなカフェ

引田MAP

酒と醤油の醸造業者・井筒屋の屋敷。江戸後期から明治期の建物を観光施設に利用している

讃州井筒屋敷

❶ 旧豪商屋敷の観光拠点
讃州井筒屋敷
さんしゅういづつやしき

江戸時代から酒・醤油の醸造業を営んでいた商家・井筒屋。現在は観光施設で、保存された当時の母屋を公開している。食事処や特産品の売店があり、地場産業体験もできる。
☎0879-23-8550 ⸬東かがわ市引田2163 ⸬10:00〜16:00(母屋) ⸬水曜(祝日の場合は営業) ⸬無料(母屋のみ入館料必要)※営業時間・定休日は店舗により異なる

❷ 老舗の醤油をみやげに
かめびし屋
かめびしや

宝暦3年(1753)創業の醤油店。赤い紅殻壁で囲まれ、蔵や作業場など、江戸時代以降の18の建物が国の登録有形文化財。今も昔ながらの「むしろ麹法（国の登録無形民俗文化財）」による醤油を造り続けている日本で唯一の蔵元だ。
☎0879-33-2555 ⸬東かがわ市引田2174 ⸬10:00〜17:00(10〜5月の仕込みシーズン中は不定。休業の場合あり) ⸬水・土曜

❸ 江戸時代の重厚な建築
庄屋屋敷(日下家住宅)
しょうやしき(くさかけじゅうたく)

江戸時代に大庄屋を務めた日下家の住宅。江戸後期建造の主屋と長屋門が残る。主屋には勘定場や女中部屋、長屋門には使用人部屋や厩もあった。国の登録有形文化財。
⸬東かがわ市引田2250 ⸬内部非公開

讃州笠屋邸。引田雛飾りや江戸時代の醤油搾り道具が見学できる

製蠟町

内子
うちこ

愛媛県内子町
重要伝統的建造物群保存地区

木蠟生産で全国に名を馳せた
明治時代の商家の町並み

内子では、江戸後期から明治期に木蠟の生産が盛んに行われた。木蠟とは和蠟燭や化粧品などの原料となる植物性油脂で、その画期的な製造法が地元の木蠟業者・芳我家によって開発され、内子は全国有数の木蠟産地に発展した。西洋蠟が普及した大正期以降、木蠟生産は激減の一途をたどる。八日市・護国地区には贅を凝らした木蠟業者の屋敷や蔵が今も軒を連ね、明治の繁栄期の面影をとどめている。

☐ ACCESS & INFORMATION

JR予讃線・内子駅下車。

内子町観光協会 ☎0893-44-3790

内子町ビジターセンター。もとは昭和11年(1936)建造の警察署だった

八日市・護国の町並み。内子の木蠟生産は衰退してしまったが、和蠟燭店が今も1軒残る

八日市護国地区

ここは訪れたい！

① 木蠟の生産施設を保存
木蠟資料館 上芳我邸
もくろうしりょうかん かみはがてい

製蠟業で財を成した豪商・本芳我家の筆頭分家の屋敷。製蠟業の最盛期だった明治期の主屋をはじめ、釜場や出店蔵などの木蠟生産施設が残る。製造用具の展示もあり、木蠟の製造工程が学べる。
☎0893-44-2771 ⑰内子町内子2696 ⑱9:00〜16:30 ⑭無休 ⑲500円

街の西で見られる枡形。防衛用の直角の曲がり角で、藩政時代の名残

約120棟の商家や蔵、町家が並ぶ八日市・護国地区。黄色の土壁が多く、漆喰彫刻も見られる

⑤ 大正時代に生まれた現役の芝居小屋
内子座
うちこざ

大正5年 (1916) 建造の木造の芝居小屋。一時は映画館などに内部が改変されたが、回り舞台や花道、桝席を設けた往時の姿に復原され、昭和後期に劇場として再スタートした。
☎0893-44-2840 ㊟内子町内子2102 ⊙9:00～16:30 ㊡無休 ㊤400円

② 木蝋業者の屋敷と庭園
本芳我家住宅
ほんはがけじゅうたく

国内随一の製蝋業者として知られた本芳我家の明治期の邸宅。建物の外観と庭園が見学できる。
☎0893-44-5212(八日市・護国町並保存センター) ㊟内子町内子2888 ⊙9:00～16:30(庭園・外観のみ見学可) ㊡無休

③ 町内最古級の建物
大村家住宅
おおむらけじゅうたく

藍染めや生糸製造などを営んだ商家の江戸末期建造の屋敷。木蝋生産が盛んになる以前の古い町家形式が残されている。
☎0893-44-5212(八日市・護国町並保存センター) ㊟内子町内子2892 ⊙㊡㊤内部非公開

④ 大正期の商人の生活
商いと暮らし博物館
(内子町歴史民俗資料館)
あきないとくらしはくぶつかん
(うちこちょうれきしみんぞくはくぶかん)

江戸・明治期建造の商家を活用して、大正時代の薬屋の様子を再現。人形や当時の道具類を使って、暮らしぶりを紹介している。
☎0893-44-5220 ㊟内子町内子1938 ⊙9:00～16:30 ㊡無休 ㊤200円

内子MAP

八日市・護国町並保存センター●

内子中🏫

内子町八日市護国重要伝統的建造物群保存地区

●①木蝋資料館上芳我邸

本芳我家住宅②

大村家住宅③

枡形　†内子キリスト教会

上ノ山天神社🏯

町家資料館　●旭館(森文旭館)

高橋邸●

内子小🏫

内子高🏫　中町通り

八幡神社🏯

内子町ビジターセンター🅸

内子まちの駅 Nanze🅂

⑤内子座

卍禅昌寺

④商いと暮らし博物館(内子町歴史民俗資料館)

内子駅

N

0　200m

56

小田川

在郷町・宿場町

宇和町卯之町
うわちょううのまち

愛媛県西予市
重要伝統的建造物群保存地区

庄屋屋敷が街道に今も残る
宇和島藩最大規模の在郷町

西予市宇和町の中心地区である卯之町は戦国時代の城下町が起源。江戸時代には、宇和盆地の米や宇和檜の集散地、宇和島街道の宿場町として発展した歴史を持つ。旧宇和島街道沿いに拓けた町に、江戸後期から昭和初期の商家が見事に保存・修復されて、美しい町並みをつくる。大正建築のキリスト教会、明治建築の旧開明学校などの近代洋風建築も点在し、長く栄えた町の変遷が感じられる。

☐ ACCESS & INFORMATION

JR予讃線・卯之町駅下車。

宇和先哲記念館 ☎0894-62-6700

江戸時代この町で開業した二宮敬作や、彼に医学を学んだ楠本イネらの事績を紹介する宇和先哲記念館

宇和町卯之町 MAP

西予市宇和町卯之町重要伝統的建造物群保存地区

- 八幡浜駅
- 開明学校 ❷
- 卍光教禅寺
- 愛媛県歴史文化博物館
- ❸ 宇和民具館
- 末光家住宅 ❶
- 卯之町駅
- 旧武蔵 ❹
- 宇和先哲記念館
- 西予市役所
- 鳥居門
- 高野長英の隠家
- 予讃線
- 肱川
- 56
- 宇和考古センター
- 宇和島駅
- N
- 0 ─── 200m

294

卯之町の町並み▶

中心部の中町には伝統的な町家建築の老舗旅館や造り酒屋、民家などが並ぶ

❶ 月に1回内部を公開
末光家住宅
すえみつけじゅうたく

明和7年(1770)建造の造り酒屋。回転式の格子戸や蛇腹式すり戸などの珍しい造りが随所にある。毎月第1日曜の一般公開日に内部を見学可能。

☎0894-62-6700(宇和先哲記念館) ⏐西予市宇和町卯之町3-179-2 ⏐毎月第1日曜13:30〜15:00に内部公開 ⏐無料

❷ 西日本最古級の洋風校舎
開明学校
かいめいがっこう

明治15年(1882)築の擬洋風建築の小学校校舎。現在は明治から昭和初期の教科書などを展示し、教育資料館として活用され、明治時代の授業体験もできる。

☎0894-62-4292 ⏐西予市宇和町卯之町3-109 ⏐9:00〜17:00(入館は〜16:30) ⏐月曜(祝日の場合は翌日)⏐700円(宇和民具館の入館料含む)、授業体験300円(3名〜)

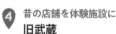

❸ 宇和町で使われていた民具
宇和民具館
うわみんぐかん

江戸末期から昭和初期にかけて、町での暮らし、商い、祭りなどで使われていた民具約6000点を収蔵展示。

☎0894-62-1334 ⏐西予市宇和町卯之町3-106 ⏐9:00〜17:00(入館は〜16:30) ⏐月曜(祝日の場合は翌日)⏐700円(開明学校の入館料含む)

❹ 昔の店舗を体験施設に
旧武蔵
きゅうむさし

明治期に「武蔵屋」の屋号で商いを営み、昭和中期まで料亭だった建物。井戸や竈を使って、昔の暮らしが体験できる施設として活用している。

☎0894-89-4046 ⏐西予市宇和町卯之町3-229 ⏐毎月第1日曜10:00〜14:00に内部公開 ⏐無料、かまど炊き体験500円(米持参)

商家町

岩松
いわまつ

愛媛県宇和島市

伊予随一の豪商が活躍し
川岸に繁栄した旧商家町

宇和海に注ぐ岩松川の河口に位置し、近在の農産物や海産物の集散地、酒どころとして江戸時代から昭和初期まで賑わった。最盛期には3つの酒造場があったが、現在はすべて廃業している。岩松川左岸の旧道沿いに、江戸時代以降の酒造蔵や商家、町家が残る。愛媛屈指の大商家だった小西本家の建物が近年修復されている。

町家や商家が並ぶ、岩松川の左岸地区。間口の広い歴史建築が多く見られる

☐ ACCESS & INFORMATION

JR予讃線・宇和島駅から、宇和島バスで32分、津島支所前バス停下車。

宇和島市教育委員会文化・スポーツ課
☎0895-24-1111

⬆明治中期から昭和後期まで営まれた西村酒造場。本宅や酒蔵などが残る

⬆改修された豪商・小西本家の明治期建造の離れ。建具に色ガラスが使われた

商家町

郡中
ぐんちゅう

愛媛県伊予市

町家を生かしたまちづくりを進める

伊予市の中心部。寛永12年(1635)に松山藩領から大洲藩領となり、長く「御替地」と呼ばれていたが、文化14年(1817)に「郡中」と呼ぶよう布達された。宮内九右衛門・清兵衛兄弟を中心に「自普請」で灘町を形成。ノスタルジックな街歩きが楽しめる。

☐ ACCESS & INFORMATION

JR予讃線・伊予市駅下車。

伊予市観光協会☎089-994-5852

写真提供：伊予市観光協会

在郷町

吉良川町
きらがわちょう

高知県室戸市
重要伝統的建造物群保存地区

土佐漆喰と水切り瓦の町並み

明治時代から昭和初期かけて、土佐備長炭の積出港として栄えた土佐湾沿いの町。炭問屋や廻船問屋の商家が並んだ往時の面影が旧道の周辺に残る。建物の外壁には、台風から家を守るための水切り瓦と土佐漆喰壁を設けた家が多い。

☐ ACCESS & INFORMATION

土佐くろしお鉄道ごめん・なはり線・奈半利駅から、高知東部交通バスで吉良川学校通バス停下車。

室戸市教育委員会事務局生涯学習課
☎0887-22-5142

港町

塩飽本島
しわくほんじま

香川県丸亀市
重要伝統的建造物群保存地区

水軍の本拠地となった島の
塩飽大工が手がけた町家群

瀬戸大橋周辺に大小28の島々が浮かぶ塩飽諸島。その中心島である塩飽本島は塩飽水軍の本拠となって栄えた港町だ。中世より廻船業で活躍した塩飽水軍は島の自治権も認められ、北東の笠島地区に拠点の町を築いた。今も笠島には商家や廻船問屋など100棟余の伝統建築が残る。水軍の船方衆は江戸中期以降、船大工の腕を生かして塩飽大工として活躍しており、彼らの意匠が残る町家も見られる。

🗺 ACCESS

丸亀港から本島汽船のフェリーで35分、泊の本島港下船。笠島地区へは本島港から徒歩25分。

ゆるいカーブを描く通り。防衛用に見通しを悪くした道が随所にある

塩飽本島 MAP

吉田邸 ②
尾上神社
① 笠島まち並
保存センター
笠島城跡
藤井邸
専称寺 卍
卍長徳寺
恵比須社
新在家港
丸亀市塩飽本島町
笠島重要伝統的
建造物群保存地区
塩飽勤番所跡 ③
庭神社
惣光寺 卍
德玉神社
東光寺
塩竈神社
山王神社
卍寳性寺
本島
本島港
④ 木烏神社・千歳座
0　500m
N

笠島地区

笠島地区の主要道「マッチョ通り（町通り）」。立派な構えの町家が並ぶ

① 笠島の観光案内施設
笠島まち並保存センター
かさしままちなみほぞんセンター

築190年の建物を利用した笠島地区の案内所。古民具などが見学でき、向かいの「ふれあいの館」で笠島地区のジオラマを展示。
📞0877-27-3828 🏠丸亀市本島町笠島256 🕐9:00〜16:00(1月4日〜2月末は土・日曜、祝日のみ開館) 🈳月曜(祝日の場合は翌日) 💴200円

② 塩飽大工が手がけた屋敷
吉田邸
よしだてい

築約100年の屋敷。刀の鍔をはめた欄間、組子を斜めにして、ほこりが溜まりにくくした「ちり落とし」の障子など、塩飽大工の技が光る。伊藤若冲の鶏図も必見。
📞090-8692-1827 🏠丸亀市本島町笠島314 🈳要予約 💴400円

③ 塩飽水軍の資料を展示
塩飽勤番所跡
しわくきんばんしょあと

塩飽を統治した船方衆の代表「年寄」が政務を執った役所で、江戸時代の建築。日本で唯一の「勤番所」として、国の史跡に指定されている。
📞0877-27-3540 🏠丸亀市本島町泊81 🕐9:00〜16:00 🈳月曜(祝日の場合は翌日) 💴200円

④ 航海の安全を願う神社
木烏神社・千歳座
こがらすじんじゃ・ちとせざ

本殿は江戸前期、拝殿は明治後期の再建。海側に建つ鳥居は上部の笠木の両端が丸まった珍しい造り。境内に江戸期の芝居小屋「千歳座」が建つ。
🏠丸亀市本島町泊670 🈳境内自由

漁村集落

出羽島
てばじま

徳島県牟岐町 **重要伝統的建造物群保存地区**

車のない小さな漁村に並ぶ「ミセ造り」の素朴な民家群

牟岐港の南沖合約4kmに浮かぶ小島。漁業で栄えた江戸後期から昭和初期の民家が今も集落に並ぶ。民家の多くは「ミセ造り」と呼ばれる建物で、上下に分かれる雨戸を持つ。雨戸の上半分(上ミセ)は持ち上げられ、下半分(下ミセ)は下ろして縁台として腰掛けなどに利用する。四国南東部で見られる昔ながらの漁村風景だ。

☐ ACCESS & INFORMATION

JR牟岐線・牟岐駅下車。徒歩6分の牟岐港から、連絡船で15分、出羽島港下船。

牟岐町観光協会 ☎0884-72-0065

静かな入り江にある出羽島港。江戸から昭和前期までは遠洋漁業などで賑わっていた

↑ミセ造りの民家。下の雨戸(下ミセ)を下ろして縁台にすれば、住民の憩いの場に

↑島の北部の集落に、江戸後期以降の伝統家屋が数多く残されている

漁村集落

外泊
そとどまり

愛媛県愛南町

斜面に連なる堅牢な石垣が強い潮風から暮らしを守る

愛南町の西海半島にある小さな漁村。入り江に面した急斜面に、高い石垣をめぐらせた民家が中腹まで広がっている。軒近くまで積み上げられた石垣は、冬の季節風や塩害から家々を守っている。漁港や沖の様子が家からも見えるよう、台所の前の石垣を低くした「遠見の窓」や集落に連なる細い坂道も独特の味わいを生む。

☐ ACCESS & INFORMATION

JR予讃線・宇和島駅から、宇和島バスで1時間22分、城辺営業所バス停下車。城辺営業所からあいなんバスで33〜50分、外泊バス停下車。

愛南町観光協会 ☎0895-73-0444

江戸末期に、隣町の中泊からの移住者が谷間を切り開き、要塞のような今の集落を築いた

↑集落に続く長い石段。その横には城壁のような石垣が続いている

↑石垣は高いものでは軒の高さまである。集落の上からの眺めも素晴らしい

農村 & 山村

山村集落

東祖谷落合
ひがしいやおちあい

徳島県三好市
重要伝統的建造物群保存地区

日本の秘境・祖谷渓の小集落
山あいの傾斜地で続く暮らし

祖谷川が深いV字谷を刻む四国山地の秘境・祖谷渓にある集落。山の急斜面に石垣を組んだ畑地が広がり、家屋が張り付くように点在し、集落の標高差は390mに及ぶ。建物の多くは江戸後期から昭和初期の民家で、横長の屋敷地に主屋や隠居屋、納屋が連なる。かつて、長男が嫁を迎えると両親や兄弟が主屋を出る慣習があり、敷地内に隠居所が設けられた。近くの中上集落に落合の全容を望む展望所がある。

◻ ACCESS & INFORMATION

JR土讃線・大歩危駅から、四国交通バス久保行きで1時間4分、落合橋バス停下車、徒歩約15分。

三好市観光案内所 ☎0883-76-0877

重要伝統的建造物群保存地区に指定され、トタン屋根を外した茅葺き民家が増えた

斜面に点在する家屋

斜面の畑と伝統家屋を縫うようにして里道（赤筋道）が続き、集落を深い山々が包み込む

斜面に沿って、主屋や隠居屋などの付属屋が横並びに連なっている

東祖谷落合 MAP

N
0 — 500m

三好市東祖谷山村落合重要伝統的建造物群保存地区

鎖谷川
住吉神社 ⛩
鎖谷下
鎖谷
八幡神社 ⛩
(栗枝渡神社)
長岡家住宅
落合橋
黒岡神社 ⛩
下瀬上
旧落合小学校
落合集落展望所 ●
祖谷渓
⊗ 東祖谷小・中
祖谷川
⬇ 大歩危駅

城下町・武家町

安芸
あき

高知県安芸市
重要伝統的建造物群保存地区

生垣や土塀が連続する
近世の武家地の町並み

　安芸の歴史は古く、鎌倉末期には一帯を支配していた安芸氏が土居地区の丘に安芸城を築いている。土佐藩領となった江戸時代には、家老の五藤氏が安芸城の麓に居館を構えて周辺に武家地を整備した。武家地一帯は「土居廓中」と呼ばれ、今も近世の町割がよく保存されている。旧武家地の通りには江戸末期からの伝統家屋が並び、土用竹の生垣や土塀が連なって藩政時代の景観を色濃く残している。

ACCESS & INFORMATION

土佐くろしお鉄道ごめん・なはり線・安芸駅下車、徒歩30分。

安芸市観光協会 ☎0887-35-1122

安芸市立歴史民俗資料館。安芸城に居を構えた五藤氏ゆかりの品を展示

安芸MAP

安芸市土居廓中重要伝統的建造物群保存地区

N　0　200m

天神坊墓
安芸
城山
永禅寺卍　安芸城跡
卍清水寺
野村家❶
安芸市立歴史民俗資料館
五藤家安芸屋敷
野良時計❷
杉尾神社
チクタク通り　中之橋
安芸駅◐

武家屋敷が並ぶ

近世の武家屋敷が残る土居廓中。初代土佐藩主・山内一豊の重臣・五藤氏が一帯を整備した

古瓦を土に練り込んだ瓦練塀(左)。生垣には土用竹やウバメガシが使われ、弓矢に転用された(右)

❶ **家老に仕えた上級家臣の館**
野村家
のむらけ

土居廓中武家屋敷のなかで唯一、一般公開されている。江戸時代の特徴的な武家様式が見られる間取りで、凝った構造が興味深い。
☎0887-34-8344(安芸観光情報センター)
䚻安芸市土居 ⊕8:00〜17:00 ㊡無休 ㊸無料

❷ **120年の時を刻んだ櫓時計**
野良時計
のらどけい

明治中頃に、旧家の畠中源馬氏が手作りした時計台。所有する米国製の掛け時計を参考に完成させた。農家に時計がない時代に、農作業中に屋外で時間を知ることができたため「野良時計」と呼ばれた。
☎0887-34-8344(安芸観光情報センター)䚻安芸市土居638-4 ⊕㊡㊸外観のみ見学自由

安芸の町のシンボル塔。夏はひまわりが周辺に花開く

安芸氏が完成させた
中世の平山城の遺構

安芸城跡
あきじょうせき

鎌倉末期に安芸氏が築城し、戦国時代に長會我部氏が落城。城は焼失したが、曲輪や堀切などが残る。頂上から安芸平野や太平洋が望める。
☎0887-34-3706(安芸市歴史民俗資料館)䚻安芸市土居953 ⊕㊡㊸見学自由

◖城を囲む土塁や濠も残る

城下町

大洲
おおず

愛媛県大洲市

石畳の「おはなはん通り」に
6万石の城下町の風情

　愛媛県西部の肱川両岸に広がる、大洲藩6万石の旧城下町。川のほとりには大洲城の復元天守がそびえる。城東の肱南地区に、江戸から明治期の歴史建築が古い町並みを形成している。なかでも風情があるのがおはなはん通りで、白壁土蔵が並んで城下町風情を醸す。かつては武家地と商人地との境界に位置し、商家の蔵と武家屋敷が対面して並んでいた。通りの東には藩主の遊賞地だった名勝・臥龍山荘がある。

白壁土蔵の並ぶおはなはん通りは、NHK連続テレビ小説『おはなはん』のロケ地となった

☐ ACCESS & INFORMATION

JR予讃線・伊予大洲駅下車、徒歩15分。

大洲観光総合案内所 ☎0893-57-6655

ここは訪れたい！

重厚な姿を復元
4層4階の木造天守

大洲城
おおずじょう

鎌倉末期以降、多くの城主を迎え、明治維新までの約250年間を加藤氏が治めた。4棟の櫓が残り、平成16年(2004)に木造天守閣が復元された。
☎0893-24-1146 ㊟大洲市大洲903 ㊟天守9:00～17:00(札止め16:30) ㊡無休 ㊤550円(臥龍山荘との共通券880円)

① 明治の名建築と名園
臥龍山荘
がりゅうさんそう

歴代藩主の遊賞地だった約3000坪の山荘。一時荒廃したが、明治時代に貿易商・河内寅次郎の別荘となり、数寄屋造りの屋敷が築かれた。庭園は国名勝、建物は重要文化財に指定。
☎0893-24-3759 ㊟大洲市大洲411-2 ㊟9:00～17:00(最終入館16:30) ㊡無休 ㊤550円(大洲城との共通券880円)

② 旧大洲藩主の末裔が暮らした旧加藤家住宅主屋
NIPPONIA HOTEL 大洲 城下町
ニッポニアホテル おおずじょうかまち

大洲の歴史的な邸宅や城、古民家など10棟28室に泊まれる分散型ホテル。国の登録有形文化財で、旧大洲藩主末裔・加藤家が建てた大正建築の邸宅に泊まる一棟貸しプランもある。
☎0120-210-289 ㊟大洲市大洲378

武家屋敷と商家の蔵

③ 貿易商人が建てた別荘
盤泉荘(旧松井家住宅)
ばんせんそう(きゅうまついけじゅうたく)

マニラに渡り、貿易業・百貨店経営で財を成した大洲出身の松井家が、大正15年(1926)に建てた別荘。随所に国際色豊かな意匠が見られる。

📞0893-23-9156 所大洲市柚木317 開9:00〜17:00 休無休 料550円

④ 和洋折衷の重厚な建造物
おおず赤煉瓦館
おおずあかれんがかん

明治34年(1901)に大洲商業銀行として建造。外壁に赤レンガ、屋根に和瓦を用いた和洋折衷の造り。

📞0893-24-1281 所大洲市大洲60 開9:00〜17:00 休無休 料無料

大洲 MAP

松根東洋城句碑●　　⇧伊予大洲駅

●大洲城
城山公園　　　　56　　　197

　●大洲城 芋綿櫓　　　肱川橋　　肱川　　鳥住吉神社

　　　　　　　おおず赤煉瓦館④
　●大洲市埋蔵文化財センター　　　　　　NIPPONIA HOTEL
　大洲小⊗　　　中一商店街S　　　大洲 城下町(フロント棟)
　　　　　　　　　　　おはなはん通り　②　卍多聞天
　⊗大洲高　大洲市役所◎　大洲歴史探訪館　　　①臥龍山荘
　　　　　　　　　　　S大洲まちの駅
曹渓院卍　　　　　あさもや　大洲神社鳥
　　大洲南中⊗　　　法華寺卍　卍清源寺
大禅寺卍　　　　　　　　441
　　寿永寺卍　56
　　　　　　盤泉荘③
　　　　　　(旧松井家住宅)　　　N
　　　　　　　0　　　200m

復元された街並み
ふくげんされたまちなみ

復元された戦国時代や室町時代の街並みを歩いて、往時の町の姿や日常の暮らしを体感する。

　中世の失われた街並みなどを現地で復元する試みが行われている。史料や発掘調査を基に町割を再現し、通りには武家や町人の住居、商店などが軒を連ねて、往時の生活をリアルに伝えている。併設された資料館も見学すれば、歴史をより詳しく学べる。埋め立てにより島の姿を変貌させた長崎の出島も、復元事業が進められ、一般公開されている。

←一乗谷朝倉氏遺跡博物館では、朝倉当主の館の一部を原寸大で屋内に復元。建物や庭、室内の障壁画などが再現され、戦国時代の暮らしを伝える

戦国期の城下町が蘇る
一乗谷朝倉氏遺跡
いちじょうだにあさくらしいせき

福井県福井市　**MAP** P.164

戦国大名の朝倉氏が築いた城下町の遺構がほぼ完全に残る。遺跡の一角に戦国時代の町並みが復元され、武家屋敷や町人の家屋の内部も見学できる。遺跡にほど近い一乗谷朝倉氏遺跡博物館では出土品などの資料を展示する。
☎0776-41-2330(朝倉氏遺跡保存協会) 働福井市城戸ノ内町 働9:00～17:00(入館は～16:30) 働無休 働330円 ❷JR北陸本線・福井駅から、京福バスで28分、復原町並バス停下車

鎖国時代を象徴する人工島の復元整備計画
出島
でじま

長崎県長崎市　**MAP** P.363

鎖国時代に西欧との唯一の貿易地だった出島の往時の町並みを復元。蔵やカピタン部屋(商館長部屋)などの建物や現存する明治期の洋風建築も並ぶ。将来的には埋め立て前の扇形の島の姿が復活する予定。

☎095-821-7200(出島総合案内所) 働長崎市出島町6-1 働8:00～21:00(最終入場20:40) 働520円 ❷長崎電気軌道・出島駅下車

約650年前の町並みを実物大で復原
草戸千軒展示室
くさとせんげんてんじしつ

広島県福山市　**MAP** P.251

芦田川の河口に栄えた中世の港町・草戸千軒の町並みの一角を発掘調査に基づいて実物大で復原。物売り小屋が並ぶ市場や職人の住居、お堂、船着き場などが並ぶ。

ふくやま草戸千軒ミュージアム(広島県立歴史博物館) ☎084-931-2513 働福山市西町2-4-1 働9:00～17:00(入館は～16:30) 働月曜(祝日の場合は翌日) 働常設展290円 ❷JR福塩線・福山駅から徒歩3分

草戸千軒展示室 実物大復原模型(全景) 写真提供:広島県立歴史博物館

西海道・琉球

筑前・筑後・肥前・肥後・豊前・豊後・日向・薩摩・大隅・琉球

福岡・佐賀・長崎・熊本・大分・宮崎・鹿児島・沖縄

筑前
豊前
筑後
豊後
肥前
肥後
日向
薩摩
大隅

琉球

ダイナミックな自然に囲まれた城下町、港町、温泉地、そして離島

九州地方には大友宗麟や島津義弘など、個性的な武将たちが築いた城が多く、九州各地に魅力的な城下町が多く残る。

水郷の柳川や天草四郎で知られる島原、『荒城の月』のモチーフになったとされる岡城跡がある竹田、かつて天領として繁栄した日田、「九州の小京都」と呼ばれる秋月、飫肥、臼杵、杵築など、江戸時代を彷彿させる武家屋敷通りが残されている。

薩摩藩の外城「麓」と呼ばれる出水、入来、知覧、加世田、蒲生などの武家屋敷集落では、南国風の建築様式を取り入れた独特の街並みが見られる。

漆喰のなまこ壁が美しい土蔵造りの町家が連なる筑後吉井や八女、肥前浜宿、山鹿など、商家町であるとともに宿場町や港町、温泉町の顔も併せ持つなど、複合的に繁栄した街並みで保存された屋敷や蔵を利用した町づくりが進んでいる。

伊万里焼で名高い伊万里や有田内山、湯けむりの町として全国区の別府など、地元固有の産業や日本らしい自然が旅情を誘う。潜伏キリシタン関連世界遺産の﨑津集落、港町の的山大島では昔ながらの風景が残され、沖縄の離島まで飛べば、リゾート気分とともに琉球の歴史と文化が体感できる。

↑なまこ壁と格子が白壁に映える蔵の町として知られる筑後吉井

↑奇岩窯場の赤レンガの煙突がそびえる伊万里大川内山

↑南北の坂道を上った高台に建つ武家屋敷が商家町を挟むような形状で、「サンドイッチ型城下町」と呼ばれる杵築

東シナ海

多良間島

石垣島

西表島

○竹富島 P.347

波照間島

伊江島

P.348 水納島 ●

名護□

東シナ海

○渡名喜島
P.347

沖縄島

太平洋

慶良間諸島

那覇□ ○首里金城町 P.327

赤瓦と漆喰の屋根が続く竹富島が守る沖縄の原風景

城下町・河港

柳川
やながわ

福岡県柳川市

掘割が縦横に行き交う
北原白秋が愛した水都

　柳川城を中心に発展した城下町。城の防衛のために造られた無数の掘割は、明治以降、生活用水や水上交通路としても利用され、どんこ舟を使った川遊びも盛んになった。川下りが観光として注目されたのは昭和29年(1954)、柳川出身の詩人・北原白秋の少年時代を描いた『からたちの花』の映画化から。掘割を川下りで巡れば、船上だから見える四季折々の詩情豊かな水郷風景に出会える。

☐ ACCESS & INFORMATION

西鉄天神大牟田線・西鉄柳川駅下車。

柳川市観光案内所 ☎0944-74-0891

かつての難攻不落の名城に
歴史の思いを馳せて

柳川城址
やながわじょうし

柳川藩主・立花家10万9600石の居城跡。高い石垣と5層の天守閣を誇ったが、明治5年(1872)に火災で焼失。今は柳城中学校の校庭の一角に小高い丘と石垣の一部を残すのみ。
☎0944-77-8832(柳川市生涯学習課) 所柳川市本城町82-2 営休料見学自由

↑戦国時代、蒲池治久による築城を礎とする

柳川城防御のため築造された石積みの城堀水門は狭く、船頭さんの腕の見せどころ

ここは訪れたい！

1 旧藩主の優雅な邸宅と庭園
柳川藩主立花邸 御花
やながわはんしゅたちばなてい おはな

元文3年(1738)に造営された柳川藩主・立花家の私邸。現在は、明治43年(1910)に完成した西洋館や大広間、庭園の「松濤園」がそのままに残る。立花家史料館や料亭、宿泊施設なども併設されている。
☎0944-73-2189 所柳川市新外町1 営10:00～16:00 休無休 料1000円

明治維新後に伯爵となった立花家が迎賓館として建てた西洋館

2 柳川生まれの詩人の生涯
北原白秋生家・記念館
きたはらはくしゅうせいか・きねんかん

明治18年(1885)に柳川の裕福な造り酒屋に生まれ、童謡『からたちの花』『待ちぼうけ』の作詞でも知られる詩人・北原白秋の生家を復元。記念館には直筆原稿や遺品などを展示する。
☎0944-72-6773 所柳川市沖端町55-1 営9:00～16:30 休無休 料600円

MACHI めぐり

水郷の川下り

素朴などんこ舟に乗って、柳川の町なかを流れる掘割を巡る60〜70分の船旅。10以上の橋をくぐり、なまこ壁や赤レンガ倉庫、柳並木などの味わいある風景が楽しめる。
☎0944-74-0891（柳川市観光案内所）⏰9:00〜日没（催行会社により異なる）🈂2月中旬〜下旬頃の落水期間（期間中は乗船場〜水門間を遊覧）🈷1560〜1700円

柳川藩主立花邸御花の西側を囲んでいるなまこ壁の「殿の倉」

蒲焼をのせてから蒸した柳川名物の「うなぎのせいろ蒸し」

③ 白秋ゆかりの文学資料館
松月文人館
しょうげつぶんじんかん

元料亭の松月を訪れた北原白秋、野田宇太郎、劉寒吉など多くの文人たちが残した色紙、書簡、写真などを展示。川下りの乗船場が目の前。
☎0944-72-4141
所柳川市三橋町高畑329⏰9:30〜15:00 🈂無休 🈷無料

④ 赤レンガが水面に映える味噌蔵
鶴味噌醸造 並倉
つるみそじょうぞう なみくら

明治時代後期に建築された赤レンガの倉庫。今も熟成蔵として使われている。
☎0944-73-2166 所柳川市三橋町江曲216 ⏰休🈷2023年3月現在非公開

⑤ 夏の水難除けの祭り
沖端水天宮
おきのはたすいてんぐう

水天宮横の掘割に舟舞台を浮かべ、3日にわたりお囃子や芝居が奉納される5月の沖端水天宮祭が有名。
☎0944-77-8832（柳川市生涯学習課）
所柳川市稲荷町東北町21

柳川 MAP

城下町

秋月
あきづき

福岡県朝倉市
重要伝統的建造物群保存地区

桜や紅葉の名所として知られる
自然豊かな山あいの城下町

　鎌倉時代に秋月氏が古処山に山城を築き、江戸初期から黒田氏が治めた歴史ある城下町。山あいの小盆地に開かれた江戸時代の街並みは、秋月城の麓に武家屋敷を配し、高台に寺社、街道付近に商人町を形成して「秋月千軒五千人」といわれるほど賑わったという。現在は、周囲の山々と町を流れる野鳥川に伝統的街並みが調和する自然豊かな風景を残し、県内有数の桜、紅葉の名所になっている。

☐ ACCESS & INFORMATION

JR鹿児島本線・基山駅から、甘木鉄道で26分、甘木駅下車。甘木駅から、甘木観光バス秋月線で18分、秋月バス停下車。

あさくら観光協会 ☎0946-24-6758

土塀に苔むした石垣

旧田代家住宅前の坂道は、秋月城の真上に昇る月の眺めが見事で「月見坂」と呼ばれる

ここは訪れたい！

❶ 茅葺きの武家屋敷
旧田代家住宅
きゅうたしろけじゅうたく

主屋、土蔵、門、土塀、庭園という、武家屋敷地の要素をすべて有する、秋月藩の上級武家屋敷。復元された建物は、江戸時代後期のたたずまいを伝えている。
☎0946-28-7341(朝倉市文化・生涯学習課) 働朝倉市秋月180-1 冊9:00～16:00 働無休 ※園内での安全が確保できない日は休園 働無料

在りし日の城跡は桜、紅葉の名所

秋月城跡
あきづきじょうせき

元和9年(1623)、福岡藩主・黒田長政の遺命により、三男長興を秋月藩主として陣屋形式の城を整備した。現在は石垣や堀、黒門、長屋門が残り、跡地には木造の秋月中学校が建っている。
☎0946-24-6758(あさくら観光協会) 働朝倉市秋月野鳥 働働働見学自由

↑秋月城の奥御殿へと至る門だった長屋門

↑もとは秋月城の大手門だった黒門

➔秋月城の正門に至る石垣造りの橋「瓦坂」。瓦を縦に並べて敷き詰めている

文化7年(1810)の竣工。長崎から呼び寄せた石工たちによって架けられた花崗岩の眼鏡橋

❹ 上級武士の質実剛健な屋敷
戸波半九郎屋敷跡
となみはんくろうやしき

明治政府に対する武士階級の反乱「秋月の乱」を主導した戸波半九郎の屋敷跡。母屋、長屋門、庭などが当時のまま残されている。
📞0946-25-0405(朝倉市秋月博物館)🏠朝倉市秋月野鳥532 🕘9:30〜16:30 休月曜(祝日の場合は翌日)、展示替え期間 料無料

❷ 江戸時代の武家の暮らし
秋月武家屋敷 久野邸
あきづきぶけやしき ひさのてい

秋月藩初代藩主・黒田長興に仕えた上級武士の屋敷。600坪を超える敷地に、腕木門、仲間部屋、茅葺きの母屋、離れ座敷に回遊式庭園、土蔵などが修復再現されている。藩主より拝領された2階屋であることからも格式の高さがうかがえる。
📞0946-25-0697🏠朝倉市秋月83-2 🕘10:00〜17:00(入館は〜16:30) 休月曜(祝日の場合は翌日) 料300円

❸ 白漆喰壁と虫籠窓の商家
石田家住宅
いしだけじゅうたく

御用商人であった甘木屋遠藤家の持家で、細長い敷地に町家が並行して建ち、1棟に併合したり2棟分割したりできる居住構造が特徴。
📞0946-24-6758(あさくら観光協会)🏠朝倉市秋月519 🕘休料内部非公開

❺ 江戸時代から続く本葛の老舗
廣久葛本舗
ひろきゅうくずほんぽ

文政2年(1819)に創業の本葛専門店。江戸時代の商家らしい広い土間には、本葛の販売コーナーと茶きりなどが楽しめる茶房がある。
📞0946-25-0215🏠朝倉市秋月532 🕘8:00〜17:00(甘味処葛茶房「葛の花」10:00〜16:30LO) 休無休

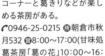

秋月 MAP

神代小路
こうじろくうじ

長崎県雲仙市
重要伝統的建造物群保存地区

生垣、石垣、水路が物語る
長崎の中の鍋島佐賀藩

　江戸時代、島原半島内で唯一佐賀藩領であった地域で、鍋島氏が神代に居を移した17世紀後期に、陣屋を中心として整備した武家町だ。街並みは緑豊かな本小路をメインとし、水路が流れる街路や屋敷も枡形で整えられている。また、生垣の笹竹や石垣の玉石も、戦時には武器になるように考えられた武家町の機能性がうかがわれ、その凛とした景観が今なお保たれている。

ACCESS & INFORMATION

島原鉄道・神代駅下車。

雲仙観光局 ☎0957-73-3434

道路を直角に曲げ見通しをきかなくすることで、敵の直進を防いだ枡形

神代小路 MAP

鍋島邸の庭の高台から眺める神代小路の街並み。遠く有明海も望める

① 石塀と長屋門とヒカンザクラ
国見神代小路歴史文化公園
鍋島邸
くにみこうじろくうじれきしぶんかこうえんなべしまてい

佐賀藩神代領の領主・鍋島氏の陣屋跡に建てられた邸宅と庭園を中心とした公園。邸内も一般公開されており、春はツツジ、冬にはヒカンザクラなど四季折々の花が庭を彩る。
☎0957-61-7778 ㊟雲仙市国見町神代丙103-1
㊟10:00～17:00(入場は～16:30) ㊡月曜(祝日の場合は翌日) ㊠300円

② 寄棟、茅葺きの武家屋敷
永松邸
ながまつてい

江戸時代後期の大型武家屋敷の特徴を残す、鍋島家の養育係を務めていた家の屋敷。内部からは茅葺き屋根の裏側を見学することができる。
☎0957-38-3111(雲仙市観光物産課) ㊟雲仙市国見町神代丙112 ㊟㊡不定期開館(要問い合わせ) ㊠無料

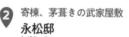

③ 旧家老職の邸宅
帆足家長屋門
ほあしけながやもん

侵入した敵に、ここを鍋島家の門と思わせるための疑似門といわれている。
㊟㊡㊠内部非公開

④ 木造校舎で昭和ノスタルジー
雲仙市歴史資料館
国見展示館
うんぜんしれきししりょうかんくにみてんじかん

昭和23年(1948)に開校した旧神代中学校の校舎を復元し、昭和の教室の再現や民俗資料、出土遺物を展示。
☎0957-78-2334 ㊟雲仙市国見町神代丙178-1 ㊟9:00～17:00 ㊡土・日曜、祝日 ㊠無料

約3万年前の石器や市内の遺跡で発見された出土品や考古資料を展示している

城下町

島原
しまばら

長崎県島原市

湧水と鯉が町なかを巡る
水の都の城下町

　元和4年(1618)から松倉重政が7年の歳月をかけて島原城を築城。のち松平氏7万石の城下町として発展した。城の西側に、かつて鉄砲組の移住地として整備された武家屋敷が残る。造成時は塀がなく鉄砲の筒のように屋敷町を見通せたことから鉄砲町とも呼ばれた。武家屋敷の道の中央を流れる水路はもちろん、町中のいたるところに湧水があり、民家の庭先や道路沿いを清水が流れ、鯉が悠々と泳ぐ姿が街並みに溶け込んでいる。

☐ ACCESS & INFORMATION

島原鉄道・島原駅下車。

島原市しまばら観光課 ☎0957-63-1111

湧水が豊富な新町通りの鯉が泳ぐ、全長100mの水路

島原MAP

① 山本邸
③ 篠塚邸
屋敷武り家
鐘撞堂(時鐘楼)
② 鳥田邸
文化会館
島原市観光案内所 ⓘ
島原駅
西堀端通り
民具資料館
江戸丁通り
島原城
西の櫓
島原市役所◎
中村家屋敷
快光院
白土湖通り
新町通り
島原港駅
しまばら湧水館

N
0 300m

武家屋敷通りは約400m。左手の家は山本邸。道の中央にある水路は生活用水だった

① 砲術師範を務めた家
山本邸
やまもとてい

　代々砲術師範として藩の重職を歴任。下級武士には珍しいといわれる立派な門構えは、藩主から特別に許されたもの。月とうさぎの欄間など武家屋敷らしい意匠。☎0957-63-1111(島原市しまばら観光課) 所島原市下の丁1995-1 営9:00~17:00 休無休 料無料

② 数々の重職を歴任した家
鳥田邸
とりたてい

　材木奉行、宗門方加役、船津往来番などの重職を務めた家。屋根は上部が茅葺き、下部が瓦葺きという珍しい造り。五右衛門風呂が残っている。☎0957-63-1111(島原市しまばら観光課) 所島原市下の丁1971-1 営9:00~17:00 休無休 料無料

③ 祐筆や代官を務めた家
篠塚邸
しのづかてい

　初代藩主の松倉重政とともに三河から移り住み、明治まで11代続いた。男座、女座と呼ばれる座敷や台所などに往時の暮らしが偲ばれる。☎0957-63-1111(島原市しまばら観光課)所島原市下の丁1994-1 営9:00~17:00 休無休 料無料

きれいになった天守閣と築城時からの石垣は必見

島原城
しまばらじょう

　2024年に築城400年を迎える島原城。天守閣内には、国内有数のキリシタン関連資料などを展示している。最上階から島原市街が一望できる。☎0957-62-4766(島原観光ビューロー) 所島原市城内1-1183-1 営9:00~17:30(最終入館17:00) 休無休 料550円

⬆天守からは有明海や雲仙岳が一望できる

杵築
きつき

大分県杵築市
重要伝統的建造物群保存地区

武家屋敷と商人町をつなぐ
坂道が美しい城下町

　能見松平家の杵築城が岬の突端にそびえ、内陸の南北の高台に武家屋敷、その谷間に商人の町が築かれた城下町。南台側が志保屋（塩屋）の坂、北台側が酢屋の坂で、これら2つの坂の名は坂下の入口にあった商家にちなむ。商人の町と武家屋敷の町をつなぐ通りの多くは坂道となっており、坂の上からはもちろん、石畳に土塀や石垣が続く武家屋敷通りから眺める景色もダイナミック。

☐ ACCESS & INFORMATION

JR日豊本線・杵築駅から、国東観光バスで10分、杵築バスターミナル下車。

杵築市観光協会 ☎0978-63-0100

> 海にせり出した
> 眺望の良い城

杵築城
きつきじょう

杵築の地名は「木付」だったが、徳川幕府の朱印状に誤って「杵築」と記されて以来、「杵築」城に。本丸跡は城山公園となり、天守からの眺望も楽しめる。
☎0978-62-4532 ⊕杵築市杵築16-1 ⊕10:00〜17:00(入場は〜16:30) ⊛無休 ⊜400円

↑天守からは市内と守江湾が一望できる

> 谷を挟んで広がる街並み

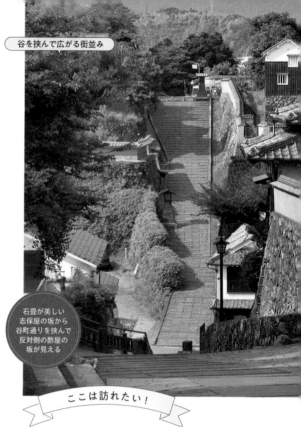

> 石畳が美しい
> 志保屋の坂から
> 谷町通りを挟んで
> 反対側の酢屋の
> 坂が見える

ここは訪れたい！

① 庭園が美しい武家屋敷
大原邸
おおはらてい

酢屋の坂の上の北台武家屋敷群にある。家老などの要職を務めた上級武士の屋敷で、長屋門に茅葺き屋根や回遊式庭園など格式の高さを誇る。
☎0978-63-4554 ⊕杵築市杵築207 ⊕10:00〜17:00(入場は〜16:30) ⊛無休 ⊜300円

② 四季折々に端正な庭
磯矢邸
いそやてい

藩主の休憩所として設けられた御用屋敷で、どの部屋からでも松竹梅が見られる設計。
☎0978-63-1488 ⊕杵築市杵築211-1 ⊕10:00〜17:00(入場は〜16:30) ⊛無休 ⊜300円

③ 武家屋敷で和スイーツ
能見邸
のうみてい

大原邸の隣、格式ある徳川家直系の家柄の邸宅。庭を眺めながらスイーツや食事が楽しめる甘味処を併設。
☎0978-62-0330 ⊕杵築市杵築北台208-1 ⊕10:00〜17:00(入場は〜16:30) ⊛無休 ⊜無料

志保屋の坂の台上の南台武家屋敷跡は石垣や長屋門など風情ある屋敷が続く

⑤ 家老の隠居宅
中根邸
なかねてい

代々杵築藩の筆頭家老などの要職を務めた中根氏の隠居宅。茶室や水屋などが設けられ、茶の湯を楽しんだ往時の閑雅な趣がある。
☎0978-63-0100(杵築市観光協会)
📍杵築市南杵築193-1 🕐9:00〜17:00(入場は〜16:30) 休水曜 料無料

⑥ 杵築城と海を望む邸宅
一松邸
ひとつまつてい

杵築市の初代名誉市民となった一松定吉氏の邸宅。杉の一枚板の縁側、格天井の御手洗など贅と粋を凝らした建築が見られる。
☎0978-62-5761 📍杵築市南杵築193-1 🕐10:00〜17:00(入場は〜16:30) 休無休 料150円

④ 小学校校門として健在
藩校の門
はんこうのもん

天明8年(1788)、7代藩主・親賢により設立された藩校「学習館」の藩主御成門。現在でも杵築小学校の裏門として活用されている。
☎0978-63-0100(杵築市観光協会)
📍杵築市杵築 🕐休料見学自由

酢屋の坂を上り右に折れて勘定場の坂まで格式高い屋敷が続く北台武家屋敷跡

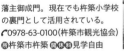

53段ある勘定場の坂のうち上から24段目の石段には富士山が描かれている

杵築MAP

杵築市北台南台重要伝統的建造物群保存地区

N
0 200m

番所の坂
大原邸❶
酢屋の坂
北台武家屋敷跡
❸能見邸
❹藩校の門
❷磯矢邸
勘定場の坂
杵築神社
⬅杵築駅
志保屋の坂
中根邸❺
●きつき城下町資料館
青筵神社
城山公園
南台武家屋敷群
●野上邸
❻一松邸
八坂川
杵築城●
⛩天満宮元社
杵築大橋
213

臼杵
うすき

大分県臼杵市

石畳の坂を歩く
日豊海岸に面した城下町

　戦国時代にキリシタン大名であった大友宗麟が築いた城下町。明やポルトガルの商人が行き交う南蛮貿易で栄え、キリスト教布教の地として豊かな経済・文化が花開いた。現在の街並みは江戸時代の藩主・稲葉氏によって築かれたもので、往時から続く商人の町、八町大路から武家屋敷地区を結ぶ二王座歴史の道は、小路が迷路のように入り組んで、風情あふれる散策が満喫できる。

ACCESS & INFORMATION

JR日豊本線・臼杵駅下車。

臼杵市観光協会 ☎0972-64-7130

八町大路は老舗醤油店からカフェ、飲食店などが石畳の道に立ち並ぶ、レトロな雰囲気を残す商店街

臼杵 MAP

N
0　200m

臼杵八坂神社 ⛩
野上弥生子文学記念館 ❸
小手川酒造
久家の大蔵 ❷
❶ 旧臼杵藩主
稲葉家下屋敷・
旧平井家住宅
臼杵城跡
臼杵公園
ℹ 臼杵市観光
交流プラザ
八町大路
❹ カニ醤油
多福寺 卍 卍月桂寺
法音寺 卍
旧真光寺 ❻ ❺稲葉家土蔵
卍龍原寺 二王座歴史の道
臼杵川
臼杵駅
日豊本線

石畳が黒く光る雨の日も良い

ここは訪れたい！

❶ 風格漂う上級武家屋敷
旧臼杵藩主 稲葉家下屋敷・旧平井家住宅
きゅううすきはんしゅいなばけしもやしき・きゅうひらいけじゅうたく

廃藩置県に伴って東京へ移住した旧藩主・稲葉家の臼杵滞在所。隣接している旧平井家住宅は稲葉氏に仕えていた上級武士の住宅。いずれも江戸時代の武家屋敷の様式をとどめている。☎0972-62-3399 ⑰臼杵市臼杵6-6 働9:00〜17:00(入館は〜16:30) 休無休 料330円

❷ 酒蔵にアズレージョ
久家の大蔵
くげのおおくら

江戸時代後期建造の酒蔵を改修した文化観光施設。ポルトガル作家の、アズレージョと呼ばれる伝統装飾タイル絵が壁面を彩る。☎0972-63-1111(臼杵市産業観光課) ⑰臼杵市浜町 働9:30〜17:00 休無休 料無料

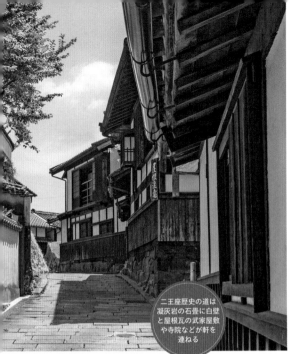

二王座歴史の道は凝灰岩の石畳に白壁と屋根瓦の武家屋敷や寺院などが軒を連ねる

⑤ 土蔵の休憩所
稲葉家土蔵
いなばけどぞう

二王座歴史の道沿いに建つ無料休憩所。観光パンフレットなどを置いている。

📞0972-63-1111(臼杵市都市デザイン課) 所臼杵市臼杵片町212 開8:30〜17:00 休無休 料無料

⑥ 二王座の街並みを一望
旧真光寺
きゅうしんこうじ

無料休憩所として開放されており、2階からは二王座歴史の道が一望できる。

📞0972-63-1111(臼杵市産業観光課) 所臼杵市臼杵二王座270 開8:30〜17:00 休無休 料無料

慶長7年(1602)、臼杵藩3代藩主・稲葉一通が、その妻の菩提寺として建立した法音寺

③ 99歳まで書き続けた作家
野上弥生子文学記念館
のがみやえこぶんがくきねんかん

生家である小手川酒造の一部を改修して開設された記念館。少女時代の勉強部屋や、夏目漱石からの手紙、直筆原稿などの遺品約200点が展示されている。

📞0972-63-4803 所臼杵市浜町 開9:30〜17:00 休無休 料310円

野上弥生子の生家の隣に建つ白壁となまこ壁の小手川酒造の土蔵

櫓と石垣が美しい桜の名所

臼杵城跡
うすきじょうせき

弘治2年(1556)、大友宗麟によって臼杵湾に浮かぶ丹生島に築かれた。島の形が亀に似ていたことから、亀城とも呼ばれた。江戸時代から残る畳櫓と卯寅口門脇櫓に加え、大門櫓が復元されている。

📞972-64-7130(臼杵市観光協会) 所臼杵市臼杵 開休料見学自由

⬆春には桜が咲き誇る花見スポット

④ 創業400年以上の老舗
カニ醤油
カニしょうゆ

八町大路に慶長5年(1600)に創業した味噌と醤油醸造の老舗。ユニークな名前の調味料は、おみやげにおすすめ。名物は、みそソフトクリーム。

📞0972-63-1177 所臼杵市臼杵218 営9:00〜17:00 休火曜

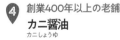

延宝6年（1678）頃
（臼杵城下絵図）（部分）

臼杵市教育委員会蔵

臼杵城

城下町

佐伯
さいき

大分県佐伯市

国木田独歩が愛した
城山と麓に広がる城下町

「佐伯の春、先づ城山に来り」と国木田独歩が『豊後の国佐伯』に書いた城山は、初代藩主の毛利高政が佐伯城を築いた山。麓の干潟は城下町として整備され、今も大手門跡から山際通りを通って毛利家の菩提寺・養賢寺へと至る700mほどの道のりには石垣と白漆喰の屋敷が連なる。独歩が下宿していた家や、政治家・矢野龍渓の生家跡も残り、「歴史と文学のみち」と名付けられている。

☐ ACCESS & INFORMATION

JR日豊本線・佐伯駅下車。

佐伯市観光案内所 ☎0972-23-3400

山際通りに残る安井(あんせい)の井戸。江戸時代、藩医の今泉元甫が城下の人たちのために掘った三義井のひとつ

佐伯MAP

歴史と文学のみち

城山の麓に沿って白壁の土塀が続く「歴史と文学のみち」。春には沿道を桜が彩る

1 上級武家屋敷の面影
山際史跡広場
やまぎわしせきひろば

佐伯藩の上級武士の屋敷が並んでいた通りにあった山中家屋敷跡で、礎石や庭石を生かした広場として整備されている。
☎0972-22-4234(佐伯市社会教育課) 所佐伯市城下東町779 間8:30〜17:00 休月曜(祝日の場合は翌日) 料無料

2 独歩が下宿した武家屋敷
城下町佐伯
国木田独歩館
じょうかまちさいきくにきだどっぽかん

明治の文豪・国木田独歩が教師として10カ月過ごした下宿先。裏山にあたる城山まで散策と思索の日々を過ごした。
☎0972-22-2866 所佐伯市城下東町9-37 間9:00〜17:00(入館は〜16:30) 休月曜(祝日の場合は翌日) 料200円

3 現存する佐伯城の建築物
佐伯城三の丸櫓門
さいきじょうさんのまるやぐらもん

佐伯城の城郭建築物として唯一現存する櫓門。藩庁の正門として創建され、藩政時代に2度建て直され、現在の櫓門は天保3年(1832)の建築。
☎0972-22-4234(佐伯市社会教育課) 所佐伯市大手町 間休料見学自由

山の上に築かれた
総石垣に守られた城

佐伯城跡
さいきじょうあと

関ヶ原合戦後に毛利高政が、標高144mの城山に築城した総石垣の山城。天守台跡や本丸・二の丸接続部の堀切や廊下橋跡、4段の雛壇状石垣が残る。
☎0972-22-4234(佐伯市歴史資料館) 所佐伯市城山76-1 休料見学自由

⬆本丸への唯一の入口だった廊下橋跡

城下町

竹田
たけた

大分県竹田市

『荒城の月』のモデルとなった
ロマンあふれる岡城と武家屋敷

　阿蘇火砕流により形成された盆地に拓かれた城下町。トンネルが多く別名「れんこん町」ともいわれる。中世に岡城が築かれ、江戸時代には岡藩7万石の城下町として栄えた。碁盤目状に整備された町並みは、今も殿町武家屋敷通りに土塀や石垣を持つ武家屋敷が軒を連ねる。武家屋敷を経由し、瀧廉太郎記念館や岡城跡まで「歴史の道」の碑が立ち、旅人を案内してくれる。

☐ ACCESS & INFORMATION

JR豊肥本線・豊後竹田駅下車。

竹田観光案内所(竹田市観光ツーリズム協会竹田支部)☎0974-63-2638

中を歩くと『荒城の月』『花』などのメロディが流れる廉太郎トンネル

竹田MAP

朝地駅 ↗
豊後竹田駅
8 竹田温泉花水月
稲葉川
玉来駅
願成院本堂
(愛染堂) 観音寺
豊音寺
瀧廉太郎 ③
記念館
廉太郎トンネル
竹田市下町交流プラザ
① 御客屋敷 月鐘楼
竹田市歴史文化館・由学館
岡城跡 →
広瀬神社
歴史の道
旧竹田荘 ②
広瀬神社
キリシタン洞窟礼拝堂
0　200m
N

殿町の「歴史の道」

江戸時代の土塀や重厚な長屋門が100mにわたって立ち並ぶ殿町の武家屋敷通り

① 旧岡藩の迎賓館カフェ
御客屋敷 月鐘楼
おきゃくやしき げっしょうろう

かつて岡藩の迎賓館だった築200年余の建物をカフェとして活用。庭を望む落ち着いた座敷で、荒城の月カレーやコーヒー、スイーツなどが楽しめる。
☎0974-63-1008 ㊟竹田市竹田町486-1
⑭11:00〜17:00 ㊡水・木曜

② 南画家・田能村竹田の旧居
旧竹田荘
きゅうちくでんそう

江戸時代の南画家・田能村竹田の邸宅。市街地を見下ろす高台にあり、2階の10畳間からは、漢詩に謳った城下町の景色が一望できる。
☎0974-63-9699 ㊟竹田市竹田殿町
⑭9:00〜16:30 ㊡木曜(祝日の場合は翌日)㊞500円(竹田市歴史文化館・由学館と共通)

③ 夭逝した作曲家を偲ぶ旧宅
瀧廉太郎記念館
たきれんたろうきねんかん

『荒城の月』を作曲し、23歳で急逝した瀧廉太郎が12〜14歳まで、多感な少年時代を過ごした旧宅。直筆の譜面や手紙などが展示されている。
☎0974-63-0559 ㊟竹田市竹田2120-1
⑭9:00〜17:00(入館は〜16:30) ㊡無休 ㊞300円

『荒城の月』のモチーフとなった石垣の城郭

岡城跡
おかじょうあと

源義経を迎え入れるために築城したと伝えられ、阿蘇山の火砕流でできた海抜325mの岩山に建つ。瀧廉太郎の『荒城の月』の曲想となったといわれる城として有名。
☎0974-63-1541(岡城料金所)
㊟竹田市竹田2761 ⑭9:00〜17:00 ㊡無休 ㊞300円

↑屏風のように重厚に積まれた石垣が残る

承応年間（1652〜55）
飫肥城下絵図（部分）
日南市教育委員会蔵

飫肥城

八幡社

酒谷川

飫肥
おび

宮崎県日南市
重要伝統的建造物群保存地区

苔むす飫肥杉、飫肥石が彩る
重厚な武家屋敷通りと商人町

豊臣秀吉より九州平定の功績により、飫肥城が与えられた伊東氏が治めた城下町。町の西から東に「ひ」の字に蛇行する酒谷川を外堀に見立て、城に近い通りから上級、中級家臣、商人町、下級武士の屋敷という町割りを築いた。今も石垣の上に瓦屋根をのせた源氏塀や生垣をめぐらせた武家屋敷が残り、格子に壁灯籠を飾った商家が軒を連ねる商人町通りなど江戸時代を彷彿させる街並みが楽しめる。

☐ ACCESS & INFORMATION

JR日南線・飫肥駅下車。

日南市観光案内所 ☎0987-31-1134

武家屋敷通りの先が大手門

ここは訪れたい！

町を象徴する大手門と
杉木立と苔に癒やされて

飫肥城跡
おびじょうあと

百年杉を使って復元された大手門や松尾の丸、歴史資料館などがあり、旧本丸跡へ続く石垣を抜けていくと林立する飫肥杉と一面の苔のコントラストが美しい森が開ける。
☎0987-25-1905（小村寿太郎記念館）所日南市飫肥10 開休料見学自由

↑飫肥杉が続く旧本丸への登城路

1 藩主伊東家の屋敷と庭園
豫章館
よしょうかん

明治2年(1869)末に飫肥藩知事の伊東祐帰と父裕相が城内より移り住んだ屋敷。薬医門を構え、背後の山々を借景に取り入れた広大な庭園など、格式高いたたずまい。
☎0987-25-1905（小村寿太郎記念館）所日南市飫肥9-1-1 開9:30～17:00（最終受付16:30）休無休料300円

2 文武両道を鍛えた藩校
振徳堂
しんとくどう

天保2年(1831)に開設された飫肥藩の藩校。高い石垣に囲まれた広い敷地内に長屋門と主屋が保存されている。明治期の外務大臣・小村寿太郎もここで学んだ。
☎0987-25-1905（小村寿太郎記念館）所日南市飫肥10-2-1 開9:30～17:00（最終受付16:30）休無休料無料

上級家臣の武家屋敷が並ぶ横馬場通り、「九州の小京都」とも呼ばれるエリア

本町通りは藩政時代に飫肥杉で財を成した豪商の商家や商家資料館がある

④ 贅を凝らした近代的和風建造物
旧高橋源次郎家
きゅうたかはしげんじろうけ

県会議員や貴族院議員などを歴任した実業家・高橋源次郎の邸宅。タイル張りの浴室や杉戸絵、襖絵など数寄を凝らした明治の建物を保存公開している。

☎0987-25-1905(小村寿太郎記念館) 所日南市飫肥5-2-12 開9:30〜17:00(最終受付16:30) 休無休 料無料 ※2023年8月から300円

⑤ 主の美意識が伝わる明治の商人屋敷
旧山本猪平家
きゅうやまもといへいけ

豪商の山本猪平が明治40年代に建築した商家の本宅。門から玄関や土間に至る通路にまで張られたタイルが印象的。

☎0987-25-1905(小村寿太郎記念館) 所日南市飫肥5-2-26 開9:30〜17:00(最終受付16:30) 休無休 料無料 ※2023年8月から300円

③ 武家屋敷の一棟貸しの宿
茜さす 飫肥
あかねさすおび

江戸後期に建築された旧伊東伝左衛門家の武家屋敷を改修した宿。チェックイン・アウトはセルフ形式で別荘気分に。定員6人の1日1組限定。

☎050-1743-2099 所日南市飫肥4-4-1

甲冑、刀剣、武具など飫肥藩ゆかりの資料を展示する飫肥城歴史資料館

※豫章館、松尾の丸(飫肥城内)、飫肥城歴史資料館、小村寿太郎記念館、旧高橋源次郎家、旧山本猪平家、商家資料館の7つの由緒施設の共通入館券800円

飫肥 MAP

日南市飫肥重要伝統的建造物群保存地区

長久寺卍　卍願成就寺
②振徳堂
旧伊東民部邸
飫肥城跡　③茜さす 飫肥
松尾の丸
飫肥城歴史資料館
飫肥城 大手門　横馬場通り　日南酒造会館
御数寄屋　小村寿太郎記念館
豫章館①　旧伊東祐正家
⑤旧山本猪平家
空也寺　④旧高橋源次郎家　飫肥街道　飫肥駅
大手門通り　稲荷下橋　宮崎駅
商家資料館　222　本町通り　日南線
本町橋　岩崎稲荷神社
N　0　200m　酒谷川　日南駅

■ 薩摩藩の郷士が住んだ麓集落

武家町（麓集落）

知覧
ちらん

鹿児島県南九州市
重要伝統的建造物群保存地区

独自の庭園文化が薫る
麓の武家屋敷群

　人口の4分の1を武士が占めたという薩摩藩の「人をもって城となす」という理念のもと築かれた外城のひとつ。切石や玉石を積んだ石垣の上に表情豊かな生垣を配した武家屋敷群は、島津久峰が知覧城主だった江戸中期頃に形作られた。屋敷入口には、屋敷内が見えないように屏風岩（沖縄のヒンプン）があり、当時知覧の港が琉球貿易の拠点だったことから、琉球の影響を多く受けているようだ。

☐ ACCESS & INFORMATION

JR鹿児島本線・鹿児島中央駅から、鹿児島交通バス・知覧・特攻観音行きで1時間12分、武家屋敷入ロバス停下車。

南九州市商工観光課 ☎0993-83-2511

MACHI めぐり
7つの武家屋敷庭園を巡る

　国の名勝に指定された江戸時代中期・後期作庭の7つの庭園が見学できる。

知覧武家屋敷庭園
ちらんぶけやしきていえん
☎0993-58-7878（知覧武家屋敷庭園事務所）
⊕南九州市知覧町郡 働9〜17時 休無休 料7庭園共通530円

ガイド付き散策もおすすめ

　1週間前までに予約すれば、ボランティアガイドに武家屋敷庭園の見どころや歴史を解説してもらえる。庭園入園料530円が必要だが、案内は無料。所要は約1時間。問い合わせは、知覧武家屋敷庭園事務所（☎0993-58-7878）へ。

箱庭のような街並み

屋敷地は街路より一段高く整地され、その土留めとして切石や玉石で石垣が築かれている

ここは訪れたい！

1 大海に浮かぶ鶴亀庭園
西郷恵一郎庭園
さいごうけいいちていえん

鶴亀の庭園と呼ばれ、イヌマキの刈り込みに鶴の首に見立てた立石の石組みと、大海に注ぐ谷川の水辺に遊ぶ亀とされるリアルな亀石や枯滝石組が表現されている。

2 想像力が広がる枯山水
平山克己庭園
ひらやまかつみていえん

母ヶ岳を借景とした借景庭園。どこを切り取ってもひとつの庭園を形作り、調和と表現に優れている。白砂に浮かぶ岩島を取り囲むような刈り込みが躍動的に表現されている。

知覧MAP

南九州市知覧重要伝統的建造物群保存地区

知覧小

佐多美舟庭園 ④

旧高城家住宅

亀甲城跡

川口茶舗 S

武家屋敷入口

豊玉姫陵

卍光寿寺

武家屋敷通り

⑦ 森重堅庭園

大心寺卍

市役所 卍南九州市役所

豊玉姫神社跡

⑥ 佐多直忠庭園

ホタル館富屋食堂（資料館）

鏡川

⑤ 佐多民子庭園

③ 平山亮一庭園

② 平山克己庭園

① 西郷恵一郎庭園

N

0　　200m

╲ 知覧型二ツ屋民家 ╱

知覧大工の建築技術
旧高城家住宅
きゅうたかぎじゅうたく

居住用の「おもて」と台所のある「なかえ」との間を小棟でつなぎ、1棟を合体させた「二ツ家」と呼ばれる知覧独特の建築文化。

③ 大刈込みの借景庭園
平山亮一庭園
ひらやまりょういちていえん

石組みがひとつもない、イヌマキとサツキの大刈込みのみで作られた庭園。借景とする母ヶ岳の稜線と一体となって、雄大な連山を彷彿させる。

⑥ 水墨画のような庭園
佐多直忠庭園
さたなおただていえん

母ヶ岳を借景にした枯山水の庭園。3.5mもの立石と枯滝の組み合わせが水墨画のようと称され、梅が咲き誇る初春は特に見応えがある。

---

④ 立体的な枯山水
佐多美舟庭園
さたみふねていえん

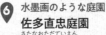

庭園群のなかで最も豪華で広い。背の高い枯滝を築き、白砂とサツキの刈込みで築山を表現。下部には石組みを据えた立体的な作りの庭園。

⑦ 湧水を利用した池泉式庭園
森重堅庭園
もりしげみつていえん

7庭園唯一の池泉庭園。山の湧き水を利用した曲線が美しい池には、奇石や怪石で近景の山や半島を表し、対岸には穴石を用いて洞窟を表現している。

---

⑤ 巨石奇岩が力強い庭園
佐多民子庭園
さたたみこていえん

麓川の上流から牛馬で運んだという巨石奇岩を大量に配し、カエデ、松、イヌマキなどの植栽で深山幽谷の神秘的な情景を表現。

武家町（麓集落）

出水麓
いずみふもと

鹿児島県出水市
重要伝統的建造物群保存地区

国境を守る武士の気概漂う
薩摩藩最大の武家屋敷群

　江戸時代、薩摩藩は外城と呼ばれる地方支配の拠点を設置。政務や地方警護を担う武士の住居と陣地を兼ねた町は麓と呼ばれた。肥後との国境に位置していた出水麓は、藩最大の規模で、精鋭武士たちを移住させ警備にあたらせた。麓造成時の碁盤目状の街路や屋敷割を今もよく残し、玉石垣と生垣が整然と続く馬場と呼ばれる道沿いには南国らしい照葉樹が高くそびえ、静謐な雰囲気が漂う。

ACCESS & INFORMATION

JR九州新幹線／肥薩おれんじ鉄道・出水駅下車。

（一社）出水市観光特産品協会 ☎0996-79-3030

藩主が地方巡視の際の宿泊所「御仮屋」の門。現出水小学校の正門

出水麓 MAP

出水市出水麓重要伝統的建造物群保存地区

竪馬場通り

武家屋敷通りの馬場は武術の訓練の場であり、侵入者への備えとしての役割があった

① 大河ドラマ『篤姫』のロケ地
竹添邸
たけぞえてい

肥後国・人吉出身で、代々郷士年寄曖の要職を務めた。竪馬場通りに面し、明治初期の建築とされる主屋に馬小屋、湯屋、稽古用横木などが復元されている。
☎ 0996-62-5505 ⦿出水市麓町5-17 ⏰9:00〜17:00（入館は〜16:30）休無休 料510円（竹添邸、税所邸、出水麓歴史館と共通）

② 出水麓を代表する武家屋敷
税所邸
さいしょてい

関ヶ原の戦いの前年に加世田から移住し、代々郷士年寄曖を務めた家柄。弓の雨天練習場や隠れ部屋、抜け道など武士らしい構造が特徴。庭の紅葉が見事。
☎ 0996-63-6142 ⦿出水市麓町5-11 ⏰9:00〜17:00（入館は〜16:30）休無休 料510円（竹添邸、税所邸、出水麓歴史館と共通）

③ 武家屋敷に泊まる
RITA 出水麓 宮路邸
リタいずみふもとみやじてい

築120年の旧宮路邸を改修した1棟3室の武家屋敷ホテル。土間のある部屋、紅殻壁の部屋、庭を望む部屋を用意。
☎0996-68-8003 ⦿出水市麓町18-35 休火・水曜

武家町（麓集落）

入来麓
いりきふもと

鹿児島県薩摩川内市
重要伝統的建造物群保存地区

中世と近世の薫り漂う 玉石垣が連なる武家屋敷群

薩摩藩が領内に置いた外城のひとつ。中世に築かれた山城の清色城跡と、東を流れる樋脇川を天然の濠として、麓の武家屋敷群が造られた。町割は戦国時代以前の外からの侵入に備えて湾曲した街路と、近世に整備された街路が混在しており、腕木門や石柱門を構えた屋敷は、玉石垣と石垣上に植えられた生垣によって整然と区画され、周囲の山々と一体となり美しい緑地景観を生み出している。

玉石垣に緑豊かな生垣

樋脇川の石などを積んだ玉石垣とその上に植えられたイヌマキなどの生垣が続く街並み

🗓 ACCESS & INFORMATION

JR鹿児島本線・川内駅から、鹿児島交通バス・入来駅行きで48分、入来支所前バス停下車。

薩摩川内市観光物産課 ☎0996-23-5111

石垣と土塁で整地された地頭館跡の前には、濠と御仮屋馬場が広がる

入来麓 MAP

重来神社
龍游山寿昌寺跡（お石塔）
寿昌寺の仁王像
赤城之馬場
三十三観音塔
旧増田家住宅 ❶
赤城神社
❷ 入来院家 茅葺門
入来支所前
入来麓観光案内所
尾道馬場
清色城跡
本丸跡
求聞持城跡
中之城跡
菅原神社

薩摩川内市入来麓重要伝統的建造物群保存地区

0 300m
N
328

---

❶ 入来麓の伝統的な住宅
旧増田家住宅
きゅうますだけじゅうたく

明治6年(1873)頃に建てられた住宅。「おもて」と呼ばれる接客に使われる座敷空間と「なかえ」と呼ばれる居間と台所の土間部分の2棟からなり、石蔵と浴室便所なども復元している。
☎0996-44-4111 ㊟薩摩川内市入来町浦之名77 ㋺9:00〜17:00(入館は〜16:30) ㋡月曜(祝日の場合は翌日) ㋫無料

「おもて」側に家財道具などを納めた石蔵が建てられている

❷ 鎌倉時代の武家門の型式を残す
入来院家 茅葺門
いりきいんけ かやぶきもん

当地の領主だった入来院家の庶流。鎌倉時代の武家門の型式が伝わるもので、印象的なフォルムの武家門。
☎0996-44-5200(入来麓観光案内所) ㊟薩摩川内市入来町浦之名90 ㋡無 ㋫見学自由

中世山城の断崖絶壁の堀切

清色城跡
きよしきじょうあと

中世薩摩地方の在地豪族だった入来院氏の城跡。シラス台地特有の切り立った空堀を有し、城の入口にある堀切は城の防御の仕掛けとして圧巻。
☎0996-44-5200(入来麓観光案内所) ㊟薩摩川内市入来町浦之名 ㋡無 ㋫見学自由

🔼 入来小学校の裏手が山城跡

武家町（麓集落）

加世田麓
かせだふもと

鹿児島県南さつま市 重要伝統的建造物群保存地区

水路と石垣と生垣が彩る
石橋から続く武家門の景色

　加世田川の西岸、別府城跡と新城跡の2つの山城に挟まれた地形を利用した薩摩藩の麓と呼ばれる武家集落のひとつ。ゆるやかに湾曲する2本の街路沿いに石垣とイヌマキの生垣が続く街並みは、街道の脇を流れる用水路に、重厚な腕木門へのアプローチとなる石橋が架かる独特の風情をつくり出している。

街路と武家門をつなぐ水路に架けられた石橋が加世田麓の特徴

ACCESS & INFORMATION

JR鹿児島本線・鹿児島中央駅から、南さつまバス直行で55分、加世田バス停下車。

南さつま市観光協会 ☎0993-53-3751

➡薩摩藩の郷中（ごじゅう）教育の基本となった「日新公いろは歌」を作った島津忠良を祀る竹田神社

石畳で整備され、切石や野石で積まれた石垣とイヌマキの生垣が連続する武家屋敷通り

武家町（麓集落）

蒲生麓
かもうふもと

鹿児島県姶良市

武家門が多数残る
日本一の大クスのある町

　樹齢約1500年を超える日本一の巨樹「蒲生の大クス」がある薩摩藩の麓のひとつ。2つの川を外堀として、整然と町割された街並みの西馬場や八幡馬場などの武家屋敷通りがある。切石積みとイヌマキの生垣を用いた屋敷が連なり、家の格式によって門の屋根と扉が異なる数多くの武家門が残っている。

ACCESS & INFORMATION

JR日豊本線・帖佐駅から、南国交通バスで18分、蒲生支所前バス停下車。

蒲生観光交流センター ☎0995-52-0748

⬆標高160mの竜ヶ山にある蒲生城跡は、春には200本の桜が咲く花見の名所

⬆蒲生と蘭牟田を結ぶ街道。年貢米の輸送路として難所であった掛橋坂を石畳に整備

首里金城町
しゅりきんじょうちょう

沖縄県那覇市

シーサーが見守る石畳と赤瓦
琉球王国の歴史街道

　琉球王国の中心地だった首里城の城下町。尚真王の時代 (1477〜1527) に整備された石畳道は、国王が冊封使や外国の来賓とともに王家の別邸・識名園へ向かうためにも利用された。当時は総延長10kmに及んだが、戦禍を免れ悠久の時を刻む石畳が現存する。坂道の途中にある共同井戸として使われた金城大樋川や樹齢300年以上のアカギの大木群など、パワースポットとして注目されている。

☐ ACCESS

沖縄都市モノレール(ゆいレール)・首里駅下車、徒歩15分。

内金城嶽のそばに、5本のアカギの大木がそびえる。推定樹齢は200年以上で高さ約20m

首里金城町 MAP

一中健児之塔　玉陵
一中健児の塔入口
首里城公園
首里城 ●
❷金城大樋川
金城村学校所跡
石畳入口
首里駅
金城村屋
首里金城の大アカギ➡
県立芸術大 ✖
新垣ヌカー
❶首里金城町石畳道
上又東門ガー
金城橋
繁多川公園
0　　100m
N

相方積みの石垣が調和する道幅約4mの情緒溢れる石畳の坂道。雨の日は滑りやすい

琉球石灰岩の石畳道

❶ 首里城から南へ続く道
首里金城町石畳道
しゅりきんじょうちょういしだたみみち

16世紀の琉球王国時代に生まれた琉球石灰岩の石畳。首里城から那覇港へ至る主要道だったが、現在では大部分が損壊し、約300mのみ残された。道端の石垣や赤瓦の家々も趣がある。
☎098-917-3501(那覇市文化財課) 📍那覇市首里金城町

❷ いにしえの生活用水
金城大樋川
かなぐすくうふひーじゃー

琉球王国時代に使われていた伝統的な共同井戸。岩盤奥の水脈から、樋を通して水を引き込んでいた。
☎098-917-3501(那覇市文化財課) 📍那覇市首里金城町

復興プロジェクトは着々と進行中

首里城
しゅりじょう

1429年に成立し、約450年間繁栄した琉球王国の王城。2019年10月31日未明に火災が発生し、正殿をはじめとする9施設が焼失。歴史上5度目の焼失となり、2026年秋までに再建を目指す。
☎098-886-2020(首里城公園管理センター) 📍那覇市首里金城町1-2 💰無料区域8:30〜18:00、有料区域9:00〜17:30 (最終入場17:00) 休7月第1水曜とその翌日
🎫有料区域400円

↑首里城から那覇市街を望む

商家町 & 在郷町

在郷町

筑後吉井
ちくごよしい

福岡県うきは市
重要伝統的建造物群保存地区

往時の繁栄を伝える
豪商たちが築いた土蔵の町

　江戸時代、久留米と天領日田を結ぶ街道の宿場町として栄え、筑後川の水を引き入れた水路が完成したことで、酒造、製麺、櫨蠟などの産業が発達した。なまこ壁と白漆喰塗りの重厚な「居蔵家」と呼ばれる土蔵造りの家が連続する街並みは、明治2年(1869)の大火事を契機に、財を成した豪商たちが耐火性を重視した豪勢な商家を建てたことによる。富をもたらした複数の水路も町の歴史を伝える。

⬚ ACCESS & INFORMATION

JR久大本線・筑後吉井駅下車。

観光会館 土蔵 ☎0943-76-3980

天保14年(1843)に建てられた矢野家は蔵ギャラリーとして活用されている

ここは訪れたい!

❶ 食事もできる観光案内施設
町並み交流館商家
まちなみこうりゅうかん しょうか

「海産商松源本店」の看板を掲げているように、300年続いた海産物を扱う商家だった建物。1階はレストランと観光情報発信も行っており、街歩きマップなども揃っている。
☎0943-75-2572 ㊟うきは市吉井町1153-1
㊟見学9:00〜17:00、食事11:00〜16:00
㊡月曜(祝日の場合は翌日)

❷ 古民家の宿として再生
みなも

筑後吉井の白壁土蔵造りの街並みのなかにある、築100年を超える2棟の古民家を、5室の分散型宿泊施設に改修し2022年夏に開業。2023年、一棟貸の客室を増室予定。
☎0943-76-9882 ㊟うきは市吉井町1302
㊟9:00〜18:30

国道210号沿いに蔵造りの町家が立ち並ぶ旧豊後街道

なまこ壁が町並みの象徴

白壁通りでは、なまこ壁に外壁に鏝絵や個性的な装飾を施した建物を見ることができる

④ 屋敷型建築をギャラリーとして活用

鏡田屋敷
かがみだやしき

郡役所の官舎として建てられた屋敷。10m以上の襖続きの大広間があり、2階には耳納連山が見渡せる座敷などを公開。
☎0943-75-3113(tsumugi) 所うきは市吉井町若宮113-1 営11:00〜16:30 休月曜(祝日の場合は翌日)

⑤ 火災に耐えられる土蔵造り

居蔵の館
いぐらのやかた

明治末期に建てられた精蠟業で財を成した豪商の住居。吹き抜けの座敷に大きな神棚、箱階段に床の間の意匠、さらに水路を引き込んでいた跡が残る庭など見どころが多い。
☎0943-75-3343(うきは市生涯学習課) 所うきは市吉井町1103-1 営9:00〜16:30 休月曜(祝日の場合は翌日) 料無料

③ 観光情報の発信基地

観光会館 土蔵
かんこうかいかんくら

酒蔵を改装した施設で観光パンフレットなどの配布や電動アシスト自転車のレンタル、グッズ販売などを行っている。どら焼き専門店兼カフェも併設している。
☎0943-76-3980 所うきは市吉井町1043-2 営9:00〜17:00 休月曜(祝日の場合は翌日)

街なかを流れる災除川沿いには遊歩道が整備されており、散策が楽しめる

筑後吉井MAP

吉井歴史民俗資料館
うきは市文化会館
天満宮
卍西厳寺
菊竹六鼓記念館
卍宝琳寺
清光寺
吉井素盞嗚神社
観光会館 土蔵 ③
光琳寺
④鏡田屋敷
居蔵の館 ⑤
筑後吉井
町家宿 以久波 ②みなも
本町
圓應寺
上町
うきは市筑後吉井重要伝統的建造物群保存地区
中町
上吉井
町並み交流館商家 ①
久留米駅
浄満寺
巨瀬川
筑後吉井駅
福神社
久大本線
0 200m
N
日田駅

八女
やめ

福岡県八女市
重要伝統的建造物群保存地区

八女茶と伝統工芸の技を誇る
居蔵造りの白壁の町

　八女市には白漆喰の居蔵造りの建物が続く町並みが2エリアある。八女福島は福島城の城下町から商家町や職人町として発展した地で、和紙、茶、櫨蝋、提灯、仏壇、石工芸など、さまざまな特産品を生み出してきた。また、久留米から豊後への街道筋として賑わった八女黒木の町も山々で生産される茶や楮、堅炭などの集散地として栄え、今も地元産の青石を家の壁張りとした居蔵造りの町家が見られる。

☐ ACCESS & INFORMATION

八女福島地区へは、JR鹿児島本線・羽犬塚駅から、堀川バスで17〜21分、福島バス停下車。黒木地区へは、JR鹿児島本線・羽犬塚駅から、堀川バスで42〜49分、黒木バス停下車。

八女市茶のくに観光案内所 ☎0943-22-6644

空き町家の解消に向けて保存の取り組みが進められ、さまざまなショップが開店

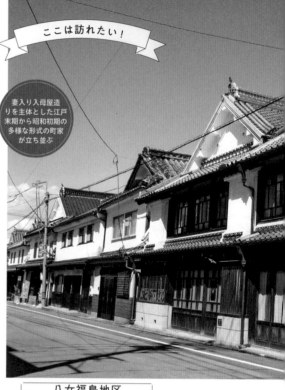

ここは訪れたい！

妻入り入母屋造りを主体とした江戸末期から昭和初期の多様な形式の町家が立ち並ぶ

八女福島地区
やめふくしま

① 町並み案内のお休み処
八女市横町町家交流館
やめよこまちちやこうりゅうかん

江戸末期に建てられた元造り酒屋の建物を利用した町並みの魅力発信スペース。「八女伝統本玉露」が味わえるカフェも併設。
☎0943-23-4311 所八女市本町94 時10:00〜17:00 休月曜(祝日の場合は翌日)

② 建物、意匠、庭と伝統技術の粋
旧木下家住宅(堺屋)
きゅうきのしたけじゅうたく(さかいや)

江戸時代から代々酒造業で栄えた家。乃木希典が訪れた明治41年(1908)建築の離れ座敷は、折り上げ天井に屋久杉の欄間、床柱など贅沢な造り。庭や外壁も凝っている。
☎0943-23-7611 所八女市本町184 時10:00〜17:00 休月曜(祝日の場合は翌日) 料無料

八女福島 MAP

福島
福島
羽犬塚駅
大東寺卍
福島城跡● 八女市役所◎
八女署⊗　八女公園
正福寺卍
福島小
八女市八女福島重要伝統的
建造物保存地区
西勝寺卍
卍無量寿院
今里家住宅　卍明永寺
うなぎの寝床　町家CAFE
旧丸林本家⑤　しおや
古松祇園社卍③
NIPPONIA HOTEL
八女福島 商家町
(フロント棟)
②旧木下家住宅(堺屋)
紺屋町
旧往還道
旧検番
平田
稲荷神社
福島八幡宮
京町
新町
N
0　　　200m

白壁の町並み

黒木地区
くろぎ

4 明治時代の居蔵造りの町家
黒木まちなみ交流館 旧松木家住宅
くろぎまちなみこうりゅうかん きゅうまつきけじゅうたく

明治13年(1880)の黒木大火の翌年に建設された居蔵造りの代表的な町家。酒小売を営んだ家で、商売道具や調度品などを展示している。

☎0943-42-0004 所八女市黒木町黒木80-2 時10:00～17:00 休月曜 料無料

5 地主農家を代表する大規模な住宅
旧隈本家住宅
きゅうくまもとけじゅうたく

明治16年(1883)に建てられた農家住宅。屋敷周りの大小の玉石積、主屋の八女地方の杉、松、樫、楠、黒柿などを使った建築も見どころ。

☎0943-23-1982(八女市文化振興課) 所八女市黒木町今1053 時9:00～17:00(入館～16:30) 休月曜(祝日の場合は翌日) 料無料

3 お茶の魅力を満喫する宿
NIPPONIA HOTEL
八女福島 商家町
ニッポニアホテル やめふくしましょうかまち

元老舗茶舗や酒造、土蔵などの建物をリノベーションしたホテル。出迎えのお茶から、地産地消の夕食、檜のお茶風呂、朝食のお茶漬けなど、八女茶三昧の滞在が愉しめる。

☎0120-210-289 所八女市本町204

重要伝統的建造物群保存地区の東端にある素盞嗚神社は、黒木の大藤で知られる

黒木MAP

製磁町

有田内山
ありたうちやま

佐賀県有田町
重要伝統的建造物群保存地区

和洋混在の窯元と商家が並ぶ磁器生産発祥の地

日本の磁器の歴史は、17世紀初め、豊臣秀吉の朝鮮出兵の際に連れ帰った陶工の李参平（りさんぺい）らが、有田の泉山（いずみやま）に陶石を発見したことが始まりとされる。以来、佐賀藩のもと磁器生産が本格化し、「有田千軒」と呼ばれるほどの隆盛を誇ったという。漆喰塗りの商家、西洋館、トンバイ塀のある窯元などが混在する街並みは、文政11年（1828）の火災後に形成され、磁器の町ならではの風情を醸している。

トンバイ塀のある窯元

耐火レンガや使い捨ての窯道具、陶片などを赤土で塗り固めて作ったトンバイ塀のある裏通り

☐ ACCESS & INFORMATION

JR佐世保線・上有田駅下車。

有田観光協会 ☎0955-43-2121

17世紀初めに朝鮮人陶工・李参平らが磁器の原料である陶石を発見した泉山磁石場

皿山通りには白漆喰、黒漆喰などの店が連なり、店ごとに個性的な陶磁器が並ぶ

ここは訪れたい！

❶ 一子相伝の色絵磁器
今右衛門窯
いまえもんがま

佐賀鍋島藩（なべしま）で主に将軍家への献上用として作られた色鍋島の御用赤絵師を370年継承してきた窯元。
☎0955-42-3101 所有田町赤絵町2-1-15 営8:00〜17:00 休第1日曜

❷ 明治の館で有田焼を愛でる
有田陶磁美術館
ありたとうじひじゅつかん

明治7年（1874）に建てられた焼物倉庫を改築し昭和29年（1954）に開館した、佐賀県で最も古い美術館。
☎0955-43-3372 所有田町大樽1-4-2 営9:00〜16:30（入館は〜16:30）休月曜（4月29日〜5月5日の有田陶器市期間中は開館）料120円

洋風建築にも注目

漆喰壁の和洋折衷建築
香蘭社 有田本店
こうらんしゃ ありたほんてん

明治38年 (1905) 建設の本店。ウッドサイディングと漆喰壁による洋館で、1階は伝統工芸品から家庭用食器まで扱うショールーム、2階は古陶磁陳列館。
📞0955-43-2132 所有田町幸平1-3-8 営8:00～17:25、土・日曜、祝日9:30～17:30(10～3月は～17:00) 休無休

深川製磁の歴史と伝統を物語る
FUKAGAWA-SEIJI本店
フカガワセイジほんてん

「フカガワブルー」で知られる深川製磁のショールーム。大正期に建てられたスクラッチタイルの壁に漆喰の玄関、富士山のステンドグラスが映える。
📞0955-42-5215 所有田町幸平1-1-8 営9:00～17:00 休無休

バルコニー修復工事中

外国商人のための西洋館
旧田代家西洋館
きゅうたしろけせいようかん

有田の豪商・田代紋左衛門の子、助作が、明治9年 (1876) に外国商人の宿泊や接待のために建築した和洋折衷の館。らせん階段に床は畳、壁紙に和紙を使っている。国指定重要文化財。
📞0955-43-2899(有田町文化財課) 所有田町幸平1-2-6 営土・日曜・祝日、有田陶器市期間(4月29日～5月5日)、秋の有田陶磁器まつり期間の10:00～16:00 料無料

❸ 有田焼づくしの境内
陶山神社
すえやまじんじゃ

陶祖の神を祀る神社。鳥居や狛犬、灯籠、欄干からお守りに御朱印帳までもが焼物づくし。境内に李参平を祀る。参道に踏切があり、列車が通過する。
📞0955-42-3310 所有田町大樽2-5-1 営休料拝観自由

有田内山MAP

天狗谷窯跡
復元 唐臼
皿山代官所跡
下白川窯跡
FUKAGAWA-SEIJI本店
上幸平天満宮
西光寺
小路庵
トンバイ塀
泉山磁石場
旧田代家西洋館
有田陶磁美術館
上有田駅
香蘭社 有田本店
札の辻
天満宮
武雄温泉駅
陶祖李参平之碑
百婆仙の法塔
(百婆仙の碑)
桂雲寺
❸陶山神社
報恩寺
❶今右衛門窯
八坂神社
皿山通り
佐世保線
有田町有田内山重要伝統的建造物群保存地区
有田駅
蓮花石山
猿川八幡神社
N
0 250m

製磁町

伊万里大川内山
いまりおおかわちやま

佐賀県伊万里市

「秘窯の里」から生み出される
個性豊かな伊万里焼

　有田を中心として生産された磁器は、伊万里港から西欧にまで出荷されたため、江戸期のものは総じて伊万里焼と呼ばれた。佐賀藩は調度品や献上品を製作するため、精鋭の職人たちを移住させて藩窯とし、背後に険しい岩山の連なる地を選び、里には関所を設置して職人の技術が他藩に漏れるのを防いだ。上品な「鍋島様式」が作られるようになり、現在もその技術や伝統が受け継がれている。

ACCESS & INFORMATION

JR筑肥線／松浦鉄道・伊万里駅から、タクシーで約10分（約5km）。

伊万里市観光協会 ☎0955-23-3479

自然豊かな里山に、窯場の煙を上げる30軒の窯元が集まっている

伊万里大川内山 MAP

市川冬山窯 S　伊万里駅
　　　　　伊万里市陶器商家資料館
　　　　　　　　　N
伊万里有田焼
伝統産業会館　　　0　　100m
　　　　鍋島藩窯橋
　　　　S 太一郎窯
　　　　　　鍋島藩窯関所跡
太一郎窯 S　藩
　　　　　窯
　　　　　坂　権現神社坂
　　鍋島藩窯公園
福岡大五窯 S　岳山窯　S 鍋島藩窯
　　　　　　　　十五代金仙窯
　　　　S 長春青磁窯

伊万里焼の道

青山窯

切り立った奇岩に赤レンガの煙突という秘窯の風景。石畳沿いのギャラリーは華やか

町を焼物が彩る藩窯の里
鍋島藩窯公園
なべしまはんようこうえん

登り窯や関所、陶工の家などが再現され、展望施設や焼物広場、陶工橋を渡るとセンサーが反応し、14個の伊万里焼の風鈴が鳴る「めおとしの塔」がある。
☎0955-23-7293（伊万里鍋島焼会館）所
伊万里市大川内町26 開休料見学自由

積出港に残る商家の建物

陶器商人の暮らしを伝える
伊万里市陶器商家資料館
いまりしとうきしょうかしりょうかん

伊万里屈指の陶器商だった犬塚家の住居を復元した施設。江戸期の調度品や古伊万里が当時の繁栄ぶりを物語る。
☎0955-22-7934 所伊万里市伊万里町甲555-1 開10:00〜17:00 休月曜（祝日の場合は翌日）料無料

伊万里駅から徒歩5分のところに建つ

商家町・宿場町・港町

塩田津
しおたつ

佐賀県嬉野市
重要伝統的建造物群保存地区

長崎街道と川港で栄えた
商人と職人の町

　長崎街道の宿場町として、また有明海の干満の差を利用した塩田川の川港として栄えた商人の町。川港は「塩田津」と呼ばれ、磁器の原料となる天草陶石を有田や伊万里へ運ぶ荷揚げ場として、帰りは陶磁器や米などを輸送する中継地として繁栄した。町並みも火災や風水害に強い漆喰造りの「居蔵家」と呼ばれる大型町家の廻船問屋や商家が軒を連ね、石工、鍛冶職人たちの技術も残されている。

ACCESS & INFORMATION

JR長崎本線・肥前鹿島駅(鹿島バスセンター)から、祐徳バスで12分、嬉野市役所塩田庁舎前バス停下車。

塩田津町並み交流集会所 ☎0954-66-3550

旧検量所や走行クレーンの跡が残る塩田港跡地。有明海が満ち潮のときに上流へ、引き潮のときに下流へ船が行き来した

塩田津 MAP

嬉野市塩田津重要伝統的
建造物群保存地区

八幡川
立傳寺卍
本應寺卍　　　海
生蓮寺　　　塩田津町並み
上福天神宮卍　交流会所
御蔵 ③
①西岡家住宅
②杉光陶器店
塩田大明神
常在寺卍
　　　嬉野市役所塩田庁舎前
嬉野市役所　　嬉野市歴史
塩田庁舎　　　民俗資料館
N
0　200m　肥前鹿島駅
498

長崎街道沿いに約400mにわたって居蔵造りの白壁の大きな建物が立ち並ぶ

物資の集散地として賑わった

1 居蔵造りの豪商の家
西岡家住宅
にしおかけじゅうたく

廻船業を営んだ豪商の、安政2年(1855)に建てられた居蔵造りの大型町家。大きな梁や柱、吹き抜けの座敷、組子の欄間、矢羽根の天井など、往時の繁栄ぶりを伝えている。国の重要文化財。

☎0954-66-3550(塩田津町並み保存会) 所嬉野市塩田町馬場下甲725 開休料内部非公開

2 3階建ての陶磁器店
杉光陶器店
すぎみつとうきてん

安政2年(1855)建築の3階建ての主屋と3つの蔵からなる大型居蔵造りで、波佐見焼を中心とした陶磁器が所狭しと並べられている。

☎0954-66-2071 所嬉野市塩田町馬場下甲728 営9:00〜17:00 休不定休

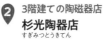

3 蓮池藩の米蔵
御蔵
みくら

佐賀藩の支藩、蓮池藩の年貢米が納められた米蔵。荷揚げ場を御蔵浜といい、船着場から直接蔵への物資積み込みが行われていた。

☎0954-66-3550(塩田津町並み保存会) 開休料内部非公開

醸造町・在郷町・港町・宿場町

肥前浜宿
ひぜんはましゅく

佐賀県鹿島市
重要伝統的建造物群保存地区

酒蔵通りと漁村の茅葺き民家
2つの異なる古い街並み

　有明海に臨む浜川河口に位置し、長崎街道多良往還の宿場町・港町として栄えた。江戸時代から豊かな地下水による酒造業で発展し、白壁土蔵造りの酒蔵が残る浜中町八本木宿の通称「酒蔵通り」は、酒蔵見学に試飲、酒蔵スイーツなどが観光客に人気だ。また、浜庄津町と浜金屋町は2町合わせて「庄金」と呼ばれ、港の細い路地沿いに茅葺きの小型の民家が密集し、一種独特の風景を形成している。

☐ ACCESS & INFORMATION

JR長崎本線・肥前浜駅下車。

鹿島市観光協会 ☏0954-62-3942

MACHI めぐり

鹿島の酒蔵を巡る

　毎年3月の蔵開きの日程に合わせたイベント「鹿島酒蔵ツーリズム®」では、矢野酒造、光武酒造場、富久千代酒造、幸姫酒造、馬場酒造場という鹿島市の5つの酒蔵と嬉野市の3蔵を無料の巡回バスや徒歩で巡り、蔵人や地元の人とふれあいながらお酒が楽しめる。
鹿島酒蔵ツーリズム®
かしまさかぐらツーリズム

☏0954-63-3412(鹿島酒蔵ツーリズム® 推進協議会事務局)
URL https://sakagura-tourism.com

飯盛酒造のかつての銘柄「玉ノ香」と書かれた煙突は酒蔵通りを象徴する遺構

ここは訪れたい！

浜中町八本木宿
はまなかちょうはちほんぎしゅく

❶ 老舗のコラボ焼酎
光武酒造場
みつたけしゅぞうじょう

黒麹芋焼酎「魔界への誘い」が看板銘柄。『北斗の拳』『デビルマン』とのコラボの酒も注目。
☏0954-62-3033 ㈶鹿島市浜町乙2421 営8:00〜17:15 休土・日曜、祝日

❷ 酒蔵見学ができる
光武酒造場
観光酒蔵 肥前屋
みつたけしゅぞうじょう
かんこうさかぐらひぜんや

酒蔵の見学や主要銘柄「清酒 光武」などを販売、試飲もできる。昭和の雑誌や雑貨を集めた部屋もある。

☏0954-63-2468 ㈶鹿島市浜町乙2761-2 営9:30〜17:00 休無休

❸ オーベルジュも手がける
富久千代酒造
ふくちよしゅぞう

平成23年(2011)、「IWC(インターナショナル・ワイン・チャレンジ)SAKE部門」で最優秀賞に輝いた「鍋島」が主要銘柄。
☏0954-62-3727 ㈶鹿島市浜町1244-1

❹ 酒蔵見学と地酒ソフト
幸姫酒造
さちひめしゅぞう

昭和9年(1934)創業。主要銘柄は「幸姫」で、酒蔵見学や試飲サービスもある。地酒ソフトクリームも好評。
☏0954-63-3708 ㈶鹿島市古枝甲599 営9:00〜16:00(酒蔵見学は〜15:00) 休無休

白壁の建物が続く

酒蔵通りと呼ばれる多良海道。酒造所が立ち並んでいる。左手前は、山口醤油屋、右手が中島酒造場

⑤ まちなか案内所として利用されている
継場
つぎば

継場での人や馬、荷物などの中継を行った建物を修復した観光案内所。酒蔵通りにあるので休憩所としても利用可能。
☎0954-69-8004（肥前浜宿水とまちなみの会）所鹿島市浜町乙2696 営10:00〜17:00 休火曜

⑥ 茅葺き屋根の武家屋敷
旧乗田家住宅
きゅうのりたけじゅうたく

鹿島鍋島藩に仕えた藩士の住まいで、コの字型の「くど造り」の茅葺き家屋には、養蚕をしていたスペースも備わり、地方武士の生活が垣間見える。
☎0954-69-8004（肥前浜宿水とまちなみの会）所鹿島市古枝甲115 営10:00〜17:00 休火曜 料無料

漁師町ならではの入り組んだ細い路地に茅葺き屋根の町家が残る

⑦ 港町の茅葺き屋根の町家
茅葺きの町並み
かやぶきのまちなみ

有明海の川港に鹿島藩の港町として栄えたエリア。商人や船乗りが住んでいた浜庄津町と鍛冶屋や大工などの職人が住んでいた浜金屋町の2つの町からなり、海道と小路沿いを水路が走り、茅葺きや桟瓦葺きの町家が独特の風景を醸し出している。
☎0954-69-8004（肥前浜宿水とまちなみの会）所鹿島市浜町

庄金の町並み。右奥は、慶長10年（1605）の創建と伝わる浄立寺

肥前浜宿 MAP

N
0　　150m

肥前鹿島駅　肥前浜駅

鹿島市浜中町八本木宿重要伝統的建造物群保存地区

肥前浜駅前

207

長崎本線

富久千代酒造 ③
①光武酒造場
卍知恩寺
浜中町

諫早駅

継場 ⑤
山口醤油醸造所
呉竹酒造
②光武酒造場
観光酒蔵 肥前屋

若宮神社
酒蔵通り
御宿富久千代
浜大橋

旧乗田家住宅 ⑥
浜川
中島酒造場
飯盛酒造

④幸姫酒造
浄安寺卍

茅葺きの町並み ⑦
浄立寺卍

旧筒井家

泰智寺卍　光厳寺卍

鹿島市浜庄津町浜金屋町重要伝統的建造物群保存地区

天満神社

商家町

日田
ひた

大分県日田市
重要伝統的建造物群保存地区

天領時代の商人文化が薫る
豆田町と三隈川の川端風景

　三隈川が流れる日田盆地に開けた町は、江戸時代には幕府直轄地として栄えた水郷。江戸中期には西国筋郡代が置かれ、近隣諸国や京都・大坂商人との取引で富を得た商人たちが台頭。幕府の公金を諸藩に貸し付ける掛屋に選ばれ、莫大な富を得たという。その経済力をもって町は碁盤目状に整備され、今も居蔵造りの重厚な商家が、資料館やみやげ物店として活用されている。

☐ ACCESS & INFORMATION

JR久大本線・日田駅下車。

日田市観光協会 ☎0973-22-2036

無電柱化され、古い町並みを再現している豆田町の上町通り

豆田町では2月中旬〜3月末日には「天領日田おひなまつり」が行われ、旧家に代々伝わる雛人形が一挙に公開される

ここは訪れたい！

❶ 九州最古の商家。雛人形公開元祖
草野本家
くさのほんけ

精蠟業を営み、江戸幕府郡代の掛屋や御用達を務めた商家で、300年余の歴史を持つ。奥座敷に飾られる178体の雛人形など、年4回秘蔵の品々を公開する。主屋と蔵3棟、庭園が国の重要文化財に指定されている。

☎0973-24-4110 ㊟日田市豆田町11-4 ㊟天領日田おひなまつり,日田川開き観光祭,日田祇園祭,日田天領まつりの時期に限定公開(10:00〜16:30) ㊡木曜 ㊎700円

❷ 豆田町の景観保存を伝える施設
豆田まちづくり歴史交流館
まめだまちづくりれきしこうりゅうかん

かつて医院として使われていたレトロな洋館を復原して、重要伝統的建造物群保存地区の保存修理工事における伝統工法や道具を紹介している。

☎0973-23-8922 ㊟日田市豆田町9-15 ㊐9:00〜17:00 ㊡水曜(祝日の場合は翌平日) ㊎無料

❸ 薬の資料館
日本丸館
にほんがんかん

安政2年(1855)創業の岩尾薬舗が販売した万能薬「日本丸」の資料館。木造4層3階建てで最上階に天守閣がある。

☎0973-23-6101 ㊟日田市豆田町4-15 ㊐2月15日〜5月、9〜11月の10:00〜16:00 ㊎350円

❹ 蔵元直営ショップとカフェ
薫長酒蔵資料館
くんちょうさかぐらしりょうかん

文政9年(1826)に建てられた酒蔵を資料館として開放。蔵元ショップでは日本酒の試飲ができ、カフェでは甘酒ソフトが人気。

☎0973-22-3121 ㊟日田市豆田町6-31 ㊐9:00〜16:30 ㊡無休

御幸通り

江戸時代からの商家や土蔵が残る御幸通り。カフェや雑貨店など個性的な店が立ち並ぶ

N

0 250m

永山城跡
月隈神社
永山布政所跡（日田陣屋跡）
長善寺
うきは駅
長善川大橋
花月川 薫長酒蔵資料館 ④
日本丸館 ③ 長福寺
豆田まちづくり歴史交流館（旧船津歯科）
豆田まちづくり歴史交流館 ②
上町通り
花月川大橋 廣瀬資料館 ⑤
天領日田資料館 豆田町商店街
草野本家 ①
廣瀬淡窓旧宅南家
淡窓不動尊明王寺 ⑥ 咸宜園
日田市豆田町重要伝統的建造物群保存地区
咸宜園道
咸宜小 卍妙栄寺
若八幡社
日田駅
専念寺
願正寺 眞光寺
豊後森駅
日隈城跡 ⑦ 原次郎左衛門
亀山公園 西教寺 広円寺
照蓮寺
日田温泉 浄満寺

⑤ 先進的教育者の生家
廣瀬資料館
（ひろせしりょうかん）

江戸時代の儒学者で私塾・咸宜園を創設した廣瀬淡窓、弟で実業家の久兵衛の生家。淡窓の遺品のほか、掛屋文書、大名からの拝領品など廣瀬家の家宝を展示。

📞0973-22-6171 🏠日田市豆田町9-7 🕐9:00～17:00 休月曜（祝日の場合は翌日）、2・3・10・11月は無休 料450円

⑥ 江戸期最大級の私塾
咸宜園
（かんぎえん）

入門時に身分・年齢・学歴を問わない「三奪法」や毎月の成績で評価した「月旦評」、寮生活で全員に役割を与える「職任制」など近代教育の先駆けとなった。

📞0973-22-0268 🏠日田市淡窓2-2-13 🕐10:00～16:00 休無休 料無料

九州最古の真宗寺院本堂を持つ長福寺

⑦ 見学できる味噌醤油蔵
原次郎左衛門
（はらじろうざえもん）

100年余り受け継がれてきた醤油・味噌・ラムネの製造元。鮎と塩だけで造った鮎魚醤はパリの3ツ星シェフが認めた調味料だ。

📞0973-23-4145 🏠日田市中本町5-4 🕐9:00～17:30（工場見学の最終受付16:30）休無休

鮎魚醤100㎖ 864円（税込）

三隈川沿いには温泉旅館が並び、5～10月には鵜飼を、遊船は通年楽しめる

宿場町

宿場町

木屋瀬
こやのせ

福岡県北九州市

街道と水運で栄えた
白象も泊まった宿場町

　遠賀川の水運の要衝であり、長崎街道・
筑前六宿のひとつとして賑わった宿場町
江戸時代、本陣や脇本陣、問屋場や郡屋
などが立ち並んだ街並みは、外敵からの
防衛のため、「く」の字に曲がる街道や
「矢止め」と呼ばれる、のこぎり型の家並
みが特徴。シーボルトや伊能忠敬だけで
なく、白象が泊まったという記録も残る。

☐ ACCESS & INFORMATION

筑豊電鉄・木屋瀬駅下車。

長崎街道木屋瀬宿記念館 ☎093-619-1149

江戸時代を彷彿とさせる、重厚感あるノスタルジックな宿場町の街並み

↑旧高崎家住宅。太宰治の朋友だった放送作家の伊馬春部の生家。江戸時代の宿場建築の遺構

↑長崎街道木屋瀬記念館。長崎街道の旅、歴史への旅体験をテーマに、宿場にまつわる史料を展示

宿場町

赤間
あかま

福岡県宗像市

白壁兜造りの町家が並ぶ
旧唐津街道の宿場町

　北九州から唐津まで玄界灘沿岸を通る
唐津街道に栄えた宿場町。北から南へゆ
るやかに坂を上る街並みは、江戸期を通
じて参勤交代の要路として賑わった。他
の宿場に多く見られる鍵の手や枡形の屈
曲はなく、開放的な道沿いに白漆喰の兜
造りの町家が立ち並ぶ。辻行灯、辻井戸
が点在し、今も宿場町らしい風情が残る。

☐ ACCESS & INFORMATION

JR鹿児島本線・教育大学前駅下車。

街道の駅赤馬館 ☎0940-35-4128

塗籠め白壁兜造りの町家など築200年以上の建物が並ぶ

↑日本の石油王と呼ばれた出光興産創始者の出光佐三の生家

↑観光情報拠点、街道の駅赤馬館。おみやげ処や喫茶・食事処もある

340

惣門界隈の街並み

宿場町

山鹿
やまが

熊本県山鹿市

良質の湯に癒やされ、情緒あふれる街並み散策

　平安時代から「山鹿千軒たらいなし」と謳われ、豊富な湯量を誇る温泉地。また、菊池川の水運に支えられた米の集散地として、江戸時代には藩主・細川氏の参勤交代の宿場町として発展した。江戸時代から続く麹屋や造り酒屋などが今も営業しており、地元住民による「米」をテーマとした案内ツアーや、イベントが盛況。昔の商家を利用した飲食店やみやげ物店も並び昔日の繁栄を偲ばせる。

☐ ACCESS & INFORMATION

JR熊本駅から、熊本桜町バスターミナル経由、九州産交バスで約1時間20分、山鹿バスターミナル下車。

山鹿温泉観光協会 ☎0968-43-2952

毎年8月15・16日には金灯籠を頭にのせた浴衣姿の女性たちが踊る山鹿灯籠まつりが開催される

豊前街道の惣門界隈は米の集散地として発展。今も米蔵、酒蔵、麹屋など古い建物が並ぶ

① 九州最大級の木造温泉
山鹿温泉 さくら湯
やまがおんせん さくらゆ

唐破風玄関が特徴的な、細川藩主ゆかりの元湯を再現した木造温泉で、肌ざわりがやわらかなぬるめの湯が特徴。
☎0968-43-3326 働山鹿市山鹿1-1 営6:00〜24:00(最終受付23:30) 休第3水曜(祝日の場合は翌日) 料350円

② 繊細な和紙の伝統的工芸品
山鹿灯籠民芸館
やまがとうろうみんげいかん

和紙とのりだけで作られる山鹿灯籠。大正時代に建てられた銀行を利用した建物に、山鹿灯籠の作品の数々を展示。
☎0968-43-1152 働山鹿市山鹿1606-2 営9:00〜18:00(最終受付17:30) 休無休 料300円

③ 元米問屋が造る酒
千代の園酒造
ちよのそのしゅぞう

明治29年(1896)創業の酒蔵。「熊本神力」や伝統酒「赤酒」を扱い、敷地内には酒造史料館もあり、見学可能。
☎0968-43-2161 働山鹿市山鹿1782 営9:00〜17:00(土・日曜、祝日は〜16:30) 休無休

④ 明治のレトロな現役劇場
八千代座
やちよざ

明治43年(1910)に建てられた芝居小屋。ドイツ製のレールを使った廻り舞台やシャンデリアにカラフルな天井画が圧巻。
☎0968-44-4004 働山鹿市山鹿1499 営9:00〜18:00(最終受付17:30) 休2水曜 料530円

山鹿 MAP

441
桑坂神社
天聴の蔵 ③
山鹿バスターミナル
山鹿温泉観光協会
金剛乗寺
山鹿灯籠民芸館 ②
宗方八幡宮
光専寺
山鹿市役所
④八千代座
光顕寺
真覚寺
375
①山鹿温泉 さくら湯
長源寺
山鹿小
圓頓寺
山鹿城跡
③千代の園酒造
豊前街道 山鹿惣門跡
山鹿大橋
菊池川

N
0　300m

341

温泉町

温泉町

別府
べっぷ

大分県別府市

湯けむりが立ち昇る
大迫力の地獄めぐり

　町中のいたるところから立ち昇る湯けむりが旅情を誘う温泉地。阿蘇から島原へ続く火山活動によって生じた断層が豊富な温泉をもたらし、湧出量、源泉数とも日本随一を誇る。なかでも、明礬、鉄輪、柴石、亀川、堀田、観海寺、別府、浜脇の8つの温泉地を総称して「別府八湯」と呼び、1000年以上も前から噴出しているという、異なる泉質で湯の色も青や赤などさまざまな「地獄めぐり」が楽しめる。

▢ ACCESS & INFORMATION

鉄輪温泉へは、JR日豊本線・別府駅から、亀の井バスで16〜30分、鉄輪バス停下車。明礬温泉へは、別府駅西口から亀の井バスで25分、地蔵湯前バス停下車。

別府市観光協会 ☎0977-24-2828

鉄輪温泉の湯けむり展望台からの眺望。夜景もおすすめ

いでゆ坂

坂道の両側に湯治宿や入湯料100円の共同浴場や足湯パーク、地獄蒸しの店などが点在する「いでゆ坂」

① 地獄めぐりの5地獄が集中
鉄輪温泉
かんなわおんせん

別府八湯のなかでも一番の湯量を誇る。鎌倉時代に一遍上人によって開湯されたと伝わり、泉質は単純温泉、塩化物泉など多彩。「地獄めぐり」のコバルトブルーの海地獄など、5つの地獄が楽しめる。

② 湯の花小屋が点在する
明礬温泉
みょうばんおんせん

硫黄の香り漂う白濁の湯が湧く標高350mに設けられた「大露天岩風呂」からの眺望や「泥湯・露天風呂（混浴）」が自慢。温泉地に点在する湯の花小屋で作られる天然の入浴剤、湯の花も名物。

入浴剤や美容グッズの原材料となる湯の花を採取する藁葺き小屋は見学も可能

鉄輪温泉・明礬温泉 MAP

日出JCT／山の湯家族風呂／明礬温泉湯の里湯の花採取場／明礬地獄／② 明礬温泉／地蔵湯前／山田屋旅館／明礬／岡本屋旅館／東九州自動車道／別府明礬橋／ANAインターコンチネンタル別府／別府温泉保養ランド・泥湯／さわやかハートピア明礬／紺屋地獄前／平田川／みょうばんクリニック／別府リハビリテーションセンター／別府IC／別府リハビリ前／別府ドッグラン／温泉神社／海地獄／かまど地獄／鬼石坊主地獄／鬼石の湯／海地獄前／地獄めぐり通り／① 鉄輪温泉／鉄輪観光案内所／みゆき坂／鬼山地獄／白池地獄／鉄輪／おにやまホテル／割烹旅館かんな和別邸／煙月／宗園院／稲荷神社／天満宮／湯けむりの里東屋／みはらし坂／永福寺／西福寺／いでゆ坂／鉄輪温泉入口／別府駅

N　0　200m

湯治場として長い歴史を持つ、鄙の温泉町

温泉町

湯平温泉
ゆのひらおんせん

大分県由布市

石畳の坂道に川音が伝わる
ノスタルジックな温泉地

　山あいを流れる花合野川に沿って、閑静な集落に造られた坂道の石畳がノスタルジックな温泉地。湯治場としての歴史は古く、鎌倉時代に湯に浸かっている猿を見かけたことが始まりとされる。種田山頭火も訪れ句を残している。江戸期に敷かれた石畳の両側には、現在でも木造の旅館が残り、その歴史を垣間見ることができる。

☐ ACCESS & INFORMATION

JR久大本線・湯平駅から車で10分。

由布院温泉観光協会📞0977-85-4464

温泉街のシンボル「石畳通り」は約300m以上。提灯に灯りがともる夜景は幻想的

↑レトロ感を残す石畳通りは、毎夜赤提灯を点灯させて、訪れる人たちが楽しく散策できるよう演出している

温泉町

日奈久温泉
ひなぐおんせん

熊本県八代市

熊本藩主に山頭火も魅了した
「親孝行」の湯

　約600年の歴史を持つ湯治町。父の刀傷を癒そうと祈った息子が、神のお告げで干潟から温泉を発見したという伝説がある。江戸時代には熊本藩主のための藩営温泉として栄えた。大正・昭和の俳人・種田山頭火が愛した温泉としても知れる。冬季には各旅館で八代特産の晩白柚を浮かべた風呂が楽しめる。

☐ ACCESS & INFORMATION

肥薩おれんじ鉄道・日奈久温泉駅下車。

日奈久温泉観光案内所(日奈久ゆめ倉庫内)📞0965-38-0267

明治43年(1910)創業の木造3階建ての老舗旅館、金波楼。国登録有形文化財の建物と庭園など見応え十分

↑旧薩摩街道沿いには古い町家が残り、なまこ壁の村津家住宅が印象的

↑「憩いの広場」にはからくり灯籠に、種田山頭火の句碑や足湯がある

港町

的山大島 神浦
あづちおおしま こうのうら

長崎県平戸市
重要伝統的建造物群保存地区

家々の軒下の装飾が多彩な 捕鯨で栄えた離島の街並み

平戸市の北10kmの玄界灘に浮かぶ漁村集落。古くから海上交通の要衝として開け、江戸時代に捕鯨で栄えた歴史を持つ。明治になり、捕鯨廃業後も水産加工業で発展。入り江沿いの神浦地区は多くの漁船が集まる「海の宿場町」として賑わった。今も江戸中期から明治、大正に建てられた木造の町家が細い路地に軒を接して連続し、素朴な家並みながら、各家の軒下の持送りのデザインが興味深い。

☐ ACCESS & INFORMATION

JR長崎本線・佐世保駅から、西肥バス・平戸桟橋行きで1時間32分、平戸桟橋バス停下車。平戸桟橋からフェリー大島で40分、的山港着。的山港から神浦集落へは、大島村産業バスで約20分。

平戸観光協会 ☎0950-23-8600

集落の歴史を感じながら、のどかな島の路地歩きを楽しみたい

的山大島 神浦 MAP

凝った持送りに注目

ゆるやかに曲がる細い路地に江戸時代からの木造が軒を連ねる神浦地区

捕鯨漁隆盛の遺構
天降神社
てんこうじんじゃ

神浦の高台に鎮座し、平戸藩主が奉納した石鳥居や鯨組の当主・井元氏の石灯籠、梵鐘なども残されている。
☎0950-55-2865 所平戸市大島村前平1366 開休料拝観自由

神浦湾に沿った細い路地に家々が密集して軒を連ねている

344

道沿いに並ぶ家は軒裏や持送りまで漆喰で塗籠とし、防火に努めている

港町

美々津
みみつ

宮崎県日向市 重要伝統的建造物群保存地区

京風の町家造りが残る
廻船問屋の港町

　日向灘に面し、江戸時代から瀬戸内や近畿地方の玄関口として廻船業で栄えた港町。上町、中町、下町の3本の通りに「ツキヌケ」と呼ばれる防火用道路が走る独特の街並みは重厚。白壁の土蔵造りに意匠的な虫籠窓や格子をはじめ、折りたたみの床几「ばんこ」や軒下の持送りの「マツラ」など、京風の町家が立ち並ぶ。

📷 ACCESS & INFORMATION

JR日豊本線・美々津駅下車、徒歩10分。

日向市観光協会 ☎0982-55-0235

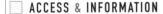

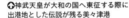
⬆神武天皇が大和の国へ東征する際に出港地とした伝説が残る美々津港

⬆防火対策のため、ツキヌケと呼ばれる大通りに高鍋藩が共同井戸を敷設した

漁村集落

松合
まつあい

熊本県宇城市

不知火海沿いの土蔵白壁

　不知火の見える町として知られ、江戸から明治にかけて漁業・醸造業で栄えた。狭い土地に家々が密集したため幾度となく大火に見舞われ、火に強いなまこ壁の土蔵白壁造りの家が普及。この土蔵白壁は地元の有志や行政によって今も受け継がれている。

📷 ACCESS & INFORMATION
JR鹿児島本線・松橋駅から、九州産交バス・三角産交行きで16分、松合バス停下車。

宇城市商工観光課 ☎0964-32-1111

港町

﨑津集落
さきつしゅうらく

熊本県天草市

漁村に根付いた信仰の共存

　潜伏キリシタンの里として、羊角湾にたたずむゴシック建築の﨑津教会が町のシンボル。山と海の間に密集する家屋に路地や漁師町としての暮らしと﨑津諏訪神社など信仰の共存を物語る史跡が多数。

📷 ACCESS & INFORMATION
本渡バスセンターから産交バスで53分、一町田中央バス停下車。産交バス・下田温泉行きに乗り換えて18分、﨑津教会入口バス停下車。

天草宝島観光協会 ☎0969-22-2243

農村 & 山村

山村集落

新川田篭
にいかわたごもり

福岡県うきは市 重要伝統的建造物群保存地区

茅葺き民家と棚田がつくり出す
古き良き山里の風景

筑後川の支流である隈上川沿いに広がる自然豊かな山村集落。集落の建物は今はトタンで覆われた屋根が多いが、江戸時代から昭和前期までの寄棟茅葺きの民家が多く残る。また、湧水や豊かな川水によって発達した棚田が見られ、150mの高低差に石垣を積んだ約300枚の田んぼも昔懐かしい日本の風景を伝えている。

⬜ ACCESS & INFORMATION

JR久大本線・うきは駅からタクシーで約20分(約11km)。

観光会館 土蔵 ☎0943-76-3980

18世紀後期に建てられた平川家住宅。上から見ると棟が篭に似ているところから「くど造り」と呼ばれる

⬆つづら棚田。9月中旬には約50万本の彼岸花が咲き、稲穂とのコントラストが美しい

⬆山林地主だった野上家の江戸時代の屋敷を利用したレストラン＆ギャラリー「ギャラリー安政」。土〜月曜、祝日の営業

山村集落

椎葉村
しいばそん

宮崎県椎葉村 重要伝統的建造物群保存地区

石垣と伝統的民家が並ぶ
平家落人伝説が残る隠れ里

日本のマチュピチュと呼ばれる「仙人の棚田」など、村の96%を山林が占めるという秘境。落ち延びた平家の鶴富姫と追っ手の源氏の武将・那須大八郎との悲恋物語が残る。集落には椎葉型といわれる一列平面の瓦屋根住居が急斜面に築かれ、重なり合う石段や石垣と山々の自然が昔ながらの人の暮らしを垣間見せる。

⬜ ACCESS & INFORMATION

JR日豊本線・日向市駅から、宮交バスで2時間30分、上椎葉バス停下車。

椎葉村観光協会 ☎0982-67-3139

山林に囲まれ標高550m前後の急斜面にある十根川集落。石垣を駆使した家並み

赤瓦屋根が青空に映える、沖縄離島の集落

島の農村集落

渡名喜島
となきじま

沖縄県渡名喜村 重要伝統的建造物群保存地区

フクギ並木に白砂と赤瓦屋根
沖縄の原風景が残る島

　沖縄本島から西、久米島との間にある周囲12.5kmの離島。台風対策のフクギ並木が続く白砂の道、サンゴの石垣に赤瓦屋根の伝統家屋といった色彩豊かな集落景観が保たれている。ウミガメに出会える浜もあり、日が沈むと集落の街路にフットライトが灯るなど、都会とは異なるゆったりとした島時間が流れる。

☐ ACCESS & INFORMATION

那覇泊港から、フェリーで1時間55分。

渡名喜村観光案内所 ☎098-996-3758

家々は道より1mほど低く建てられ、ヒンプンと呼ばれる目隠しと魔除けの石壁が特徴

島の農村集落

竹富島
たけとみじま

沖縄県竹富町 重要伝統的建造物群保存地区

空も海も青い南国で
白砂と石垣と花が彩る街並み

　石垣島の南西6km、周囲9.2kmの小さな島。星砂があるカイジ浜や透明感抜群のコンドイ浜に、夕日の名所の西桟橋など、リゾートとして人気の島だ。石垣に赤瓦屋根の家並みは島民たちの島への愛着の結晶。毎日島民がサンゴを敷き詰めた白砂の道を掃き清め、南国の花々を咲かせる。屋根のシーサーも水牛車も力強い。

☐ ACCESS & INFORMATION

石垣港離島ターミナルから、フェリーで10〜15分。

竹富町観光協会 ☎0980-82-5445

青い空とシーサーをのせた赤瓦屋根の組み合わせは沖縄を象徴する景観

⬆竹富島の大正時代からの住居形態がわかる旧与那国家住宅

⬆島を約30分で巡るガイド付き水牛車観光が人気。レンタサイクルもある

347

石畳のある町と集落

いしただみのあるまちとしゅうらく

コンビニもカフェもない宿場町に港町に離島。観光化されていない街並みはどこか懐かしい。

石畳は京都、奈良などの神社仏閣の参道に古くから敷かれ、ぬかるむ道を歩きやすくすることが目的だったが、旧街道や山越えの峠道などに残る石畳の道沿いには、古い面影を伝える街並みがひっそりと残されている場合が多い。

沖縄ではサンゴでできた石灰岩を使った石畳も見られる。

◆江戸時代に海から青い石を切り出して造られた美保関の青石畳通り(➡P.239)

ただあるのは自然と4軒の茅葺き民家

板取宿
いたどりしゅく

福井県南越前町
MAP P.164

北国街道の入口として関所が設けられたかつての宿場町。乱張りの石畳の道の両側に現存する茅葺き民家は4棟だけだが、通風と採光を考えた兜造りで穏やかな雰囲気を漂わせている。
📞0778-45-0074 (南越前町今庄観光協会)

多くの旅人が往来した街道筋

宇津ノ谷
うつのや

静岡市駿河区 **MAP** P.137

豊臣秀吉が小田原征伐の大軍を通すために整備した宇津ノ谷峠の峠越えをする人たちに利用されていた宿場町。家々の軒先に掲げた屋号の看板や石畳が旧東海道の風情を偲ばせる。
📞054-252-4247(静岡市静岡駅観光案内所)

最大勾配は約40％の「酷道」

暗峠
くらがりとうげ

奈良県生駒市／大阪府東大阪市
MAP P.197

大阪から奈良やお伊勢参りへのかつての幹線道路で、現在も国道308号として利用されている。峠に小さな集落があり、江戸時代に敷設された石畳の面影が残る。松尾芭蕉も句を残している。
📞0743-74-1111(生駒市観光協会)

熊本藩、岡藩の参勤交代の道

今市宿
いまいちしゅく

大分県大分市 **MAP** P.305

肥後街道の宿場町として栄え、本陣、代官所、茶屋などが軒を並べていた。全長660m、道幅8.5mの中央に幅2.1mの石畳が続き、途中で直角に2回曲がる場所には「火除藪床」が設けられ、延焼を防ぐための工夫をしていた。
📞097-549-0880(大分市歴史資料館)

マリンスポーツで賑わう

水納島
みんなじま

沖縄県本部町 **MAP** P.304

沖縄本島北部の沖合、サンゴ礁に囲まれたクロワッサンのような形の小さな離島。赤瓦屋根の古民家が点在する集落からビーチへつながる道には、白い石畳が続いて南国の風景が楽しめる。
📞0980-47-3641(本部町観光協会)

近代の街並み

小樽・函館・横浜・舞鶴・神戸・門司港レトロ・長崎

小樽。

。函館

舞鶴。 。横浜

神戸。

門司港レトロ。

長崎。

運河沿いに映える倉庫群と繁栄を伝える旧銀行通り

小樽
おたる

北海道小樽市

　小樽港を中心に、明治後期から昭和初期にかけて日本屈指の湾岸都市として発展。その成長に大きく貢献したのが、大正12年(1923)に完成した小樽運河だ。港から船荷を運ぶ通路として賑わい、運河沿いには石造倉庫が立ち並んだ。一時は衰退したものの、再生運動により復活し、観光スポットとして人気に。運河に続く市街地には、旧銀行などの歴史的建造物が点在し、当時の隆盛ぶりを漂わせる。

1 小樽運河
おたるうんが

全長1140m、幅20〜40mの運河。海を埋め立てて造成したため、ゆるやかに湾曲している。散策路にはガス灯が設置され、石造倉庫群はレストランや店舗に活用されている。

旧日本銀行や旧三菱銀行などの支店が立ち並ぶ日銀通り。最盛期には19もの銀行があり、米国の金融街になぞらえて「北のウォール街」とも呼ばれた

3 旧第一銀行小樽支店
きゅうだいいちぎんこうおたるしてん

大正13年(1924)建築の鉄筋コンクリート造4階建て。外観は現代風に改装されている。

2 旧安田銀行小樽支店
きゅうやすだぎんこうおたるしてん

昭和5年(1930)の建築。昭和初期の典型的な銀行建築で、大きな4本の円柱が特徴的。

4 旧三菱銀行小樽支店
きゅうみつびしぎんこうおたるしてん

大正11年(1922)の完成。当初は外壁にレンガタイルが張られていたが、昭和初期に現在の姿に。6本の石柱が印象的だ。

5 旧北海道銀行本店
きゅうほっかいどうぎんこうほんてん

明治45年(1912)築。現在の北海道銀行とは無関係。今は北海道中央バスの本社、およびワインカフェ&ショップとして使われている。

ノスタルジックな町を水上周遊

石造りの倉庫群をしっかりと見ることができるデイクルーズのほか、ガス灯が輝く幻想的な空間を楽しめるナイトクルーズも人気が高い。冬季、雪のなかの倉庫群も美しく映える。

小樽運河クルーズ
おたるうんがクルーズ

☎0134-31-1733 所小樽市港町5-4 営電話受付は運航時間により変動 休臨時運休日あり 料小樽運河全周遊コース（40分）デイクルーズ1800円／ナイトクルーズ2000円 URL otaru.cc

DATA

❻❼❽❾ 小樽芸術村 ☎0134-31-1033 所小樽市色内1-3-1 営9:30〜17:00、11〜4月10:00〜16:00 休第4水曜（11〜4月は水曜）※臨時休館あり 料4館共通券2900円

☐ ACCESS & INFORMATION

JR函館本線・小樽駅下車。

小樽観光協会 ☎0134-33-2510

⬆人力車で巡ることもできる

小樽芸術村
おたるげいじゅつむら

❻ 旧三井銀行小樽支店
きゅうみついぎんこうおたるしてん

昭和2年（1927）完成。重厚な石積みの外観と吹き抜けに回廊がめぐる内観が特徴的。2022年、国重要文化財に指定された。

❼ 似鳥美術館
にとりびじゅつかん

大蔵省の建築家・矢橋賢吉らが設計した旧北海道拓殖銀行小樽支店を美術館として活用。銀行時代は、作家の小林多喜二が勤務していた。

❽ ステンドグラス美術館
ステンドグラスびじゅつかん

大正12年（1923）築の旧高橋倉庫と昭和10年（1935）築の旧荒田商会の木造建物からなる。前者は防火性の高い木骨石造構造だ。

❾ 西洋美術館
せいようびじゅつかん

小樽運河のほとりに建つ、大正14年（1925）築の木骨石造の倉庫建築。円形の小屋根や、内部の力強い木の柱が特徴。

小樽 MAP

北海道近代化の歴史を物語る
異国情緒豊かな港町

函館 元町周辺
はこだて もとまちしゅうへん

北海道函館市
重要伝統的建造物群保存地区

　江戸幕府の奉行所が設置され、周辺の政治経済の中心地だった函館(旧箱館)。安政2年(1855)の開港により、諸外国の領事館が設けられ、洋風文化が流入した。元町末広町の保存地区は函館山山麓から港へ向かう斜面に位置し、基坂から大三坂へ至るコの字型の道筋に異国情緒豊かな街並みが展開する。領事館や教会などの洋風建築や和洋折衷様式の建物が数多く、北海道近代化の息吹が感じられる。

❶ 八幡坂
はちまんざか

函館港までまっすぐに延びる270mの一本道。函館港と函館市青函連絡船記念館 摩周丸を望む美しい坂道は、映画やCMにたびたび登場する。

❷ 旧函館区公会堂
きゅうはこだてくこうかいどう

明治40年(1907)の大火で焼失した商業会議所に代わる施設として建設されたもので、豪商・相馬哲平氏や住民の寄付によって完成。2021年にリニューアル。

❸ 函館市旧イギリス領事館
はこだてしきゅうイギリスりょうじかん

安政6年(1859)の箱館開港時に置かれたが、現在の白壁に瓦屋根の和洋折衷の建築は大正2年(1913)に再建された。

❹ 函館ハリストス正教会
はこだてハリストスせいきょうかい

白い壁と緑の屋根が美しく元町のシンボル的な存在の函館ハリストス正教会。由緒ある歴史的建造物で、現存する聖堂は大正5年(1916)に建てられたもの。

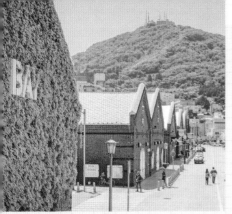

⑤ 金森赤レンガ倉庫
かねもりあかレンガそうこ
函館で初の営業倉庫として明治末期に建造された
建物を改装したベイエリアで人気のスポット。

⑥ はこだて明治館
はこだてめいじかん
北海道で初めて郵便局として建造された旧函館郵便局の建
物。現在は、ショッピングモールとして利用されている。

⑦ 函館市地域交流まちづくりセンター
はこだてしちいきこうりゅうまちづくりセンター
大正12年(1923)に丸井今井呉服
店函館支店として建設され、現在
は観光案内や地域情報の発信拠
点となっている。

函館山山頂展望台から見渡す函館の市街。展望台まではロープウェイ
のほか、バスでも行くことができる。函館山ロープウェイは、山麓駅から
頂上展望台まで約3分。125人乗りのゴンドラで通常15分間隔で運行

DATA

② 旧函館区公会堂 ☎0138-22-1001 函館市元町11-13 ⊕9:00～18:00(土～月曜は～19:00、11～3月は～17:00) 休無休(臨時休館あり) 料300円

③ 函館市旧イギリス領事館 ☎0138-27-8159 函館市元町33-14 ⊕9:00～19:00(11～3月は～17:00) 休無休 料300円

④ 函館ハリストス正教会 ☎0138-23-7387 函館市元町3-13 ⊕10:00(日曜13:00)～17:00(土・日曜は～16:00)聖堂でお祈りが行われているときは拝観可 休12月末～3月末 料200円

⑤ 金森赤レンガ倉庫 ☎0138-27-5530 函館市末広町14-12 ⊕9:30～19:00(季節、店舗により異なる) 休無休

⑥ はこだて明治館 ☎0138-27-7070 函館市豊川町11-17 ⊕9:30～18:00 休水曜、第2木曜

⑦ 函館市地域交流まちづくりセンター ☎0138-22-9700 函館市末広町4-19 ⊕9:00～21:00 休無休(臨時休館あり) 料無料

函館山山頂展望台 ☎0138-23-3105(総合案内) 函館市函館山 ⊕10:00～22:00(10月1日～4月19日は～21:00) 休無休 料ロープウェイ搭乗料金1800円(往復)、1200円(片道)

ACCESS & INFORMATION

JR函館本線・函館駅下車。元町地区へは、函館市電で函館駅前から十字街停留所まで5分、末広町停留所まで7分。

函館市観光案内所 ☎0138-23-5440

↑伝統的建造物の相馬株式会社本社前を通る市電

353

開港以来の外国人居留地に
近代の洋風建築が立ち並ぶ

横浜 関内～山手
よこはま かんない～やまて

神奈川県横浜市

　幕末期の開港により、外国人居留地が設けられた横浜。海外貿易を許可された開港場内は関内と呼ばれ、近代的な街づくりが進められた。周辺には、港湾施設や庁舎、銀行といった近代建築が歴史の足跡を刻んでいる。一方、文久2年(1862)の生麦事件をきっかけに、山手地区にも外国人居留地が発展。外交官の住宅など約70棟の洋風建築が残り、異国情緒漂う街並みを形成している。

❶ 横浜赤レンガ倉庫
よこはまあかレンガそうこ
明治末期から大正初期にかけて、レンガ建築技術の粋を集めて造られたレンガ造り倉庫。平成14年(2002)に1号館は文化施設、2号館は商業施設として再生された。

❷ ドックヤードガーデン
開港から昭和期まで横浜港の発展に貢献した石造りドック。平成に入り横浜ランドマークタワーの敷地内に再生された。国の重要文化財に指定。

❸ 神奈川県立歴史博物館
かながわけんりつれきしはくぶつかん
旧館部分は明治37年(1904)に横浜正金銀行本店として建設。シンボルの巨大ドームは「エースのドーム」と親しまれる。国の重要文化財・史跡指定。

❹ 神奈川県庁 本庁舎
かながわけんちょうほんちょうしゃ
昭和3年(1928)竣工。表面に溝を刻んだ茶褐色のタイルと、独自の幾何学的な装飾模様が特色のライト様式が醸し出す、風格ある建物。横浜税関、横浜市開港記念会館とともに、横浜三塔として親しまれている。愛称は「キングの塔」。

❺ 横浜税関
よこはまぜいかん
「クイーンの塔」の愛称で知られる。昭和9年(1934)竣工、横浜市認定歴史的建造物に登録されている。ドームはまるでイスラム寺院のようなエキゾチックな雰囲気。庁舎1階に展示室がある。

❻ 横浜市開港記念会館
よこはましかいこうきねんかいかん
「ジャックの塔」の愛称で有名。赤レンガと白い花崗岩が組み合わされた、東京駅にも見られる辰野様式の代表格。大正6年(1917)築。
※2024年3月まで、保存改修工事のため休館

7 エリスマン邸
エリスマンてい

生糸貿易商社の横浜支配人格であったエリスマンの邸宅。大正15年(1926)に近代建築の父、A.レーモンドの設計により建てられ、元町公園に移築復元された。

8 外交官の家
がいこうかんのいえ

明治43年(1910)、東京・渋谷に建てられた外交官・内田定槌の邸宅を移築復原。アメリカ人建築家J.M.ガーディナーの作。

9 ベーリック・ホール

昭和5年(1930)築。イギリス人貿易商ベーリックの邸宅で、現存する戦前の山手外国人住宅のなかでは最大規模。スパニッシュスタイルを基調とした意匠など、建築学的にも価値のある建物。

DATA

1 横浜赤レンガ倉庫 ☎045-227-2002(2号館インフォメーション) 所横浜市中区新港1-1 時10:00〜19:00(1号館) 11:00〜20:00(2号館) 飲食店は店舗により異なる 休無休

3 神奈川県立歴史博物館 ☎045-201-0926 所横浜市中区南仲通5-60 時9:30〜17:00(入館は〜16:30) 休月曜(祝日の場合は開館) 料300円(特別展は別途)

5 横浜税関(資料展示室) ☎045-212-6053(税関広報広聴室) 所横浜市中区海岸通1-1 時10:00〜16:00 休施設点検日 料無料

7 エリスマン邸 ☎045-211-1101 所横浜市中区元町1-77-4 時9:30〜17:00 休第2水曜(祝日の場合は翌日) 料無料

8 外交官の家 ☎045-662-8819 時9:30〜17:00 休第4水曜(祝日の場合は翌日) 料無料

9 ベーリック・ホール ☎045-663-5685 所横浜市中区山手町72 時9:30〜17:00 休第2水曜(祝日の場合は翌日) 料無料

ACCESS & INFORMATION

JR根岸線・関内駅、みなとみらい線・馬車道駅、日本大通り駅、元町・中華街駅などで下車。

横浜観光コンベンションビューロー
☎045-221-2111

↑横浜中華街のメインゲート、善隣門

●横浜

横浜MAP

移築された街並み
いちくされたまちなみ

江戸、明治、大正の建物を一堂に集めた歴史テーマパークで各時代にタイムスリップ。

加賀百万石の庶民の暮らし
金沢湯涌江戸村
かなざわゆわくえどむら

石川県金沢市　**MAP** P.164

江戸時代最大の石高を誇った加賀藩。その藩内などの民家を集めた旧江戸村を金沢市が引き継いで移築し、平成22年(2010)から公開。園内は2つのゾーンに分かれ、農家ゾーンは農家4棟、町家・武家ゾーンには武士住宅2棟、商家2棟、宿場問屋1棟、武家門1棟がある。☎076-235-1267 所金沢市湯涌荒屋町35-1 開9:00～17:30(入園は～17:00) 休火曜(祝日の場合は翌日) 料310円

↑旧鯖波本陣石倉住宅は旧北陸道の本陣で人馬継立問屋も営んでいた

↑庶民文化が花開いた江戸時代の暮らしぶりがうかがえる古民家

↑加賀奉書を藩に納めた紙漉農家の様子がわかる旧園田家住宅

明治の貴重な建造物60余を展示
博物館 明治村
はくぶつかんめいじむら

愛知県犬山市　**MAP** P.136

建築家・谷口吉郎と、当時名古屋鉄道副社長だった土川元夫が明治期の貴重な建造物を移築・復原して創設した野外博物館。広大な敷地内に60以上の歴史的建造物があり、11件は国指定重要文化財。☎0568-67-0314 所犬山市内山1 開9:30(8月、12～2月10:00)～17:00(11～2月は～16:00) ※時季により異なるためHPを要確認 休不定休(HPで要確認) 料2000円

↑名建築家・フランク・ロイド・ライトが手がけた帝国ホテル中央玄関

↑明治の文豪で、森鷗外と夏目漱石が相次いで住んだ住宅

↑明治期制定の「監獄則並図式」に沿って造られた八角形の金沢監獄

大正ロマンが薫る建物と街並み
日本大正村
にほんたいしょうむら

岐阜県恵那市　**MAP** P.72

大正時代に製糸を地場産業として栄えた街並みを保存し、生活や風俗を伝えるスポット。レトロな建築物はもとより、路地や街灯など大正ロマン漂う風情も魅力。町の有志ボランティアと行政が一体となって運営に取り組んでいる。☎0573-54-3944 所恵那市明智町1884-3 開9:00～17:00、12月15日～2月10:00～16:00(入場は30分前まで) 休無休 料有料施設4館共通券700円(1館のみ入場の場合300円)

↑大正ロマン館では大正時代のヨーロッパの家具やオルゴールを展示

↑繁栄時には酒やうどんを売る店が並んだ中馬街道うかれ横町

↑旧明智町役場だった大正村役場。明治39年(1906)築の木造洋館だ

旧海軍の拠点として発展
居並ぶ圧巻の赤れんが倉庫群

舞鶴
まいづる

京都府舞鶴市

舞鶴港は湾口が狭く防御に適していたため、明治34年(1901)に日本海側唯一の海軍の拠点として鎮守府が設置された。以来、東舞鶴地域を中心に軍港都市として発展。多くの赤れんが建造物が現存しているが、明治から大正までに建設された旧舞鶴鎮守府倉庫12棟のうち、国の重要文化財の8棟を中心に「舞鶴赤れんがパーク」として整備されている。

☐ ACCESS & INFORMATION

JR舞鶴線・東舞鶴駅から、京都交通バスで4分、市役所バス停下車。

舞鶴観光協会 ☎0773-75-8600

⬆舞鶴港に停泊する海上自衛隊の護衛艦

舞鶴。

❶ 舞鶴赤れんがパーク
まいづるあかれんがパーク

明治34年(1901)から大正7年(1918)までに建てられた8棟の赤れんが倉庫群を公開。舞鶴市政記念館、まいづる智恵蔵、赤れんが工房など、見どころが多い。
☎0773-66-1096 ㊤舞鶴市北吸1039-2 ㊙9:00〜17:00、外観見学は自由 ㊡無休 ㊭無料

❷ 赤れんが博物館
あかれんがはくぶつかん

明治36年(1903)に旧舞鶴海軍の魚雷の倉庫として建設。日本に現存する鉄骨れんが造り建築としては、最も古いもののひとつといわれる。館内では国内外のれんが建造物と歴史を紹介。
☎0773-66-1095 ㊤舞鶴市浜2011 ㊙9:00〜17:00(入館は〜16:30) ㊡無休 ㊭400円

❸ 海軍記念館
かいぐんきねんかん

昭和39年(1964)、旧海軍機関学校大講堂の一部を利用して設置された資料館。旧海軍関係の資料など約200点を展示している。
☎0773-62-2250(海上自衛隊舞鶴地方総監部広報推進室) ㊤舞鶴市余部下1190 ㊙土・日曜、祝日10:00〜15:00(休館の場合あり) ㊭無料

舞鶴MAP

海上自衛隊舞鶴飛行場✈

海上自衛隊
舞鶴航空基地

雁又トンネル

菖蒲丘城跡
旧海軍舞鶴鎮守府
特一号官舎

赤れんが博物館❷

海軍ゆかりの港めぐり遊覧船❸

●東郷邸

❸海軍記念館
舞鶴赤れんがパーク❶

舞鶴
地方総監部

北吸城跡
余部愛宕山城跡

東舞鶴駅

夕潮台公園

市役所
三宅神社

N
0 500m

舞鶴湾

MACHI めぐり

護衛艦や海上自衛隊施設を海上から眺める

海軍ゆかりの港を巡る遊覧船。間近に見る艦船などは迫力満点。

海軍ゆかりの港めぐり遊覧船
かいぐんゆかりのみなとめぐりゆうらんせん

☎090-5978-8711(舞鶴赤れんがパーク遊覧船窓口) ㊤舞鶴市北吸 ㊙土・日曜、祝日は11:00〜15:00の毎時00分発(1日5便) ※平日は11・13・14時の3便、12〜3月の運航はHPで要確認 ㊡12〜3月の火・水曜、荒天時 ㊭1500円

風光明媚な山手地区に広がる
異国情緒豊かな街並み

神戸 北野
こうべ きたの

兵庫県神戸市
重要伝統的建造物群保存地区

安政5年(1862)に兵庫港が開港。周辺部に日本人と外国人の雑居が認められた。なかでも港が一望できる山手の高台に外国人住宅の建設が進み、北野町を中心に異国情緒豊かな街並みが形成された。異人館は明治から昭和初期までに約200棟建てられ、現在は33棟が残る。1970年代から保存の気運が高まり、建物公開やレストラン、店舗などに活用されている。

❶ 北野異人館街
きたのいじんかんがい

板を横に張ったコロニアルスタイルの異人館が並ぶ山本通。街灯や遊歩道が美しく整備され、欧米の街角にいるかのような気分に浸れる。

❸ うろこの家・展望ギャラリー
うろこのいえ・てんぼうギャラリー

旧ハリヤー邸。明治後期、1910年頃に建てられた。神戸で最初に公開された異人館で、天然石スレートでできた外壁が魚のうろこ模様に似ていることから「うろこの家」の愛称で親しまれている。国の登録有形文化財。

❷ 風見鶏の館
かざみどりのやかた

ドイツ人貿易商の私邸として、明治42年(1909)頃に建てられた。北野の異人館では、唯一のレンガ張り。尖塔上の風見鶏が館のシンボルであり、国の重要文化財に指定されている。

❹ 萌黄の館
もえぎのやかた

アメリカ総領事ハンター・シャープ氏の邸宅として明治36年(1903)に建てられた洋館。萌黄色の外壁に包まれた建築で、左右異なる張り出し窓や建物の中央にあるレンガ造りの煙突など、当時のきめ細かな意匠がうかがえる。

DATA

2 風見鶏の館 ☎078-242-3223 ㈲神戸市中央区北野町3-13-3 ㉕9:00～18:00(入館は～17:45) ㉗2・6月の第1火曜(祝日の場合は翌日) ㉙500円

3 うろこの家・展望ギャラリー ☎0120-888-581(異人館うろこグループ オペレーションセンター) ㈲神戸市中央区北野町2-20-4 ㉕10:00～17:00 ㉗無休 ㉙1050円

4 萌黄の館 ☎078-855-5221 ㈲神戸市中央区北野町3-10-11 ㉕9:30～18:00 2月第3水曜と翌日 ㉙400円

5 英国館 ☎0120-888-581異人館うろこグループ オペレーションセンター) ㈲神戸市中央区北野町2-3-16 ㉕10:00～17:00 ㉗無休 ㉙750円

6 ラインの館 ☎078-222-3403 ㈲神戸市中央区北野町2-10-24 ㉕9:00～18:00(最終入館17:45) ㉗2・6月の第3木曜(祝日の場合は翌日) ㉙無料

7 イタリア館(プラトン装飾美術館) ☎078-271-3346 ㈲神戸市中央区北野町1-6-15 ㉕10:00～17:00 ㉗火曜、ほか不定休 ㉙800円

ACCESS & INFORMATION

JR神戸線・三ノ宮駅、阪神本線・神戸三宮駅、阪急神戸線・神戸三宮駅などから徒歩15分程度。

北野観光案内所 ☎078-251-8360

↑三宮駅から北野異人館街へ続く北野坂。道沿いに周辺の景観になじむ店舗やカフェが並ぶ

5 英国館
えいこくかん

明治42年(1909)に建築された洋館。英国人建築家による典型的なコロニアルスタイルで、庭園には故エリザベス女王が愛用した同型の車、ディムラーリムジンを展示。

6 ラインの館
ラインのやかた

大正4年(1915)に建築された旧ドレウェル邸。明治から続く異人館様式を受け継ぐ洋館。平成28年(2016)から修理、耐震対策などを行い、リニューアル。

7 イタリア館(プラトン装飾美術館)
イタリアかん(プラトンそうしょくびじゅつかん)

大正初期に建設された住宅を、今も住み続けるオーナーが公開。白壁に映える華やかな装飾や調度、骨董美術品が見どころ。プールを備えたガーデンテラスもある。

神戸MAP

神戸市北野町山本通重要伝統的建造物群保存地区

大陸貿易で発展を遂げた港町
昭和にレトロ建築で復活

門司港レトロ
もじこうレトロ

福岡県北九州市

　明治22年(1889)に石炭や米などの特別輸出港に指定され、2年後には九州鉄道が開通し、国際物流拠点都市となった門司。駅周辺には商社や銀行の支店、税関などの行政機関の建設が相次いだ。大陸貿易の縮小により港は衰退したが、昭和60年(1985)に行政と民間が歴史的建造物保存に取り組み、「門司港レトロ」として復活。繁栄時の面影を残す西洋建築の街並みが多くの観光客を魅了している。

❶ 門司港レトロ展望室
もじこうレトロてんぼうしつ

高層マンションの31階にあり、地上103mの高さからは、レトロ地区や対岸の下関まで一望できる。

❷ JR門司港駅
ジェイアールもじこうえき

大正3年(1914)竣工。昭和63年(1988)には、鉄道駅で初めて国の重要文化財に指定された。保存修理工事を経て、平成31年(2019)3月に創建時の姿に復原。

MACHI
めぐり

海と橋の眺めを楽しむ

門司港レトロ地区から発着する、約20分のクルーズ。門司港や下関市の街並み、海峡風景が満喫できる。

門司港レトロクルーズ
もじこうレトロクルーズ

☎093-331-0222(関門汽船門司営業所) 所北九州市門司区港町5-1 海峡プラザ前乗船受付ブース 営10:00～随時運行(所要20分) ※日没後1～2回ナイトクルーズあり 休不定休(潮位による欠航の場合あり) 料1000円

❸ 旧門司税関
きゅうもじぜいかん

明治45年(1912)築の税関庁舎で、昭和初期まで使用された。赤レンガのネオ・ルネサンス様式と瓦葺きが特徴の和洋折衷建築。1階には吹き抜けのエントランスホールが広がり、休憩所や展望室、カフェなどがある。

DATA

❶ 門司港レトロ展望室 ☎093-321-4151（門司港レトロ総合インフォメーション）所北九州市門司区東港町1-32 開10:00〜22:00（入場は〜21:30、カフェは〜16:30 金〜日曜、祝日は〜20:30）休年4回不定休 料300円

❷ JR門司港駅 所北九州市門司区西海岸1-5-31 開休料入場自由（2階は9:30〜20:00、見学不可の場合あり）

❸ 旧門司税関 ☎093-321-4151（門司港レトロ総合インフォメーション）所北九州市門司区東港町1-24 開9:00〜17:00 休無休 料無料

❹ 大連友好記念館 ☎093-321-4151（門司港レトロ総合インフォメーション）所北九州市門司区東港町1-12

❺ 旧大阪商船 ☎093-321-4151（門司港レトロ総合インフォメーション）所北九州市門司区港町7-18 開9:00〜17:00 休無休 料無料（わたせせいぞうギャラリーは150円）

❻ 旧門司三井倶楽部 ☎093-321-4151（門司港レトロ総合インフォメーション）所北九州市門司区港町7-1 開9:00〜17:00（レストラン11:00〜15:00 17:00〜21:00、LO各1時間前）休無休（レストランは不定休）料無料（2階は150円）

ACCESS & INFORMATION

JR鹿児島本線・門司港駅下車。

門司港レトロ総合インフォメーション
☎093-321-4151

↑門司港レトロ展望室から見た関門大橋

❹ 大連友好記念館
だいれんゆうこうきねんかん

北九州市と大連市の友好都市締結15周年を記念して建築。帝政ロシア時代に、大連市に建造された東清鉄道汽船事務所を複製したもの。

❺ 旧大阪商船
きゅうおおさかしょうせん

大正6年(1917)築の大阪商船門司支店。外国航路の旅客待合室があった。オレンジタイルや八角形の塔屋が美しく、港の美貌と称された。

❻ 旧門司三井倶楽部
きゅうもじみついくらぶ

三井物産の社交クラブとして、大正10年(1921)に建造。1階は和洋レストランがあり、2階にはアインシュタイン夫妻が宿泊した当時の客室を再現。門司出身の作家・林芙美子の記念室も設けている。

門司港レトロMAP

N　0 200m

関門海峡めかり駅
甲宗八幡神社　筆立山
関門トンネル
門司メディカルセンター
渋澤倉庫
出光美術館
北九州港
門司港レトロ展望室❶
大連友好記念館❹
ブルーウィングもじ
旧門司税関❸
出光美術館駅
プレミアホテル門司港
旧大阪商船❺
門司港レトロクルーズ
門司港旅客船ターミナル
門司港レトロ海峡プラザ
門司老松局
旧門司三井倶楽部❻
九州鉄道記念館駅
貴船神社
❷JR門司港駅
九州鉄道記念館
三宜楼
東本願寺　地蔵寺
門司駅
北九州銀行レトロライン
老松公園

港を見下ろす高台に立ち並ぶ
旧居留地の領事館や住宅跡

長崎 東山手・南山手
ながさき ひがしやまて・みなみやまて

長崎県長崎市
重要伝統的建造物群保存地区

　幕末期の安政五ヶ国条約締結を機に長崎港が開港し、丘陵地の東山手と南山手に外国人居留地が建設された。海岸沿いの高台にある東山手の居留地には各国の領事館や学校が立ち並んでいた。港を望む南山手地区には、日本最古の現存するキリスト教教会の大浦天主堂や、スコットランド人商人のグラバーが建造した洋風建築など、貴重な歴史的建造物が残されている。

❶ オランダ坂
オランダざか

かつては外国人居留地にある坂はすべて「オランダ坂」と呼んでいたが、現在は活水女子大学下の坂、活水坂、誠孝院前の坂の通称となった。

❷ グラバー園
グラバーえん

開港まもない長崎にやってきたトーマス・B・グラバーが文久3年(1863)に建設した旧グラバー住宅など、当時からある建物に加え、市内に点在していた6つの洋風建築を移築・復元。現在9つの建物を公開している。

◁旧グラバー住宅。トーマス・B・グラバーが25歳のときに建造した。現存する木造洋風建築としては日本最古のものとして、国の重要文化財となっている

人物FILE

トーマス・B・グラバー

1838〜1911。21歳でグラバー商会を設立した。小菅修船場の建設、高島炭坑の事業化など、日本の産業革命においても多くの功績を残した。

◁旧リンガー住宅。木材と石材が調和した木骨石造という日本には珍しいスタイルの建築物。国指定重要文化財

◁旧三菱第2ドックハウス。明治初期の典型的な洋風建築で、昭和47年(1972)に当時の三菱重工長崎造船所より長崎市が寄贈を受け移築復元された

◁2021年12月に約半世紀ぶりの耐震保存修理工事が完了し、室内展示もリニューアル。古写真や資料をもとに当時の雰囲気を再現した展示に注目

◁旧ウォーカー住宅。明治中期に大浦天主堂そばにあったものを移築。屋根から続く庇や日本瓦など細部に日本趣味がのぞく

③ 東山手洋風住宅群
ひがしやまてようふうじゅうたくぐん

7棟は明治20年代後半頃に建築された。社宅や賃貸住宅として建てられたと推定されている。昭和後期に保存修理され、現在6棟を資料館やレストランとして公開。

④ 東山手甲十三番館
ひがしやまてこうじゅうさんばんかん

明治中期に建設され、昭和にはフランス代理領事の住宅になった。当時の写真や調度の展示のほか、オランダ坂の眺望も楽しめる。

⑤ 長崎市旧香港上海銀行長崎支店記念館
長崎近代交流史と孫文・梅屋庄吉ミュージアム
ながさきしきゅうほんこんしゃんはいぎんこうながさきしてんきねんかん
ながさききんだいこうりゅうしとそんぶん・うめやしょうきちミュージアム

明治37年(1904)竣工の石造り風の洋館で、国指定重要文化財。長崎近代交流史と孫文・梅屋庄吉ミュージアムが併設され、近代の海外交流史や中国との深い関わりが学べる。

⑥ 南山手レストハウス
みなみやまてレストハウス

石造りの外壁で外国人居留地初期の特徴を持つ住宅。門から長崎港が望める。館内では長崎の歴史資料を展示。

⑦ 大浦天主堂
おおうらてんしゅどう

安政5年(1858)の日仏修好通商条約に基づき、居留地に住むフランス人のために建造された。明治12年(1879)、外壁をレンガにするなどゴシック建築となった。

©2023 長崎の教会群情報センター

DATA

② グラバー園 ☎095-822-8223 所長崎市南山手町8-1 時8:00〜18:00(入園は〜17:40) ※夜間開園についてはHPで要確認 休無休 料620円 園内ツアー時11:00〜、13:00〜、15:00〜 料無料

③ 東山手洋風住宅群 ☎095-820-0069(東山手地区町並み保存センター) 所長崎市東山手6-25 時9:00〜17:00 休月曜(祝日の場合は開館) 料無料(古写真資料館・埋蔵資料館は100円)

④ 東山手甲十三番館 ☎095-829-1013 所長崎市東山手町3-1 時10:00〜16:00 休月曜(祝日の場合は翌日)

⑤ 長崎市旧香港上海銀行長崎支店記念館 長崎近代交流史と孫文・梅屋庄吉ミュージアム ☎095-827-8746 所長崎市松が枝町4-27 時9:00〜17:00 休第3月曜(祝日の場合は翌日) 料300円

⑥ 南山手レストハウス ☎095-829-2896 所長崎市南山手町7-5 時9:00〜17:00 休無休 料無料

⑦ 大浦天主堂 ☎095-823-2628 所長崎市南山手町5-3 時8:30〜18:00(11〜2月は〜17:30) ※受付は各30分前まで 休無休 料1000円

ACCESS & INFORMATION

JR長崎本線・長崎駅下車。東山手・南山手エリアへは、長崎電気軌道・大浦天主堂電停、石橋電停などで下車。

長崎国際観光コンベンション協会
☎095-823-7423

長崎

長崎MAP

N
0　　200m

出島　・出島水門
ヘトル部屋　・出島橋
出島和蘭商館跡　・出島 P.302

新地中華街

長崎県美術館・
・長崎新地中華街
長崎税関
長崎水辺の森公園
長崎市東山手重要伝統的建造物群保存地区

長崎港

メディカルセンター

東山手甲十三番館 ④
活水女子大

梅香崎中
大浦海岸通

長崎市旧香港上海銀行長崎支店記念館／長崎近代交流史と孫文・梅屋庄吉ミュージアム ⑤
長崎松が枝国際ターミナル
軍艦島デジタルミュージアム

南山手地区
町並み保存センター

大浦天主堂
長崎孔子廟・中国歴代博物館

東山手十二番館
・海星高
③ 東山手洋風住宅群
① オランダ坂
誠孝院

⑦ 大浦天主堂
石橋
大浦諏訪神社

旧グラバー住宅
長崎伝統芸能館・
旧ウォーカー住宅
旧リンガー住宅
旧オルト住宅

② グラバー園・グラバースカイロード

旧三菱第2ドックハウス

長崎市南山手重要伝統的建造物群保存地区

索引

STAFF

編集制作 Editors
(株)K&Bパブリッシャーズ

取材・執筆 Writers
遠藤優子　沖崎松美　岡崎佐智子
塩田陽子　嶋嵜圭子　森井真紀子

撮影 Photographers
acute　アトリエオップ(渡辺俊)
studio FREESTYLE(平野谷雅和)
中村雅和　成沢拓司

本文・表紙デザイン Cover & Editorial Design
(株)K&Bパブリッシャーズ

表紙写真 Cover Photo
PIXTA

地図制作 Maps
トラベラ・ドットネット(株)

写真協力 Photographs
関係各市町村観光課・観光協会
関係諸施設
PIXTA
photolibrary

総合プロデューサー Total Producer
河村季里

TAC出版担当 Producer
君塚太

TAC出版海外版権担当 Copyright Export
野崎博和

エグゼクティヴ・プロデューサー
Executive Producer
猪野樹

旅コンテンツ完全セレクション
歴史ある 美しい街並み

2023年4月22日　初版　第1刷発行

著　　者　　TAC出版編集部
発　行　者　　多田敏男
発　行　所　　TAC株式会社　出版事業部
　　　　　　　（TAC出版）

〒101-8383 東京都千代田区神田三崎町3-2-18
電話　03(5276)9492(営業)
FAX　03(5276)9674
https://shuppan.tac-school.co.jp

印　　刷　　株式会社　光邦
製　　本　　東京美術紙工協業組合

©TAC 2023　Printed in Japan　　　ISBN978-4-300-10563-4
N.D.C.291　　　　　　　　　　落丁・乱丁本はお取り替えいたします。

本書に掲載した地図の作成に当たっては、国土地理院発行の数値
地図(国土基本情報)電子国土基本図(地図情報)、数値地図(国土
基本情報)電子国土基本図(地名情報)及び数値地図(国土基本情報
20万)を調整しました。